밸류 리더십

초우량 기업을 만드는 7가지 가치

옮긴이 **황해선**
성균관대학교 경제학과를 졸업하고 영국 요크대학교에서 MSC 석사를 취득했다. 메리츠증권 전략투자본부 벤처사업팀과 대한상공회의소 경제조사부에서 일했다. 옮긴 책으로 『국가의 역할』 『그린스펀 경제학의 위험한 유산』 『런치타임 경제학』 『벤 스타인의 55가지 부자습관』 『새로운 금융질서—21세기의 리스크』 외 여러 권의 책이 있다.

VALUE LEADERSHIP
by Peter S. Cohan

Copyright © 2003 by Peter S. Cohan
All rights reserved.

Korean translation copyright © 2007 by ECON Publishers, Inc.
This Korean edition published by arrangement with
the original publisher, John Wiley & Sons, Inc., Hoboken, New Jersey.
through Eastern Insight Agency, Seoul.

밸류 리더십
초우량 기업을 만드는 7가지 가치

| 1판 인쇄 | 2007년 11월 1일 |
| 1판 발행 | 2007년 11월 10일 |

지은이	피터 S. 코핸
옮긴이	황해선
펴낸이	김승욱
책임편집	김승관 박지혜 송향
펴낸곳	이콘출판(주)
출판등록	2003년 3월 12일 제406-2003-059호

주　　소	413-756 경기도 파주시 교하읍 문발리 파주출판도시 513-8
전자우편	editor@econbook.com
전화번호	031-955-7979
팩　　스	031-955-8855

ISBN 978-89-90831-41-5　03320

이 책의 한국어판 저작권은 이스턴 인사이트를 통해 저작권자와 독점 계약을 맺은 이콘출판에 있습니다.
저작권법에 의하여 한국 내에서 보호를 받는 저작물이므로 무단 전재와 복제를 금합니다.

이 도서의 국립중앙도서관 출판시도서목록(CIP)은 e-CIP 홈페이지(http://www.nl.go.kr/cip.php)에서
이용하실 수 있습니다.(CIP제어번호: CIP2007003368)

밸류 리더십

초우량 기업을 만드는 7가지 가치

피터 S. 코핸 지음 | 황해선 옮김

이콘

Value Leadership

차 례

서론 밸류 리더십이란 무엇인가? _7

1장 현재 위치는 어디인가? _41

2장 중요한 것은 사람이다—인간관계의 존중 _77

3장 백지장도 맞들면 낫다—팀워크의 활성화 _115

4장 문제는 성장이다—성장 동력의 내적 발견 _153

5장 정직이 생명이다—약속의 이행 _197

6장 성공은 실패의 씨앗?—자기만족과의 싸움 _239

7장 수익이 생명이다—다양한 역량의 배양 _277

8장 기업의 사회적 책임—사회 환원 활동 _325

9장 말보다는 실천—경영자, 투자자, 정책 입안자를 위한 밸류 리더십 _373

부록 밸류 리더의 선별 기준과 가치지수분석표 _405

감사의 글 _421

주석 _423

찾아보기 _431

서론

밸류 리더십이란 무엇인가?

우리의 가치

의사소통

우리는 의사소통을 원활히 해야 할 의무가 있다. 지금 이 순간, 이 책을 통해서도 우리는 서로 의사소통을 하고 있다. 정보는 움직이는 것이며, 또한 그것은 사람을 움직이게 하기도 한다.

존중

우리는 대우받고 싶은 만큼 다른 사람들을 대우해주어야 한다. 우리는 상대방을 대할 때 부당하거나 무례하게 하지 않는다.

성실

우리는 기존 고객과 잠재 고객 모두를 열린 마음으로 정직하고 신실하게 대한다. 우리는 무엇을 하겠다고 하면 그것을 반드시 실천으로 옮기며, 만약 어떤 일을 할 수 없거나 하지 않겠다고 했을 때는 정말로 하지 말아야 한다.

탁월성

우리는 우리가 행한 모든 것이 최상임에 만족한다. 우리는 지속적으로 모두의 성과 기준을 높여갈 것이다. 이곳에서 일하며 자신의 능력이 얼마나 뛰어난지를 발견하는 것은 정말 즐거운 일이 아닐까?[2]

기업 가치에 관한 앞 페이지의 문장들에 대해 생각해보라.

더할 나위 없이 훌륭한 기업 가치이다. 기업 가치에 관한 이 문장은 엔론(Enron) 사의 2000년도 연차보고서에서 인용한 것으로, 대다수 기업에서 흔히 볼 수 있는 말과 행동의 괴리를 적나라하게 보여주는 예이기도 하다. 당시 엔론의 CEO(최고경영자)인 제프 스킬링은 이 기업 가치 선언을 두고 '보기 좋다'고 말했다. 그러나 이 말에는 기업이 처한 상황을 의도적으로 숨기려는 태도가 감추어져 있다. 스킬링이 말하는 좋은 가치는 기회가 좋아 보일 때 사람들을 설득해 회사에 투자하게 하거나 투자자의 명성을 빌어 자신의 사욕을 채우는 것에 불과했다.

엔론이 도산하기 전에 스킬링이 '가족과 더 많은 시간을 보내기 위해' 라는 구실을 붙여 회사를 떠난 일은 그의 관점에서 보면 '보기 좋은' 행동이었다.[2] 스킬링은 회사의 경영 악화가 외부에 알려지기 전에 미리 회사를 그만둠으로써 자신이 보유한 주식을 좋은 가격에 매각할 수 있었고, 또한 경영 부실에 대한 직접적인 책임을 지지 않으려고 했다. 하지만 2001년 12월, 자산 규모 620억 달러의 엔론이 파산하면서 불거진 사회적 파장으로 인해 그동안 경제 시스템이 의존해온 신뢰의 기초가 흔들리기 시작했다.

역사상 가장 큰 도산은 아니었지만 엔론의 붕괴는 월드컴(WorldCom)과 같은 더 큰 다른 기업의 도산을 가속화시킨 기업의 부정에 대해 심각하게 생각하는 계기가 되었다. 이렇게 기업 부정이 폭로되는 일이 잦아지면서 자본주의 사회에서 오늘날 비즈니스 리더들은 신뢰를 회복해야 한다는 도전에 직면하고 있다. 신뢰 회복에 성공한다면 현 세대뿐만 아니라 미래 세대들까지 믿음이 더욱 충만한 사회에서 생활할 수 있을 것이다. 그러나 실패한다면 그들은 수많은 고통을 초래하는 경제적 불확실성으로 가득한 미래를 맞이할지 모른다. 이 책은 기업의 경영자들이 주요 기업에서 시행되고 있는 가치 원칙에 기초해 자본주의의 밝은 미래를 건설할 수 있는 틀을 제공하고자 한다.

과열 조짐을 느끼는 경영자들

1990년대 후반에 만연했던 경기 과열의 거품이 빠져나가면서 미국은 자본주의의 전환점을 맞았다. 하지만 경제사 연구자들은 거품 경기의 대가가 혹독하리라는 것을 예상했다. 지난 수십 년 동안 많은 경제적 거품의 확장과 붕괴가 있었다. 1980년에서 2002년까지 석유와 천연가스, 저축, 차입 자본을 이용한 기업 매수(LBO), 기업의 부동산 투자, 헤지펀드 투자에서 거품이 일었고, 가장 최근에는 인터넷과 통신 산업의 거품으로 해당 기업의 외부인에게 엄청난 비용을 전가하면서 내부인들이 돈방석에 앉기도 했다.

많은 경우에 거품 현상을 겪은 산업도 초기에는 건실한 이윤을 창출했었다. 그러나 거품 현상이 지속되면서 이들 기업은 새로운 투자자들이 계속해서 주식을 구입하게 하려면 그들에게 더 높은 성장률을 제시해야 한다는 생각에 사로잡혔다. 그러나 성장률을 높이기 위해서는 부채를 통한 기업 인수가 필요했고, 이것은 기업의 투자 기준을 완화해야 가능한 일이었다. 초기 투자자는 이런 사실을 모르는 후발 투자자들에게 주식을 매각하여 이익을 챙길 수 있었지만, 새로운 투자로 매입한 자산은 시한폭탄과 같았다. 결국 거품이 빠진 뒤 나타난 결과는 연이은 도산과 구제금융의 제공, 그리고 정부의 진상 조사였다. 사람들은 새로운 투자 열풍이 거품이라는 사실을 알고 난 후에서야 물러났고 이런 악순환은 지금도 계속되고 있다.

　기술주 거품의 붕괴로 주주와 정치적, 경제적 권력을 추구하는 사람들 사이에 갈등이 나타났다. 예를 들어보자. 정치인과 정부 규제 당국은 기업의 정치헌금에 선거 자금의 많은 부분을 의존하고 있다. 결과적으로 정부 관료는 기업 부정으로부터 사회를 보호하기에는 취약한 위치에 서 있다. 그들이 기업 부정을 막으려 한다면 자신의 정치적 입지를 강화시킬 수 있는 정치헌금의 흐름이 끊길 수도 있기 때문이다. 마찬가지로 회계법인처럼 감사를 담당하는 기관 역시 회계감사 업무나 수익성 높은 컨설팅 업무를 잃을까 두려워 은밀한 비자금 조성과 같은 기업의 회계 부정을 선뜻 공개하지 못한다.

　투자은행은 애널리스트가 발표한 주식 매수 권고가 자사의 고객과 투자은행 자체를 위한 것이 아니라 대중의 일반적 이익을 위한 분석이라는 환상을 유포한다. 일부 CEO는 자신이 보유한 주식을 일반 투자자에게 높은 가격에 매도하려는 목적으로 회사 경영과 관련된 낙관적 전망을 발표하기도 한다. 이로 인해 개미 투자자는 허위 정보에 속아 고가에 주식을 매입하게 되고 이는 회사 경영진의 사리사욕을 채워주는 결과를 낳는데, 이따금 회사의 직원조차도 이런 정보에 현혹되어 손해를 보기도 한다. 그리고 많은 경영진은 자리를 유지하고 높은 보수와 성과급을 받기 위해 회사의 어려운 경영 상태를 숨기려 한다.

　2002년 4월, 월스트리트저널과 NBC 방송이 공동으로 기업 리더의 부정에 관한 질문을 던진 결과, 1,005명의 응답자 중 57%가 지난 20년간 기업 리더와 경영진의 윤리적 기준과 가치가 하락했다고 대답했다. 이것은 1998년에 실시한 동일한 조사에서 응답자의 53%가 비즈니스 리더의 윤리적 기준이 과거와 동일하거나 다소 높아졌다고 대답한 것과 대조된다.[3] 뒤이어 실시된 조사에서도 기업에 대한 이러한 불신 현상은 계속되었다. 두 달 후, 여론조사기관인 하트-티터(Hart-Teeter)에서 1,008명을 대상으로 진행한 조사를 보면 기업에 대한 불신이 전보다 크게 높아진 것으로 나타났다. 엔론에서 일어난 회계 부정이 다른 기업에서도 일반적인 현상이라는 응답이 18%에서 24%로 크게 높아진 것이다.[4]

이처럼 기업에 대한 신뢰 상실로 투자자들은 주식시장에서 많은 자금을 회수하기 시작했다. 예컨대, 투자자들은 2003년 2월에 111억 달러에 상당하는 자금을 뮤추얼펀드 시장에서 회수했는데 이런 투자 자금 회수 현상은 2002년 중반부터 다달이 일어났다.[5] 이러한 현상은 미국에서 모든 상장 주식의 가치를 반영하는 윌셔 5,000 지수가 최고치를 기록한 2000년 5월에 17.4조 달러였던 시가총액이 2002년 6월 10.4조 달러로 7조 달러나 폭락한 시기에 미국 투자자들의 심리가 반영된 것이라고 할 수 있다. 기업에 대한 신뢰도 하락과 시가총액 폭락으로 주식 투자를 통해 생활 자금을 마련하고 은퇴를 대비하려던 개인 투자자들의 계획은 큰 차질을 빚게 되었고 그 때문에 많은 사람들이 은퇴 시기를 무한정 연기하게 되었다.

이런 공공연한 사실은 신뢰가 경제의 효율적 운용에 중요한 역할을 한다는 생각을 뒷받침한다. 경제는 사람들이 위험을 감수하려는 정도에 따라 움직이므로 여기서 신뢰도는 매우 중요한 요인이다. 사람들은 기대수익이 기대손실보다 크다는 조건이 충족되어야 위험을 감수하고 투자를 한다. 몇몇 경우에서 이런 위험은 1천억 달러의 자금이 소요되는 기업 인수만큼이나 컸고, 반면 직원들이 월급을 받지 못할 것이라는 위험만큼이나 낮은 가능성으로 투자가 이루어진 경우도 있었다.

경제 시스템에서 신뢰성이 떨어지자 사람들은 위험을 감수하는 대가로 더 높은 수익률을 요구했다. 어떤 사람이 입사 지원을 하고 임금 계약을 맺을 때 그 회사의 사장이 주가를 높이기 위해 회계장부를 조작한다는 의심이 들면, 그는 이 부정이 적발될 시 회사가 문을 닫아야 한다는 위험을 알고 있으므로 더 높은 임금을 요구할 가능성이 크다.

납품 업체의 경영 상태가 위태롭다고 판단했을 때 부품 공급자는 부품 납품 계약 시 더 좋은 가격 조건을 요구하기 마련이다. 투자자가 투자 회사의 경영 상태에 대해 신뢰감을 잃으면 그들은 보유한 주식을 매각하거나 처음부터 투자를 꺼려한다. CEO가 기술 투자 같은 자본 투자를 하지 않는다는 사실이 드러나면 지속적인 회사 발전이 어렵다고 생각해 투자자는 더 높은 수익률을 요구하거나 애당초 투자를 하지 않는 것이다. 결국, 위험을 감수하려는 정도를 나타내는 신뢰도의 기초가 점차 약화되어 경제 활동은 급격히 둔화된다.

신뢰도가 떨어지고 경제 활동이 둔화되면 CEO는 신뢰를 회복하라는 엄청난 압력에 시달리게 된다. 어떤 CEO는 이런 투자 신뢰도의 하락과 밀접한 연관이 있음이 드러나 이사회에서 쫓겨나기도 한다. 기존의 관행을 따른 대부분의 CEO는 세밀한 조사가 시작되면 역풍을 맞게 된다. 물론 예외적으로, 많지는 않지만 기업 부정을 피해가는 CEO도 있다(이는 회사의 주가가 떨어짐으로써 능력을 인정받지 못해 부정을 저지를 기회조차 없었기 때문이다). 어찌됐든 투자자의 비관적 분위기가 주가의 상승을 저지한다는 것은 틀림없는 사실이다.

밸류 리더십이란 무엇인가?

■
리더십을 발휘하는 일부 기업은 어려운 상황을 극복하고 도전에 잘 대처해 성공적으로 조직을 구축한다.

미주리 주 세인트루이스에 있는 비상장 주식 중개 회사인 에드워드 존스(Edward Jones)의 대표이사 존 바흐만은 30년 전, 회사가 도산할 위기에 처했을 때 밸류 리더십을 통해 난국을 돌파할 수 있었다고 말한다.

1970년대, 주식 중개업은 불황이었다. 다우존스 지수는 50% 하락했고 지금의 나스닥에 해당하는 지수는 75%나 폭락했다. 설립 이후 성장을 계속해 100여 개가 넘는 지점을 보유하고 있던 에드워드 존스는 순수한 자산이라고 할 수 있는 자본금이 1백만 달러에 불과할 정도로 극심한 경영 위기를 겪고 있었다. 게다가 정부가 주식 중개에서 고정된 수수료 정책을 폐지하면서 산업 환경은 더욱 악화되었다.

당시 컬럼비아와 미주리 지점을 운영하던 바흐만과 창업자의 아들인 테드 존스는 훗날 에드워드 존스를 그 어느 경쟁 증권사보다 뛰어난 실적을 거둔 기업으로 탈바꿈하게 만드는, 매우 중요한 결정을 내렸다. 2003년도 기준으로 8,700개 지점과 2만 5,000명이 넘는 종업원을 보유하고 연간 매출액이 22억 달러인 이 회사는 다른 경쟁사들의 수익이 급격히 감소한 지난 20여 년 동안에도 두 자리 숫자가 넘는 성장률과 이익 증가율을 유지했다. 에드워드 존스는 2002년과 2003년에 포천 지가 선정한 100대 최고 기업에서 정상을 차지했고, 마케팅 정보 회사인 JD파워 어소시에이츠(J. D. Power & Associates)가 종합 증권사를 대상으로 고객만족도를 조사한 결과에서도 다른 쟁쟁한 증권사를 제치고 1위를 차지했다.

30년 전 바흐만과 존스가 내린 매우 중요한 결정은 간단했지만 깊은 의미를 담고 있었다. 자본금이 점차 잠식되어가자 그들은 에드워드 존스가 살아남으려면 장기 투자를 하는 개인 고객에 초점을 맞추어야 한다고 결정했다. 이 결정으로 에드워드 존스는 상품 거래

(commodities trading)와 같은 기관투자가를 대상으로 한 영업 활동을 중지했는데, 기관 거래 시장에서 경쟁할 만큼 자원이 충분하지 않았기 때문이었다.

바흐만과 존스는 에드워드 존스의 사업 역점을 밸류스 부인과 같은 고객에게 두어야 한다고 생각했다. 미주리 센트레일리아 시에 있는 한 장례식장의 소유주인 밸류스 부인은 매년 사업에서 벌어들인 현금을 어떻게 투자해야 하는지 에드워드 존스에 자문을 구했다.

밸류스 여사와 같은 개인투자자를 발굴하고 서비스를 제공하는 것이 에드워드 존스에게는 성배를 찾는 일만큼이나 중요한 일이었다. 테드 존스는 농업에 관심이 있었지만 자신의 일생을 세인트루이스와 같은 작은 도시에서 보내고 싶지는 않았다. 대신에 테드는 시골 이곳저곳을 다니며 소규모 자영업자와 농부를 만나 그들의 신뢰를 얻었고 그들에게 장기 투자를 하도록 조언했다. 한 명의 고객에게라도 정성을 다하지 않으면 소문이 퍼지기 마련이므로 테드는 한 사람 한 사람의 고객에게 최선을 다했다.

테드의 생각은 시장의 요구와 맞아떨어졌다. 그는 자식이 없었으므로 다른 기업의 소유주처럼 나이가 들면서 자녀에게 유산을 물려주기 위해 회사를 매각할 필요가 없었다. 대신에 그는 회사의 소유권을 포기하고 파트너들을 받아들여 그들이 에드워드 존스의 공동경영자로서 애착을 갖고 열심히 일할 수 있게 했다.

아울러 공동경영의 핵심 요소에 따라 에드워드 존스에 참여한 모든 투자 대표자에게는 3~4개월 동안 매일 잠재 고객 스물다섯 명을 만나 새로운 관계를 형성하고 개인투자자를 발굴해야 한다는 의무가 부여됐다. 에드워드 존스는 투자자 발굴의 의무를 수행할 의지가 있는 사람에 의해 유지되는 시스템을 갖추고 있었던 것이다.

에드워드 존스는 외부 고객, 장기적 투자 관계, 조직에 얼마만큼 공헌했는가와 거기서 발생되는 성과에 기업 가치의 큰 의미를 부여하고 있다. 또한 장기 투자자에게 적합한 주식, 채권과 다른 투자 상품을 판매한다. 각종 투자 상품, 뮤추얼펀드, 신용카드, 은행계좌 등 개인투자자의 투자 계좌를 하나의 계좌로 종합 관리하는 서비스를 제공하기도 한다.

또 에드워드 존스는 인력 채용과 개발에 상당한 돈을 투자하는데, 매달 응시하는 1만 5,000명의 입사 지원자 중 단 200명만이 엄격한 절차를 거쳐 고용된다. 즉 목적의식이 투철해 높은 성과를 달성할 수 있는 인력만을 채용한다. 여기서 흥미로운 사실은 다른 회사와 달리 이 회사는 직원들이 자신의 정직성과 청렴성을 스스로 말하지 못하게 한다는 것이다. 바흐만은 "자신을 자랑하다가 큰 실수를 저지를 수 있음을 명심하라"는 어머니의 훈계를 잊지 않았다. 일단 투자 대표자를 고용하면 에드워드 존스는 그들의 교육에 투자해 투자 상담사 자격을 취득케 한다. 그리고 투자 대표자가 자신의 업무에 대해 책임을 지고 회사의 가치에 부합하는 성장 기회를 만들어낼 능력이 있다고 판명되고, 아울러 동료에게 신망을 얻으면 에드워드 존스는 그를 파트너로 예우해 지분을 제공한다.

많은 사람들이 에드워드 존스에서 일하고 싶어하는 이유가 무엇일까? 사람들은 고객의 요구를 잘 파악하고 그에 부응하는 서비스를 제공하는, 잘 조직된 회사에서 일하기를 원한다. 조직과 고객의 요구를 긴밀히 연계시키는 일은 에드워드 존스가 1970년대 초반에 결정한 선택에서부터 시작되었다.

에드워드 존스가 선택한 것에서 많은 교훈을 얻을 수 있는데, 선택하지 않은 것 또한 많은 시사점을 제시한다. 에드워드 존스는 개별 투자 상품별로 이익을 창출하는 방안을 선택하지 않았다. 에드워드 존스에서는 모든 사람이 서로 협력해 투자자를 돕는다. 에드워드 존스는 성과 달성에 대한 기준점을 설정하고 이 기준점을 초과 달성한 모든 사람에게 보너스를 지급함으로써 서로 협력해 투자자를 돕는다는 가치를 강화했다. 성과가 상위 10%에 해당하는 투자 대표자에게만 포상 휴가를 제공하는 경쟁사와 달리, 에드워드 존스는 사전에 정해 놓은 특정 기준점을 넘는 모든 투자 대표자에게 포상 휴가를 제공했다. 2002년, 총 9,000명의 투자 대표자 중 3,500명이 포상 휴가를 즐겼다.

증권업과 마찬가지로 가격 결정력에 한계가 있고 자본에 접근하기 어려운 다른 많은 산업도 효율적인 경영 방식으로 제한된 자원을 다루기 위한 방법을 터득해야 한다. 바흐만은 시간을 초월해 적용할 수 있는 유용한 조언을 다음과 같이 제시한다.

1. 대상 고객을 결정하라.
2. 회사가 대상 고객을 위해 창출할 수 있는 독특한 가치가 무엇인지 파악하라.
3. 가치를 창출하지 못하는 행동은 수행하지 마라.
4. 고객에게 적합한 가치를 창출하는 회사의 모든 활동에 일관성을 유지하라.
5. 의미 있는 변화를 달성하는 데는 그에 상당한 시간이 걸리므로 장기적 관점을 취하라.[8]

앞에서 설득력 있는 사례를 제시한 이유는 중요한 결론 한 가지를 강조하려는 의도에서이다. 정부는 자본주의의 신뢰를 재구축할 수 없다는 사실이다. 정부가 문제를 해결할 것이라는 기대는, 지고 있는 축구 경기에서 선수들의 능력을 탓하지 않고 심판을 교체해 승리를 하려는 기대와 다르지 않다. 이와 같은 상황에서 호황기와 불황기에 에드워드 존스와 같은 기업이 가치를 창출하는 데 도움을 준 기업 리더십의 개념은 유용한 지침이 된다. 밸류 리더십이라는 강력한 개념은 일곱 개의 원칙으로 뒷받침되며 이 원칙은 바닥까지 떨어진 자본주의의 신뢰도를 회복하기 위해 애쓰는 CEO들에게 많은 도움이 될 것이다.

밸류 리더십은 '가치(value)'와 '리더십(leadership)'이라는 매우 구체적인 개념에 기초를 둔다. 이 개념은 직원, 고객, 투자자, 지역사회 등 다양한 구성 요소의 참여 없이는 어떤 기업도 생존할 수 없다는 점을 강조한다. 밸류 리더십에서 '가치'란 기업과 이해 당사자 간에 존재하는 관계의 본질을 의미한다. 기업과 이해 당사자가 관계를 맺고 유지함으로써 서로 이익을 본다면 이 관계는 가치가 있다. 여기서 말하는 이익은 회사와 직원, 고객, 지역사회에 따라 다양하다. 예를 들어, 어떤 기업이 직원에게 공정한 임금을 지불하고 병든 부모를 간호할 시간적 여유를 허락한다면 그 직원은 기업과 가치 있는 관계를 맺는다. 충분한 교육 환경과 경력 개발의 기회를 제공해 경영진까지 승진할 기회를 준다면 그 또한 가치 있는 관계를 맺는 한 방법이 될 수 있다. 한 기업과 고객, 투자자, 지역사회 사이에도 이와 비슷한 관계가 존재한다.

일반적으로 개별 직원, 고객, 주주, 그리고 지역사회 구성원과 가치 있는 관계를 맺으려는 경영자는 그들의 의견을 주의 깊게 들어야 한다. 이와 같이 의견을 수렴하는 방법이 획기적이라고 말할 수는 없지만, 대다수 기업이 다양한 이해 당사자의 의견을 열린 마음을 갖고 체계적으로 수렴하고 있지 않은 것이 사실이다. 의견을 수렴하는 과정을 통해 경영진과 이해 당사자는 서로에게 도움이 되는 가치 관계를 형성한다. 한 기업이 리더십을 유지하고자 한다면 시간이 흘러도 변화하지 않는 정적인 리더십이 아니라 변화에 따라 항상 발전하는 관계를 형성해야 한다. 따라서 이해 당사자의 의견을 수렴하고 가치 관계를 강화 발전시키는 일은 단편적이 아닌 연속적 과정이다.

밸류 리더십에서 '리더십(leadership)'은 기업이 이해 당사자에게 적합한 가치를 훌륭히 창출하는 정도와 투자자에게 제공하는 상대적 투자 수익률과의 상관성을 의미한다. 기업은 고객, 투자자, 지역사회에 상대적으로 우월한 가치를 제공하기 위해 '최고'의 인력을 채용하는 등 많은 노력을 기울인다. 치열한 경쟁에서 승리한 기업은 경쟁사보다 높은 수익률을 투자자에게 제공한다. 이것은 이 기업이 보유한 최고의 인력이 최적으로 운용되어 고객의 문제를 가장 효과적으로 해결하기 때문이다. 직원과 투자자는 이윤 분배와 지배구조를 통해 발생하는 이익을 공유한다.

항공 산업에서 고객은 저렴한 항공 운임, 스케줄에 따른 정확한 이착륙과 승무원의 친절한 서비스에 가치를 부여한다. 경쟁사보다 우월한 고객 가치 기준(CVC, Customer Value Criteria)을 충족시키는 항공사는 CVC를 공유하려는 고객을 많이 확보한다. 항공사는 올바른 직원을 고용해 CVC를 부분적으로 충족시킬 수 있다. 올바른 직원은 서비스 정신에 충실하고 예상치 못한 상황에 효과적으로 신속히 대응하는 능력을 갖추고 있다. 능력이 있는 직원은 각자의 개성을 존중받고 즐겁게 일할 수 있으며 업무를 훌륭히 해냈을 때 발생되는 이익을 나눠받을 수 있는 직장에서 일하고 싶어 한다. 이와 같은 직원 가치 기준(EVC, Employee Value Criteria)을 충족시키는 항공사는 경쟁사보다 우수한 직원을 채용해 생산성을 극대화한다.

우수한 직원을 채용한 기업이 고객만족에서 경쟁사보다 뛰어난 성과를 보이면 재무적인 면에서도 좋은 성과를 낼 가능성이 크다. 훌륭한 직원을 유치하는 효과적인 수단은 직원에게 큰 의미가 있는 지역사회 활동을 회사가 지원하는 것이다. 회사가 직원의 이름으로 기부를 한다면 그 직원은 더 큰 소속감을 느껴 더욱 성실히 일하고 지역사회는 직원의 적극적인 참여로 혜택을 본다. 결국 어느 한 항공사가 오랜 기간 동안 지속적인 이윤 증가를 보이면 투자자는 그 기업의 주식을 매입해서 보유한다. 한 기업이 경쟁사보다 좋은 실적을 지속적으로 유지하면 투자자는 이 기업의 주식이 매입해서 보유할 만한 가치가 있다고 생각한다. 결국 주식시장에서 그 기업의 가치는 높아진다.

다시 말해 밸류 리더십은 직원, 고객, 투자자와 지역사회에 경쟁사보다 나은 이익을 제공한다고 할 수 있다.

간단한 절차 같지만 이를 오랫동안 유지하기는 어렵다. 설립자가 CEO인 기업은 상대적으로 경쟁 기업보다 우월한 가치를 창출하기가 쉽다. 하지만 경영자가 자주 바뀌는 회사에서 밸류 리더십을 계속 유지하기는 쉬운 일이 아니다. 어떤 기업이 밸류 리더십을 유지하지 못하면 경쟁 기업은 고객, 직원, 지역사회에 더 나은 거래 조건을 제시한다. 이로 인해 그 기업의 재무적 성과는 악화되고 투자자는 밸류 리더십에 기초한 경쟁사의 주식을 매입하여 보유한다. 밸류 리더십의 가장 중요한 기준을 충족시키려면 기업은 가치 창출 시스템을 만들고 새로운 고객의 요구, 직원들의 달라진 관심, 새롭게 등장한 경쟁 기업, 새로운 기술 등 다양한 변화에 적응해야만 한다.

밸류 리더십과 다른 경영 아이디어의 차이

밸류 리더십은 리엔지니어링, 식스시그마, 균형성과기록표, 경제적 부가가치(EVA)와 다르다. 이같은 경영 기법은 정량적 분석 또는 기술 분석을 통한 수익성 향상을 목표로 하지만 밸류 리더십은 직원, 고객, 지역사회와 관련된 기업의 행동을 향상시키려고 한다.

리엔지니어링은 기업의 비즈니스 프로세스를 개선하는 데 초점을 두는데, 이에 따르면 경영자는 '기존의 틀'에 얽매이지 말고 새로운 업무 방식을 고안해 가치 창출에 기여하지 못하는 활동을 없애야 한다. 밸류 리더십은 기업이 고객을 다루는 방식을 개선하도록 이끈다는 점에서 리엔지니어링과 같다. 하지만 밸류 리더십은 리엔지니어링과는 달리 직원과 지역사회의 중요성을 매우 강조한다. 리엔지니어링이 개인을 고려하지 않는 비즈니스 프로세스인데 비해 밸류 리더십은 적절한 인력을 유치하고 이들이 서로 협력해 업무를 하는 것을 비즈니스에서 가장 중요한 요소라고 여긴다. 또한 리엔지니어링이 단지 비효율적인 프로세스를 제거하고 불필요한 인력을 해고하는 것과 달리, 밸류 리더십은 인력이 회사의 장기적 가치에 기여하지 못하는 불필요한 업무를 스스로 없애도록 환경을 조성한다.

식스시그마는 프로세스 향상을 위해 매우 엄격한 통계적 방법을 적용한다. 이 방법에 따르면 경영자는 결점이 있는 모든 비즈니스 프로세스의 비용을 계산하여 결점을 초래하는 요인을 제거한다. 결점을 줄여 비용을 감소시키면서 품질을 향상시키는 것이다. 밸류 리더십도 역시 결점의 측정에 초점을 둔다. 하지만 결점을 나열하기보다는 기업의 활동이 가치와 조화를 이루는 정도를 평가한다. 밸류 리더십은 직원, 고객, 지역사회에 우월한 가치를 창출하는 업무가 투자자에게 높은 투자 수익을 가져온다는 개념에 기초한다. 식스시그마와 비교해볼 때 밸류 리더십은 낭비를 줄이기보다는 경쟁적으로 우월한 가치를 추가하는 것에 주의를 기울이라고 강조한다.

균형성과기록표는 기업이 전략을 수행하면서 재무적 요소 외에 직원, 고객만족, 교육과 같은 요소 또한 측정해야 한다고 제안한다. 균형성과기록표는 일단 기업의 전략을 수용하고 분석을 진행하지만 밸류 리더십은 기업의 전략, 조직과 운영을 평가하면서 분석을 시작한다. 밸류 리더십은 VQ를 산출하는 기업에 지침을 제공하여 자체 평가를 하도록 한다. 여기서 VQ는 개선의 여지가 있는 부분을 정확히 파악하는 데 도움이 된다. 전략, 조직과 운영의 평가 프로세스를 통해 한 기업은 자신의 밸류 리더십을 경쟁 기업과 비교하게 되고, 이러한 비교를 통해 밸류 리더십은 높은 수준의 성과를 달성하기 위해 경영자가 사용할 수 있는 활동과 전술을 구체적으로 보여준다. 이렇게 볼 때 밸류 리더십은 균형성과기록표와 달리, 한 기업의 전략, 조직과 운영을 평가하고 해당 산업 또는 경쟁사와 비교해 미흡한 부분을 파악한 후 이를 개선하도록 하는 것이다.

EVA는 일종의 재무 분석으로서 기업 주식의 시장가치를 높이려는 목적이 있다. EVA는 경영자가 각 사업단위에 할당된 자본의 양을 계량화하고 각 사업단위가 할당된 자본에 부합하는 충분한 이윤을 창출했는지의 여부를 평가한다. 이 이론은 자본비용을 정당화하지 못하는 사업단위를 폐쇄하거나 매각해야 한다고 한다. 하지만 밸류 리더십에서 투자자에 대한 가치는 한 기업이 직원, 고객, 지역사회를 위해 행동하는 방식에서 발생한다. 재무 분석에서 가치를 도출하는 EVA와 달리, 밸류 리더십은 기업이 얼마나 이해 당사자와의 관계를 훌륭히 관리하는가에서 가치가 생겨난다고 본다.

밸류 리더십은 지난 20여 년간 그다지 큰 관심을 받지 못했다. 특히 주식시장의 활황으로 인해 그 중요성을 인정받지 못했던 것이 사실이다. 1982년에 시작해 2000년까지 계속된 주식시장의 강세로 기업의 경영진은 밸류 리더십의 원칙보다는 주주의 가치에 중점을 두고 경영을 했고 그에 상응하는 많은 보수를 받았다. 스톡옵션이든 직접 소유든 자사 주식을 보유한 일부 CEO는 애널리스트의 분기 예상을 뛰어넘는 실적을 달성함으로써 엄청난 부를 축적했다. 그들은 끝없는 탐욕을 충족시키기 위해 임직원의 임금을 줄이고 사업단위를 인수합병하거나 매각하여 주식시장에서 공개적으로 자사 주식을 매입했다. 또 이런 모든 방법이 성공적이지 못할 때에는 애널리스트들이 원하는 수준으로 재무 보고서를 조작하기도 했다. 물론 이같은 부정한 방법에 대한 대가는 너무 크고 처벌 또한 가혹하므로 이런 활동은 아주 은밀히 진행되었다. 이런 가운데, 높은 연봉을 받으며 언론을 담당하는 홍보 전문가의 손을 거쳐 직원, 조직, 지역사회를 위해 가치를 창출한 사례가 이따금씩 크게 선전되기도 했다.

오늘날 밸류 리더십이 중요한 이유

밸류 리더십은 경영자가 다양한 경제 상황에서 마주치는 도전에 적절히 대처할 수 있도록 돕는다. 또한 기업의 신뢰를 되찾도록 개념과 방법을 제공한다. 앞으로 다가올 불황기에 밸류 리더십의 원칙들은 모두 유용하게 쓰일 것이다.

빠른 경제 성장으로 낙관적 미래를 그리는 시기에, 밸류 리더십은 성공의 원동력이었던 가치에서 경영자가 이탈하지 않도록 돕는다. 큰 성공을 거두는 시기의 경영자는 오만해져 성공을 이끈 가치를 도외시하기 쉽다. 반면, 불황을 겪고 있는 경영자는 긴축 경영 원칙을 단호하게 선언한다. 밸류 리더십은 호황이든 불황이든 상관없이 우월한 성과를 유지하는 기업을 분석하므로 경기가 어떠하든 관계없이 경영진에게 유익한 도구가 된다.

이렇게 보편적인 요구를 충족시키는 밸류 리더십은 매우 유용하다. 인간은 사회적 동물이기에 자신의 목표를 달성하는 것뿐 아니라 타인이 목표를 달성하도록 돕는 것에서도 만족을 느낀다. 자본주의는 개인적 성취를 중요하게 생각하지만 이 성취는 전적으로 혼자 힘만으로는 달성되지 않는다. 기업가는 직원, 투자자, 고객, 지역사회에 많은 책임감을 느낀다. 기업가는 아이디어를 주주에게 이익으로 돌려주기 위해 노력하고 이에 의구심을 갖는 사람들과 맞서 고결한 전투를 벌인다. 그 일환으로 경쟁 기업에 맞서 취하는 조치도 전투의 일부이지만 치열한 싸움을 통한 기업의 최종 이익은 경쟁 기업 자체를 패배시켜 얻기보다는 경쟁 기업보다 우월한 가치를 제공한다는 점을 고객에게 확신시키는 것에서 비롯된다.

독자는 어떻게 밸류 리더십에 접근해야 할까?

밸류 리더십은 독자들에게 여러 가지 도움을 줄 수 있다. 투자자는 수익성 있는 투자 대상이 되는 기업을 찾고 이미 투자한 기업을 평가해서 위험이 얼마나 되는지 파악하기 위해 밸류 리더십을 이용한다. 또, 이사회는 회사의 전략, 조직과 운영상의 문제점을 파악하는 용도로, 영리 또는 비영리기관의 경영자는 변화를 활용해 성과 향상의 기회를 찾아내는 수단으로 밸류 리더십을 이용한다. 근로자는 취업하고자 하는 기업을 평가하는 데 이를 활용하며, 정책 입안자와 규제 당국은 조직의 건전성을 투자자에게 알리는 수단으로 밸류 리더십을 동원한다.

밸류 리더십이 앞서 말한 목적을 달성하는 방법을 경우별로 살펴보자.

투자자는 여러 방식으로 현재와 미래의 포트폴리오에 밸류 리더십을 적용한다. 그들은 정보 시스템을 구축하고 밸류 리더십의 개념을 얼마나 잘 수행했느냐에 따라 투자 포트폴리오에 속한 기업의 순위를 매긴다. 이같은 정보 시스템은 기업의 고객, 직원, 지역사회 일원을 인터뷰한 결과와 더불어 전략, 능력, 시장에서 위치, 재무 건전성 등의 상세한 분석에 기초한다. 이런 정보 시스템을 유지하기 위해서는 많은 시간과 노력이 필요하다. 하지만 시스템을 통해 더 큰 혜택을 볼 수 있으므로 시간을 들여 구축하고 운영할 가치가 있는 것이다. 또한 이 시스템은 미래에 투자할 기업을 미리 분석해 투자의 타당성 여부를 알려준다. 특히, 높은 평판을 얻고 있지만 알려지지 않은 문제로 인해 경영이 악화된 기업을 조기에 파악하도록 돕는다.

밸류 리더십은 이사회가 주주에게 위임받은 책임을 행사하는 데 도움이 된다. 밸류 리더십의 개념을 통해 재무 보고, 후임자 선정, 인적자원의 관리, 사회적 책임, 기업 전략과 임원 보수 등을 평가한다. 특히 이사회는 회사의 정책을 검토하고 약점을 파악하며 개선을 도모하는 기준으로서 밸류 리더십을 활용한다. 또한 회사의 활동이 정책과 부합하는지 여부를 살피기 위해 정보 시스템을 조직하고, 발생할 가능성이 있는 문제점을 조기에 파악하는 도구로서 밸류 리더십을 이용한다. 이런 시스템은 이사회가 책임을 수행하고 때로 변화가 필요할 때 CEO에게 신호를 보내는 기초가 된다.

경영진은 밸류 리더십을 사용해 경영 개선의 기회를 포착하고 우월한 성과를 달성하는 데 필요한 변화를 모색한다. VQ는 어떤 조직이 밸류 리더십의 원칙을 구체적으로 적용해 약점을 파악하고 개선하는 노력 정도를 측정하는 수치이다. 이 분석을 통해 경영진은 개선 프로그램을 실행하고, VQ를 성과 평가와 급여 시스템에 포함시켜 좋은 성과를 낼 수 있도록 장려하게 된다.

근로자들은 밸류 리더십을 통해 근무할 기업을 평가한다. 투자자와 마찬가지로 근로자들도 잠재적 고용자에 관한 정보를 수집하여 이 기업이 자신에게 적합한지, 또 유망한 직장인지를 평가한다. 정보 수집에 꽤 많은 시간이 걸리기는 하지만 잠재적 고용자, 고객만족, 경쟁 상황, 재무 건전성과 개선 가능성에 관한 정보는 시간 투자보다 높은 만족도를 제공한다. 이러한 평가를 수행한 근로자는 밸류 리더십을 따르지 않는 기업에서 일하게 될 경우를 피하고 밸류 리더십의 원칙에 충실한 직장에서 개인의 행복과 경제적 안정을 찾을 가능성을 높인다.

정책 입안자와 규제 당국 또한 밸류 리더십의 혜택을 본다. 밸류 리더십은 분명한 원칙을 제공하고 가치지수는 조직이 밸류 리더십의 원칙을 따르고 있는지의 여부에 대한 평가 방법을 제공한다. 정책 입안자는 이 원칙을 법안에 포함시켜 조직의 리더들이 밸류 리더십을 따르도록 장려할 수 있다. 규제 당국은 상장회사와 같은 조직들이 연차보고서에 VQ를 포함하도록 하는 법안을 제정해 경쟁 기업과 지수를 비교하고 이 지수가 시간에 따라 어떻게 변했는지, 그리고 어떤 조직이 발전했는지를 분석한다.

밸류 리더십의 7원칙

플라톤의 저서인 『공화국』에 보면 동굴의 우화가 나온다. 플라톤은 다리와 목이 사슬로 묶여 평생을 어둠의 동굴에서 보낸 사람들을 가정했다. 동굴 속에서 불빛을 이용해 배, 사람의 조각상, 동물의 형상을 벽면에 그림자로 비춘다. 그러면 동굴의 거주자들은 벽에 비친 그림자를 유일한 실체라고 생각한다. 이후에 동굴 거주자들이 사슬에서 풀려 동굴 밖으로 나가면 처음에는 밝은 빛에 눈이 부셔 잘 보지 못하지만 차차 3차원의 사물을 관찰하고, 결국 햇빛과 세상의 실체를 보게 된다.9)

여기서 3차원 사물은 '플라톤의 정다면체(Platonic solids)'를 나타내고, 벽에 비춰진 그림자는 실제 세계에서의 개념을 드러낸 것이다. 플라톤의 정다면체를 대표하는 예로 '이상적 의자(chair-ness)'라는 것이 있다. 이상적 의자는 일반적인 의자를 나타내는 개념이고 실제 세계에 존재하는 다양한 형태의 의자는 동굴의 벽에 비춰졌던 그림자와 같다. 동굴에 켜진 불의 모양에 따라 같은 사물이라도 다양한 그림자가 벽에 비춰진다. 따라서 우리는 동일한 플라톤 정다면체에 대해 다양한 해석을 한다.

동굴의 우화는 밸류 리더십의 개념을 설명하는 데 도움을 준다. 이 개념은 거품 경제가 붕괴되기 이전 우량 기업에서 밸류 리더십의 증거를 조사하면서 나타났다. 버블의 원인을 찾아 이를 고치려는 노력을 하는 과정에서 당사자들에게 비난의 화살이 날아갔다. 월스트리트 애널리스트, 투자은행가, 부패한 기업 경영진, 비윤리적인 회계사와 이들과 공모한 정치인과 규제 당국 등이 그들이었다. 책임 소재를 파악하는 것은 지나침을 바로잡으려는 자본주의의 자연스러운 방법이다. 우량 기업에서 증거를 찾는 조사는 이들 기업이 2000년 이후에 붕괴된 자본주의의 자신감을 되찾는 데 도움이 될 것이라는 믿음에 기초하고 있었다.

이런 점에서 동굴의 우화가 유용하다. 동굴 벽 그림자를 이용하는 것처럼 자본주의의 본보기로 우량 기업에 그 초점을 둔다. 그림자는 불빛이 비춰진 한 순간에 강렬한 이미지를 만들지도 모르지만 이 개념이 만들어낸 영향력은 시간이 지나면 약화될 수 있다. 좋은 사례 가운데 하나가 시스코 시스템즈(Cisco Systems)이다. 시스코는 2000년에 주식시장이 붕괴하기 직전까지 최고로 경영을 잘하는 기업의 전형이었다. 그러나 시스코의 주가총액이 4천억 달러나 하락하자 사람들은 그동안 최고라고 생각했던 시스코의 '우수한 경영 관습' 중 많은 부분을 회의적으로 바라보기 시작했다.

월마트는 오랫동안 일부 인력에게 급료를 지불하지 않고 여성을 차별했다는 이유로 소송을 당했다. 그리고 골드만삭스의 재정 거래 부문 파트너인 밥 프리먼은 1987년 2월, 내부자 거래를 했다는 혐의로 체포됐고, 마이크로소프트는 반독점 행위로 여러 번 소송에 휘말렸다. 이렇게 볼 때 이 책의 주된 관심사인 밸류 리더를 만드는 일이 자본주의의 신뢰도를 회복하는 최선의 접근 방법이 아닐지도 모른다.

대신 자본주의의 그림자(밸류 리더)보다는 플라톤의 개념에 초점을 두는 것이 의미가 있다. 밸류 리더십은 밸류 리더와 그 경쟁 기업을 비교하면서 생겨난다. 밸류 리더들이 밸류 리더십의 개념을 완전히 구체화하지는 못하더라도 그 개념에 충실한 경영을 할 때 밸류 리더의 위대함이 가장 분명히 드러나는 듯 하다. 밸류 리더십은 핵심적으로 자본주의를 움직이는, 즉 주주를 위해 높은 수준의 가치를 창출하려는 계속된 노력에 초점을 두고 있다. 이는 거품이 빠진 이후 경제적 불황에서 탈출하도록 경영자를 고취하려는 목적일 것이다.

밸류 리더십의 일곱 가지 원칙

밸류 리더십을 제대로 활용하려면 원칙이 필요하다. 이 책은 다음과 같이 밸류 리더십의 일곱 가지 원칙을 설명한다.

- 인간관계의 존중 인력이 모든 능력을 발휘해 기업의 이해에 기여하도록 그들을 존중하라.
- 팀워크의 활성화 다양한 능력을 지닌 인력이 협력해 일함으로써 기업의 이익을 증진시키게 하라.
- 성장 동력의 내적 발견 우연한 발견을 이용해 고객과 파트너에게 가치를 창출하라.
- 약속의 이행 하려고 하는 것을 말하고 말한 것을 실행하라.
- 자기만족과의 싸움 오만함을 버려라.
- 다양한 역량의 배양 시장에서 리더십을 유지하는 전략을 사용하라.
- 사회 환원 활동 기업의 자원을 사회에 환원하라.

밸류 리더인 여덟 개 기업

밸류 리더십과 그 원칙의 개념을 증명하기 위해 본보기가 될 만한 기업을 조사했다. 밸류 리더십이 시간을 초월해 훌륭한 기업을 판별하는 수단이라고 말하는 것은 무리가 있다. 또, 실제로 기업이 밸류 리더십을 어떻게 사용하는지 조사해보지 않고 이를 유용한 개념이라고 판단하는 것도 바람직하지 않다. 나는 미국의 상장 기업 중 상위 1,500개 기업을 선택하고 여기에 정성적, 정량적 요소를 적용해 밸류 리더를 선별하는 작업을 했다.

다섯 가지 정성적 요소는 다음과 같다.

- 재무보고서 및 주주와의 의사소통 수준
- 중요한 법적 문제와 불확실성의 부재
- 높은 수준의 직원 만족도
- 탁월한 고객서비스
- 높은 수준의 경쟁 기업 존중

여섯 가지 정량적 요소는 아래와 같다.

- 시장점유율
- 10년 평균 자기자본이익률
- 직원 1인당 매출액과 이익
- 대차대조표의 건전성
- 10년간 순이익 증가율
- 10년간 주주 수익률

밸류 리더십의 원칙은 밸류 리더를 선별하는 정성적 판단 기준과 높은 상관관계를 보인다. 표 1.1에서 제시하듯이 밸류 리더십의 원칙과 다섯 가지 정성적 판단 기준은 매우 높은 양(+)의 상관관계를 보인다.

밸류 리더를 선택하는 기준인 밸류 리더십의 원칙과 정성적 판단 기준 사이에 존재하는 양의 상관관계는 기업이 중요한 성과를 달성하는데 밸류 리더십이 도움이 된다는 사실을 의미한다. 예를 들어, 경영진은 인간관계를 존중하고 팀워크 활성화를 통해 직원들의 만족도를 향상시키며 뛰어난 고객서비스를 장려할 수 있다.

또한 밸류 리더십의 원칙은 밸류 리더를 선별하는 정량적 판단 기준과도 높은 상관관계를 보인다. 표 1.2에서 제시하듯 밸류 리더십의 원칙과 정량적 판단 기준 사이에 많은 부분에서 꽤 높은 양의 상관관계가 존재한다.

밸류 리더를 선택하는 기준인 밸류 리더십의 원칙과 정량적 판단 기준 사이에 존재하는 양의 상관관계는 기업이 주주 수익률을 높이는 데 도움이 된다는 사실을 의미한다. 경영진은 인간관계를 존중하고 팀워크를 활성화하여 생산성을 높일 수 있다. 또 시장점유율, 순이익 증가율과 주주 수익률을 높이기 위해서 경영진은 '다양한 능력의 배양'이라는 원칙을 수용해야 한다.

앞서 말한 11개의 선택 기준을 1,500개 기업에 적용한 결과, 밸류 리더십의 본보기가 되는 밸류 리더로 판단되는 8개 기업을 추출할 수 있었다.

- 골드만삭스(Goldman Sachs) : 우량 제조업체를 중심으로 투자하는, 매출액 230억 달러의 투자은행 부문 리더
- 존슨 앤드 존슨(Johnson & Johnson) : 일회용 반창고와 타이레놀로 유명한, 매출액 360억 달러의 의료 및 건강 제품 생산기업
- JM 스머커(J.M. Smucker) : 창업자의 손자가 경영하고 있는, 매출액 9억 8,600만 달러의 잼과 젤리 및 통조림 생산 기업
- MBNA : 매출액 88억 달러의 어피니티 카드(affinity card, 스포츠 팀이나 대학 등에서 발행하는 신용카드의 일종)업계 리더
- 마이크로소프트(Microsoft) : 세계에서 가장 부자인 빌 게이츠가 경영하는, 매출액 310억 달러의 컴퓨터 소프트웨어 업계 리더
- 사우스웨스트 항공(Southwest Airlines) : 유일하게 3년 연속 흑자 경영을

달성한, 매출액 55억 달러의 저가 항공권 발행 항공사
- 시놉시스(Synopsys): 고객이 요구하는 다양한 제품을 생산하기 위해 애번트(Avant)를 인수하는 모험을 한, 매출액 9억 700만 달러의 반도체 디자인 소프트웨어 업계 리더
- 월마트(Wal-Mart): 매일 저가의 생필품을 제공하는 것으로 유명하며 세계적으로 4,600개 점포를 보유하고 있는 매출액 2,380억 달러의 유통 기업

표 1.1 밸류 리더십의 원칙과 밸류 리더 선별을 위한 정성적 선택 기준 사이의 연관성

밸류 리더십의 원칙	밸류 리더 선별을 위한 정성적 선택 기준	연관 정도
인간관계의 존중	**재무보고서의 수준**: 직원들과 주주를 존중하는 기업은 정확한 재무보고서를 제출한다.	+
	법적 문제: 직원이나 하청업체가 제기하는 소송이 적다.	+
	높은 직원 만족도: 존중받는 직원은 만족도가 높다.	++
	탁월한 고객서비스: 존중받는 직원이 더 높은 고객서비스를 제공한다.	++
	경쟁자에게 받는 존중: 경쟁 기업은 최고의 인력을 채용하는 기업을 존중한다.	+
팀워크의 활성화	**재무보고서의 수준**: 팀워크가 좋은 기업은 정확한 재무보고서를 제출한다.	+
	법적 문제: 상관관계가 제한적이다.	0
	높은 직원 만족도: 팀을 중심으로 생각하는 직원은 만족도가 더 높다.	++
	탁월한 고객서비스: 팀은 더 나은 고객서비스를 제공한다.	++
	경쟁자에게 받는 존중: 팀워크는 성과를 높일 뿐 아니라 경쟁자의 존중도 증가시킨다.	+
성장 동력의 내적 발견	**재무보고서의 수준**: 상관관계가 없다.	0
	법적 문제: 상관관계가 없다.	0
	높은 직원 만족도: 직원은 변화와 혁신이 환영받는 직장을 좋아한다.	++
	탁월한 고객서비스: 상관관계가 없다.	++
	경쟁자에게 받는 존중: 혁신적인 기업은 경쟁 기업으로부터 존중받는다.	+

약속의 이행	**재무보고서의 수준**: 정직한 직원은 재무 보고를 정확하게 한다.	++
	법적 문제: 정직한 기업은 법적 문제에 직면하는 경우가 거의 없다.	++
	높은 직원 만족도: 신뢰감이 높은 직원은 만족도가 더 높다.	+
	탁월한 고객서비스: 정직한 직원은 높은 고객서비스를 제공한다.	++
	경쟁자에게 받는 존중: 경쟁 기업은 성과가 좋은 정직한 기업을 존중한다.	+
자기만족과의 싸움	**재무보고서의 수준**: 성과를 달성하려는 동기가 충만한 회사는 충실한 재무보고서를 제출한다.	+
	법적 문제: 상관관계가 없다.	0
	높은 직원 만족도: 성과가 높은 직원은 만족도가 높다.	+
	탁월한 고객서비스: 높은 가치를 달성하기 위한 노력은 고객을 만족시킨다.	++
	경쟁자에게 받는 존중: 자기만족과의 싸움은 기업의 성장을 돕고 경쟁 기업의 존중을 이끈다.	+
다양한 역량의 배양	**재무보고서의 수준**: 상관관계가 없다.	0
	법적 문제: 경쟁에서 뒤쳐진 경쟁기업이 소송을 제기할 가능성이 높다(소송을 제기할 수 있는 경쟁 기업은 많다).	−
	높은 직원 만족도: 경쟁에서 승리한 기업에서 일하는 직원의 만족도는 높다.	++
	탁월한 고객서비스: 높은 수준의 고객서비스는 경쟁에서 유리한 위치를 차지하게 한다.	++
	경쟁자에게 받는 존중: 경쟁에서 승리하는 기업은 경쟁 기업에게 존중받는다.	++
사회 환원 활동 참여	**재무보고서의 수준**: 상관관계가 없다.	0
	법적 문제: 공동체가 소송을 제기하는 경우가 적다.	+
	높은 직원 만족도: 기부를 많이 하는 기업에서 일하는 직원은 만족도가 높다.	++
	탁월한 고객서비스: 고객은 지역사회에 기부하는 기업을 선호한다.	+
	경쟁자에게 받는 존중: 지역사회에 환원하는 기업은 경쟁 기업의 존중을 받는다.	+

※ ++=강한 양의 상관관계, +=보통의 양의 상관관계, 0=상관관계 없음,
 −=보통의 음의 상관관계

표 1.2 밸류 리더십의 원칙과 밸류 리더 선별을 위한 정량적 선택 기준 사이의 연관성

밸류 리더십의 원칙	밸류 리더 선별을 위한 정성적 선택 기준	연관 정도
인간관계의 존중	시장점유율: 상관관계가 제한적이다.	0
	자기자본이익률: 총매출액이 적을수록 비용이 낮으므로 자기자본이익률은 증가한다.	+
	생산성: 대우를 잘 받는 직원의 생산성이 높다.	++
	대차대조표의 건전성: 상관관계가 없다.	0
	순이익 증가율: 만족도가 높은 직원의 생산성이 높다.	+
	주주 수익률: 순이익 증가율은 주가를 높인다.	+
팀워크의 활성화	시장점유율: 팀워크는 고객 가치와 시장점유율을 높이는 데 도움이 된다.	+
	자기자본이익률: 팀워크는 생산성을 향상시킨다.	+
	생산성: 협력해 일하는 직원의 생산성이 높다.	++
	대차대조표의 건전성: 상관관계가 없다.	0
	순이익 증가율: 높은 생산성은 순이익 증가율을 가속화한다.	+
	주주 수익률: 순이익 증가율은 주가를 높인다.	+
성장 동력의 내적 발견	시장점유율: 성공적인 신상품은 시장점유율을 높인다.	+
	자기자본이익률: 수익성 있는 신상품은 자본 이익률을 높인다.	+
	생산성: 성공적인 신상품은 직원 1인당 생산성을 높인다.	+
	대차대조표의 건전성: 성공적인 신상품으로 현금흐름이 좋아진다.	+
	순이익 증가율: 성공적인 신상품은 순이익 증가율을 가속화한다.	+
	주주 수익률: 순이익 증가율은 주가를 높인다.	++
약속의 이행	시장점유율: 상관관계가 제한적이다.	0
	자기자본이익률: 소송비용이 적을수록 자본 이익률은 높아진다.	+
	생산성: 정직한 기업문화는 직원의 만족도와 생산성을 높인다.	+
	대차대조표의 건전성: 상관관계가 없다.	0
	순이익 증가율: 높은 생산성은 순이익 증가율을 가속화한다.	+
	주주 수익률: 순이익 증가율은 주가를 높인다.	+
자기만족과의 싸움	시장점유율: 개선을 위한 노력은 시장점유율을 높인다.	+
	자기자본이익률: 개선을 위한 노력은 이익과 자본 이익률을 높인다.	+
	생산성: 개선을 위한 노력은 생산성을 높인다.	+
	대차대조표의 건전성: 개선을 위한 노력으로 현금흐름이 좋아진다.	+
	순이익 증가율: 높은 생산성은 순이익 증가율을 가속화한다.	+
	주주 수익률: 순이익 증가율은 주가를 높인다.	+

다양한 역량의 배양	**시장점유율**: 경쟁에서의 승리는 시장점유율로 측정된다.	++
	자기자본이익률: 경쟁에서 승리하는 것은 가격 결정력과 자본 이익률을 높인다.	++
	생산성: 경쟁에서의 승리는 직원에게 생산성을 높일 동기를 부여한다.	+
	대차대조표의 건전성: 경쟁에서 승리함으로 현금흐름이 좋아진다.	+
	순이익 증가율: 경쟁에서 이김으로써 순이익 증가율이 빨라진다.	++
	주주 수익률: 경쟁에서의 승리는 주가를 높인다.	++
사회 환원 활동 참여	**시장점유율**: 지역사회에 기부함으로 고객 충성도를 높인다.	+
	자기자본이익률: 높은 고객 충성도는 자본 이익률을 높인다.	+
	생산성: 기부하는 직원은 행복감과 생산성이 높다.	+
	대차대조표의 건전성: 높은 고객 충성도로 현금흐름이 좋아진다.	+
	순이익 증가율: 높은 고객 충성도는 순이익 증가율을 높인다.	+
	주주 수익률: 높은 고객 충성도는 주가를 높인다.	+

주: ++=강한 양의 상관관계, +=보통의 양의 상관관계, 0=상관관계 없음.

밸류 리더로 선택된 여덟 개 기업이 계속 우월한 성과를 유지하리라는 보장은 없다. 하지만 CEO는 일반적인 기업보다 밸류 리더에 속한 기업들이 4.5배나 많이 주주의 부를 창출했다는 사실에 주목해야 한다. 사실, 이들 여덟 개 기업에 1천 달러를 10년 전에 투자했거나 최초 공모(IPO)에서 이들 기업의 주식을 매입했다면, 2003년 현재 투자 금액은 491% 증가한 4만 7,240달러가 된다. 이 증가율은 같은 기간 동안 8,000달러를 S&P 500 지수에 투자해 106% 증가한 1만 6,500달러보다 훨씬 크다. 여덟 개 밸류 리더의 경쟁 기업에 1,000달러씩 8,000달러를 투자했다면 투자 수익은 226% 증가한 2만 6,050달러로 역시 밸류 리더 그룹의 투자 수익률에 크게 못 미친다.[10]

VQ(가치지수)

측정할 수 없는 것은 경영할 수 없다는 경영의 기본 원리가 있다. 이 책이 주는 가장 큰 이점은 특정한 형태가 없는 가치를 계량화하여 경영할 수 있는 방법을 알려준다는 것이다. 앞서 경영자가 VQ를 사용하는 방법에 관해 언급했다. VQ는 밸류 리더십의 일곱 개 원칙을 통해 어떤 기업이 처한 현재의 상황과 위치를 평가한다.

1장에서 VQ에 대해 자세히 논의하겠지만, 우선 VQ의 기본적 논리를 살펴보기로 한다. VQ는 0부터 100까지의 백분율로 표시되며 기업이 밸류 리더십의 원칙을 충실히 따르는 정도를 나타내는 사례에 기초한다. 구체적으로 밸류 리더십의 7원칙에 따라 기업이 수행하는 서너 가지의 활동을 통해 VQ를 평가한다. 예를 들어, '성장 동력의 내적 발견'이란 원칙에 해당하는 네 가지의 활동은 조직적인 성장, 개발 위험 관리, 내부 파트너십과 외부 파트너십의 형성이다. 밸류 리더에 속한 기업과 그 경쟁 기업의 활동을 비교하면 밸류 리더십 원칙의 각각에 해당되는 활동을 찾을 수 있다. 그리고 각 활동의 수행 여부와 달성 정도에 따라 기업들의 점수를 매겨 VQ를 구할 수 있다.

평가 과정은 1장에서 자세히 살펴볼 것이다. 하지만 일단 유통 기업인 월마트와 JC 페니(J.C. Penny)의 VQ를 비교해보기로 하자. 월마트의 VQ는 91%이고 JC 페니는 53%이다. 4단계를 거쳐 VQ를 구했다.

1. 월마트와 JC 페니가 밸류 리더십의 7원칙 각각에 해당하는 활동을 얼마나 충실히 수행하는가에 따라 점수를 매긴다. 각 활동에는 가장 높은 5점에서 가장 낮은 1점까지의 점수를 부여한다.
2. 각 활동에 해당하는 점수를 합하고 가중치를 곱한다. 가중치는 각 원칙

이 전체 점수에서 차지하는 비중이 동일하도록 만든다. 한 원칙에 네 가지의 활동이 해당된다면 가중치는 3이고 세 가지의 활동이라면 가중치는 4이다. 결과적으로 각 원칙이 얻는 가장 높은 점수는 60이 된다.
3. 가중치를 곱해 구한 각 원칙에 해당하는 점수를 합산한다.
4. 3번에서 구한 점수를 모든 원칙이 60점을 받았을 때 나오는 가장 큰 점수인 420으로 나눈다.

그림 1.1은 월마트와 JC 페니에 2단계 과정을 적용한 결과이다. 새로운 경영 혁신의 수단으로서 VQ 값의 핵심은 밸류 리더십의 7원칙에 해당되는 기업의 행동을 계량화한다는 것이다. 1단계를 수행하는 방법을 설명하기 위해 '인간관계의 존중' 원칙에 해당되는 월마트와 JC 페니의 활동 점수가 어떻게 매겨졌는지 살펴보자(표 1.3 참조).

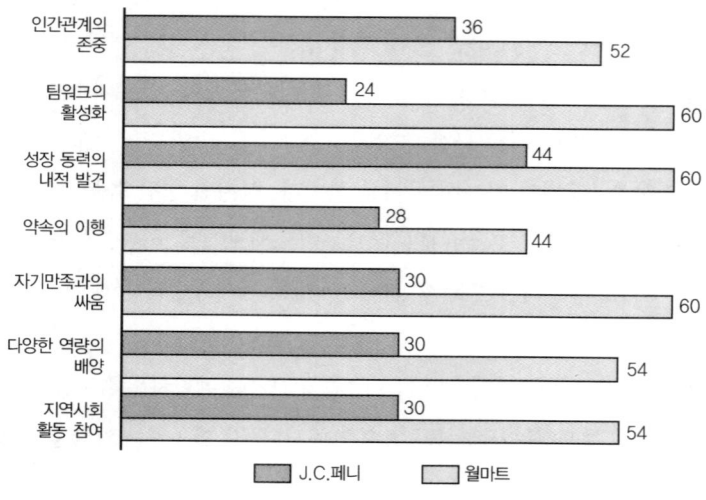

그림 1.1 월마트와 J.C. 페니의 가치지수

이 사례는 한 기업의 VQ 점수를 계산하기 위해 VQ의 개별적인 구성요소를 평가하는 방법을 보여준다. 인간관계의 존중에 해당되는 네 가지 기업 활동이 얼마나 원칙에 충실한가를 평가해 '인간관계의 존중'이라는 구성요소의 점수를 구할 수 있다. 또, 밸류 리더와 그 경쟁 기업 간의 차이점을 분석하면 기업이 일곱 개의 원칙을 인식하게 만드는 필수 활동이 도출된다. 최고의 경영 활동을 벌이는 기업을 기준으로 삼아 개별 기업이 얼마나 필수 활동을 잘 수행했는지 점수를 매긴 결과, 월마트에 부여된 54점은 고용, 교육과 직원 성과 측정에서 매우 훌륭한 활동을 수행했다는 점을 보여준다. 낮은 급여와 긴 근무 시간으로 악명 높은 월마트는 급여 부문에서 낮은 점수를 받았다.

VQ는 경영자가 조직의 개선을 위해 필요한 활동이 무엇인지 구체적으로 파악하는 데 유용하다. 기업의 활동을 밸류 리더의 활동과 비교함으로써 경영자는 조직의 개선을 이끄는 기초로 VQ를 활용할 수 있다.

표1.3 인간관계의 존중 : 월마트와 JC 페니의 사례

인간관계의 존중: 활동		점수	내용
핵심 가치에 대한 헌신	월마트	5	월마트는 재기 발랄한 인력의 채용을 환영
	JC 페니	3	야심 있고 재능 있는 인력의 채용에 소극적
가치를 준수할 인력의 채용	월마트	5	매주 토요일 아침 교육과 훈련 실시
	JC 페니	3	비용 절감 때문에 제한적인 교육 훈련 실시
균형 잡힌 성과 평가	월마트	3	성과에 중점을 두고 평가
	JC 페니	2	고객서비스와 상품 판매율로 평가
공정한 직원 보상	월마트	5	이윤 공유, 주식 소유권, 낮은 급여
	JC 페니	2	뒤늦게 기업연금(401(k)) 제공
총점*	월마트	54	
	JC 페니	30	

주 : 획득 가능한 최고 점수=20. 5=탁월, 4=매우 우수, 3=우수, 2=보통, 1=낮음.
* : 총점은 가중치 3을 곱하여 계산

이 책의 구성

밸류 리더십에 관한 내용은 1장에서 VQ의 자세한 설명과 함께 계속되며, 2장에서 8장까지는 밸류 리더십의 7원칙에 대해 자세히 설명하고 밸류 리더가 일상 업무에서 이 원칙을 적용할 수 있게 하는 활동과 전술의 중요성을 사례를 통해 설명한다. 9장은 밸류 리더십을 활용하는 방법에 관한 내용으로 전개된다. 부록은 밸류 리더를 선택하고 이들 기업의 VQ를 계산한 방법에 관한 자세한 내용을 제시한다.

결론

경영자는 자본주의의 신뢰도를 반드시 회복해야 한다. 이 도전은 물론 매우 어렵지만 밸류 리더십을 통해 영감을 받고 문제점을 극복할 수 있다. 이제부터 리더십을 새롭게 하는 여정을 시작해보자.

1장
현재 위치는 어디인가?

밸류 리더십은 어려운 시기를 겪는 경영자가 기업을 보다 잘 이끌어 가도록 돕는 지침이다. 이 장은 기업이 밸류 리더십을 얼마나 잘 따르고 있는가를 평가하는 데 유용한 가치지수(VQ)를 통해 경영자가 이 지침을 명심하고 경영하도록 도움을 준다. 이런 목적을 달성하기 위해 이 장의 나머지 부분은 다음과 같은 질문에 대답한다. VQ는 어떻게 작용하는가? VQ가 유용한 이유는 무엇인가? VQ가 비즈니스에 어떻게 도움이 될까?

VQ가 작용하는 방식

■

VQ는 측정하고 계량화할 수 있도록 추상적인 개념을 구체적 행동으로 바꾼다. VQ는 개념, 원칙, 활동, 전략이라는 네 가지 측면의 분석에 기초한다. 밸류 리더십의 개념은 조직이 가치를 실행에 옮기는 방식을 설명하는 일곱 가지 원칙(예: '인간관계의 존중)으로 뒷받침되며, 이 원칙들에는 각각 서너 개의 활동(예: '핵심 가치의 고수')이 포함된다. 이 활동들은 경영자가 밸류 리더십의 원칙을 인식하는 데 큰 도움을 준다. 각 활동에는 전략과 구체적 행동 단계가 있다.

많은 기업에서 변화는 하향식으로 일어난다. CEO가 단지 호기심만으로 새로운 개념을 도입한다면 기대하는 혜택보다 조직을 혁신시키는 비용이 너무 크다는 이유로 변화가 좌절될 수 있다. 그러므로 개념, 원칙, 활동, 전략이라는 네 가지 측면의 분석에 초점을 두고, 밸류 리더십을 시작하기 전에 미리 비용과 이득을 명확히 파악해야 한다.

네 가지 측면의 분석은 밸류 리더십을 변형하여 조직의 일상 활동에 결합시키려는 의도를 담고 있으며, 이같은 의도를 달성하기 위해 개념은 여러 개의 '원칙'으로 구성되어 있다. 원칙은 경영진과 관리자가 기업의 주주, 직원, 고객, 지역사회에 가치를 연결시키는 데 도움을 준다. 원칙을 일상 활동에 접목시키는 것은 구체적인 '활동'이다. 이런 활동은 명시적으로 다양한 부서에서 일하는 직원들의 협력을 필요로 하는 프로세스에 초점을 둔다. 밸류 리더가 각 원칙을 실현하는 비즈니스를 어떻게 실행하는가에 대한 분석으로 각 원칙에 해당하는 활동들이 개발되었다. 활동을 직원들의 일상 업무에 통합시키기 위해 '전술'과 구분한다. 전술은 마감 기한까지 구체적인 업무를 완수하겠다고 약속한 특정한 직원에게 배당된 구체적 행동 단계이다. 먼저 네 가지 측면을 분석해 경영자가 밸류 리더십을 채택했을 경우 혜택이 비용을 넘어서는지의 여부를 평가할 수 있을 것이다.

VQ는 활동과 전략에 해당하는 점수를 합산하여 구한다. 이 장의 후반부에서 기업의 활동 측면에서 VQ를 평가하는 방법을 논의할 것이다. 활동 측면을 기준으로 구한 VQ는 정확한 수치는 아니지만 경영자는 상대적으로 손쉽게 이 지수를 구할 수 있다. 활동 측면의 분석은 경영자가 자신의 기업이 잘 수행하는 밸류 리더십의 원칙이 무엇이고 개선의 여지가 있는 원칙은 무엇인가를 파악하는 데 유용하다. 그 후 경영자는 개선할 여지가 있는 원칙에 관심을 기울이고 잘 진행되고 있는 원칙에는 좀더 자세한 전술 측면의 VQ를 계산해야 한다. 2장에서 8장은 전략 측면의 VQ를 위한 분석표를 제공한다.

VQ가 유용한 이유

VQ는 독립적으로 진행되는 두 가지 사업을 바라보는 관점을 통합하기 때문에 유용한 도구이다. 경영 컨설턴트는 경영자를 도와 전략, 조직, 운영상의 문제를 평가하여 기업 성과를 향상시킨다. 재무 분석가는 기업의 이윤 전망에 영향을 미치는 계량적 요소를 분석해서 투자의 적절성을 평가한다. 당연히 두 관점 모두 중요하고 강력한 영향을 미친다. 하지만 이 두 가지 관점을 통합하면 투자자는 투자 기업의 경제적 전망에 관해 심도 있게 이해하고 경영자는 기업의 행동이 투자자의 생각에 어떻게 영향을 미치는가를 파악할 수 있다.

1981년 이후, 세계 굴지의 기업에서 경영 컨설팅을 수행했던 경험을 통해 나는 산업을 선도(先導)하는 기업과 그 경쟁 기업을 구별하는 특성을 파악했고, 이 특성은 VQ의 개발에 많은 영향을 미쳤다.

선도 기업에는 다음과 같은 특성이 있다.

- 가장 영리하고 야심에 찬 인력을 채용하고 그들이 능력을 계속 발휘하

도록 동기를 부여한다.
- 직원들에게 강도 높은 현장 교육을 비롯한 다양한 교육 기회를 제공한다.
- 경쟁 기업보다 많은 가치를 제공해 고객을 확보한다.
- 경쟁의 승리에 안주하지 않고, 성장과 이익은 물론 경영 전반에 걸쳐 엄격한 기준을 유지하여 조직이 발전하도록 격려한다.
- 고객의 문제를 실질적으로 해결하기 위해 투자를 아끼지 않고, 이에 만족한 고객은 신제품이 출시될 때에도 망설이지 않고 구매하게 되며 결국 큰 수입원이 된다. 누가 해결책을 제안했는가는 중요하지 않다.
- 주주의 투자 자금을 낭비하지 않는다.

이에 비해 선도 기업의 경쟁 기업에서는 다음과 같은 점이 관찰된다.

- 팀보다는 자신의 경력을 우선시하는 인력을 채용하고 승진시킨다.
- 시장 선도와 고객만족 정도로 직원들을 평가하기를 꺼린다.
- 자기가 속한 산업에서 일어난 변화에 느리게 적응한다.
- 각 부서가 사용할 자원을 더 많이 확보하도록 경쟁을 부추긴다.
- 하향식으로 권력을 행사한다.

1995년 초, 나는 경영 컨설팅 경험을 투자 분석에 적용했다. 특히 비상장 기업에 투자했고 TV, 출판, 온라인 미디어에 대한 투자를 평가했다. 두 개의 증권 정보 웹사이트인 bigtipper.com과 validea.com[1])을 통해 내가 추천한 상장 주식의 가치 변동을 파악할 수 있다. 그림 1.1은 1998년에서 2000년 상반기까지 추천 상장 주식의 수익률을 나타낸다.

2001년 초, 나는 비즈니스위크 온라인, 더스트리트닷컴 등 텔레비전

방송과 온라인 그리고 출판물을 통해서 몇몇 기업의 주가 하락을 예측했으며, 이것을 따른 투자자는 공매도(short selling)를 통해 이익을 볼 수 있었다. 투자자는 공매도를 통해 증권회사에서 주식을 빌려 제3자에게 매도하고, 해당 주식의 가격이 하락하면 싼 가격에 주식을 다시 매입하여 증권회사에 상환함으로써 차액만큼 이익을 본다. 공매도에서 매도자는 매도 주식의 가격이 하락한다는 기대에 내기를 거는 것이다. 반대로 주가가 오를 경우, 매도자의 이론상 손실은 초기 투자 금액을 초과하므로 매우 위험한 내기이다.

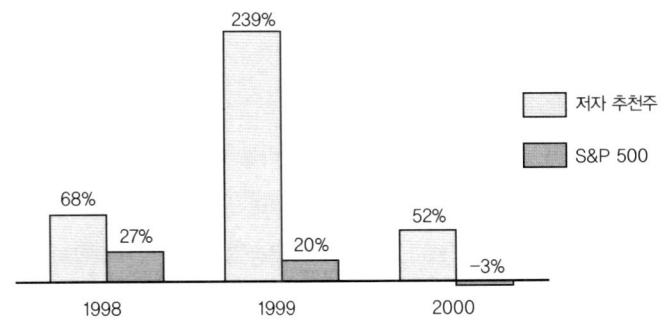

그림 1.1 저자 추천주와 S&P 500 지수의 수익률 비교
자료: bigtipper.com, valididea.com
주: 비교 기간은 1998, 1999년과 2000년 상반기

2001년 1월에서 2002년 7월 사이에 주가가 하락한다는 예측을 받아들인 투자자는 큰 이익을 거둘 수 있었다. 예를 들어, 공개적으로 주가가 하락하리라 예측한 날짜에 네 개 기업의 주식을 공매도하고 2002년 7월 25일에 공매도한 주식을 상환한 투자자는 1,161%의 수익률을 달성할 수 있었다.[2] 구체적인 사례는 다음과 같다.

- 윌리엄스 커뮤니케이션 그룹(Williams Communications Group) : 2001년 3월, 오클라호만 지에 이 회사의 주식의 공매도를 추천했다. 이 때 이 회사는 과도한 가격 인하 경쟁으로 인해 많은 부채와 적자를 안고 윌리엄스 에너지(WMB)에서 분사하기 불과 몇 주 전이었다. 더구나 이 기업의 경영진은 주변 상황이 계속 악화되고 있었음에도 불구하고 법원에 도산을 신청하는 날까지 경영에 문제가 없고 조만간 어려움을 타개할 수 있다는 발표를 했다. 2001년 3월, 윌리엄스 커뮤니케이션 그룹의 주식은 주당 9.85달러에 거래되고 있었다. 이 회사가 도산한 후인 2002년 5월까지 주식은 여전히 주당 3센트에 거래되었고 이때 대차거래한 주식을 상환했다면 3,273%의 수익률을 달성했을 것이다.

- 베리사인(Verisign, VRSN) : 나는 2002년 3월 12일자 비즈니스위크 온라인에 이 회사의 주식이 폭락할 것이라는 예측 기사를 썼다. 베리사인이 기업 인수에 너무 많은 비용을 들였고, 분명한 기업 전략이 없어 핵심 비즈니스를 위축시키고 이 때문에 현금흐름이 급속히 악화되었다고 분석했기 때문이었다. 당시 이 주식은 주당 32.38달러에 거래되고 있었다. 2002년 7월 25일, 베리사인의 주식은 주당 5.64달러에 거래되었다. 만약 기사를 읽은 독자가 2002년 7월 25일에 공매도한 주식을 상환했다면 474%의 수익률을 달성했을 것이다.

- AOL 타임워너(AOL Time Warner) : 나는 이 회사의 주식이 주당 15달러에 거래되던 2002년 6월 29일자 이메일 뉴스레터에 AOL의 주식이 과대평가되었다고 분석했다. AOL 타임워너의 자산가치는 과대평가되었다. 자산의 75%가 영업권이나 무형자산으로 장부에 기재된 금액보다 적게 평가되어야 했다. 또한 AOL 타임워너의 부채인 280억 달러는 자본에 비

해 과도한 비율이었다. 2002년 6월 26일에 AOL의 주식은 주당 9.35달러에 거래되고 있었다. 예측을 받아들인 독자가 2002년 7월 25일에 공매도한 주식을 상환했다면 한 달도 안 되어 60%의 수익률을 달성할 수 있었다.

- WMB : 2002년 6월 25일 더스트리트닷컴에 게재한 기사에서 저자는 윌리엄스 커뮤니케이션 그룹을 도산하게 만든 경영진의 신뢰도에 의문을 제기함과 더불어 수익 전망을 어둡게 하는 윌리엄스 커뮤니케이션 그룹의 유동성 문제와 에너지 부문의 지나친 집중을 염려했다. 당시 WMB는 주당 9.12달러에 거래되고 있었다. 2002년 7월이 되자 이 회사의 주가는 폭락해 주당 97센트가 되었다. 2002년 7월 25일에 공매도 주식을 상환했다면 수익률은 840%가 되었을 것이다.[3]

내가 특정한 기업의 주가를 예측하는 데 사용한 접근 방법은 밸류 리더십의 개념과 VQ를 개발하는 방법을 알려준다. 주식시장 전체가 움직이는 방향을 활용해 주식을 선택했다. 나는 주식시장이 활황세에 있을 때 특정 기업 주식의 매입을, 하향세에 있을 때는 매도를 추천했다. 전반적으로 주식시장이 상승세에 있을 때 다음과 같은 판단 기준을 사용하여 주가가 상승하리라고 예상하는 기업을 선택했다.

- 빨리 성장하는 시장에 속한 기업
- 같은 시장에 속한 다른 기업보다 수익성이 높은 기업
- 경영진의 능력이 매우 우수한 기업
- 시장 선도자인 기업

주식시장이 전반적으로 하향세에 있을 때에는 다음과 같은 판단 기준을 사용하여 주가가 하락하리라고 생각하는 기업을 선택했다.

- 회계 관행이 복잡하고 이해하기 어려운 기업
- 산업 전반적으로 수익성 전망이 악화되고 있는 상황에도 건전한 기업에 비해 과대평가한 회계 관행을 유지한 기업
- 복잡한 회계를 명확히 하고 재무제표와 시장 환경의 불일치를 수정하라는 요청에 아무런 조치도 취하지 않은 기업

표1.1에 열거된 판단 기준에서 알 수 있듯이 밸류 리더십의 일부 원칙은 주식시장이 상승세일 경우 기업의 선택 기준과 부합한다. 다른 원칙들은 선도 기업의 경쟁 기업에서 나타나는 특성과 시장이 하향세일 때의 선택 기준과 반대로 보면 된다. 예를 들어, '인간관계의 존중' 이란 원칙은 선도 기업의 특성 중 '선도 기업은 가장 영리하고 야심에 찬 인력을 채용하고 그들이 능력을 계속 발휘하도록 동기를 부여한다' 와 '선도 기업은 직원들에게 강도 높은 현장 교육을 비롯한 다양한 교육 기회를 제공한다' 는 특성과 부합한다. 또한 '인간관계의 존중' 원칙은 '경쟁 기업은 팀보다는 자신의 경력을 우선시하는 인력을 채용하고 승진시킨다' 라는 특성과 정반대다. 반면에 시장이 상승세일 때, 기업의 선택 기준인 '선도 기업은 가장 영리하고 야심에 찬 인력을 채용하고 그들이 능력을 계속 발휘하도록 동기를 부여한다' 라는 특성과 부합한다.

밸류 리더는 밸류 리더십의 개념을 설명하는 사례다. 이미 서론에서 밸류 리더십의 원칙과 밸류 리더를 선택하는 기준인 정성적, 정량적 판단 기준 사이의 관계를 분명히 밝힌 바 있다. 밸류 리더에 속한 기업들

표1.1 밸류 리더십의 원칙과 저자 추천주 사이의 연관성

원칙	연관성
인간관계의 존중	**일치**: 영리하고 야심에 찬 인력을 고용한다. 직원에게 강도 높은 현장 교육을 비롯해 다양한 교육 기회를 제공한다. 경영진의 능력이 높다. **반대**: 팀보다는 자신의 경력을 우선시하는 인력을 채용하고 승진시킨다.
팀워크의 활성화	**일치**: 직원에게 강도 높은 현장 교육을 비롯해 다양한 교육 기회를 제공한다. 경영진의 능력이 높다. **반대**: 팀보다는 자신의 경력을 우선시하는 인력을 채용하고 승진시킨다. 각 부서가 사용할 자원을 더 많이 확보하도록 경쟁을 부추긴다.
성장 동력의 내적 발견	**일치**: 고객의 문제를 실질적으로 해결하기 위해 투자를 아끼지 않는다. 주주의 투자 자금을 낭비하지 않는다. 시장을 선도한다. **반대**: 자기가 속한 산업에서 일어난 변화에 느리게 적응한다.
약속의 이행	**일치**: 경쟁 기업보다 많은 가치를 제공해 고객을 확보한다. 주주의 투자 자금을 낭비하지 않는다. **반대**: 시장 선도와 고객의 만족 정도로 직원을 평가하기 꺼린다. 하향식으로 권력을 행사한다. 회계 관행이 복잡하고 이해하기 어렵다. 산업에서 수익성 전망이 악화되고 있는 상황에도 건전한 기업에 비해 과대평가한 회계 관행을 유지한다. 복잡한 회계를 명확히 하고 재무제표와 시장 환경의 불일치를 수정하라는 요청에 아무런 조치도 취하지 않는다.
자기만족과의 싸움	**일치**: 경쟁의 승리에 안주하지 않고 성장, 이익과 경영 전반에 걸쳐 엄격한 기준을 유지하여 조직이 발전하도록 격려한다. 빨리 성장하는 산업에 속해 있다. 경영진의 능력이 매우 높다. 시장을 선도한다. **반대**: 자기가 속한 산업에서 발생한 변화에 느리게 적응한다. 각 부서가 사용할 자원을 더 많이 확보하도록 경쟁을 부추긴다. 하향식으로 권력을 행사한다.
다양한 역량의 배양	**일치**: 경쟁 기업보다 많은 가치를 제공해 고객을 확보한다. 주주의 투자 자금을 낭비하지 않는다. 투자를 아끼지 않고 고객의 문제를 실제적으로 해결한다. 시장을 선도한다. **반대**: 시장 선도와 고객의 만족 정도로 직원을 평가하기 꺼린다. 자기가 속한 산업에서 일어난 변화에 느리게 적응한다.
사회 환원 활동 참여	**일치**: 시장 리더십의 역할을 공동체까지 확대한다. **반대**: 지역사회 참여를 직원의 평가 항목에 포함시키기를 꺼려한다.

주: '일치'에 해당하는 활동을 수행한 기업은 밸류 리더십의 원칙에 부합한다. '반대'에 해당하는 활동을 한 기업은 밸류 리더십의 원칙을 경시한다.

이 지금까지 원칙을 잘 수행해왔다고 하더라도 앞으로도 계속 그러리라고 장담해서는 안 된다. 밸류 리더 기업이 밸류 리더십의 7원칙을 충실히 따른다면 계속 훌륭한 성과를 낼 것이다. 그러나 원칙에서 멀어진다면 그렇지 못할 가능성이 높다.

밸류 리더에 속한 기업이 주주 가치, 매출액 성장률, 수익성 등에서 경쟁 기업보다 월등한 성과를 거두었다는 사실에 주목하자. 그림 1.2는 1992년에서 2002년 사이에 밸류 리더의 주가가 S&P 500 지수보다 거의 다섯 배나 높게 성장했음을 보여준다. 1992년, 불황이 끝나자마자 시작된 이 기간에는 1993년에서 2000년까지의 인터넷 호황기도 포함되어 있다. 그림 1.3은 1997년에서 2000년 사이에 밸류 리더가 경쟁 기업보다 매출액 성장률이 33%, 순이익 증가율이 109% 높다는 사실을 보여준다.

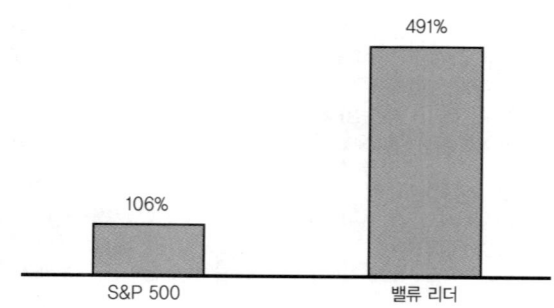

그림1.2 여덟 개의 밸류 리더와 S&P 500 지수의 주가 변화 백분율
주: 1992년 6월~2002년 6월 사이의 평균값

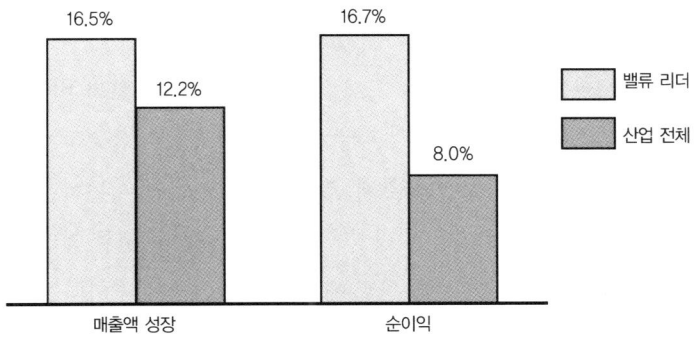

그림 1.3 여덟 개의 밸류 리더와 산업 전체의 매출액 성장률과 순이익 증가율
주: 1993년~2002년

    VQ는 경영자가 자신의 기업이 밸류 리더십 7원칙을 얼마나 충실히 수행했는가를 평가하는 데 유용하다. VQ는 밸류 리더십의 개념을 원칙, 활동, 전술이라는 측면에서 구체화하며, VQ는 자사가 얼마나 밸류 리더십의 개념에 충실한 활동과 전술을 벌이고 있는지 다른 기업과 비교할 때에도 유용하다.

    VQ는 두 가지 측면에서 사용된다. 첫째, VQ는 경영자가 자신의 회사에서 개선이 필요한 구체적인 밸류 리더십이 무엇인지를 파악하기 위해 활동 측면에서 신속한 진단을 하는 데 유용하다. 둘째, VQ는 조직을 발전시키기 위해 고안된 상세한 전술적 변화에 중점을 두기 때문에 조직이 우월한 성과를 지속적으로 달성하도록 돕는다.

VQ가 비즈니스에 어떻게 유용한가?

■

　VQ는 성과를 높일 수 있는 기회를 정확히 알려줌으로써 비즈니스를 성공적으로 진행할 수 있도록 돕는다. 어떤 방식으로 유용한지를 설명하기 위해 첫째, 실리콘밸리 소재 소프트웨어 기업인 시놉시스를 예로 들어 VQ가 이 기업에 적용된 방식을 살펴본다. 둘째, 밸류 리더십 데이터베이스(자세한 내용은 부록 참조)에 기초해 VQ를 점수화하는 사례를 소개한다. 셋째, VQ를 여러분의 기업에 적용하는 과정을 설명한다. 이 장의 내용을 가장 잘 이해하려면 스스로 여러분 기업의 VQ를 직접 계산해보고 그 결과를 확인해보아야 한다.

　유용한 VQ를 도출할 데이터를 수집하기 위해서는 우선 조사 연구 작업이 선행되어야 한다. 일반적으로 VQ를 계산할 때 필요한 기업의 정보 수집에 시간을 많이 들이고 노력을 기울일수록 결과는 더욱 정확해지고 유용성은 높아진다. 관련성이 높은 데이터를 수집하기 위해 경영자는 외부 전문가의 도움을 받아 인터뷰 지침을 만들고, 이에 따라 관련된 다른 기업의 경영자, 고객, 주주, 지역사회 일원을 인터뷰하기도 한다. 내·외부 인터뷰는 주요한 개선의 기회를 신속히 파악하는 첫 단계이지만 어떤 기업이 특정한 밸류 리더십을 철저히 이해하고 있는가를 파악하려면 보다 심도 있는 인터뷰가 필요한 경우도 있다. 초기 VQ 분석을 통해 특정 밸류 리더십의 원칙, 예컨대 '다양한 역량의 배양' 원칙을 수행하는 방법에 개선의 여지가 있다고 가정하자. 그러면 9장에서 자세히 소개될 좀더 자세한 조직적 분석이 필요하다. 데이터를 수집하는 최선의 방법은 부록에서 자세히 설명하고 있다.

　투자자 역시 VQ 분석으로 혜택을 본다. 투자자는 기업의 미래 가치를 평가해 투자라는 내기를 한다. 투자자는 기업의 과거 성과를 바탕으로 미래를 평가할 수 있지만, 이 경우 예기치 못한 사건이 발생하면 예측은 빗나가기 쉽다. 따라서 기업의 미래 가치는 기업 평가에서 믿을 만한 방법은 아니다. 투자자가 이 위험을 피해갈 방법 중 하나는 고객을 확보하고 유지하려고 노력하는 집합체로서 기업을 바라보는 것이다. 이 기능을 잘 수행하는 기업일수록 예기치 못한 사건에 효과적으로 대응한다. 아울러 변화에 잘 대응하는 기업일수록 수익성이 높고 미래에도 안정적인 경영을 할 것이라고 예측할 수 있다. 따라서 대응이 빠른 기업은 그렇지 못한 경쟁 기업보다 기업 가치가 높다고 평가받는다.

투자자는 VQ를 투자 기업의 변화에 대처하는 정도를 파악하는 도구로 사용한다. 물론 이 경우, 투자자는 투자 기업의 VQ 계산에 필요한 주요 데이터를 수집하기 위해 많은 노력을 해야 한다.

데이터 수집이 힘들다고 VQ를 포기하지 말고 투자자는 이 진입 장벽을 돌파해야 한다. 데이터 수집에 노력을 기울일 의지가 있는 투자자는 다른 사람보다 지속적인 경쟁우위를 점하게 된다.

투자자가 VQ를 계산하기에 앞서 해결해야 할 과제인 데이터 수집에 노력을 기울인다면 도움이 될 만한 몇 가지 방법론이 있다. 때때로 외부에 의뢰하여 VQ에 필요한 데이터를 수집하고 분석할 때 양질의 결과가 나오는 경우도 있다. 외부의 도움과 상관없이 기업의 VQ를 계산하기 위해서는 다음과 같은 4단계를 밟아야 한다.

- 내부 인력 중 누가 회사의 리더십 원칙의 수행 정도를 포괄적으로 평가할 수 있을지 파악하라. 마찬가지로 기업에 관해 자신의 의견을 제공할 고객, 주주, 지역사회 일원 중 일부를 샘플로 선택하라. 한 기업의 CEO는 투자자보다 이런 사람들을 파악하여 선택하기 쉬운 위치에 있다. 하지만 대차거래를 하는 투자자처럼 투자 전략에 능통한 일부 투자자는 이

일이 밸류 리더십을 충실히 수행하는 기업을 판별하는 일에 도움이 된다고 생각하기 때문에 투자자에게서 데이터를 수집하기는 그리 어렵지 않을 것이다.
- 각 대상자를 인터뷰하는 지침을 개발하라. 기업의 크기에 따라 필요한 인터뷰의 숫자와 범위가 결정된다. 대규모 기업의 경우 직원, 고객, 주주, 지역사회 일원 등 각 부문에서 15~20인을 대상으로 삼아 총 50인 정도를 인터뷰하는 것이 바람직하다. 소규모 기업의 경우, 네 부문에 걸쳐 스무 명 내외의 인원을 인터뷰하면 적절하다.
- VQ 분석표를 준비하라. VQ를 산출하려면 부록에 소개된 밸류 리더와 관련된 24가지의 활동을 평가 대상 기업이 얼마나 잘 수행하고 있는지 평가해야 한다. 점수는 평가자의 판단에 따라 결정되지만 밸류 리더의 점수를 참조하면 어떻게 평가 대상 기업의 VQ를 평가해야 하는지에 대해 효과적인 기준점을 잡을 수 있다.

시놉시스 사의 VQ

VQ를 적용하는 방법의 사례로서 시놉시스를 분석한 다음의 과정을 평가해보자. 시놉시스는 반도체 디자인 소프트웨어 분야의 선두 기업이다. 이 기업이 자신의 VQ를 평가받기로 결정한 후 CEO, 사장, CFO(최고재무책임자)와의 인터뷰가 진행되었다.

시놉시스의 CEO인 아트 드 지우스(Aart de Geus)를 인터뷰하기 위한 지침은 주제별로 정리된 다음과 같은 질문이었다.

CEO의 배경에 관한 질문
- 시놉시스에서 일하기 전에는 어떤 경력이 있는가?
- 시놉시스로 옮긴 이유는 무엇인가?

인간관계의 존중
- 시놉시스의 핵심 가치는 무엇인가?
- 어떻게 핵심 가치를 개발했는가?
- 시놉시스 임직원이 핵심 가치를 이해하는 정도는 어떠한가?
- 시놉시스가 채택한 핵심 가치가 인력의 채용, 평가와 보상에 어떠한 방식으로 영향을 미치는가?

팀워크의 활성화
- 각 부서 간의 팀워크를 활성화하는 방법은 무엇인가?
- 다른 기업과의 파트너십을 어떻게 관리하는가?
- 팀워크를 고양하기 위해 취한 조치는 무엇인가?
- 채택한 성과 평가와 보상 체계는 경영진과 직원의 행동에 어떤 영향을 미쳤는가?

성장 동력의 내적 발견
- 시놉시스가 새로운 제품과 서비스를 개발하는 방법은 무엇인가?
- 시놉시스는 신제품 개발 프로세스의 효율성을 어떻게 측정하는가?

자기만족과의 싸움
- 시놉시스는 자기만족에 빠지는 것을 염려하는가? 그렇다면 어떻게 자기만족과 싸우는가?

- 자발적 혁신을 유도하기 위한 성과 평가와 보상체계는 무엇인가?
- 다른 기업을 인수하게 된 이유와 타 기업 인수로 인한 재무 위험과 통합 문제를 관리하는 방법은 무엇인가?
- 차세대 경영진과 관리자를 양성하는 방법은 무엇인가? 시놉시스는 자사의 경영진이 다른 기업보다 '경쟁우위'에 있다고 얼마나 확신하는가?

다양한 역량의 배양
- 이 회사의 시장 리더십에 가장 크게 기여하는 능력은 무엇인가?
- 경쟁사가 이런 능력을 모방하지 못하도록 어떤 조치를 취했는가? 일반적으로 시놉시스는 경쟁사보다 앞서가고 있는가?
- 시놉시스가 직면한 가장 큰 위험은 무엇인가? 위험을 관리하기 위한 프로세스는 무엇인가?

지역사회 활동 참여
- 지역사회에 어떤 기부를 하고 있는가?
- 기부가 중요한 이유는 무엇인가?

시놉시스의 CEO인 지우스는 핵심가치를 논의하는 과정에서 '약속의 이행' 원칙도 설명했다.[4] (내가 이 회사의 전임 CFO인 브래드 헨스키(Brad Henske)와 상세히 진행한 인터뷰에 이 원칙에 관한 자세한 내용이 포함되어 있다)[5]

다양한 인터뷰에 기초해 시놉시스는 밸류 리더십의 원칙을 충실히 이행하고 있다고 결론 내려졌다. 저자는 최종 결론이 올바른지 확인하기 위해 먼저 인터뷰를 분석했고 시놉시스의 VQ를 개발하는 데 이러한 분석 결과를 이용하는 방법을 다음과 같이 구체적으로 설명하고 있다.

- **CEO의 배경에 관한 질문** 시놉시스에는 설립 당시부터 핵심 가치가 있었다. 회장이자 CEO인 아트 드 지우스는 시놉시스 설립 이전에 노스캐롤라이나 연구 단지에 위치한 제너럴 일렉트릭(GE)의 반도체 연구 개발 부문에서 일했다. 지우스는 통합 디자인 도구라 불리는 반도체 디자인 프로세스를 향상시킬 도구 개발에 참여했다. 그러나 1987년, GE는 반도체 사업을 중단하기로 결정했고, 이에 따라 지우스는 새 직장을 구하기 위해 여러 반도체 회사와 취업 인터뷰를 했다. 많은 기업은 지우스와 더불어 GE에서 함께 일했던 팀이 통합 디자인 도구와 관련된 비즈니스를 구축할 수 있다는 사실에 관심을 보였다. 지우스는 GE가 통합기술의 외부 유출을 허용하고 시놉시스에 초기 투자를 할 것이라는 제안서를 만들었다.6)

시놉시스가 출범한 방식을 보면 이 회사의 정직성이 드러난다. 지우스가 생각하기에 GE는 정직성이 매우 높은 기업으로 지우스와 동료를 공정하게 대우했다. 지우스는 주저하지 않고 사업 계획서를 GE에 제안했다. 이 계획은 적절했다. 그는 GE의 특허를 사용한다는 조건 하에 다른 투자자에게도 접근했지만 이는 GE가 강조하는 정직성에 그리 부합되는 행동은 아니었다. 결국 GE는 지우스가 사업을 인수해 수익성 있는 비즈니스로 전환시킬 능력이 있고 GE에서 성공적이지 못했던 이 사업이 시놉시스를 통해 상장에 성공한다면 큰 이익을 가져다줄 것으로 판단해 특허의 사용을 허락했고 초기 자본을 투자했다.

- **인간관계의 존중** 시놉시스는 '반짝 성공' 이 아닌 장기적인 전망을 통해 성공적인 비즈니스를 지속하겠다는 의도로 설립되었다. 회사의 지속성을 생각하며, 시놉시스의 창립자들은 실제 운영에 들어가기 전, 시놉시스의 핵심 가치를 논의했다. 그들은 시놉시스가 기준 삼아야 할 기업에

대해 논의한 후 선마이크로시스템즈과 휴렛패커드를 본보기로 삼았다. 지우스는 핵심 가치에 동의할 수 있는 인력을 유치했다. 설립된 지 얼마 되지 않은 기업에서 인력들이 핵심 가치를 공유하는 일은 쉽지 않았지만, 핵심 가치는 경쟁 기업과 생존을 놓고 치열하게 싸워야 할 상황에서는 큰 도움이 되었다.

특히 이 기업의 가치는 다른 기업을 인수하는 과정에서 유용했다. 인수 기업을 실사하는 과정에서 시놉시스의 핵심 가치는 인수 여부를 결정하는 데 도움이 되었다. 인수 대상 기업이 핵심 가치와 부합하지 않으면 즉각 논의를 중단했다. 반면에 지우스의 표현에 따르면 시놉시스는 인수될 기업이 '유전자를 새롭게' 해야 한다고 믿었다. 아울러 인수를 통해 신제품을 개발하고 이에 따라 새로운 경영 방식이 필요하다고 확신했다.

시놉시스가 유전자를 새롭게 한 방법을 설명하기 위해 회사의 핵심 가치를 제대로 이해할 필요가 있다. 시놉시스는 꼭대기에 깃발이 꽂혀 있는 삼각형 피라미드 구조로 핵심 가치를 생각했다. 피라미드의 기초를 이루는 것은 바로 '정직'이었다. 지우스는 이 의미를 '말한 것을 행동으로 옮기고 실제로 한 일을 말한다'라고 해석했다. 사람들은 말로써 의사소통을 하고 자신이 한 말을 행동에 옮기면서 점차 신뢰를 형성한다. 피라미드의 중간에는 '탁월한 경영을 통한 고객의 성공'이 자리 잡고 있다. 이는 더 나은 비즈니스 활동의 방식을 찾아야 한다는 의미다. 탁월한 경영은 시놉시스가 아무리 열심히 노력해도 결코 만족할 수 없는 목표였다. 이 기업의 업무 방식은 '최고'가 되려고 많은 노력을 기울여 목표를 달성하면 다시 더 높은 목표를 세우는 식이었다. 예를 들어 시놉시스가 전자 디자인 자동화 시장에서 가장 높은 점유율을 달성하면, 매출액 10억 달러의 소프트웨어 기업이 되자고 다시 목표를 높여 세웠다.

피라미드의 꼭대기에는 '리더십'이 있었다. 이를 통해 시놉시스는 산업이 변화하는 방향을 예측하고 경쟁 기업보다 앞서 고객의 요구를 파악해 시장을 선도할 수 있었다. 지우스는 훌륭한 리더란 미래를 예측하고 정확히 파악하는 사람이며, 훌륭한 관리자는 리더가 파악한 미래에 맞도록 행동하여 목표를 달성하는 사람이라고 생각했다. 시놉시스의 가치 피라미드 정점에 꽂혀 있는 깃발은 바로 '열정'이었다. 지우스는 열정을 목표를 달성하려는 내부의 에너지, 즉 업무에 쏟는 관심으로 정의했다. 시놉시스가 어떤 기업을 인수하기로 결정할 때면 그는 기업의 인수를 가리켜 탁월한 경영을 위해 새로운 능력을 추가시킨다는 의미에서 '유전자의 추가'라고 지칭했다.

시놉시스는 가치를 인력에 각인시키는 구체적인 과정을 시행하고 있다. 1987년에 설립된 이후 시놉시스는 조직이 핵심 가치를 올바로 이해하도록 노력했다. 지우스는 핵심 가치를 이해하는 과정이 가치를 이행하는 데 핵심적인 일이라고 믿었다. 2002년, 애번트 사의 인수 작업을 완성한 이후, 시놉시스는 이틀에 걸쳐 내부적으로 열린 경영 개발 프로그램에 모든 경영진과 관리자를 참석시켰다. 이 프로그램은 7~8개 과정으로 구성되어 있으며 지우스가 시놉시스의 가치와 문화를 강의하는 두 시간 반짜리 과정도 포함되어 있었다.

지우스가 담당한 강의의 핵심 과제는 '회색 지대'라 불리는 관리자의 행동 방법에 관한 지침이었다. 회사의 핵심 가치를 이해하는 정도와 바람직한 목표를 달성할 수 있는 능력에 따라 직원들을 분류할 때 가장 바람직하지 못한 관리자는 회사의 가치에 동의하지 않고 목표를 달성하지 못하는 사람이라고 지우스는 강조했다. 이에 비해 가장 바람직한 관리자는 시놉시스의 가치에 동의하고 업무 목표를 달성하는 사람이었다. 그는 목표는 달성했지만 비윤리적인 방법을 동원한 관리자나 성실하지만 목표 달성에 실패한 관리자에게 경영진이 어떤 조치를 취해야 하는 난처한 상황을 '회색 지대'라고 정의했다.

시놉시스의 인력 채용 프로세스 또한 핵심 가치에 따라 조직을 운영하는 연장선상에 있다. 언론을 통해 시놉시스의 핵심 가치를 취업 희망자에게 충분히 설명하여 그들 스스로 시놉시스를 선택하기를 원했다. 특히 지우스는 시놉시스에서 일하기를 바라는 취업 희망자가 회사에 관해 충분한 정보를 얻고 이 회사가 자신에게 정말로 적합한 직장인지 자발적으로 판단한다면 채용 프로세스의 효율성이 더욱 높아질 것이라고 기대했다.

시놉시스의 취업 면접은 '행동 면접'이다. 시놉시스는 지원자에게 "당신은 상사와의 갈등에 어떻게 대처하겠습니까"라는 질문을 던지기보다는 "상사와 갈등이 원만하게 해결되지 않는 상황을 설명해보십시오"라고 묻는다. 이 질문에 지원자가 그런 상황에서 자신은 책임이 없다거나 적극적으로 대처하지 않겠다는 식으로 대답을 하면 면접관은 그 지원자를 떨어뜨릴 충분한 근거를 갖게 된다. 채용 결정을 하기 전에 지원자를 면접했던 모든 면접관이 한 곳에 모여 회의를 한다. 이 자리에서 한 면접관이 "그 지원자는 전체적으로는 좋아 보이는데 이 프로젝트에 얼마나 적합할지는 모르겠어요"라고 말할 수도 있다. 이 말은 다른 면접관도 그렇게 생각했으나 말하지 않고 있었던 점을 공식화하는 계기가 되어 결국 "이 지원자는 제때에 업무를 끝내지 못할 것 같다"는 결론에 도달한다.

또한 시놉시스의 조직적 직원 평가 프로세스도 조직이 가치에 충실한지 여부에 중점을 두고 있다. 6개월마다 경영진은 각 사업단위의 관리자를 만나 부서별로 인력의 성과 평가를 진행한다. 관리자는 행동적 평가 기준, 조직 문화의 적합도와 재무적 성과 등을 기초로 성과를 평가한다.

이 회의에서 경영진은 어떤 직원의 성과 향상도가 우수하며 누구를 승진시키고 어떤 추가 교육이 필요한지를 결정한다.

- **팀워크의 활성화** 시놉시스의 생산품은 매우 복잡하고 반도체 디자인 작업에 많은 부서가 연계되어 있으며 세계적으로 많은 지사를 운영하고 있기 때문에 팀워크가 아주 중요하다. 따라서 한 사람이 혼자 중요한 제품 개발 문제를 해결하는 경우는 거의 없다. 시놉시스는 팀 업무 능력이 매우 뛰어난 인력을 채용한다. 이 회사에는 입사 후에 두 가지 경력 개발의 방법이 있다. 하나는 관리직의 경로를 택해 팀워크를 발휘하여 성과를 평가받는 것이고, 다른 하나는 개별적 기술직의 경로로 부사장까지 올라갈 수 있는 기술 연구원이 되는 것이다. 하지만 기술 연구원으로 성공하려고 해도 반드시 팀원으로 활동해야 하고 시놉시스의 기업 문화에서 훌륭한 역할 모델로 평가받아야만 한다. 해마다 시놉시스 경영진은 팀워크에 기여한 정도가 높은 인력을 포상하는 의미로 '우수직원상'을 수여한다. 지우스의 말에 따르면, 그동안 훌륭한 성과를 달성해 보너스를 많이 받은 사람조차도 이 상을 받으면 매우 좋아한다고 한다. 이 상은 경쟁 기업도 인정하는 높은 가치를 지녔기 때문이다. 지우스는 일련의 보너스보다 동료에게서 심리적으로 인정받는 것이 더욱 긍정적이고 강렬한 감정적 반응을 불러일으킨다는 사실을 발견했다.

아울러 시놉시스는 외부와 파트너십 형성을 장려하는 공식적 프로세스를 갖추었다. 외부 파트너십에도 내부적 팀워크에 해당하는 동일한 가치를 적용한다. 예를 들어, 지우스의 설명에 따르면, 1억 달러어치의 제품을 주문하려는 고객은 반드시 공급자를 신뢰해야 한다. 특히 고객은 공급자가 장기적으로 존속한다는 확신을 통해 꾸준히 긴밀한 관계를 유지하기를 바란다. 시놉시스는 주요 고객마다 경영진 한 명을 담당자로 배정한다. 주요 고객 담당자에는 수석 부사장, 부사장과 이사 등이 포함되어 있다. 고객이 제품과 서비스에 이의가 있다면 바로 담당 경영진에게 전화를 해 문제를 해결할 수 있다.

시놉시스는 가시적 성과에는 금전적으로 보상을 하고 역할 모델을 훌륭히 수행한 사람에게는 심리적으로 보상한다. 시놉시스는 프로젝트에서 훌륭한 업무를 수행한 것과 같이 구체적이지 못한 성과에 대해 금전적인 보상을 하는 것은 불공정하다는 인식을 불러일으킬 수 있음을 간파했다. 성과의 기준은 주관적일 가능성이 있으므로 프로젝트에서 훌륭히 일했다고 생각했지만 금전적 보상을 받지 못한 사람이 회사가 임의적으로 보상 대상을 결정한다고 생각하여 반감을 가질 수 있다는 것이다. 이러한 예기치 못한 상황을 방지하기 위해 시놉시스는 계량적 목표를 초과 달성한 인력에게만 금전적인 보상을 하며, 구체적이지 않은 성과에 대해서는 CEO가 음성메시지나 이메일을 통해 그 사람의 업적을 널리 칭찬하는 방식으로 회사의 가치를 높인 것에 보상했다. 직원들은 이런 방식의 감정적이고 심리적인 보상에 만족을 느끼고 시놉시스는 칭찬 받은 행동을 본받도록 장려한다.

- **성장 동력의 내적 발견** 시놉시스는 고객과 핵심 제품 개발팀을 서로 연계시켜 신제품 개발 아이디어를 개발했다. 지우스에 따르면, 한 기업이 고객의 의견을 제대로 파악하지 못한다면 중요한 기회를 놓칠 가능성이 높다. 특히 시놉시스는 현재 생산하는 제품에 관한 고객의 불만을 수용하는 방식으로 신제품 개발 아이디어를 제안하지 않는다. 제품에 대한 고객의 불만에 주력하다보면 이미 전성기가 지나버린 제품의 기능을 점진적으로 향상시키는 것에 시간을 소모하게 되기 때문이다. 그래서 시놉시스는 미래의 고객 요구를 파악하려는 목적으로 고객의 의견을 수렴

했다. 앞으로 필요한 제품의 기능이 무엇인지 고객과 협의하는 과정을 통해 시놉시스의 제품 개발팀은 장래에 고객에게 높은 가치를 제공할 수 있는 제품 개발에 최신 기술을 접목할 수 있다.

시놉시스는 연구 개발, 응용 엔지니어링과 마케팅 인력으로 구성된 핵심 제품 개발팀을 통해 신제품 아이디어를 평가한다. 개발팀에 참여한 각 부서 인력은 서로 다른 관점을 내놓는다. 즉 연구 개발 인력은 최신 기술의 사용에 관심이 있고 응용 엔지니어링 인력은 검증된 기술을 사용해 좀더 실용적인 솔루션의 개발에 관심을 갖는다. 그리고 마케팅 인력은 판매가 용이한 특징을 갖춘 제품 개발을 선호한다.

시놉시스는 서로 다른 관점을 적절히 조화시켜 신제품 개발 프로젝트의 우선순위를 결정하는 혁신적인 접근 방법을 보유하고 있다. 핵심 제품 개발팀에 참여한 각 부서 인력은 제안된 제품 개발 아이디어에 각각 점수를 매긴다. 계량적 점수나 자세한 분석 대신에 팀원들은 색깔로 자신의 결론을 요약한다. 빨간색은 해당 프로젝트를 더는 지속시키지 말라는 의미이고, 오렌지색은 제기된 문제를 해결한다는 조건 아래서 프로젝트를 진행시키라는 의미이다. 그리고 푸른색은 해당 프로젝트를 반드시 추진해야 한다는 의미를 담고 있다. 이렇게 색깔로 점수를 매기는 접근 방식은 숫자로 점수를 매길 때와 달리 점수의 높낮이 근거를 논쟁하지 않고도 프로젝트 시행의 우선순위를 신속하게 결정할 수 있다는 장점이 있다.

색깔로 우선순위를 결정하는 방식이 간단하기는 하지만 최종 결론에 이르기까지는 좀더 복잡한 방식을 사용하고 있다. 첫째, 개발팀은 각 프로젝트의 대략적인 가치를 추정한다. 둘째, 아이디어를 실제 판매 가능한 제품으로 생산하는 비용을 추정한다. 이 두 가지 평가 기준을 하나의 숫자로 표현하기 위해 가치와 비용의 비율로 만든다. 셋째, 시놉시스가 이 신제품을 개발해 시장에서 성공적으로 판매할 수 있는 능력이 있는지를 평가한다. 여기에 덧붙여 시놉시스의 경영진은 신제품이 회사의 전반적인 제품 전략에 부합하는지의 여부를 평가한다. 이런 평가 과정을 거쳐 시놉시스는 개별적으로 보면 좋은 개발 프로젝트이지만 회사의 제품 구성에 걸맞지 않는 개발 프로젝트를 구별한다.

- **자기만족과의 싸움** 지우스는 인텔의 CEO였던 앤드루 그로브가 저술한 책 『오직 편집광만이 살아남는다(Only the Paranoid Survive)』의 제목을 인용해 시놉시스가 자기만족과 싸운 방식을 설명했다. 반도체 설계자를 돕는 소프트웨어를 판매하는 시놉시스는 첨단 기술의 첨병으로 자신을 바라본다. 이 회사는 EE타임스 지와 같은 산업 관련 동향지를 유심히 살펴서 위험이 될 수 있는 경쟁 회사나 신기술의 출현을 파악한다. 시놉시스는 직원회의나 전략 계획 토의에서 새로운 경쟁 기업의 출현에 관해 대책을 세우는 구조를 수립했다. 이런 대책 수립을 통해 자연스럽게 시놉시스의 인력은 경쟁 기업에 관해 편집광적인 경계를 멈추지 않는다.

- **다양한 역량의 배양** 시놉시스는 경쟁력을 높이기 위해 많은 기업을 인수했다. 지우스는 성공적인 기업 인수는 매우 어려운 작업이며, 인수자는 인수가 완료된 이후에야 인수의 실질적 위험을 알게 된다는 사실을 명심해야 한다고 강조한다. 시놉시스는 기업 인수에서 발생하는 위험을 감수할 만한 전략적 근거가 필요했다. 즉 기술, 시장점유율, 인력의 필요성 또는 인수할 기업의 유통망이 시놉시스 제품의 판매에 유익하다는 점 등이다. 일반적으로 이같은 전략적 근거를 충족시키는 인수 대상 기업은 매우 비싼 가격에 거래가 가능하다.

높은 인수 가격을 정당화하기 위해서는 인수 기업을 성공적으로 시놉시스에 통합시켜야 한다. 기업의 연혁에 비해 기업 인수 경험이 풍부했던 시놉시스는 인수 기업을 통합시키는 아주 상세한 과정을 개발했다. 이 과정의 핵심은 무엇보다도 영업과 유통 인력을 통합시키는 일이다. 이는 시놉시스가 두 회사의 영업 인력을 중복으로 운영할지 여부를 결정해야 함을 의미한다. 또, 시놉시스는 인수 기업의 생산 라인을 분석해서 중복되는 라인을 폐쇄한다. 따라서 생산이 중단된 제품을 계속 사용하는 고객 때문에 발생하는 불편을 해소하려고 노력한다. 마지막으로, 시놉시스는 인수 기업의 우수한 인력이 떠나지 않도록 두 기업의 경영 구조를 결합한다.

- **사회 환원 활동 참여** 시놉시스는 핵심 능력을 강화하기 위한 목적으로 지역사회 활동에 참여한다. 처음에 이 기업의 지역사회 활동은 공원을 청소하거나 음식과 장난감을 기부하고, 헌혈을 하는 등에 지나지 않은 극히 제한적인 것이었다. 그러나 시놉시스의 규모가 점점 커지면서 많은 곳에서 금전적 기부와 직원 동원을 요청했다. 논의를 거친 후 시놉시스는 기부 활동이 학습이나 교육과 마찬가지로 '기업의 유전자를 새롭게 공급하는 행동'이라고 결론을 내렸다. 이에 따라 시놉시스는 실리콘 밸리 지역의 학교에서 개최되는 과학 전람회를 후원하기 시작했다. 이런 후원 활동을 통해 전람회에 참여했지만 과학에 그다지 관심을 갖지 않았던 학생들에게 생각을 바꿀 기회를 제공하는 긍정적인 효과가 나타났다.

  시놉시스의 직원들은 지역사회 활동에서 큰 혜택을 얻는다. 캘리포니아 세이프웨이에서 시놉시스의 부사장이 회사의 로고가 새겨진 티셔츠를 입고 과학 전람회에 참여했을 때, 한 여성이 다가오더니 시놉시스에서 일하느냐고 물으며 과학 전람회에 참가한 자기 아들의 학교 성적이 형편없다며 걱정을 늘어놓았다. 그 말을 들은 후 부사장은 그녀의 아들에게 시놉시스가 주최한 과학 전람회 특별상을 수여했고 수상 이후 긍정적 자극을 받은 아들은 공부를 열심히 하기 시작하여 A⁺를 받는 훌륭한 학생으로 변했다. 이 일로 부사장은 자신이 한 일에 대단한 자부심을 느끼게 되었고 시놉시스에 대한 자부심이 높아졌다. 부사장의 이야기는 이 회사의 지역사회 활동을 통해 직원들이 느끼는 감정이 어떠한지를 보여주는 단적인 사례다.[7]

시놉시스의 경영 사례는 한 기업의 VQ를 산출할 때 어떤 정보가 필요한지를 알리려는 목적으로 소개했다. 표 1.2는 높은 점수에 해당하는 87%를 얻은 시놉시스의 VQ가 어떻게 구성되었는지를 보여준다.

시놉시스의 VQ는 이 회사가 개별 밸류 리더십의 원칙을 얼마나 충실하게 따르는지를 알기 쉽게 보여준다. 예를 들어, 시놉시스는 '인간관계의 존중'과 '약속의 이행' 항목에서 가장 높은 점수를 얻었다. 이 회사가 핵심 가치를 분명히 하고 인력 채용 시에도 핵심 가치를 적용시켰다는 점을 생각하면 첫째 원칙에서 높은 점수를 받았다는 사실은 당연하다. 재능 있는 인력과 고객과 장기적 관계 유지의 중요성을 강조하는 이 회사의 경영 방침에서 보면 둘째 원칙에서도 높은 점수를 받으리라고 예상된다. 대조적으로 시놉시스는 '지역사회 활동 참여'와 '팀워크의 활성화' 항목에서 상대적으로 낮은 점수를 얻었다. 그 이유를 찾아보면 시놉시스 고객의 대부분은 회사의 지역사회 외부에 존재하므로 첫째 원칙은 이 회사의 전반적인 성공에 덜 중요할 수도 있다. 그럼에도 이 회사는 나름대로 지역사회 활동을 열심히 했다고 볼 수 있다. 또한 팀워크의 활성화에도 성공적이었다고 할 수 있지만 공식적 프로세스에는 어느 정도 개선의 여지가 남아 있다.

표1.2 시놉시스의 가치지수분석표

원칙	활동 : 평가 점수	점수
인간관계의 존중	핵심 가치에 대한 헌신 : 핵심 가치를 조직 전체에 분명히 전달 가치의 채용 : 가치에 동의하는 인력을 선별적으로 채용 균형 잡힌 성과 평가 : 성과와 가치를 적절히 고려하여 평가 공정한 보상 : 가시적 성과에는 금전적 보상, 가치 기여에는 심리적 보상	5 5 5 5
	가중 합계(합계×3)	60
팀워크의 활성화	팀 교육 : 경영 교육은 팀의 행동을 강화 순환 보직 : 순환 보직을 통해 자신에게 적합한 팀을 선택 팀에 의사결정 위임 : 제품 개발과 판매 유인 제공 팀 보상 : 가시적 성과와 팀워크 향상 행동에 보상	4 4 4 5
	가중 합계(합계×3)	51
성장 동력의 내적 발견	조직적 성장 : 새로운 시장과 제품 개발에 다양한 부서를 유기적으로 연결 개발 위험 관리 : 녹색/오렌지색/빨간색으로 표시하는 개발 위험 관리 시스템 구축 내부 파트너 : 핵심 제품 개발팀의 적절한 운용 외부 파트너 : 고객에게 담당 경영진 할당	4 5 5 4
	가중 합계(합계×3)	54
약속의 이행	정직한 인력의 채용과 승진 : 인터뷰를 통해 성실성 판단 정직한 회계 관행 : 보수적으로 매출액 기입 직원, 고객, 지역사회를 공정하게 대우 : 가시적 성과에는 현금으로 보상, 훌륭한 역할 모델에게는 경쟁자가 인정할 수 있는 심리적 보상	5 5 4
	가중 합계(합계×4)	56
자기만족과의 싸움	CEO 승계 계획 : 장기근속 직원에게 사장까지 승진할 수 있는 기회부여 목표 의식 유지 : 올바른 경각심을 유지해야만 살아남는다는 사실을 명심 새로운 시장의 공략 : 전략적으로 효과적인 기업의 인수	4 5 4
	가중 합계(합계×4)	52

다양한 역량의 배양	고객을 이해하는 정도 : 주요 고객을 담당하는 경영진을 통해 고객 이해력을 높임.	5
	다양한 능력 배양 : 기업 인수를 통해 능력 추가	3
	경쟁 우월성 유지 : 지속적으로 목표를 상향 조정	5
	가중 합계(합계×4)	52
사회 환원 활동 참여	직원 자부심 고취 : 세이프웨이에서 일어났던 일로 회사에 대해 높은 자부심 유발	4
	지역사회 발전에 기여 : 과학 전람회를 후원하여 과학에 대한 학생들의 관심을 높임	3
	사회에 기여 : 과학에 관심을 높여 지역 경제에 이바지	3
	가중 합계(합계×4)	40
가치지수(전체 합계÷420)		87%

주: 5=탁월, 4=매우 우수, 3=우수, 2=보통, 1=낮음.
네 개의 원칙에는 가중치 3을, 세 개의 원칙에는 가중치 4를 부여함.

VQ의 비교

시놉시스의 분석은 여러분의 기업에 VQ를 적용하는 방식에 관해 유용한 출발점을 제공한다. 밸류 리더인 여덟 개 기업이 각 리더십 원칙에서 획득한 점수를 비교해보면 추가적인 정보를 얻게 된다. 표1.3에서 보듯, 밸류 리더가 원칙별로 얻은 점수의 범위는 많은 차이를 보인다. 예를 들어, '인간관계의 존중'의 원칙에서 가장 높은 점수와 가장 낮은 점수의 차이는 6이다. 여기서 가장 높은 점수는 사우스웨스트 항공이 받았으며 다른 여섯 개 기업은 60점을 얻었다. 이들 기업은 핵심 가치에 대한 헌신, 가치를 준수할 인력의 채용, 성과 측정과 인력의 보상 등에서 모두 높은 점수를 받았다. 반면에 54점을 얻은 월마트는 핵심 가치를 적절히 규정했지만 일부 직원에게 낮은 급여를 지불하고 '시간외 근무'를 강요한 것으로 드러났다.

표1.3 가치지수의 비교

원칙	비교와 평가	점수
인간관계의 존중	높음 : 분명한 핵심 가치와 채용, 교육과 보상과 긴밀한 연계(월마트를 제외한 일곱 개 밸류 리더)	60
	낮음 : 분명한 핵심 가치 및 채용, 교육의 긴밀한 연계, 하지만 시간외 근무에 낮은 보수 지급(월마트)	54
	범위	6
팀워크의 활성화	높음 : 팀의 교육, 순환 보직, 의사결정을 포괄적으로 팀에 위임, 성과와 가치에 대해 보상(사우스웨스트, 스머커, 골드만삭스)	60
	낮음 : 생산 개발에서 팀워크 강조, 일정 부분 교육과 순환 보직, 일정 부분 성과와 가치에 대해 보상(마이크로소프트)	42
	범위	18
성장 동력의 내적 발견	높음 : 핵심 능력 배양, 엄격한 위험 관리와 강한 내외부 파트너십 형성(MBNA, 월마트)	60
	낮음 : 내부의 신제품 개발팀은 일정 부분 매출액 증가를 달성했지만 혁신을 위해 대규모 인수 작업 진행(스머커)	42
	범위	18
약속의 이행	높음 : 성실성을 기준으로 인력 채용, 보수적인 회계 관행과 직원, 고객, 공동체를 공정하게 대우(골드만삭스, 존슨 앤드 존슨, 스머커, 사우스웨스트)	60
	낮음 : 정직성, 품질, 정보 안전에 관한 가치를 개발하고 있는 중(마이크로소프트)	40
	범위	20
자기만족과의 싸움	높음 : 효율적인 CEO 승계 계획, 강력한 목표의식, 새로운 시장 진입을 통한 성장(월마트, 골드만삭스, 존슨 앤드 존슨)	60
	낮음 : 장기근속 직원의 가족 채용, 편안한 직장 분위기, 핵심 시장에서 기업 인수를 통한 성장(스머커, MBNA)	52
	범위	8
다양한 역량의 배양	높음 : 고객에 대한 깊은 이해, 최고의 능력과 분명한 시장 리더십 발휘(골드만삭스, 월마트, 사우스웨스트, 마이크로소프트, MBNA)	60
	낮음 : 고객에 대한 깊은 이해, 강한 능력과 많은 시장에서 높은 점유율 달성(존슨 앤드 존슨, 스머커, 시놉시스)	52
	범위	8

사회 환원 활동 참여	높음 : 직원들이 기부와 자선 활동을 하도록 허락, 지역 공동체에 상당한 기부, 커다란 지역 문제 해결에 동참(MBNA, 존슨 앤드 존슨, 마이크로소프트)		60
	낮음 : 직원들이 지역 고등학교 과학전람회에 참여, 공동체 활성화에 적당히 기여(시놉시스)		40
	범위		20
가치지수	높음 : 골드만삭스		98%
	낮음 : 시놉시스		87%
	범위		11%

주: 5=탁월, 4=매우 우수, 3=우수, 2=보통, 1=낮음.
가치지수 비교에 사용된 자세한 정보는 부록에 나와 있음.

가치지수분석표

앞서 시놉시스의 VQ를 분석하고 밸류 리더의 VQ를 비교한 사례는 여러분의 회사에 VQ를 적용하는 방법을 알려준다. 이미 언급했듯이 객관적인 외부인을 고용하여 데이터를 수집하고 VQ의 분석을 진행하면 결과가 향상된다. 여러분 기업의 VQ를 산출하기 위해서는 다음과 같은 4단계의 절차를 밟아야 한다.

1. 내부의 인력 중 누가 회사의 리더십의 원칙 수행 정도를 포괄적으로 평가할 수 있을지 식별하라. 마찬가지로 회사에 관한 견해를 제공할 고객, 주주와 지역사회 일원 중 일부를 샘플로 선택하라.
2. 각 대상자를 인터뷰하는 지침을 개발하라. 인터뷰하기 전에 주요 이해관계자에게 지침을 알려주면 인터뷰 대상자는 내용을 미리 생각하고 의사소통이 원활해져서 더 효율적인 답변을 얻을 수 있다.
3. 인터뷰를 시행하고 결과를 요약하라. 인터뷰 대상이 될 숫자와 범위는 기

업의 규모에 따라 가변적이다. 예를 들어, 대규모 기업의 경우 직원, 고객, 주주, 지역사회 일원 등 각 부문에서 15~20명을 대상으로 삼아 50명 정도를 인터뷰하는 것이 바람직하다. 소규모 기업의 경우, 네 부문에 걸쳐 스무 명 내외의 인원을 인터뷰하면 적절하다.

4. 예시 1.1과 같은 가치지수분석표를 준비하라. VQ를 산출하려면 부록에 소개된 밸류 리더와 관련된 스물네 개의 활동을 평가 대상 기업이 얼마나 잘 수행하고 있는지를 평가해야 한다. 점수는 평가자의 판단에 따라 결정되지만 밸류 리더의 점수를 참조하면 어떻게 대상 기업의 VQ를 평가해야 할지에 대해 효과적인 기준점을 잡을 수 있다.

VQ를 평가한 결과에 따라 여러분의 기업에 취약한 원칙이 무엇인지 파악하고 개선이 필요한 부분을 확인한다. 또, 어떤 원칙에서 강점을 보이는지도 알 수 있다. VQ 평가 결과를 통해 개선의 여지가 가장 큰 원칙을 다루는 부분을 먼저 보고 싶어 할 수도 있다. 각 원칙을 다루고 있는 부분은 다음과 같다.

원칙	해당 부분
인간관계의 존중	2장
팀워크의 활성화	3장
성장 동력의 내적 발견	4장
약속의 이행	5장
자기만족과의 싸움	6장
다양한 역량의 배양	7장
사회 환원 활동	8장

각 장은 리더십의 원칙을 하나씩 자세히 논의한다. 각 장에서 원칙을 정의하고 이 원칙이 밸류 리더십의 개념에 어떤 방식으로 부합하는지를 설명한다. 그리고 원칙에 충실한 기업들이 우월한 경제적 성과를 달성한 계량적 증거를 제시한다. 각 장은 원칙을 뒷받침하는 서너 개의 구체적 활동과 각 활동을 실제로 현실에 접목시킬 일련의 전술을 제시한다. 또한 각 장은 각 활동에서 얻은 혜택을 사례를 통해 보여주고 이와 반대로 활동을 제대로 수행하지 못한 기업의 사례도 제시하며, 각 사례를 통해 일반적인 원칙을 도출한다. 그리고 원칙을 충실히 이행하려는 노력으로 기업이 혁신을 이룬 방법을 보여준다. 모든 장의 끝부분에는 상세한 가치지수분석표를 제공하고 있어 독자 스스로 활동과 전술 측면에서 자신의 기업이 해당 원칙을 따르고 있는지 여부를 평가할 수 있도록 했다.

예시 1.1 가치지수분석표

원칙	활동 : 평가	점수
인간관계의 존중	핵심 가치에 대한 헌신 가치를 준수할 인력의 채용 균형 잡힌 성과 평가 공정한 직원 보상	
	가중 합계(합계×3)	
팀워크의 활성화	팀의 양성 순환 보직 팀에 의사결정권 위임 팀의 성과 보상	
	가중 합계(합계×3)	
성장 동력의 내적 발견	유기적 성장 개발 위험 관리 내부 파트너십 외부 파트너십	
	가중 합계(합계×3)	

약속의 이행	정직한 인력의 채용과 승진 투명한 회계 직원, 고객, 지역사회의 공정한 대우	
	가중 합계(합계×4)	
자기만족과의 싸움	CEO 승계 계획 올바른 경각심 유지 새로운 시장 공략	
	가중 합계(합계×4)	
다양한 역량의 배양	고객에 대한 정확한 이해 다양한 능력 배양 경쟁 우월성 유지	
	가중 합계(합계×4)	
사회 환원 활동 참여	직원의 지역사회 활동 참여 격려 공동체 활성화에 기여 사회 문제의 해결에 참여	
	가중 합계(합계×4)	
가치지수(VQ)	(총 합계÷420)	

주: 5=탁월, 4=매우 우수, 3=우수, 2=보통, 1=낮음.
네 개의 원칙에는 가중치 3을, 세 개의 원칙에는 가중치 4를 부여함.

결론

VQ는 조직이 밸류 리더십의 개념에 어느 정도 충실한지를 평가하는 유용한 도구다. 밸류 리더십은 경쟁 기업보다 구체적 성과를 달성하도록 도움을 준다. 밸류 리더십이 강조하는 원칙과 활동은 최고 성과를 달성한 밸류 리더를 선택하는 열 개의 판단 기준과 개념적으로 깊은 연관성이 있다. 따라서 밸류 리더십에 충실한 기업일수록 직원, 고객, 지역사회뿐만 아니라 주주에게도 바람직하다. VQ는 어떤 기업이 얼마나 밸류 리더십의 개념을 따르고 있는지 그 정도를 측정하는 소중한 수단이다. VQ는 탁월한 성과 향상에 기여하는 밸류 리더십의 원칙을 채택하여 조직을 발전시키도록 경영자에게 소중한 지침을 제공한다.

 밸류 리더십에 기초한 경영을 위해 취해야 할 첫 단계는 다음 장에서 이어진다.

2장

중요한 것은 사람이다
인간관계의 존중

인간관계의 존중이란 모든 사람을 공정하게 대우하고, 이들이 자신의 능력을 모두 발휘하여 기업의 이익을 달성하도록 하는 것을 의미한다. 사업을 확장하고 있을 때 인력을 존중하는 문화는 적합한 인력을 유치하고 그들이 생산성을 높일 수 있는 동기를 제공하므로 중요한 요소라 할 수 있다. 사업이 위축되어 일부 인력을 감축해야 할 때에도 인력을 존중하는 문화는 남아 있는 인력의 생산성을 유지하고 미래의 직원, 고객과 지역사회에 인간관계를 존중하는 기업이라는 평판을 유지시키므로 중요하다.

인력을 존중하는 기업 문화는 경영자를 선택하는 과정에서 자연스럽게 형성된다. 주주는 그들이 인정하며 직원과 고객, 지역사회의 존중을 한 몸에 받고 이런 존중을 바탕으로 기업을 올바르게 경영해 투자 수익을 달성할 수 있는 사람을 기업을 이끌어갈 경영자로 선택한다. 이같이 비즈니스 리더를 선택하는 과정은 대부분 현실의 반영으로 결정된다.

반대로 주주는 잘못된 리더를 선택하기도 하는데, 기술적 능력이 돋

보이거나 설득력이 뛰어난 영업 사원, 재무 분석에 비범한 능력을 보유한 사람이 기업의 생존과 성장에 큰 기여를 할 것이라고 판단해 인력을 관리하는 능력이 부족한 사람을 경영자로 선택하기도 하는 것이다. 이런 기업은 특정한 업무 성과만을 바탕으로 인력을 평가하기 때문에 시장에서 리더십을 계속 유지하지 못한다. 이같은 리더가 경영하는 기업은 비용이 높은 생산 구조를 통해 높은 매출을 달성하지만 신제품 개발과 서비스 측면에서 효율성이 떨어지기 쉽다. 결과적으로 비용은 높아지고 매출은 둔화되어 시장점유율이 하락하게 된다.

그러므로 인력의 존중은 경쟁에서 우위를 결정짓는 중요한 원천이다. 많은 기업이 연차보고서에서 '인력이 가장 중요한 재산이다.'라는 캐치프레이즈를 강조하지만 실제로 인력을 존중하는 기업은 매우 적다. 산업별로 고객에게 큰 영향을 미쳐 업무 성과를 훌륭히 달성하는 인력의 수에는 한계가 있다. 어떤 산업이든 시장을 주도하는 기업은 뛰어난 업무 능력을 보유한 인력을 유치하고 이들에게 적절한 동기를 부여하는 기업이다. 인력을 존중하는 업무 환경은 최고 실력을 갖춘 직원에게 동기를 적절히 부여하여 자아실현의 기회를 제공함과 동시에 동료의 인정을 받을 수 있게 한다.

그러므로 인간관계의 존중은 직장 분위기를 좋게 만들자는 단순한 철학이 아니라 경제적으로 반드시 필요한 원칙이다. 최고의 인력을 유치하고 그들에게 동기를 부여한 기업은 신상품을 개발해 기존의 고객을 계속 유지하는 한편, 새로운 고객도 끌어들인다. 자신이 존중받는다고 느끼는 직원은 동료 직원 또한 존중하게 되어 기업 내에서 서로 존중하는 분위기가 전체적으로 확산된다. 따라서 존중받는다는 느낌은 기업, 직원, 고객, 지역사회 사이에서 다양하게 발생하는 관계를 강화해 안정적인 이윤 창출의 기반이 된다. 그리고 다른 기업에서 일하는 우수한 인력도 이 기업의 바람직한 근무 분위기에 매력을 느껴 이직을 생각하게 된다. 따라서 이 기업은 경영 성과를 더욱 높이게 된다.

밸류 리더십과의 연관성

'인간관계의 존중'은 밸류 리더십의 개념을 뒷받침하는 중요한 원칙으로 직원들의 사기를 높인다. 일부 기업에서 직원은 자신이 언제든지 대체될 수 있는 기계처럼 느끼는 경우가 더러 있다. 경영자는 직원들이 특정한 업무를 수행해주기를 기대하지만 업무와 직접 관련이 없는 부분에서는 직원에게 전혀 관심이 없다. 따라서 직원은 경영자가 그들을 존중하지 않는다고 생각하게 되며, 이런 기업에서 일하는 직원은 고객과 부품 공급자, 지역사회를 존중하지 않는 경향이 있다.

반대로 인간관계를 존중하는 기업은 직원에게 배려를 아끼지 않으며 뜻하는 바가 확실한 기업의 가치를 준수할 만한 인력을 채용한다. 직원은 기업 가치를 공유하고 있으므로 자신의 업무에 진정한 열정을 느낀다. 이 열정으로 인해 업무 능률이 향상되어 고객, 부품 공급자와 지역사회에 가치를 창출한다. 경제가 불황일 때 인간관계를 존중하는 기업은 해고를 하지 않고서도 직원들에게서 비용을 절감하는 아이디어를 이끌어낸다. 그리고 불가피하게 해고를 해야만 하는 경우에도 이 원칙을 충실히 지키는 기업은 남아 있는 직원들이 회사에 대해 좋은 감정을 유지하도록 한다.

경제적 이득

인간관계의 존중은 경제적 이득을 창출한다. 예를 들어, 밸류 리더는 다른 경쟁 기업보다 생산성이 39% 높다. 특히 2002년 밸류 리더에 속하는 기업들은 평균적으로 1인당 39만 8,750달러의 매출을 달성했다. 게다가 밸류 리더는 경쟁 기업보다 수익성이 두 배나 좋다. 1997년부터 2000년까지 밸류 리더는 평균 16.7%의 순이익률을 달성했지만 다른 경쟁 기업은 평균 8%에 지나지 않았다. 인간관계의 존중 원칙은 직원들이 자발적으로 생산성을 높이고 고객에게 더 나은 서비스를 제공하려는 환경을 조성하여 경제적 혜택을 창출하는 것이다. 이러한 자발적 환경은 고객 관계로까지 확대되어 고객 1인당 매출액과 순이익이 증가한다.

사례

이 장은 사례, 원칙과 전술을 통해 핵심을 설명한다. 여기서 JM 스머커와 한센 내추럴(Hansen Natural)의 기업 가치를 비교하고, 사우스웨스트 항공의 채용 관행을 기존 미국 항공사가 기술적 능력에 초점을 맞춰 고용하는 관행과 대조해 보여줄 것이다. 또한 골드만삭스가 기업의 가치를 구체적으로 실천한 인력을 평가하고 보상한 방법을 사례로 들어 겉보기에는 고상한 기업 가치를 내걸었지만 이를 측정하면서 내분으로 얼룩진 메릴린치의 접근 방법과 비교한다. 그리고 스머커와 사우스웨스트가 가치와 보상을 연계시킨 사례를 유나이티드 항공의 엄격한 근무 환경과 비교한다. 그리고 고든 베순(Gordon Bethune)이 '인간관계의 존중' 원칙을 적용해 콘티넨털 항공을 혁신시키고 관리자들도 경영자와 마찬가지로 회사를 혁신시키는 과정에 동참시킨 방법을 예로 들 것이다. 마지막으로 경영자가 자신의 회사가 얼마나 충실히 인간관계의 존중 원칙을 수행하고 있는지 평가할 가치지수분석표를 제공하며 결론을 내린다.

활동 분석

인간관계를 존중하기 위해 조직은 다음과 같은 네 가지의 활동을 수행해야 한다.

- 핵심 가치에 대한 헌신 : 최고경영자에서 말단 직원까지 핵심 가치를 준수하는 활동을 한다.
- 가치를 준수할 인력의 채용 : 핵심 가치를 구체적으로 실천할 사람을 채용하고 승진시킨다.
- 균형 잡힌 성과 평가 : 계량, 비계량적 요소를 적용해 성과를 평가한다.
- 공정한 직원 보상 : 금전적 보상과 심리적인 보상을 적절히 활용한다.

핵심 가치에 대한 헌신

성공한 기업가 대부분은 CEO로 부임하면서 자신의 개인적 가치를 회사에 적용한다. 그리고 개인적 가치를 분명히 선포하여 회사에 널리 퍼뜨린다. 그리고 이 가치를 공유하는 사람을 임원으로 임명하며 직원들에게 수용하도록 설득한다. CEO의 가치가 올바른지는 해당 CEO가 퇴직하거나 이직했을 때도 이 가치가 기업 내에 남아 계속 통용되는지 여부를 통해 확인할 수 있다. 일반적으로 CEO는 기업의 가치에 가장 중요한 영향을 미친다. 한 기업의 설립자인 동시에 CEO인 사람은 기업 가치의 핵심을 형성하는 데 가장 큰 영향을 미치기 쉽다. 설립자가 후계자를 선택한다면 후계자는 설립자의 가치를 계속 유지하려고 한다. 이사회가 설립자를 쫓아내는 경우, 새로 선임된 후계자는 기존 가치를 변경하려고 한다. 또 그 뒤를 이은 CEO들은 상황에 맞게 가치를 변경시켜 효율적으로 기업을 경영할 수도 있다. 특히 가치를 변경해서 고객과 주주에게 바람직한 환경이 창출된다면 새로운 경영자는 기존의 가치를 바꾸게 된다. 올바른 가치를 보유하고 항상 지키려 노력한다면 이 기업은 핵심 가치에 진정으로 헌신한다고 말할 수 있다. 핵심 가치를 실행하여 조직을 개선할 수 있다고 믿는 경영자는 다음과 같은 전술을 고려해볼 필요가 있다.

- **주요 경영진으로 팀을 구성해 핵심 가치 선언서를 작성하라.** 이 팀에는 회사 경영에 중요한 각 부문의 임원이 포함되어야 한다. 대표성을 갖도록 균형 있게 구성해야 하지만 다루기 어려울 정도로 규모가 커서는 안 된다.
- **각 경영진이 생각하는 핵심 가치를 평가하고 다른 기업의 바람직한 가치를 연구하라.** 평가 프로세스는 주요 임원을 대상으로 하는 포괄적 인터뷰를 포함한다. 그리고 상사, 동료, 부하 직원뿐 아니라 고객, 주주, 이사회 멤버와 같은 주요 외부자도 평가 결과의 미흡한 점을 보완해야 한다.
- **핵심 가치 리스트를 철저히 검토해 서너 개의 핵심 가치를 선정하라.** 1차로 선정된 가치 리스트는 임원의 토론 과정과 앞선 두 단계를 거쳐 선정되어야 한다. 이 팀은 다른 기업의 핵심 가치를 고려의 대상으로 삼을 수 있다. 팀원은 투표로 최종 서너 개를 핵심 가치로 선정한다.
- **가치를 명확히 규정하고 선정한 가치가 쉽게 이해되도록 설명과 사례를**

마련하라. 일단 팀원들이 핵심 가치를 선정하면 가치를 명확히 규정하고 이 가치가 회사에 중요한 이유를 설명하는 한두 개의 문장을 마련한다. 또한 직원들의 경험을 담은 사례를 준비해 핵심 가치의 의미를 전달한다.

- 다양한 회의와 매체를 통해 핵심 가치가 조직 전체에 퍼지도록 하라. 싫증날 정도로 다양한 수단을 동원해 핵심 가치를 반복하겠지만 경영진은 전체 임직원 회의에서 새로운 핵심 가치를 공식적으로 선언해야 한다. 아울러 인터넷 홈페이지에 핵심 가치를 게시하고 사보, 마케팅 팸플릿, 우수사원 포상, 교육 프로그램, 성과 평가, 급여, 승진 등을 통해 계속해서 강조해야 한다.

오하이오 주 오빌에 근거를 둔 JM 스머커는 100여 년 전, 설립과 동시에 전해내려온 매우 투철한 기업 가치를 고수하고 있다. 메노나이트(Mennonite, 16세기 창시된 기독교 신교의 한 파―옮긴이) 교리에 기초한 이 기업의 가치는 개인을 존중하며 지역사회에 기여할 것을 강조한다. 스머커의 가치는 채용 관행, 공장 위치의 결정, 지역사회에서의 역할 등 폭넓게 적용된다.

스머커는 경영진이 수차례 바뀌었지만 변함없이 핵심 가치에 헌신해왔고 가치는 그대로 지켜지고 있다. 스몰 비즈니스 네트워크 지에 따르면 스머커는 1897년에 이 회사를 설립한 독일계 스위스인인 제롬 먼로 스머커(Jerome Monroe Smucker)가 정한 가치와 원칙을 지키며 운영되고 있다. 그의 증손자이자 현재 공동 CEO를 맡고 있는 팀 스머커는 그의 증조부가 갈라디아서의 '뿌린 대로 거두리라'라는 구절에서 영감을 받아 기업 가치를 정했다고 말한다. 팀은 이 회사의 품질, 인력, 윤리, 성장과 자율성에 관한 '기본 믿음'이 바로 스머커의 시장 리더십의 기초가

되었다고 확신한다.[1]

스머커는 100년 전에 확립한 기업 가치를 지금까지 현실에 적용하고 있다. 애크런 비콘 저널에 따르면 스머커는 자사의 기업 가치를 공유할 노동력이 있는 소규모 도시에 공장을 짓는다고 한다. 예를 들어, 오하이오 오빌에 소재한 스머커의 본사에는 650명의 인력이 일하고 있다. 전임 CEO인 폴 스머커는 그곳에서 일하는 직원들은 좋은 가정을 꾸리고 지역사회에 기여하며 높은 윤리 의식을 갖고 있다고 말한다. 스머커는 공장이 위치한 지역사회에 많은 투자를 한다.

지역사회와 조화를 이룬다는 스머커의 가치는 메노나이트 교도가 거주하는 중소 도시에만 국한되는 것은 아니다. 예컨대, 스머커는 오스트레일리아에 건설할 과일 젤리 생산 공장 부지를 여러 곳 물색한 후 인구가 4,000명밖에 되지 않는 캬브람을 선택했다. 이 소도시가 1950년대 오하이오 오빌에서와 같이 회사의 가치를 공유할 수 있다고 파악한 것이 가장 큰 선정 이유였다.[2] 이처럼 가치를 공유할 수 있는 지역을 공장 부지로 선택하면 직원들에게 매우 강한 애사심을 불러일으킬 수 있고, 이는 결과적으로 생산성을 높이게 된다.

핵심 가치를 충실히 이행한 스머커와 달리, 음료 부문에서 스머커와 경쟁하는 한센 내추럴은 캔에 든 자연 소다수, 사과 주스와 아동용 비타민 함유 주스 등 '대체 음료'를 생산하는 기업이다. 스머커와 다찬가지로 가족 사업으로 사과 주스를 팔면서 시작한 한센 내추럴도 분위기가 꽤 좋은 직장에 속한다. 하지만 한센의 역사와 문화를 살펴보면, 생산과 유통망을 공격적으로 확대해 대중적 제품의 매출액을 늘리는 것이 한센의 중요한 가치라는 사실이 드러난다. 결국 매출액 확대를 위해 부채를 조달하여 방만하게 기업을 인수한 결과 이 회사의 주가는 33%나 하락했다.

다른 기업들과 마찬가지로, 한센 내추럴도 명확히 표명된 핵심 가치 없이 성장했다. 이 회사는 창업주의 관심을 그대로 따랐다. 오렌지카운티 비즈니스 저널에 따르면 팀 한센(Tim Hansen)은 사과 주스를 팔던 가족 사업을 확장해서 한센 내추럴 소다를 시장에 내놓던 1980년에 한센 내추럴을 설립했다. 한센은 서너 가지 독특한 맛을 지닌 음료수를 개발했고 새로운 맛을 찾아 세계 곳곳을 여행하는 모험가의 이미지로 회사를 광고했다. 팀 한센이 기회를 날카롭게 포착하여 성공적인 광고 전략을 펼친 것에 대단한 자긍심을 느꼈다는 사실은 이 기업의 가치가 단기적 성장이라는 것을 단적으로 보여준다. 이 기업은 빠른 성장을 보였지만 공장의 생산 능력을 높이려고 과도한 부채를 사용한 결과, 1990년 파산했다. 결국 1992년, 남아프리카 공화국 태생의 변호사 로드니 색스가 1,400만 달러에 이 회사를 인수했다. 색스는 한센 내추럴의 성장성이 음료수 용기 포장 산업의 지역적 배급망에 제한을 받지 않는다고 생각했다.[3] 색스는 음료수 용기 포장 비즈니스를 정확하고도 자세히 알고 있었고, 그런 지식을 바탕으로 한센 내추럴의 성장 가능성을 높이 평가했다. 그래서 그는 한센 내추럴을 인수하면 높은 투자 수익을 거둘 수 있다고 믿었다.

그러나 한센은 성장 목표를 달성하기 어려웠다. 파산 신청 직후 상황은 한동안 좋아보였다. 1996년 1.40달러에서 1999년 6달러로 주가가 상승했다. 그러나 곧이어 어려움이 찾아왔다. 2000년 한센은 소다수와 탄산수 제조업체인 블루 스카이를 650만 달러에 인수하는 등 여러 건의 인수 대금을 마련하느라 부채가 열 배나 증가했다. 매출액은 1999년 7,200만 달러에서 2001년 9,200만 달러로 증가했지만 부채를 통한 인수 전략으로 순이익은 450만 달러에서 300만 달러로 하락했고 주가는 4달러로 다시 떨어졌다.

색스의 지침에 따라 한센은 핵심 가치를 충실히 이행하지 않은 채 운영되었다. 가치의 부재는 직원과 회사의 관계에서 발생하는 문제들에 영향을 미쳤다. 「2001년도 한센 내추럴 사업보고서」에 따르면, 한센은 서너 번 계약과 노동 문제에서 분쟁에 휩싸였다. 2002년 3월, 채용을 거절한 한 여성을 성희롱했다는 이유로 소송이 제기되어 6만 달러를 지급하고 합의를 했다. 그리고 2002년 1월, 프로야구팀 시카고 컵스의 홈런 타자인 새미 소사와 벌인 소송에서도 17만 5,000달러를 지급하고 합의했다. 이런 사건들을 보면 핵심 가치를 충실히 이행하지 못하는 것이 생산성과 관련된 업무 환경에 영향을 미친다는 사실을 알 수 있다.

스머커와 한센 내추럴의 비교는 핵심 가치에 헌신하기 위해 필요한 일반 원칙을 보여준다. 첫째, 핵심 가치는 창업주에서 비롯된다. 한센 내추럴과 같은 많은 기업에서 창업주의 관심은 빠른 투자 수익의 실현이다. 물론 분명한 핵심 가치를 표명하지 않고 좋은 성과를 거둘 수도 있다. 스머커와 같이 창업주가 특정한 믿음을 강하게 표시한 기업들은 내부적으로 많은 논의를 거치지 않고도 핵심 가치에 헌신하는 경향이 있다. 이것은 가치가 깊게 체화되어 창업주가 사업은 물론 생활에서도 가치에 충실한 행동을 보였기 때문이다.

둘째, 핵심 가치에 헌신하는 기업은 그렇지 못한 기업보다 사업을 더 오랜 기간 영위한다. 단기적 이익을 넘어서는 목적의식이 있기 때문이다. 가치를 분명히 표명한 기업은 우수한 인력을 유치하고 적절한 동기를 부여해 생산성을 높이고 기업이 지향하는 임무를 제대로 달성한다. 직원이 자신의 노력이 조직에 기여한다고 확신할 때 직원이 행한 노력은 고객뿐만 아니라 지역사회까지 확산된다. 기업의 가치가 고객의 요구와 부합한다면 이 바람직한 가치는 경영자와 관리자가 바뀐다 하더라도 계속 이어져 기업을 경영하는 지침이 된다.

셋째, 핵심 가치에 헌신하는 기업은 다양한 수단을 통해 가치를 자주 알려야 한다. 핵심 가치를 널리 알리는 일은 직원들의 기대를 형성해 경영진과 직원사이에 암묵적인 계약 관계를 맺게 하므로 중요하다. 이처럼 핵심 가치에 헌신하겠다는 공개적인 선언에서 위험이 초래될 수도 있는데, 그것은 경영진이 계약 조건을 이행하지 않는 것이다. 경영자가 가치를 준수하지 않는다면 직원의 생산성은 저하되고 핵심 가치를 준수하는 새로운 직장을 찾을 가능성이 높다. 가치를 널리 알리고 이를 준수하려는 경영자는 조직 전체에 핵심 가치를 준수해야 한다는 내부적 압력을 높인다. 내부적 압력은 직원들이 일상 업무에서 핵심 가치에 헌신하도록 동기를 부여하는 강력한 수단이다. 그리고 직원들이 핵심 가치를 준수하겠다는 약속을 하면 고객과 지역사회는 좋은 시각으로 이 기업을 바라보게 된다.

가치를 준수할 인력의 채용

많은 기업이 가치를 공개적으로 표명하지만 실제 채용 결정에서 기업의 가치를 적용하는 기업은 적다. '가치를 준수할 인력의 채용'이라는 활동은 직장에서 가치를 적극적으로 준수하고 적용할 직원을 채용하기 위해 취업 지원자를 선별하는 과정에 중점을 둔다. 가치를 준수할 인력을 채용하려는 기업은 업무를 수행하는 기본적 자질을 지닌 사람들을 인터뷰하고 이들 중 가치를 준수할 의지가 없는 사람을 채용 대상에서 제외한다. 이처럼 가치를 존중하고 기본자세가 된 인력을 채용하고 교육을 통해 자질을 향상시키는 기업의 채용 방식은 단지 재능만을 채용의 판단 기준으로 삼는 다른 기업들의 방식과는 대조를 보인다. 기업의 가치를 충실히 이행할 인력을 선발하면 몇 가지 측면에서 유익하다. 첫째, 가치를 준수하는 인력은 동료와 협력해 업무를 수행하므로 생산성이 높다. 둘째, 직장에서 만족감을 느끼는 인력은 높은 수준의 고객서비스를 제공해 고객의 만족도를 높인다. 셋째, 자신의 업무에 만족하는 인력은 직장을 옮기려 하지 않으므로 이직률이 낮다.

가치를 준수할 인력을 채용해 업무 성과를 높이기 위해 경영자는 다음과 같은 전술을 고려해야 한다.

- 다양한 매체를 통해 핵심 가치를 알리면 잠재적 직원에게 접근할 가능성이 높아진다. 기업 가치에 부합하는 잠재적 인력에 도달하기 위해 기업은 잠재적 직원이 채용 기회를 알 수 있도록 가치를 널리 알릴 적절한 매체를 선택해야 한다.
- '기업 문화의 전달자'로서 취업 지원자를 면접할 관리자와 직원을 신중히 선택하라. 기업의 문화를 올바로 이해하는 관리자와 직원이 인터뷰를 진행하는 사람이 되어야 한다. 이들은 업무 성과가 높고 기업의 가치를 깊이 이해한 경영진의 지도를 받은 인력이어야 한다.
- 전통적 인터뷰 방식에서 나올 문제점을 피하기 위해 행동 면접을 시행하여 지원자의 자질을 올바로 평가하라. 인터뷰를 통해 지원자가 전통적인 질문에 기계적으로 대답할 기회를 주기보다는 행동 면접(채용 대상자의 과거 행동 패턴을 파악하기 위해 생활 태도, 성격, 자세, 인생관 등을 질문하는 인터뷰 방식—옮긴이)를 통해 그들이 실제로 생각하는 것이 무엇인지를 파악해야 한다. 특히 지원자의 개인적 특성에 중점을 두고 그들이 기업의 문화에 적합한 인력인지 파악해야 한다.
- 채용 인터뷰가 끝난 후 모든 면접관에게 보고를 받아라. 인터뷰를 수행한 팀은 인터뷰를 마친 후 각 지원자에 대한 자신의 의견을 보고해야 한다. 이 보고 절차는 표면적으로 훌륭해 보이는 지원자의 포착하기 어

려운 문제점을 발견하고, 이 절차가 없을 경우에 1차 인터뷰를 통과할 수도 있는 지원자를 탈락시킬 수 있다. 그리고 지원자의 명백한 장점과 약점에 초점을 두어 2차 인터뷰에서 제기할 질문을 결정하는 데도 유용하다.

- 새로 채용한 인력의 성공과 실패를 검토하여 문제점을 개선하도록 인터뷰 과정의 효율성을 분석하라. 기업은 인력을 채용한 후 몇 달 또는 몇 년이 지난 뒤에 그들의 성과를 추적해 인터뷰 절차의 효율성을 측정해야 한다. 아울러 가장 좋은 성과를 거두었던 채용 기법을 뿌리내리고 성공적이지 못했던 채용에서의 문제점과 그 원인이 무엇인지 평가해야 한다.

사우스웨스트 항공은 기업의 가치를 준수할 인력을 채용하는 일이 동종업계에서 경쟁우위를 유지하는 데 가장 중요한 원천이라고 생각한다. 이 기업은 자신의 이해를 내세우지 않고 고객을 중심으로 생각하며 동료와 조화를 이루어 업무를 수행하는 인력을 선호한다. 무엇보다도 사우스웨스트 항공이 추구하는 가장 중요한 자질은 다른 인력과 더불어 효율적으로 업무를 수행하는 사람이다.

사우스웨스트의 채용 절차는 우선 스무 명의 지원자가 참가하는 단체 인터뷰를 통해 지원자가 서로에게 어떤 영향을 미치는가를 판단한다. 보스턴 글로브 지에 따르면, 사우스웨스트가 가장 중요하게 생각하는 일은 올바른 자세를 갖춘 인력을 채용하는 것이다. 단체 인터뷰에서 면접관은 지원자에게 5분 동안 자신을 소개하라고 하고, 그 지원자가 발표를 할 때 다른 지원자들이 하는 행동을 관찰한다. 다른 지원자가 발표하고 있는 동안 자신의 발표를 준비하는 지원자는 채용 대상에서 제외된다. 하지만 발표자의 말을 경청하는 지원자는 채용될 가능성이 높다.[5]

글로브 앤드 메일 지에 따르면, 한 조종사 지원자는 인터뷰 중에 반바지 모델이 되는 것을 거부하여 채용 대상에서 제외되었다. 사우스웨스트는 이런 요청에 대해 조종사가 어떤 반응을 보이는지를 보고 그 사람의 유머 감각을 테스트한다. 다른 조종사 지원자는 안내 직원에게 무례하게 행동하여 채용 기회를 잡지 못했다.[6] 사우스웨스트 항공의 인터뷰 방식은 다른 사람과 협력할 줄 모르는 지원자를 분류하도록 짜여져 있다. 이 회사는 팀을 중심으로 행동하는 자세가 경쟁사인 아메리칸 항공처럼 내부적으로 경쟁하는 것보다 고객에게 더 나은 서비스를 제공하는 경쟁우위의 원천이라고 믿는다.

사우스웨스트의 채용 절차는 매우 엄격해 일단 채용된 사람을 6개월 동안 관찰하고 그가 기업의 문화에 적합하다고 생각되어야 정식 발령을 낸다. 사우스웨스트의 최고운영책임자(COO)인 콜린 배럿은 관찰 기간 동안 해당 인력의 성과를 매우 유심히 관찰한다고 말한다. 관찰 기간 동안 팀워크가 부족하고 일하는 자세가 바르지 않다고 평가되면 한두 번 충고를 한 뒤, 그래도 개선의 여지가 없으면 그를 최종 채용 대상에서 제외한다.[7]

사우스웨스트는 기업의 가치를 수용하고 실천에 옮길 인력을 채용한다. 기업 가치를 충실히 수행하지 않는 인력은 다른 인력에 악영향을 미치지 못하도록 해고된다. 적합한 기업 가치를 올바로 채택하고 이 가치를 준수할 인력을 채용하기는 힘들지만 일단 성공하면 사우스웨스트와 같은 기업은 다른 기업이 모방하기 힘든 경쟁우위를 누릴 수 있다.

아메리칸 항공의 채용 방식은 경쟁사인 사우스웨스트의 방식과 대조를 이룬다. 캘리포니아 매니지먼트 리뷰 지에 따르면, 아메리칸 항공의 채용 방식은 사우스웨스트 항공과 매우 다른 기준을 따르는데, 지원자의 기술적 능력을 가장 중요한 채용 기준으로 삼는다. 물론 이 기업도 원만한 대인 관계를 지닌 인력, 특히 고객을 능숙하게 대하는 인력을 선별한다. 하지만 아메리칸 항공은 다양한 부서와 조화를 이뤄 업무를 수행하는 지원자의 능력에 중점을 두어 채용하지는 않는다.

사우스웨스트와 달리, 아메리칸 항공의 면접관은 인터뷰 중에 지원한 조종사에게 반바지를 입어보라고 요청하지 않는다. 아메리칸 항공은 자기 확신과 자부심이 강한 조종사를 선호한다. 그런 조종사가 항공기를 운행하는 일에 적합하다고 믿기 때문이다. 그리 놀랄 일은 아니지만 아메리카 항공의 조종사 선발 기준에는 문제점이 있다. 때때로 이 항공사의 조종사들은 다른 부서의 인력을 무시하는 오만한 행동을 한다.[8] 조종사의 오만함은 이들과 함께 일해야 하는 승무원의 불만을 초래했고 고객을 불친절하게 대하는 원인이 되었다.

아메리칸 항공과 사우스웨스트 항공을 비교하면 가치를 준수할 인력의 채용에 관한 일반 원칙을 알 수 있다. 첫째, 가치를 준수할 인력의 채용은 우월한 재무적 성과의 달성에 기여한다. 아메리칸 항공에 비해 사우스웨스트는 열두 배나 빨리 성장했고(지난 5년간 평균 매출액 성장률은 9.9%) 다섯 배나 수익성이 높다(5년간 평균 순이익률은 10%). '가치를 준수할 인력의 채용'이라는 가치만으로 사우스웨스트의 우월한 성과를 모두 설명할 수는 없겠지만 가치에 부합하는 적절한 인력이 경쟁우위를 차지하는 데 중요한 요소였다는 사실만은 분명하다. 둘째, 자신의 직업에 만족하는 직원은 고객에게 더 나은 서비스를 한다. 따라서 사우스웨스트와 같은 기업은 고객에게 봉사할 자세를 갖춘 인력을 선발하는 일에 많은 노력을 기울인다. 핵심 가치는 직원의 자세를 체계적이고 구체적으로 나타나게 만든다. 핵심 가치를 고수하면서 경영진은 핵심 가치를 업무에 가장 잘 적용할 인력을 선발하고 그렇지 못한 인력을 제외할 능력을 지속적으로 향상시킨다.

이와 반대로, 아메리칸 항공은 특정한 업무 능력을 기준으로 직원을 고용한다. 이처럼 업무 중심의 인력 선발 과정은 사업상 필요한 특정 업무를 잘 수행해야 유용한 직원이라는 기업의 철학을 대변한다. 업무 수행 능력과 관련해 직원을 바라보는 경영진의 시각 때문에 이 기업은 취업 지원자가 다른 인력과 얼마나 조화를 이루며 행동하는지의 여부와 상관없이 특정 업무의 적합성에 주안점을 두고 인력을 선발하게 된다. 간단히 말해서 많은 경쟁 기업은 과학적 분석 방법을 통해 회사를 경영한다. 하지만 과학적 분석 방법은 직원과 고객에게 부작용을 초래하고, 결국 그들은 경영진이 자신에게 관심을 두지 않는다고 느껴 자신을 존중할 새로운 기업을 찾게 된다.

균형 잡힌 성과 평가

채용 관행에서 나타난 차이는 성과 평가에서도 드러난다. 대부분의 기업은 직원의 성과를 엄격히 평가한다. 하지만 측정하는 '항목'에서 많은 차이가 난다. 밸류 리더에 속하는 기업은 직원을 평가하면서 정량적 요소와 정성적 요소를 적절히 혼합해 사용하는 반면에, 경쟁 기업은 직원이 성과를 달성한 과정은 무시하고 정량적 요소에만 의지한다. 치열한 경쟁에서 살아남으려면 순이익을 거두고 직원이 이익에 기여한 정도를 측정해야 한다. 그래도 기업이 가치에 부합하는 직원의 행동을 보상하지 않는다면 수단과 방법에 상관없이 목적을 달성하려는 기업 문화가 형성되어 스스로 장기적인 생존을 위협할 가능성이 있다.

기업이 자신의 성향을 규정할 때 결과를 중시하는 기업이냐, 관계의 구축을 중시하는 기업이냐에 따라 차이가 생긴다. 결과를 중시하는 기업은 단기적 이익을 창출할 때에만 직원과 고객을 유용하다 판단하고 그 외에는 중요하지 않다고 생각한다. 반대로, 관계를 중시하는 기업은 장기적 안목을 지닌다. 이런 기업은 직원에 대해 투자를 아끼지 않아 직원들이 오랜 기간에 걸쳐 고객의 요구에 부합하는 좋은 서비스를 제공하고 신제품을 개발해 고객을 위한 가치를 창출한다고 믿는다. 관계를 구축하는 기업은 재무적 요소와 비재무적 요소를 통해 업무를 평가한다. 따라서 직원들은 핵심 가치에 부합하는 재무적 성과뿐만 아니라 바람직한 행동을 할 동기를 지닌다.

정량적 요소와 정성적 요소를 어떤 비율로 반영해야 하는가에 대한 보편적인 규칙은 없다. 하지만 일반적으로 성공적인 성과 평가 시스템은 정량적 성과를 달성하도록 뒷받침하는 정성적 요소를 깊이 이해한다. 예를 들어보자. 시스코와 같은 기업은 고객의 만족도가 높을수록 고객의 충성도와 수익성이 높다는 사실을 간파했다. 게다가 고객 만족을 향상시킨 직원에게 실질적인 보상을 하면 매출과 이윤을 증가시키는 팀워크가 활성화된다는 사실도 알아냈다. 이처럼 정량적 요소와 정성적 요소의 관계를 발견해 균형 잡힌 성과 평가 시스템을 도입했다.

더 나은 성과 평가를 원하는 경영자는 다음과 같은 전술을 고려해야 한다.

- 균형 잡힌 성과 평가를 개발하도록 경영진으로 구성된 팀을 꾸려라. 이 아이디어는 핵심 가치 개발을 위해 팀을 꾸린 것과 같다. 이에 덧붙여 재무와 기술 담당 임원을 포함시켜 팀을 꾸리는 것이 특히 중요하다.
- 비즈니스의 건전성을 나타내는 주요 재무적, 비재무적 지표에 합의하라. 재무적 지표로는 현금흐름, 매출액 증가율, 순이익률과 대차대조표상의 주요 지표가 있다. 비재무적 지표에는 고객과 직원 만족도, 제품 개발 효율성, 지역사회 등의 인지도 등이 포함된다.
- 다양한 직급 수준에 적용할 재무적, 비재무적 지표의 구체적 평가 수단을

개발하라. 한 가지 지표도 각 조직의 직급 수준에 맞게 세분화될 수 있다. 예를 들어, 부서 책임자는 특정한 수익 목표를 달성해야 할 책임이 있고 생산 라인의 직원은 생산 과정에서 자신의 직급에 맞는 생산률을 달성해야 할 책임이 있다.

- 모든 직원이 균형 잡힌 성과 평가 시스템을 이해하도록 하라. 경영진은 모든 구성원이 참여한 회의에서 새로운 평가 시스템을 소개해야 한다. 각 평가 단위별로 회사의 성과를 분기마다 발표하고 최고 성과를 달성한 직원에게 보상하는 행사를 주기적으로 개최한다.
- 평가 기준을 직원의 성과 목표와 검토에 통합시켜라. 경영진은 관리자를 만나 성과 평가 방법에 대한 의견을 나누고 합의한다. 마찬가지로 관리자는 직원을 만나 그들이 평가를 위해 계획한 성과를 얼마나 달성했는지 합의한다.
- 필요하다면 성과를 평가하는 시스템을 개발하라. 균형 잡힌 성과 평가를 경영 전반에 통합하려면 새로운 성과 평가 시스템을 구축할 필요가 있다.

골드만삭스는 인력 평가에 기업 가치를 적용한 좋은 사례가 된다. 특히 골드만삭스는 명석하고 야심에 찬 인력을 선발하기 위해 매우 효과적인 프로세스를 개발했다. 이 프로세스를 통해 골드만삭스는 인력의 개인적 성공과 그칠 줄 모르는 이윤 추구의 목적을 효과적으로 결합시켰다. 역설적이지만 이 회사에서 직업적으로 커다란 성공을 거둔 개인은 회사 경영상의 목표를 가장 효과적으로 달성한 사람이었다. 이들은 자신의 개인적 목표를 회사의 이해 관계와 적절히 조화시켰다.

인재 컨설팅 웹사이트인 더볼트닷컴(TheVault.com)에 따르면 성공을 당연하게 생각하는 골드만삭스는 매우 목표 지향적인 기업이다. 이 회사는 산업에서 가장 뛰어난 인력을 채용하지만 그들의 자긍심을 약화시켜 개인적 이해를 회사의 이해에 종속시킨다. 예를 들어, '일류 대학'을 졸업하고 골드만삭스에 들어온 지 얼마 되지 않은 일부 인력은 골드만삭스의 기업 문화에 어울리지 않는 오만한 태도를 보이지만 곧 그들의 오만은 수그러든다.[9]

골드만삭스의 성과 평가 프로세스는 새로운 인력을 채용하면서 시작된다. 새로 채용된 직원은 동료에게 평가받는 프로세스에 적응하기 힘들다고 느낀다. 그들은 자신의 활동이 끊임없이 감시받는다고 생각한다. 긍정적인 측면으로 골드만삭스의 애널리스트들은 자신의 동료가 현명하고 판단이 정확하며 팀의 성공을 위해 자신을 희생할 줄 안다고 생각한다. 동료의 높은 기대를 충족시켜야 한다는 지속적인 압박감을 느끼기 때문에 골드만삭스에서 팀의 일원으로 일을 하는 것은 대단한 도전이다.[10]

골드만삭스에서 성공의 사다리를 오르려면 인맥과 정치적 활동이 필요하기도 하지만 성과의 달성은 성공을 의미한다. 패스트 컴퍼니 지에 따르면 골드만삭스의 투자은행 부문 공동사장인 밥 히긴스의 경력은 이 회사에서 성공하기 위해서 무엇이 필요한지 잘 보여준다.[11]

골드만삭스가 팀워크를 강조한다는 사실을 염두에 둔 히긴스는 업무에서 뛰어난 성과를 나타내면 결국 경영진이 자신의 업적을 올바로 평가해줄 것이라는 신념을 갖고 있었다. 이와 반대로 히긴스는 골드만삭스에서 승진을 위해 인맥이나 정치적 활동을 하는 것은 '모든 사람이 검은색 양복을 입고 있는데 혼자 하얀색 양복을 입는 것'처럼 난처한 일이라고 지적했다.

1975년 히긴스는 골드만삭스가 팀워크를 얼마나 존중하는가에 대해 소중한 교훈을 얻었다. 히긴스가 입사 후 몇 달 동안 증권 애널리스트로 일하고 있을 당시 재정 거래 부문을 책임지고 있던 로버트 루빈이 연락을 해왔다. 루빈은 다이아몬드 굴착기 제조업체가 인수하기를 원하는 휴즈 툴과 골드만삭스 사이에 어떤 연관성이 있는지 알고 싶어했다. 히긴스는 한 시간 동안 루빈을 만나 자신의 분석 결과를 조심스럽게 보고하고 사무실로 돌아왔다. 몇 분 후, 리서치 담당 임원이 히긴스에게 전화를 걸어 히긴스의 분석이 큰 도움이 되었다는 루빈의 말을 전했다. 히긴스는 이런 반응이 골드만삭스에서 흔한 일이라고 생각은 했으나 이 경험을 통해 골드만삭스가 팀워크를 실행에 옮기는 것을 얼마나 강조하고 있는가를 처음으로 깨달았다.

골드만삭스는 인력 평가에 계량적, 비계량적 요소를 적절히 적용하는 매우 엄격한 접근 방식을 취한다. 예를 들어 투자은행 부문에서 히긴스는 자신의 동료와 부하 인력을 평가하고 역으로 그들은 히긴스를 평가한다. 서른 개 항목에 대한 상호 평가를 문서로 제출한다. 열두 개 범주로 구성된 평가 양식에 맞춰 평가를 진행해야 하며 팀워크는 물론 전반적인 성과 평가도 포함한다. 팀워크를 평가하는 항목에서 관리자는 직원들이 승진을 위해 인맥이나 정치적 활동을 했는지, 다른 인력과 정보를 공유하고 신뢰를 형성했는지, 그리고 다른 인력의 업무에 도움이 되는 활동을 했는지를 평가한다. 상호 평가의 목적은 경력 상의 조언이 아니라 비즈니스를 배우는 것이다. 히긴스는 승진을 원하는 골드만삭스 직원은 최고의 성과를 낸 사람들처럼 업무 성적이 훌륭해야 한다고 조언한다. 하지만 팀 기여도에 따라 임원까지 승진 여부가 결정된다는 말도 잊지 않는다.[12]

골드만삭스에서 기업의 가치와 업무 평가는 긴밀히 연계해 조직화했지만 다른 경쟁 기업은 그렇지 못하다. 예를 들어 메릴린치는 인력, 팀워크, 책임감, 정직성과 같은 가치는 단지 고결한 선언적 가치에 지나지 않지만13) 메릴린치의 직원들은 내부의 역학 관계나 인맥, 정치적 활동 등이 내부 승진과 좌절의 가장 큰 원인이라고 말한다. 이같은 기업의 가치와 실제 행동 사이의 차이로 직원들은 매우 냉소적인 입장을 취하게 된다.

메릴린치에서 일하는 직원들은 이 회사 근무 환경의 가장 큰 결점은 '끔찍한 관료주의'라고 말한다. 이 관료주의적 분위기는 인력을 대하는 방법에서 큰 문제를 초래한다. 더볼트닷컴에 따르면 메릴린치의 관료주의는 내부 역학관계와 결부되어 직원의 직장생활을 힘들고 이해할 수 없게 만든다. 때때로 명확한 이유도 없이 직원들은 자신이 하지도 않은 일에 대해 비난을 받고 자신의 업무와 관련 없는 일을 하기도 한다. 게다가 이런 문제가 발생했을 때 어떤 관리자도 문제를 바로 잡으려고 하지 않는다. 메릴린치에서 일하는 한 직원은 메릴린치에서 보낸 생활을 '카프카 소설의 한 대목'처럼 이해하기 힘들다고 비유했다.14)

직원들이 메릴린치에서 일하면서 느끼는 감정을 분석해보면 이 기업의 '공유된 가치'가 주로 외형적인 마케팅 목적에 초점을 두고 있다는 것을 알 수 있다. 골드만삭스와 달리 메릴린치는 자사의 가치와 직원의 성과를 평가하는 방식이 서로 연계되지 않아도 무방하다고 생각한다. 예를 들어, 메릴린치의 한 금융 컨설턴트는 이 회사에서 일하게 되어 자부심을 느낀다고 사람들에게 말하지만 관료주의와 내부의 역학관계 때문에 일하는 것이 보기보다 어렵다고 솔직히 토로한다.15)

골드만삭스와 메릴린치가 사용하는 성과 평가 방식을 비교하면 일반 원칙이 드러난다. 첫째, 기업이 일관되게 표명한 가치를 실제 인력의 평가에 결부시키지 않는다면 최고의 인력을 유지하기가 어려우며 직원의 충성 또한 기대할 수 없다. 일부 메릴린치 직원들은 회사의 가치 선언서를 읽고 이 가치 중 일부가 실제로 적용되는 방식을 생각하면 쓴웃음을 지을 수밖에 없다고 말한다. 이와 반대로 골드만삭스는 내부에서 계속 반복하고 강조하는 기업 가치와 업무의 성과를 평가하는 방식을 공식적으로 연계시킨다. 따라서 골드만삭스는 업계 최고의 인력을 유치하고 보유하며 높은 성과 기준을 달성한 인력에게 충분한 보상을 한다.

둘째, 기업은 가치에 부합하는 공식적 성과 평가 프로세스를 확립해 엄격히 적용해야 한다. 균형 잡힌 성과 평가는 의미를 갖는다. 가치를 실제로 실행하는 기업에서 일하는 인력은 회사의 성과 기준을 달성해야 한다는 압박감에서 벗어나기 힘들다고 믿는다. 상호 평가 방식을 통해 직원들은 회사에서 다른 사람들 또는 고객과 상호작용을 얼마나 잘 수행하는지의 여부로 평가받는다는 사실을 깨닫는다. 직원들은 기업의 가치를 모든 관계에 적용하면서 조직의 미래가 가치에 달려 있다고 생각한다. 일부 인력은 엄격한 성과 평가를 강압적이라고 느끼기도 하지만 무엇을 해야 하는지 파악하는 데 도움이 된다는 것을 안다. 명확히 표명된 가치가 실제로 적용되면 직원들은 내부 역학관계를 걱정하지 않게 되어 관심과 노력을 업무 수행에 쏟을 수 있다.

공정한 직원 보상

많은 기업은 기업 문화에 적합하지 않은 인력이 회사의 경쟁력에 악영향을 미치기 전에 이들을 해고하는 것이 얼마나 중요한지를 알고 있다. 아울러 경영진이 신뢰하는 인력을 계속 유지하기 위해서는 좋은 성과에 충분히 보상하고 성과가 저조할 때에는 향상하도록 도우며, 전혀 가능성이 없다면 무례하지 않게 해고해야 한다는 것도 명심한다. 따라서 이같은 기업에서 오랫동안 근무한 인력은 성과가 훌륭할뿐 아니라 소중한 존재로 인정받아 충분한 보상을 받는다.

어떤 기업은 직원들과의 장기적 관계에 별다른 관심이 없다. 따라서 이런 종류의 기업은 비교적 높은 임금을 지불하지만, 재무 목표 달성이라는 단기적 목적을 위해 비용을 줄여야 하는 경우 거리낌 없이 연봉이 높은 인력을 해고한다. 장기적 전망을 지닌 기업은 직원들에게 많은 투자를 한다. 그러나 단기적 목표에 치중하는 기업은 직원들의 사기를 고려하지 않은 채 인력을 채용하고 해고한다.

일부 기업은 피라미드식 구조로 직원들에게 보상한다. 즉, 최상위층은 존경과 인정과 같은 무형의 보상을 받고 하위층은 금전적 보상을 주로 받는다. 어떤 기업에서 일하는 직원은 업무 보고를 위해 상사에게 가기 전에 무시당하더라도 참자는 다짐을 한다. 인력을 존중하는 것은 직원에게 동기를 부여하는 무형의(비용이 들지 않는) 보상이다. 일반적으로 이같은 기업이 지급하는 기본임금은 경쟁사보다 낮다. 하지만 이윤 공유와 함께 다른 임금 요소가 추가될 때 성과가 가장 좋은 인력은 경쟁사보다 높은 총 임금을 얻게 된다. 게다가 임금의 상당 부분을 기업의 목표 달성과 연계시켜 개별 부서나 개인의 이해보다는 팀의 이해를 우선시하게 되어 더 높은 성과를 달성한다.

직원들에게 공정한 보상을 하려는 경영자는 다음과 같은 전술을 사용한다.

- 어떤 행동을 금전적 보상 또는 심리적 보상과 연계시킬지 합의를 도출하라. 예를 들어, 매출액 목표, 생산 이익률처럼 객관적으로 측정할 수 있는 성과는 금전적으로 보상한다. 반면 팀을 위한 행동은 표창을 수여하여 동료의 인정을 통해 보상한다.
- 금전적, 심리적 보상을 위한 구체적인 성과 기준과 이를 달성한 행동에 대해 구체적인 보상을 결정하라. 팀워크에 기여해 동료의 인정을 받는 기준은 전임 수상자의 전례를 따를 수 있다. 예로, 사고로 다쳐 업무를 완

수하지 못한 팀 동료를 돕기 위해 밤늦게까지 일을 한 직원의 사례가 기준이 될 수 있다.
- **직원이 자신의 관리자와 성과 목표를 합의했을 때 보상 기준을 조직 전체에 전달하라.** 관리자와 직원이 기준을 명확히 이해하기 위해 성과 평가 기간이 시작되면 바로 회의를 열어 기준을 분명하게 이해시켜야 한다.
- **공정하게 보상하라.** 공정성도 이따금 주관적일 수 있지만 보상이 공정하지 않다고 생각하는 직원은 동기를 상실할 수 있다는 사실을 경영진은 알아야 한다. 공정하지 못한 보상 때문에 생산성이 저하되어 기업이 부담하는 비용은 적지 않다.

스머커는 직원들에게 공정한 보상을 한다. 애크런 비콘 저널에 따르면 스머커는 스톡옵션, 회사 부담 포상 휴가 또는 출근은 하지만 일하지 않고 휴식을 취하는 현장 휴가 등을 시행하지 않는다. 그 대신, 우수직원상 등을 수여하여 자긍심을 느끼게 하고, 다른 직원들에게 존경받도록 했다. 스머커는 성과에 금전적인 보상을 하는 전통적인 방식에 변화를 주어 성과가 높은 직원을 돋보이게 만드는 방법을 사용해 다양한 보상을 시행한다. 즉, 금전적 보상과 더불어 경영진과 동료의 존경을 받도록 심리적 보상을 하는 것이다. 금전적 보상과 심리적 보상의 적절한 조화가 이루어질 때 직원들은 회사에 애정을 느껴 생산성이 더 높아진다.[16]

애크런 비콘 저널은 스머커에서 직원들이 공개적으로 칭찬받고 동료의 존중을 받으면 동기부여 효과가 높아진다고 한다. 즉, 스머커의 인적 자원 담당 임원인 존 니콜라스는 긍정적인 업무 환경이 회사에 매우 좋은 영향을 미친다고 말한다. 예컨대, 스머커의 인력은 우호적인 분위기가 조성된 회사에서 계속 일하기 원하며 자신들의 노력이 다양한 형태의 보상을 통해 대우받는다고 느낀다. 1985년부터 스머커에서 주스 탱크를 하역해왔던 제프 사이버트는 스머커 임직원을 존중한다. 사이버트는 스머커가 공장의 직원들을 공정하게 대했다고 확신한다. 그리고 스머커는 직원과 대화를 하고 그들의 문제에 귀를 기울이며 문제를 해결하도록 긍정적인 방법을 제공했다는 사실을 안다.

또, 스머커에서 일하고 있는 어떤 직원은 회사가 자신이 원하는 방식으로 대우하고 경력을 개발할 기회를 제공하며 직원들을 존중하겠다는 약속을 지켰다는 말을 했다.

스머커는 가족을 돌볼 수 있는 시간을 허락하고 지원해 보상한다. 예를 들어, 공장에서 레스토랑용 젤리 생산 업무에 종사하는 어니스틴 윌슨은 남편이 암에 걸렸을 때 회사가 아낌없이 지원해주었던 사실을 이야기했다. 1968년부터 스머커에서 일한 그녀는 자신이 원할 때 업무에 복귀할 수 있었으며, 남편에게 위급한 상황이 생길 경우를 대비해 가장 가까운 곳에 자동차를 주차하도록 편의를 제공해준 스머커에 감사했다.

스머커는 구체적인 인센티브 역시 제공한다. 모든 직원은 휴가 시 연간 2%의 보너스를 받는다. 그러나 직원들은 무형의 보상에 더 가치를 두는 듯하다. 커뮤니케이션 관리자인 브렌다 뎀프시는 크리스마스 보너스와 유연한 근무 시간을 고맙게 생각한다. 보너스처럼 유형적인 보상뿐만 아니라 계량화할 수 없는 무형적 보상 덕분에 그녀는 스머커가 특별한 직장으로 여겨진다고 말한다. 스머커의 정보기술그룹에서 프로젝트를 이끌고 있는 한 사람은 직장을 잃을 걱정을 하지 않아도 되므로(스머커의 생산품은 경기 변동의 영향을 크게 받지 않고 안정적인 수요를 유지하기 때문) 하루에 열두 시간을 일해도 괜찮다고 말한다. 그리고 회사 내에서 그에게 거짓말을 해 피해를 입힐 사람이 없다는 사실에 매우 만족해한다.

직원을 존중한다고 해서 스머커가 재무적 성과를 등한시한다는 의미는 아니다. 사실, 스머커의 보상 방식은 높은 생산성으로 연결된다. 기업의 재무 정보를 제공하는 웹사이트 Moneycentral.msn.com에 따르면 스머커는 가공 포장 산업 부문의 평균보다 1인당 생산성이 50%(30만 5,000달러)가 높고 1인당 순이익은 133%(1만 4,000달러)가 높다.[17]

좋은 근무 환경에서 비롯된 높은 생산성에 덧붙여, 스머커에서의 직원 이직률은 경쟁사보다 5%가 낮다. 스머커의 많은 직원들은 생산 라인에서 30~40년간 근무한다. 몇몇 직원은 부모, 배우자와 함께 일하기도 한다. 고용 계약을 협상하는 기간에 가끔 문제가 발생하기도 하지만 직원들은 스머커가 창립 때부터 지켜온 기업 가치를 고수해 진정으로 직원들을 존중한다고 믿고 있다.[18]

스머커는 무엇이 직원들에게 동기를 부여하는지 파악하는 뛰어난 직관력을 갖고 있고 이것을 적절히 이용해 생산성을 높일 수 있는 보상 시스템을 구축했다. 예를 들어, 인력을 존중하고 활기찬 직장이라는 이미지가 주는 무형적 혜택은 비용이 적게 들 뿐더러 경쟁 기업에서 모방하기도 힘들다. 무형적 혜택을 도입하기 위해서는 불필요하고 과장된 목표, 기업의 가치와 행동 등을 바꾸어야 하기 때문이다. 다른 기업들은 스머커가 이런 변화를 성공적으로 수행해 경쟁력이 강한 기업으로 발전했다는 사실을 알지만 변화가 매우 어렵다는 사실 때문에 선뜻 시도하지 못한다.

직원들에게 인센티브를 제공한 사우스웨스트의 방법은 스머커와 매우 비슷하다. 따라서 사우스웨스트와 경쟁 기업인 유나이티드 항공(United Airlines)을 비교하면 교훈을 얻을 수 있다. 워싱턴포스트 지에 따르면, 유나이티드에서 사우스웨스트로 직장을 옮긴 승무원 두 명이 두 항공사의 커다란 차이점을 목격했다고 한다. 2001년 9.11테러 사건 발생 이후 유나이티드 항공은 승무원인 로셸 웨버와 캐시 심스에게 휴가를 주었다. 휴가를 이용해 이 두 사람은 2002년 4월까지 사우스웨스트 항공이 실시한 4주 반짜리 무급 교육 프로그램에 참가하게 되었다.[19]

웨버와 심스는 사우스웨스트 항공으로 직장을 옮기면 유니이티드 항공에서 일할 때보다 임금이 30~40% 줄어든다는 사실을 알았다. 하지만 사우스웨스트에서 일하는 승무원들이 더 행복해 보였기 때문에 임금이 줄어든다고 해도 개의치 않았다. 유나이티드 항공에서와는 달리 사우스웨스트 항공에서 일하는 그 누구도 경영진, 직속 상관 또는 동료에 대해 불만을 나타내지 않음에 주목했기 때문이었다.

유나이티드 항공 소속 조종사인 스티브 데러비는 1986년부터 이 회사에서 일해 왔지만 사우스웨스트 항공이 직원들과 특별한 관계를 형성하고 있다고 확신한다. 데러비는 사우스웨스트가 직원들에게 동기를 부여함으로 고객에게 충실한 서비스를 제공하게 된다고 언급했다. 반면에 유나이티드 항공을 포함한 다른 항공사들은 직원들에게 동기를 제대로 부여하지 못한다는 불만을 토로했다.[20]

직원들에게 공정하게 보상하는 기업은 무엇이 직원들에게 동기를 부여하는지 정확히 파악하여 보상 시스템을 개발한다. 놀랍게도 이들 기업은 직원들이 존중받고 자신이 회사를 위해 생산한 이익을 공유할 기회를 가질 때 기본임금까지도 포기할 수 있다는 것을 보여준다. 직원들을 존중하는 자세는 직원들에게 소유주처럼 행동할 동기를 부여하고 회사를 좀더 효율적이고 효과적으로 운영할 수 있는 방법을 연구하도록 한다.

이와 대조적으로, 다른 기업들은 직원을 이윤을 창출하는 기계로 취급한다. 호황기를 맞아 생산이 많아지면 직원들은 높은 임금을 받지만, 수요가 하락하면 경영진은 상대적 필요성에 따라 해고를 서슴지 않는다. 인맥이 있거나 내부의 역학관계를 잘 이용한 직원들은 그럭저럭 자리를 유지할 수 있겠으나, 그들도 비용 절감이 더 필요한 경우에는 결국 해고당하게 된다.

콘티넨털 항공의 혁신

고든 베순은 콘티넨털 항공을 혁신시켜 '인간관계의 존중'이라는 원칙을 가장 잘 준수하는 기업 가운데 하나로 만들었다. 베순의 성공은 콘티넨털 항공이 인력을 다루는 방법을 획기적으로 바꾸었기에 가능했다. 여기서는 베순이 취한 혁신 전략의 주요 요소를 간략히 소개해 조직을 혁신시키고자 하는 경영자에게 도움을 주려고 한다.

고든 베순이 1994년 CEO에 취임했을 때 콘티넨털 항공은 세 번째 파산을 신청할 정도로 어려운 상황에 처해 있었으며, 형편없는 서비스와 잦은 도착 지연, 그리고 질 낮은 기내식으로 악명이 높은 상태였다. 포천 지에 따르면 베순은 이러한 콘티넨털 항공을 가장 존경받고 훌륭한 재무적 성과를 거둔 기업으로 변화시켰다고 한다. 베순이 경영을 책임진 후 시장조사기관인 JD 파워는 콘티넨털 항공을 1995년에서 2000년까지 전반적인 고객만족도가 가장 높은 항공사로 선정하기도 했다.[21]

베순은 항공 산업은 이익률이 매우 낮아 높은 보수를 지급하지 않기 때문에 재능 있고 야심에 찬 인력을 끌어 모으지 못한다고 농담 섞인 말을 했다. 그는 항공 산업이 사람을 상대하는 비즈니스라고 주장했다. 2002년까지 콘티넨털 항공은 4만 2,900명의 인력을 고용했고 이들 중 대부분은 베순이 주도한 기업 혁신 작업에 참여할 의사가 있는 사람들이었다. 베순은 콘티넨털 항공의 인력이 신속하고 정확한 업무를 수행하도록 동기를 부여했다.

    베순이 최고경영자로 취임하기 전에는 잦은 지연 출발로 매달 600만 달러의 비용이 발생했다. 그래서 그는 콘티넨털 항공이 신속 정확 측면에서 10위 안에 드는 미국 항공사로 변모하면 300만 달러를 직원들에게 지급하겠다고 제안했다. 목표를 달성한다면 베순은 직원 1인당 65달러만 추가로 지급하면 됐다. (직원 1인당 지급하는 65달러의 보너스는 1인당 비용 절감액인 130달러의 절반에 해당하고 4만 6,154명의 직원에게 매달 65달러씩 지불하면 보너스 총계는 300만 달러지만 비용 절감 총액은 600만 달러였다.) 베순의 측근은 보너스 금액이 그리 크지 않아 직원들의 관심을 끌지 못할 것이라고 했다. 하지만 1995년 2월, 콘티넨털 항공은 업계 4위를 차지했고 베순은 약속한 대로 보너스를 지급했다. 1995년 3월, 콘티넨털 항공은 1935년 이래 처음으로 1위로 도약했다. 그리고 같은 해 4월에도 역시 1위를 고수했다.

    이 항공사는 직원들에게 비행 과정에서 발생하는 불필요한 비용을 절감할 인센티브와 권한을 부여해 극적인 경영 개선을 이끌어낸 것이다. 콘티넨털 항공은 '지연 원인 규명회의'를 개최해 전날 정시에 이착륙을 하지 못한 이유를 규명한다. 베순이 취임하기 이전, 이 회의의 목적은 지연 원인을 놓고 부서 각자가 책임을 떠넘기는 자리에 불과했다. 한 예로, 승무원은 20인분의 음식을 배달하지 않아 지연되었다고 기내식 담당 부서를 비난했고, 기내식 담당 부서는 5인분의 식사는 이미 준비되어 있었고 나머지 식사는 20인분 내에 비행기에 싣는다고 승무원에게 미리 말했다고 주장했다. 결국 비행은 15인분의 기내식이 도착할 때까지 20분 지연됐고 승무원은 기내식 담당 부서에 책임이 있다고 비난하는 식이었다.

    베순이 신속하고 정확한 업무를 수행하는 직원들에게 보상하기 시작하자 직원의 행동이 달라졌다. 이제는 20인분의 기내식이 도착하지 않으면 승무원은 기내식 담당자가 다시는 배달 실수를 하지 않도록 다짐을 받고 기내식 담당자도 승무원의 요구를 받아들일 수 있는 인센티브가 존재했다. 준비한 음식이 부족하더라도 승무원은 정시에 비행기 문을 닫고 일정대로 비행을 했다. 부족한 기내식 문제는 비행기가 정각에 떠나기를 바라는 일부 승객이 기내식 대신에 음료수나 주류를 선택하여 해결되었다. 비행기가 정시에 출발하게 되면 보상을 받게 되기 때문에 모든 직원들의 업무는 향상되었고 정확한 이착륙에 고객만족도도 또한 높아졌다.

베순은 직원들이 빈번하게 '병가'를 내고 근무를 하지 않는 문제도 효율적인 방법을 통해 해결했다. 그는 직원 자신의 업무를 좋아하지 않기 때문에 병가를 낸다고 파악했다. 그래서 그는 콘티넨털 항공의 많은 부분을 변화시켜 직원들이 자신의 업무에 흥미를 느끼게 했다. 그리고 베순은 계획적 결근을 줄이기 위한 간단하고 효과적인 방법을 발견했는데, 그것은 6개월마다 추첨을 통해 승용차 여섯 대를 경품으로 지급하는 것이었다. 단, 6개월 동안 결근하지 않은 직원만이 추첨에 참가할 자격이 있다. 이로써 베순은 병가처럼 계획적인 결근으로 인해 초래되는 비용을 낮출 수 있었다. 경품으로 지급하는 자동차 구입비용은 그에 비하면 아무 것도 아니었다.

콘티넨털 항공을 혁신시킨 사례는 앞서 논의한 변화 프로세스를 알기 쉽게 설명한다. 베순은 콘티넨털 항공의 가치를 변경했다. 그가 경영을 맡기 전에 이 항공사는 신속하고 정확한 업무 수행, 계획적 결근과 생산성에 관심이 없었다. 하지만 그가 경영을 하자 콘티넨털 항공은 모든 면에서 달라졌다. 베순은 고객의 요구와 직원들이 업무를 수행하는 방식의 상관성을 정확히 이해하여 극적인 혁신을 이룬 것이다. 콘티넨털의 가치를 변경하고 이 가치를 달성하도록 직원들에게 적절한 금전적 동기를 부여함으로써 베순은 성공적인 변화를 능숙하게 이루어냈다.

경영 혁신의 수단

콘티넨털 항공의 베순이 이룬 업적처럼 직원들에게 동기를 부여해 조직을 혁신하려는 경영자는 다음과 같은 5단계를 취할 수 있다.

- 조직혁신팀을 구성하라.
- 새로운 가치를 개발하라.
- 새로운 가치에 부합하는 인력을 선별하라.
- 인력 간에 존재하는 차이를 좁혀라.
- 인력을 교육하고 성과를 측정하며 보상하라.

조직혁신팀의 구성

CEO는 주주의 지원 없이 조직의 변화를 달성하기 힘들다. 따라서 CEO는 주요한 내부 인력은 물론 주거래 금융기관, 고객, 부품 공급자, 정부 관계 당국자 등 외부인까지 포괄한 조직혁신팀을 구성해야 한다. CEO는 이 팀의 성격과 진행 과정을 이사회에 알려야 하며, 팀의 목적을 규정하고 전체 진행 일정과 임무 완성 기한을 정해야 한다.

새로운 가치의 개발

새로운 가치의 개발은 다른 기업과 경쟁하는 상황에서 강력한 수단이 된다. 조직혁신팀은 이전에 충족시키지 못했던 고객의 요구를 조사하고 경쟁 기업의 장단점을 분석한다. 또한 '현재 시행되고 있는 가치'를 식별하고 이 가치를 직원들이 얼마나 준수하고 있는지를 파악한다.

그후, 조직혁신팀은 앞선 세 가지 분석에 공통되는 새로운 기업 가치를 개발한다. 이 가치를 통해 그동안 실현되지 못했던 고객의 요구를 경쟁 기업보다 만족시킬 수 있다. 새로운 가치를 개발하려고 노력하는 과정에서 기업은 새로 개발한 가치에서 파생되는 행동이 경쟁사와 비교하여 고객의 요구를 어떻게 만족시키는지 파악해야 한다.

새로운 가치에 부합하는 인력의 선발

조직혁신팀이 새로운 가치를 개발하면 회사의 인력이 얼마나 이 가치를 성실히 수행할 수 있을지 점검해야 한다. 인력 중 누구도 조직혁신팀이 개발한 가치를 준수하기 힘들다면 이 가치를 수정해야 한다. 극단적인 경우에 새로운 가치가 조직의 현 상태를 올바로 반영하지 못하면 2000년대 초반에 많이 일어났던 것처럼 이사회는 경영진을 교체하기도 한다.

새로운 가치에 관해 합의에 도달하면 조직혁신팀은 어떤 인력이 새로운 가치를 충실히 이행하고 있는가를 자세히 평가한다. 하지만 가치가 완전히 새로운 것이라면 조직의 많은 리더는 이 가치에 당장은 어울리지 않을 수도 있다. 이런 이유로, 조직혁신팀은 직급이 낮은 인력 중에서 새로운 가치에 어울리는 인력을 발견할지도 모른다.

인력 간에 존재하는 차이를 좁히기

조직혁신팀은 앞선 분석을 통해 새로운 가치를 조직 전체에 실행하기 위해 새로운 가치를 구체화시킬 직원이 주요 업무를 담당하도록 인력을 재배치해야 한다. 몇몇 경우에, CEO는 새로운 가치에 따라 행동할 수 없는 일부 인력을 교체해야 하기도 하며, 새로운 가치를 명확히 이해시키기 위해 일부 직원들에게 교육 기회를 제공하기도 한다. 또, 어떤 인력을 승진시키거나 외부에서 인재를 영입하기도 한다.

인력의 교육, 성과 측정과 보상

최종적으로 CEO는 현재 진행되고 있는 업무에 새로운 가치를 적용해 조직 전체에 확산시킨다. 대부분의 경우, 조직혁신팀은 인력의 교육, 평가와 보상을 위해 현재 진행되는 업무를 새로운 가치에 맞게 변화시키도록 권고한다. 예를 들어, 모든 직원들에게 새로운 가치에 대해 교육한다. 프로그램은 새로운 가치에 대한 토론, 새로운 가치가 어떻게 업무 방식을 변경할지를 설명하는 사례 연구, 이전 가치와 비교, 그리고 새로운 가치에 기초해 행동을 어떻게 변화시킬 것인가를 보여주는 개별 가치 선언서의 작성 등이 포함된다. 또, 조직혁신팀은 각 부서와 부품 공급자, 사업 파트너, 그리고 고객들의 연계 사이에 협력을 고취시키기 위해 고안된 보상과 균형 잡힌 성과 평가에 새로운 가치를 접목시킬 수도 있다.

가치지수

전술적인 측면에서 밸류 리더십의 원칙을 분석하는 일은 경영자가 개선의 기회를 포착하도록 돕는다. '인간관계의 존중' 원칙을 적용해 조직이 개선될 가능성이 있다면 이 분석은 조직이 특정한 활동을 수행하는 최선의 방법을 찾는 경우에 유용하게 쓰인다.

예시 2.1은 두 가지 측면의 분석을 통해 기업의 VQ를 계산하는 데 유용하다. 첫째는 이진법적 분석으로, 기업이 열거된 특정한 전술을 수행하고 있는지의 여부를 판별하는 점검표로서 가치지수분석표를 활용한다. 기업이 특정한 활동을 수행하면서 어떤 전술도 수행하고 있지 않다면 이 전술의 수행을 고려해야 한다. 두 번째는 유사성 분석으로서 기업이 이미 특정한 전술을 수행하고 있다면 그 전술의 수행에서 개선할 여지가 있는지 파악하는 데 가치지수분석표를 활용할 수 있다. 특정한 전술에 해당하는 점수를 올리려면 전술의 실행 방법을 변화시키는 프로세스를 시작해야 한다.

이진법적 분석과 유사성 분석을 실행하기 위해 기업은 직원들을 인터뷰하고 데이터를 수집해야 한다. 가장 좋은 방법은 객관적인 외부인을 고용해 적절한 인터뷰 대상을 선정하고 인터뷰 방침을 개발하여 인터뷰를 실행한 후 결과를 분석하는 일이다. 데이터 수집과 분석 결과로 각 전술에는 특정한 점수가 매겨질 것이다. 점수를 매기는 일에 가치 판단이 필요하지만 밸류 리더 또는 우수한 경쟁 기업의 점수와 비교해 여러분 기업의 점수가 어느 정도인지를 파악할 수 있다.

각 전술에는 탁월(5점)에서 낮음(1점)의 점수가 매겨진다. 조직이 전술을 전혀 수행하고 있지 않다면 점수는 0이다. 활동 점수를 구하려면 분석자는 각 활동에 해당하는 전술의 점수를 평균하고 반올림한다. '주요 경영진으로 팀을 구성해 핵심 가치 선언서 작성'이란 전술을 생각해 보자. 여러분의 기업이 이같은 전술을 실행하고 있지 않다면 점수는 0이다. 반면에 최근 핵심 가치에 공감대를 형성하기 위해 경영진으로 구성된 팀을 꾸렸다면 점수는 5이다.

점수를 매기는 작업을 마친 후에는 9장을 읽어 혁신 프로세스를 진행하기 위해 이 점수를 사용하는 최선의 방법이 무엇인지 알아내자.

예시 2.1 가치지수분석표 : 인간관계의 존중

인간관계의 존중 : 활동과 전술	점수
핵심 가치에 대한 헌신 □ 주요 경영진으로 팀을 구성해 핵심 가치 선언서를 작성하라. □ 각 경영진이 생각하는 핵심 가치를 평가하고 타사의 바람직한 핵심 가치를 연구하라. □ 핵심 가치 리스트를 철저히 검토해 서너 개의 핵심 가치를 선정하라. □ 가치를 명확히 규정하고, 선정한 가치가 쉽게 이해되도록 설명과 사례를 마련하라. □ 다양한 회의와 매체를 통해 핵심 가치가 조직 전체에 퍼지도록 하라. □ 직원들이 핵심 가치를 준수할 수 있도록 인센티브를 개발하라.	
가치를 준수할 인력의 채용 □ 다양한 매체를 통해 핵심 가치를 알리면 잠재적 직원에게 접근할 가능성이 높아진다. □ '기업 문화의 전달자'로서 취업 지원자를 면접할 관리자와 직원을 신중히 선택하라. □ 전통적 인터뷰 방식에서 나올 수 있는 문제점을 방지하기 위해 행동 인터뷰를 시행하고 지원자의 자질을 올바로 평가하라. □ 새로 채용한 인력의 성공과 실패를 검토하여 문제점을 개선하도록 인터뷰 과정의 효율성을 분석하라. □ 이 프로그램의 성공을 모든 직원들에게 널리 알려라.	
균형 잡힌 성과 평가 □ 균형 잡힌 성과 평가를 개발하도록 경영진으로 구성된 팀을 꾸려라. □ 비즈니스의 건전성을 나타내는 주요 재무적, 비재무적 지표에 동의하라. □ 다양한 직급 수준에 적용할 재무적, 비재무적 지표의 구체적 평가 수단을 개발하라. □ 모든 직원이 균형 잡힌 성과 평가 시스템을 이해하도록 하라. □ 평가 기준을 직원의 성과 목표와 검토에 통합시켜라. □ 필요하다면 성과를 평가하는 시스템을 개발하라.	
공정한 직원 보상 □ 어떤 행동을 금전적 보상 또는 심리적 보상과 연계시킬지 합의를 도출하라. □ 금전적, 심리적 보상을 위한 구체적인 성과 기준과 이를 달성한 행동에 대한 구체적인 보상을 결정하라. □ 직원이 자신의 관리자와 성과 목표를 합의했을 때 보상 기준을 조직 전체에 전달하라. □ 공정하게 보상하라.	
총점	

주: 5=탁월, 4=매우 우수, 3=우수, 2=보통, 1=낮음, 0=해당사항 없음.

결론

인간관계의 존중은 기존 가치가 정의하는 범위를 확장한다. 인간관계를 존중하는 기업은 핵심 가치를 수용하고 가치를 실행하는 활동을 전개한다. 이 기업은 핵심 가치를 신뢰하는 인력을 채용하고 핵심 가치를 구체적으로 실행하는 정도에 따라 인력을 평가한다. 그리고 직원들이 핵심 가치에 따라 더 많은 성과를 거둘 수 있도록 동기를 부여한다. 결과적으로 고객은 질 높은 서비스를 받게 되고 경우에 따라 낮은 가격으로 상품을 구매할 수도 있다. 또한 기업의 생산성이 높아지고 시장점유율이 확대되며 주주는 높은 투자 수익을 거두게 된다.

3장

백지장도 맞들면 낫다
팀워크의 활성화

팀워크의 활성화는 다양한 업무를 수행하고 책임을 지는 직원들이 그들의 기업을 더 잘 이해하도록 서로 협력해 일하는 것을 의미한다. 기업의 이익보다 개인의 이익을 먼저 생각하는 사람은 직장에서 살아남지 못한다는 사실이 팀워크의 의미에 내재되어 있다. 개인의 발전은 조직의 공통된 이익을 발전시켜나가는 과정에서 달성될 수 있다. 이런 의미에서 팀워크를 활성화하는 기업은 사회주의적 색채를 띤 팀워크를 활용해 매우 자본주의적인 성과를 달성한다. 팀워크는 더 나은 제품을 생산하고 효율적으로 업무를 진행시키기 위해 각 부서가 서로의 업무를 존중할 때 성공한다. 또한 다른 사람과 함께 일하려는 의지는 일하기 좋은 근무 환경을 만들며 현재에 안주하려는 분위기를 새롭게 한다.

밸류 리더십과의 연관성

■

팀워크의 활성화는 밸류 리더십에 따라 기업을 경영하는 데 크게 기여한다. 직원 개개인보다는 팀의 일원으로 일할 때 고객에게 한 차원 높은 효율적인 제품과 서비스를 제공한다. 예를 들어, 최신 기술을 사용해 신제품을 개발하려는 엔지니어의 아이디어가 고객에게 가치를 제공하고 주주에게 투자 수익을 가져다주기에는 생산비용이 너무 높을지도 모른다. 그러나 이 엔지니어가 생산, 구매, 재무, 마케팅 인력과 팀을 꾸려 함께 아이디어를 개발한다면 이 팀은 시장에서 고객의 관심을 끌 수 있는 신제품을 내놓을 가능성이 높다. 따라서 팀워크의 활성화는 고객이 구매할 가능성이 높은 새로운 제품과 서비스를 개발하는 기업의 능력에 크게 기여한다.

경제적 이득

■

팀워크의 활성화는 기업이 경제적 성과를 달성하도록 돕는다. 특히 성장률을 높이고 생산성과 수익성을 향상시킨다. 밸류 리더에 속하는 기업은 산업 평균과 비교해볼 때, 5개년 평균 매출액 성장률은 35%, 생산성은 39%, 순이익률은 109%나 높다. 특히 밸류 리더의 5년간 평균 매출액 성장률은 16.5%로 산업 평균인 12.2%보다 높고 1인당 평균 매출액도 39만 8,750달러로 산업 평균인 28만 6,625달러보다 높다. 그리고 1인당 순이익률도 16.7%로 산업 평균인 8.0%보다 두 배 이상 높다. 팀워크를 활성화하는 밸류 리더의 능력으로 그들의 우월한 성과를 모두 설명할 수는 없지만 팀워크가 성과에 기여한다는 것은 분명하다. 팀워크는 구매 가능성이 높은 신제품 개발에 도움을 준다. 그리고 개발비용을 줄이고 부서 간에 중복된 업무를 제거하여 효율성을 높인다.

사례

이 장에서는 팀워크를 발휘해 역동적으로 업무를 진행하는 기업의 사례를 제시하고 사우스웨스트 항공과 아메리칸 항공의 교육 훈련을 비교해 일반 원칙을 이끌어낼 것이다. 그리고 월마트와 J.C. 페니에서 CEO가 제품을 개발하는 사례를 설명하며, 조직을 혁신시키기 위해 외부에서 '혁신 전문가'를 영입하는 것보다 내부에서 새로운 CEO를 양성하는 효율적 프로세스를 갖추는 것이 어떤 장점이 있는지 밝힌다. 또 사우스웨스트 항공과 아메리칸 항공에서 팀이 의사결정을 내리는 관행을 비교해 일반 원칙을 도출한다. 그리고 골드만삭스와 메릴린치가 팀 단위로 보상을 하는 방법을 평가하고 존슨 앤드 존슨이 프로세스 향상을 위해 카이젠을 적용해 크리티콘(Critikon) 부문을 혁신한 사례를 소개한다. 마지막으로 혁신을 달성하는 데 필요한 경영 수단에 대해 설명하고 경영자가 자신의 회사가 얼마나 충실히 '팀워크의 활성화' 원칙을 수행하고 있는지 평가할 가치지수분석표를 제시하며 결론을 내린다.

활동 분석

2장에서 논의한 팀 활동에 충실한 인력을 채용하는 것 외에도 팀워크의 활성화는 다음과 같은 네 가지 활동의 수행 여부에 성패가 달려 있다.

- 팀 교육 : 인력을 고용한 후, 업무의 지침이 될 가치와 실천 방법을 이해시킨다.
- 순환 보직 : 새로운 업무를 실제로 접할 때 직원들은 다른 업무에서 발생하는 어려움을 이해하게 된다. 밸류 리더는 다양한 업무에 인력을 순환시켜 팀워크를 향상시키고 경영진이 될 자질이 있는 인력을 테스트한다.
- 팀에 의사결정 위임 : 앞서 살펴본 기내식으로 출발이 지연된 항공기 사례의 해결처럼 팀이 자발적이고 독창적으로 성과를 달성하려면, 다양한 업무는 서로 긴밀히 연계되고 관련한 부서가 협의해 의사결정을 해야 한다. 밸류 리더는 자발성과 독창성을 위해 공동 목표를 확립하고 각 부서가 서로 협력하여 더 나은 성과를 달성하도록 장려한다.
- 팀 행동의 보상 : 밸류 리더는 경쟁 기업과는 다른 방식으로 보상한다. 밸류 리더는 효과적인 팀 활동에 심리적이고 금전적인 인센티브를 제공한다.

팀 교육

팀 활동은 업무에 충실한 인력을 채용하는 것에서 시작되며, 팀 교육은 팀의 규칙과 실천 방법을 정의하는 것으로 이루어진다. 팀 교육을 실시하는 기업은 직원들이 팀워크를 중시하는 기업 문화에 적응하여 성공하도록 가치와 실천 방법을 되풀이해 교육한다. 이와 대조적으로 다른 기업은 기능적 측면에서 직원 교육을 실시한다. 팀을 교육하는 기업도 조종사 비행 훈련처럼 기능적 교육을 실시하지만 직원들에게 경쟁에서 승리하려면 어떻게 협력해야 하는지를 가르치므로 경쟁 기업보다 성과가 좋다.

팀 교육의 방법을 향상시키기 위해 경영자는 다음과 같은 전술을 고려한다.

- 팀 교육 프로그램을 개발하고 시행 경험이 풍부한 교육 담당자를 채용하라. 특정한 기술을 가르칠 교육 담당자를 채용하는 경우가 일반적이지만, 팀 교육을 시행할 능력이 있는 사람을 채용하는 것이 경쟁우위를 유지하는 요소가 된다. 많은 기업에서 팀 활동으로는 효과적으로 일하기가 어렵다고 생각하므로 팀의 성과를 향상시킬 교육 담당자를 채용한 기업은 시장에서 효율적으로 경쟁할 수 있다.
- 가장 효율적인 팀워크를 보이는 구체적 행동을 식별하기 위해 조직 내부의 다양한 직급 수준에서 '기업 문화 전달자'를 인터뷰하라. 기업의 문화를 단적으로 보여주는 사람은 팀 교육에서 장려되어야 할 구체적 행동의 본보기로 유용하게 활용된다. 이같은 기업 문화 전달자는 교육으로 강화될 가치에 대한 아이디어를 제시한다. 아울러 가치를 구체적으로 설명하고 쉽게 잊혀지지 않는 사례를 소개한다.
- 본받아야 할 행동을 효과적으로 설명하기 위해 재미있고 체험적인 교육 프로그램을 개발하라. 교육이 즐겁다면 조직 전체에 소문이 퍼지게 되고, 교육열이 높아지며 따라서 많은 사람이 교육 과정에 지원한다.
- 각 직급의 직원들을 교육할 프로그램을 도입하라. 직급이 높아질수록 각 직급에 적합한 팀 교육을 받아야 한다. 예를 들어, 생산 라인 직원은 생산 프로세스에서 다른 사람과 효과적으로 협력해 일하는 방법을 배워야 하고, 관리자급 직원은 회사의 내·외부 동료와 효과적으로 일할 수 있

도록 가르치는 교육 프로그램을 이수해야 한다.
- **교육 프로그램의 효율성을 평가하고 개선하라.** 교육의 효율성 평가는 교육의 어떤 측면이 효과적이고 어떤 측면에서 개선이 필요한지를 확인할 수 있는 유일한 방법이다.

사우스웨스트 항공의 교육 프로그램은 흥미롭게 가치를 전달한다. 이 항공사의 사내 대학은 신입 직원과 관리자 수준 모두에 팀워크를 가르친다.[1]

신입 직원은 팀워크를 통해 창의성을 높이는 프로그램에 참여한다. 여덟 명으로 구성된 팀은 짚단 열두 개와 보호테이프 네 개, 그리고 달걀 한 개를 지급받고, 30센티미터 높이에서 계란을 떨어뜨렸을 때 계란이 깨지지 않도록 7분 안에 보호장치를 고안하라는 과제를 받는다. 잠시 후, 각 팀은 자신들이 생각한 계란 보호장치에 대해 설명한다. 여기서 팀의 성공은 아이디어의 창의성과 더불어 팀원이 자신을 내세우지 않고 팀의 목표 달성을 얼마나 중요시하는가에 달려 있다. 교육 담당 관리자는 적어도 한 팀은 언제나 팀워크를 빨리 형성하는 능력을 발휘해 좋은 성과를 거둔다고 언급했다.

사우스웨스트 항공의 '선두 리더십(Frontline Leadership)' 교육 프로그램은 오즈(Oz)라 불리는 팀워크 형성 프로그램이다. 관리자는 유능한 직원과 리더의 효율적 업무 수행 비결을 찾아내기 위해 이 프로그램에 참가하며, 사우스웨스트 항공에서 업무를 효율적으로 수행하는 직원과 리더가 되기 위해 필요한 것이 무엇인지 알려줄 수 있는 경험 많은 직원을 찾게 된다. 자신에게 비결을 알려줄 사람을 탐색하고 발견하는 과정에서 교육 참가자는 성공하기 위해 필요한 것이 무엇인지를 스스로 터득한다. 또한 조언자와 네트워크를 형성해 사우스웨스트 항공에서 일하는 동안 자신이 내려야 할 중요 결정에 관해 도움을 받는다. 다른 교육 프로그램으로는 '크로커다일 강'이 있다. 이것은 인공적으로 만든 크로커다일 강을 건너는 훈련으로 위험한 환경에서 팀워크를 높일 수 있도록 하기 위해 고안된 교육 프로그램이다.[2]

사우스웨스트는 신입 직원에서 경영진까지 모든 임직원들에게 재미있는 단체 훈련을 통해 팀워크를 가르친다. 단체 훈련을 통해 경험을 공유함으로써 서로를 이해하고 업무에서 발생하는 문제를 서로 협력해 해결할 수 있다. 사우스웨스트 항공이 팀 교육을 도입한 목적은 모범이 될 직원, 즉 기업 문화의 전달자를 다른 직원들이 본받게 하고 이들의 정신을 조직 전체에 퍼뜨리기 위해서다. 사우스웨스트 항공은 팀워크를 중시하는 문화를 형성하고 장려하는 방법으로 재미있는 단체 훈련과 체계적인 네트워크 형성을 활용한다.

아메리칸 항공을 비롯한 다른 항공사는 팀워크가 아닌 업무 기능을 중심으로 교육을 실시한다. 아메리칸 항공에서 발권 담당 직원이 고객에게 제공하는 서비스의 질이 만족스럽지 못하다고 판단한 일을 예로 들어보자. 이 문제를 해결하기 위해 아메리칸 항공은 분석적 방법을 사용했다. 즉 고객서비스를 기능에 따라 세분화했고 각 구성요소에 적합한 기능을 가르치는 프로그램을 개발한 것이다.

아메리칸 항공은 이 프로그램을 통해 고객이 보다 향상된 발권 서비스에 만족할 것이라고 믿었다. 아메리칸 항공 홈페이지를 보면 2000년도에 발권 담당 직원이 고객 대응 기능을 교육받았다고 나와 있다. 특히 발권 담당자는 고객과 원활히 의사소통을 하는 방법, 고객의 말을 주의 깊게 듣는 방법, 문제를 잘 해결하는 방법, 고객의 눈을 주시하는 방법, 고객의 이름을 기억하는 방법처럼 기능에 초점을 둔 교육을 받았다.[3] 하지만 아메리칸 항공이 자사 인력을 교육시켰던 기능들은 고객에게 봉사하려는 자세를 갖춘 사람에게는 너무나 당연한 것들이다.

이러한 아메리칸 항공의 노력은 고객만족으로 이어지지 않았다. 아메리칸 항공의 고객만족 지수에 따르면 고객만족을 높이려는 아메리칸 항공의 노력은 성공적이지 못했음을 알 수 있다. 오히려 1995년에서 2002년 사이, 이 항공사의 고객만족 수준은 10% 하락해 순위가 한 단계 떨어졌다.[4] 이런 사실은 아메리칸 항공이 항공업계 선두인 사우스웨스트 항공만큼 고객만족도를 높이기 위해서는 기능에 초점을 둔 교육 프로그램을 보완해야 할 필요성이 있다는 의미다.

사우스웨스트 항공과 아메리칸 항공이 교육 프로그램에 접근하는 방식을 비교하면 두 가지 원칙이 드러난다. 첫째, 팀 교육은 팀워크를 활성화시키는 한 방편에 불과하다. 다시 말해서, 핵심 가치를 바꾸지 않고 또 가치의 변화를 구체적으로 실현할 지원 프로세스를 구비하지 않은 채 교육만을 통해 팀워크를 활성화하려고 한다면 직원들은 새로운 교육 프로그램을 냉소적으로 바라보게 된다. 그럼에도 불구하고 팀워크를 활성화한다는 의미에서 팀 교육은 매우 유용하다. 이는 팀 교육이 직원들에게 매우 소중한 지침을 제공할 기업 문화 전달자를 소개해주기 때문이다. 기업 문화 전달자는 신입 직원에게 역할 모델이 된다. 기업 문화 전달자는 회사에 중요한 여러 역할을 통해 선택되므로, 기업 가치를 구체적으로 몸소 실천한 사람이라고 할 수 있다. 기업 문화의 전달자를 발견하고 그들에게서 교훈을 얻은 새 직원은 가장 효과적으로 일하는 방법을 배워 능력을 높이고 다음 세대의 신입 직원을 위한 새로운 기업 문화 전달자로 선택될 가능성을 높이게 된다.

둘째, 팀 교육은 동일한 상황을 바라보는 관점이 사람에 따라 다를 수 있다는 사실을 인정하는 관대함을 가르치는 장이 되어야 한다. 많은 회사에서 팀워크를 활성화하기 위한 다양한 행동을 장려한다. 하지만 효과적인 팀 교육의 필수 요건으로, 같은 상황에서도 여러 견해가 나올 수 있다는 사실을 인정하도록 교육해야 한다. 효과적인 팀워크를 형성하는 데 중요한 선결 조건은 다른 사람의 견해를 존중하고 이해하는 것으로 이것은 팀이 효율적인 해결책을 개발하는 데 큰 도움이 된다. 팀원 각자가 서로의 책임을 깊이 이해하면 팀은 신속하게 효율적인 의사결정을 내릴 수 있지만, 그렇지 못해 의견이 나뉘면 비효율성이 초래된다.

순환 보직

내부에서 리더를 양성하기 위해서는 리더의 대상이 되는 후보에게 사업상 주요 업무를 수행해보도록 기회를 부여하는 것이 중요하다. 순환 보직 제도를 시행하는 기업은 내부 후보자에게 다양한 업무 경험을 쌓게 해 임원을 양성한다. 이렇게 리더 후보들에게 다양한 근무를 하게 함으로써 이사회는 경영진 승계 계획의 기초가 되는 상세한 데이터를 수집한다. 기업은 순환 보직을 통해 다양한 업무와 활동에 대해 충분히 이해하는 리더를 발굴하게 되며, 더욱 중요한 것은 이같은 리더는 경험을 바탕으로 조직을 더 잘 이끌 수 있는 능력을 갖게 된다는 사실이다. 이에 반해, 기능적 전문성을 중요하게 여겨 순환 보직 제도를 시행하지 않는 기업은 다양한 경험을 지닌 사람을 외부에서 영입해 경영을 맡기는 경우가 많다.

팀워크의 활성화를 위해 보직을 순환하는 방법을 개선하려는 경영진은 다음과 같은 전술을 고려할 수 있다.

- 기업 내부에서 또는 다른 기업에서 가장 성공적인 경영자의 특성을 분석하라. 예를 들어, 일반 관리자가 가장 효율적으로 업무를 수행하는 데 필요한 능력에 초점을 두어 분석을 진행할 수도 있다. 일반 관리자에게 필

요한 능력이 무엇인지 알려면 내부적으로 가장 성공적인 관리자 또는 시장을 선도하는 다른 기업에서 유사한 업무를 담당하는 관리자를 인터뷰해 특성을 분석한다.

- 분석한 특성을 바탕으로 잠재 가능성이 높은 관리자와 직원을 선발하라. 관리자에게 적합한 특성이 무엇인지 식별했다면 현재 일반 관리자들을 평가한다. 평가를 통해 현재 일반 관리자를 교체해야 할지의 여부를 결정하고 새로운 인력을 양성한다.

- 경영자 후보를 개별적으로 평가해 계속 발전시켜야 할 장점과 개선의 여지가 있는 부문을 파악하라. 현재 일반 관리자가 우수하다면 그들이 효율성을 제고할 수 있도록 발전 기회를 제공한다.

- 경영자 후보가 승진을 위해 필요한 능력을 갖추도록 다양한 업무를 경험하고 교육 받을 기회를 제공하라. 발전 단계별로 가능성이 높은 후보자를 재평가하고 순위를 매긴다. 이런 식으로 계속 후보자를 줄여나가면 가장 잠재 능력이 높은 후보자는 계속 중요한 업무를 수행하며 경영자 수업을 받게 된다.

월마트에서 CEO까지 오른 리 스콧은 순환 보직 제도를 통해 팀 리더로 승진한 좋은 사례를 보여준다. 포천 지에 따르면 불안정한 사업 다각화로 어려움을 겪던 월마트에서 소매 영업 분야를 담당하던 빌 필즈가 회사를 떠난 1996년, 스콧은 빠른 승진으로 최고 지위까지 올랐다. 월마트는 빌 필즈를 즉각 교체하지 않고 필즈의 휘하에 있던 두 사람을 선정해 회사의 문제를 시정하도록 기회를 부여했고, 상품 거래(상품 구매와 홍보)를 담당하던 리 스콧은 매장 운영을 담당하는 임원인 톰 코플린과 함께 일하게 되었다.[5]

스콧은 원래 월마트의 배송과 물류 분야에서 일하고 있었기 때문에 상품 거래를 담당하라는 회사의 결정에 다소 충격을 받았었다. 그는 1995년 10월에 상품 거래 분야로 자리를 옮겨 새로운 경험을 했다. 당시 그는 시장조사를 위해 유럽에 머물며, 파리에서 전화를 걸어 전임 CEO 데이비드 글래스, 이사회 위원인 롭 월턴, 수석 부사장인 돈 소더퀴스트와 회의를 했다. 이사회는 그에게 돌아오는 월요일부터 상품 거래를 담당하라고 지시했다. 글래스는 스콧이 당장이라도 CEO가 될 만한 재목이라고 믿었지만 스콧이 진정으로 일류 경영자가 되기 위해서는 다양한 부서에서 경험을 쌓아 회사 전반에 대한 이해를 높이고 이 과정에서 능력을 인정받아야 한다고 생각했다.

월마트는 운영 부서와 상품 거래 부서 간의 해묵은 갈등을 해결했다. 스콧과 코플린은 그들이 확인한 문제의 해결을 위해 함께 일했다. 두 사람은 판매 부진으로 발생한 재고를 줄이고 고객에게 인기 있는 품목을 알맞게 준비하는 월마트의 기법을 사용해 상당한 개선 효과를 거두었다. 스콧과 코플린은 이 기법을 사용하도록 각 부서에 강력히 요구해 재고 상태를 확인하고 구매 부서가 적절한 수량의 물품을 구입할 수 있도록 했다. 코플린은 매장 관리자에게 팔리지 않는 제품을 철수하라고 지시했으며, 스콧은 구매 담당자가 자신이 구매한 품목을 책임지도록 해 적절한 수량만을 구입하게 했다. 이런 결과, 1996년에서 1999년까지 매출액은 78% 증가했지만 재고는 24%밖에 증가하지 않았다.[6]

또한 스콧은 순환 보직으로 월마트의 시장 리더십을 유지시키는 새로운 능력을 발전시켰다. 미국의 패션전문지인 WWD에 따르면 스콧은 월마트의 주요 공급자와 원활히 협력하는 놀라운 능력을 보였다고 한다. 스콧이 CEO로 임명되기 직전 그는 부사장 겸 최고운영담당자(COO)로 일했고, 그 이전에는 월마트 할인점 부문 사장 겸 CEO로 일했다. 상품 거래를 담당하는 동안 스콧은 일반 상품 거래 매니저(GMM, general merchandising managers)들의 업무를 도운 일로 유명해졌다. 그는 전문가가 되기보다 팀을 구성하여 GMM 업무를 방해하는 요소를 제거했다. 그는 상품 거래자에게 힘을 실어주는 한편 약간의 위험을 감수하도록 했다. 스콧은 그동안 매장과 상품 거래팀 사이에 존재하던 경쟁을 없애고 서로의 관계가 돈독해지도록 만들었다.[7]

아울러 스콧은 공급자협의회를 조직해 월마트와 공급자 사이에 팀워크를 형성하도록 장려했다. 공급자들은 이 협의회가 상호에게 모두 도움이 된다고 믿었다. 제이 다이아몬드는 켈우드 사의 할모드 부문 CEO로서 이 회사는 월마트에 캐시 리의 의류를 독점 납품하여 2억 달러의 매출을 올렸다. 다이아몬드는 1995년에서 2000년 사이에 월마트가 과거보다 패션 제품을 바라보는 시각이 매우 세련되어져 의류의 가격과 가치를 향상시켰다고 말했다. 할모드는 월마트의 의류 전시를 돕고자 브랜드 매니저를 파견했다. 할모드는 월마트의 구매 담당자와 공동으로 일하고 상품 거래 매니저는 월마트 인력과 함께 해외 출장을 나가서 의류의 스타일과 색상을 선정한다. 다이아몬드는 월마트의 목표가 공급자와 파트너십을 형성하는 것이라고 확신한다.[8]

다른 공급자 또한 다양한 부서를 이끄는 뛰어난 리더로서 리 스콧의 능력을 인정했다. 파이낸코 사의 회장인 질 해리슨은 스콧이 고객을 정확히 이해하고 월마트의 모든 팀과 협력해서 업무를 할 줄 아는 사람이라고 생각했다. 해리슨은 리더로서, 전략가로서, 그리고 모든 월마트 조직을 이해하고 조직에 수익을 창출하는 능력 있는 경영자로서 스콧의 능력을 높이 평가했다. 마지막으로, 해리슨은 스콧이 전임 CEO인 글래스보다 편하게 만날 수 있는 경영자라고 생각했다.[9]

리더를 양성하는 월마트의 방법은 효율성이 인정되었다. 스콧은 동료와 파트너의 말을 경청하고 팀을 구성해 업무를 효율적으로 진행하는 능력을 보였기 때문에 배송 담당자에서 경영자까지 오를 수 있었다. 순환 보직 제도를 시행하는 기업은 특정 부서의 이해관계를 넘어서 회사 전체의 이익을 우선적으로 고려하는 경영자를 양성하고 선택한다. 리더 후보자들을 다양한 업무로 순환 근무시켜 내부에서 재능 있는 경영자를 양성하고 조직 전체에 팀워크의 중요성을 알린다.

이와 달리, 다른 기업들은 전문적 능력을 강조하는 경향이 있다. 이같은 경향 때문에 내부에서 능력 있는 경영자를 양성하지 못한다. 기능적 측면에서 능력 있는 경영자는 특정 부서의 자원을 극대화하여 성과를 거둠으로써 최고경영자의 자리에 오르지만 기업의 미래를 제시하지는 못한다. 결국 수익성이 떨어지고 경영이 악화되면 외부에서 경영자를 찾게 된다.

월마트의 경쟁 기업인 JC 페니는 경영이 악화되자 소매업 분야의 유명 전문가인 앨런 퀘스트럼에게 도움을 청했다. 더스트리트닷컴에 따르면, 1990년대 파산한 페더레이티드 백화점을 회생시킨 퀘스트럼은 페니의 모든 문제를 해결하지는 않았다고 한다. 예를 들어, 2002년 1월에 정체를 알 수 없는 한 헤지펀드에서 페니의 엑커드 의약품 부서가 비정상적인 계산서를 발행하고 있다는 소문을 퍼뜨렸다. 2001년 7월, 법무부는 엑커드를 기소했고 의약 처방을 과도하게 청구한 엑커드는 170만 달러를 벌금으로 지불하기로 합의했다. 또한 정부는 1998년에 앞서와 유사한 민사소송을 제기했고 이 사건은 2002년까지 진행되었다.

JC 페니는 앨런 퀘스트럼을 고용한 2000년부터 경영 혁신을 위해 노력해왔다. JC 페니를 혁신하려는 퀘스트럼의 계획에서 가장 큰 부분이 경영이 부실했던 엑커드의 잠재 가능성이었다. 2,600개 매장을 운영하는 엑커드는 2001년도 매출액이 130억 달러였지만 손실이 60만 달러나 됐다. 투자은행 리먼 브라더스가 주최한 기관투자가 회의에서 퀘스트럼은 엑커드가 2004년까지 2002년도 7월 시가총액인 50억 달러의 거의 두 배에 해당하는 90억 달러~110억 달러의 가치가 있는 회사로 성장할 것이라고 장담했다. 10)

JC 페니가 퀘스트럼과 같은 인물을 외부에서 영입하게 된 것은 내부적으로 강한 리더십과 능력을 갖춘 CEO를 양성하지 못했기 때문이다. 비즈니스 히스토리 리뷰 지에 의하면, JC 페니는 미국 소도시 출신의 남성들이 설립해 운영했으며 빠른 성장으로 1929년 매출액이 2억 1,000만 달러에 달했다고 한다. 후에 이 회사를 괴롭힌 어떤 조처 때문에 JC 페니는 능력 있고 야심에 찬 잠재 인력을 고용하지 못했다. 매장의 부점장이 되기 전에 소도시 매장에서 판매원으로 11년간 일했던 이 회사의 인사부장이 말하기를 페니는 평범한 사람들의 직장이며 특출한 사람이나 천재를 원하지는 않는다고 했다.11)

다양한 인종과 계층이 거주하는 도시의 빠른 성장은 비슷한 수준의 사람들이 근무하면서 주로 중소도시를 대상으로 영업하는 평범하기 그지없는 JC 페니에 큰 문제가 되었다. 월마트와 달리 페니는 새로운 시장 환경에서 다른 기업과 경쟁하며 회사를 이끌어 갈 팀 리더를 양성하지 못했으며, 외부에서 영입한 퀘스트럼이 21세기에 이같은 일을 할 수 있는지 여부 또한 아직 판명나지 않았다.

순환 보직 시행은 밸류 리더를 다른 경쟁 기업과 확연히 구분시킨다. 밸류 리더인 여덟 개 기업의 CEO 모두 순환 보직을 장려하는 기업 문화에서 양성된 내부인이다.

- 골드만삭스 : 내부에서 경영자로 양성된 행크 폴슨
- JM 스머커: 내부에서 경영자로 양성된 팀 스머커
- 존슨 앤드 존슨 : 내부에서 경영자로 양성된 윌리엄 웰던

- MBNA : 공동창업자 첵 콜리
- 마이크로소프트 : 내부에서 경영자로 양성된 스티브 발머
- 사우스웨스트 항공 : 내부에서 경영자로 양성된 제임스 파커
- 시놉시스 : 공동창업자 아트 드 지우스
- 월마트 : 내부에서 경영자로 양성된 리 스콧

대조적으로, 밸류 리더의 경쟁 기업 여덟 개 기업 중 절반은 외부에서 영입된 CEO가 경영을 맡고 있다.

- 골드만삭스의 경쟁 기업 메릴린치 : 내부에서 경영자로 양성된 데이비드 코만스키
- JM 스머커의 경쟁 기업 한센 네추럴 : 외부에서 영입한 로드니 색스
- 존슨 앤드 존슨의 경쟁 기업 머크 : 외부에서 영입한 레이 길마틴
- MBNA의 경쟁 기업 캐피털 원 : 내부에서 경영자로 양성된 리처드 페어뱅크
- 마이크로소프트의 경쟁 기업 컴퓨터 어소시에이츠 : 내부에서 경영자로 양성된 샌제이 쿠마르
- 사우스웨스트 항공의 경쟁 기업 아메리칸 항공 : 내부에서 경영자로 양성된 도널드 카티
- 시놉시스의 경쟁 기업 케이던스 : 외부에서 영입한 레이 빙엄
- 월마트의 경쟁 기업 JC 페니 : 외부에서 영입한 앨런 퀘스트럼

여기서 다룬 사례는 순환 보직에 대한 일반적인 원칙을 보여준다. 첫째, 효과적인 순환 보직 프로그램은 팀워크를 중시하는 기업 문화에 달려 있다. 기능적 측면을 강조하는 기업에서는 순환 보직이 시간 낭비라

고 여긴다. 하지만 팀워크를 중시하는 기업은 잠재 가능성이 높은 직원들에게 다양한 업무를 이해할 수 있는 기회를 제공하는 최선의 방법으로 순환 보직을 생각한다. 각 부서와 업무에 대한 이해를 바탕으로 직원들은 부서의 다양성과 업무의 상호작용이 회사의 전반적인 성과를 최적화한다는 사실을 인식한다.

둘째, 효과적인 순환 보직 프로그램은 자신의 이익보다 회사의 이익을 우선하는 사람이 CEO일 때 효율적으로 운영된다. CEO가 가능한 한 오랫동안 자신의 직위를 유지하려고 한다면 그는 경영진 승계 계획을 될 수 있는 대로 내외부에 알리지 않고 은밀하게 진행할 것이다. 그리고 실제로 차세대 경영진을 선발할 때가 오면 이 CEO는 갖은 구실을 붙여 해당 후보자가 적합하지 않다는 의견을 제시하며 자신의 권한과 지위를 좀더 유지하기 위해 애쓴다. 반면, 회사의 이익을 우선하는 CEO는 경영자로서의 자신의 성공 여부는 철저한 경영진 승계 계획을 통해 CEO 후계자와 함께 일하며 자신의 경험과 경영 노하우를 가르쳐주는 것에 달려 있다는 사실을 인식한다.

셋째, 효과적인 순환 보직 프로그램은 차세대 경영진을 양성하는 세심한 계획의 수립과 실행에 의존한다. 기업의 장기 생존에 영향을 미치는 중요한 요소 중 하나는 미래에 효율적으로 회사를 이끌 수 있는 경영진을 양성하는 능력이다. 따라서 현재 CEO는 차세대 경영진을 양성하는 계획을 수립하고 이행하는 데 많은 시간을 들여 노력해야 한다. 현재 CEO는 잠재 가능성이 높은 경영자 후보를 면밀히 관찰하고 그들에게 새로운 업무를 부여해 능력을 검증해야 한다. 그리고 회사가 계속 발전하기 위해서 경영자에게 필요한 능력과 자질이 무엇인지를 판단해야 한다. 또한 CEO는 순환 보직 프로세스의 효율성을 주의 깊게 관찰해 현재 프로세스가 최고의 후보자를 양성하고 있는지와 개선의 여지가 있는지 분석해야 한다.

팀에 의사결정 권한 위임

팀의 의사결정은 뛰어난 성과를 달성하는 데 기여한다. 각 업무를 담당하는 인력이 고객만족과 같은 가시적 성과에 깊은 관심을 가질 때 이 팀은 보다 효과적으로 업무를 수행한다. 비효율적인 팀은 그저 다양한 업무 담당자의 집합체에 불과하다. 효율적인 팀에서 각 업무 담당자는 팀의 업무가 출신 부서의 이해에 미치는 영향이 무엇인가보다 팀의 업무가 가시적인 성과에 미치는 영향에 더욱 신경을 쓴다. 가시적 성과 측면에서 이 차이는 중요하다. 비효율적인 팀은 상대방의 비난을 피하기 위해 시간을 낭비하며 따라서 고객은 불편을 겪게 된다. 하지만 효율적인 팀은 고객을 이해할 뿐 아니라 각 부서의 다양성을 인정하고, 문제에 대한 창의적인 해결책을 찾는다. 효율적인 팀은 경영진까지 문제를 확대하지 않고 내부에서 해결하기 위해 노력한다.

팀에 의사결정을 위임하는 방법을 개선하고자 하는 경영자는 다음과 같은 전술을 사용한다.

- 팀의 성과를 측정하는 방법에 합의하라. 팀은 팀의 평가 방법에 대해 상사와 합의해야 한다. 팀 전체의 성과를 측정하는 방법이 팀을 구성하는 개별 부서의 역할을 평가하는 것보다 훨씬 효과적이다.
- 성과를 측정할 객관적인 방법을 개발하라. 성과 평가가 주관적으로 해석된다면 팀은 목적 달성에 열의를 보이지 않게 되고, 더 나은 성과를 위한 프로세스 개선에 노력하지 않는다.
- 단지 개인으로 구성된 팀이 아닌 책임성을 갖고 성과를 달성할 팀을 구성하라. 팀이 책임감 있게 목적을 달성한다면 팀원은 직면한 문제를 해결

할 더 큰 인센티브를 보유해 장애를 극복한다. 반대로 팀원 각자 다른 목표를 갖고 있다면 문제를 해결하기보다는 서로 비난하며 문제를 회피하게 된다.
- 문제에서 교훈을 얻고 서로 책임을 전가하지 못하게 하라. 서로 존중하는 업무 환경을 창출하려면 기업은 직면한 문제를 해결하면서 얻은 교훈을 바탕으로 업무 방식을 개선해야 한다. 문제가 일어났을 때 책임 소재를 놓고 서로 비방하는 것을 방관한다면 기업은 더 높은 성과를 달성할 기회를 놓치게 된다.

사우스웨스트 항공은 팀에 의사결정을 위임한다. 성과에 대한 책임을 개별 업무 단위가 아닌 팀에 부여하고 평가보다 교훈의 획득을 강조하여 사우스웨스트 항공은 아메리칸 항공보다 높은 성과를 달성했다. 대부분의 항공사는 항공기의 이착륙이 지연되면 그 원인을 규명하는 회의를 열어 동일한 사건이 다시 발생하지 않도록 한다. 캘리포니아 매니지먼트 리뷰 지에 따르면, 1990년대 초반 사우스웨스트는 연착에 대해 '팀의 책임성'이라는 개념을 도입했다. '팀의 책임성'에서는 연착의 원인을 철저하게 규명하지 않는다. 이 새로운 개념을 도입하기 전에는 연착의 원인을 규명하는 과정에서 문제를 해결하려고 노력하기보다는 승무원과 탑승 통제 인력 사이에서처럼 다양한 그룹 간에 책임 소재를 놓고 갈등을 드러냈다. 이 항공사에서 일하는 한 고참 조종사는 '팀의 책임성'이라는 개념이 도입되어 연착과 관련된 두세 개 팀이 공동으로 문제를 해결하게 되었다고 했다. 팀 단위로 책임을 부여해 업무가 다른 인력들이 서로에게 책임을 떠넘기며 비난하지 않고 협력해서 문제를 해결하기 위해 노력하게 된 것이다.[12]

사우스웨스트에서 상사는 부하 직원에게 일방적으로 지시를 내리지 않는다. 그들은 부하 직원을 지도한다. 간부들은 직원들이 업무를 더 잘하도록 돕는 역할을 한다. 가족 같은 분위기에 상사의 훈계나 일방적 지시가 그다지 어울리지 않기 때문에 설사 불가피하게 훈계나 지시를 해야 하는 경우가 생기더라도 최대한 정중하게 한다. 상사는 일선 직원들이 업무를 수월히 수행할 수 있는 환경을 조성하는 것이 곧 자신의 임무라고 확신한다. 하지만 사우스웨스트의 경쟁 기업은 잘못이 있는 직원에게 훈계나 경고를 주는 방식으로 문제를 푼다. 사우스웨스트에서 상사는 부하 직원들이 비행기 연착의 원인을 규명하고 이를 개선할 방법을 찾도록 장려한다. 과도한 수화물의 적재로 출발이 10분 지연됐다면 상사는 부하 직원들이 서로 협력해 화물의 분산 수송과 같은 해결책을 찾을 수 있도록 유도한다.

물론 사우스웨스트의 일선 직원들은 비행기가 활주로에서 탑승구로 진입하는 방식 등 공항에서 발생하는 다양한 활동을 잘 파악하고 있다. 예정된 방식대로 일이 진행되지 않는다면 현장 직원이 스스로 문제를 풀도록 유도한다. 문제 해결 과정에 여러 도시에서 일하는 관련 직원이 참여하기도 한다. 일선 직원들이 갈등을 해결하지 못해 관리자급까지 문제가 확대된다면 사우스웨스트의 관리자는 자신이 문제를 해결하지 않고 직원들로 구성된 팀을 꾸려 문제를 해결한다. 사우스웨스트의 콜린 배럿 사장은 직원들이 팀을 꾸려 문제를 해결하는 과정에서 자신과 논쟁했던 다른 사람의 견해를 인정하고 서로 의견을 모아 문제를 해결하는 모습을 볼 때 보람을 느낀다고 말한다.[13]

이와 반대로, 경쟁 기업은 문제가 발생하면 다른 부서에 책임을 전가하는 식으로라도 수단과 방법에 상관없이 좋은 성과를 거둔 쪽에게만 보상을 한다. 오랫동안 아메리칸 항공의 CEO를 지낸 로버트 크랜들은 '경쟁적 분노'로 최고경영자의 지위에 올랐다고 한다.[14] 캘리포니아 매니지먼트 리뷰지는 아메리칸 항공의 직원들은 자연스럽게 경쟁적으로 행동하고 자신이 어떤 위치에 처해 있는지 파악할 필요성이 있다고 한다. 현장 관리자는 모든 이착륙의 지연을 조사하기 때문에 관련된 업무를 담당하는 부서나 사람들은 지연의 책임을 지지 않으려고 한다. 항공기 지연이 발생할 때마다 관리자는 어느 부서가 또는 어떤 사람이 잘못했는지를 알아낸다. 관리자는 매번 항공기 지연의 책임이 있는 담당자를 살벌한 분위기의 회의에 참석시켜 지연 발생 원인을 해명하도록 한다. 다른 항공편과 연결되는 항공기에서 지연이 발생했다면 아메리칸 항공은 이를 '경영을 위협하는' 행동이라고 규정한다. 한 현장 관리자는 이 상황을 빗대어 '크랜들은 희생자를 원한다'라고 표현했다.[15]

이러한 아메리칸 항공의 경영 방식 때문에 직원들은 크랜들의 희생자가 되지 않기 위해 자신의 고유 업무에만 집착했다. 결과적으로 신속 정확한 업무 수행, 정확한 수화물 처리, 고객만족 등의 공동 목표는 뒷전으로 밀려났다. 더구나 아메리칸 항공은 항공기가 연착되면 원인을 찾아 고객에게 사과하기보다 논쟁, 보고, 회의에 시간을 낭비했다. 또 이 항공사는 지연의 원인을 열거한 규정집을 마련했다. 가장 빈번한 원인은 의사소통의 두절이지만 의사소통이 원활하지 못했을 경우 취할 비상조치는 규정집에 포함되어 있지 않다. 이 항공사는 원활하지 못한 의사소통에 대처할 새로운 규정은 만들지 않고 공항에 늦게 도착하거나 꾸물거리며 내리는 승객을 탓했다. 아메리칸 항공이 연착을 줄이기 위해 취한 조치는 오히려 역효과를 내서 직원들은 연착으로 인한 비난의 화살이 자기에게 향할까봐 서로에게 책임을 전가하는 모습을 보였다.

이 기업은 의사결정권을 팀에 위임하거나 실수를 통해 조직 차원의 교훈을 얻으려 하지 않고 단지 통계 수치에만 의존해 성과를 평가하고 책임 소재를 규명한다. 예를 들어 현장 관리자는 시기별 목표, 수화물 처리, 고객 불평에 관한 성과 목표로 최소 허용 성과 기준(MAPS)을 부여받는다. 아메리칸 항공의 본사는 매일 MAPS를 확인하여 기준치를 달성하지 못한 현장 관리자를 징계한다. 일상적으로 MAPS를 측정하기 때문에 관리자는 기준을 달성하지 못할 것을 두려워해 팀에 의사결정을 위임하지 못한다. 하지만 이 항공사의 현장 관리자들은 인재를 개발하는 유일한 방법이 실수를 두려워하지 않고 시행착오를 통해 교훈을 얻는 것이라고 생각한다. MAPS 평가는 의사결정이 팀에 위임되지 못하게 하고 조직 차원의 교훈 습득을 방해한다.

또한 아메리칸 항공의 현장 관리자는 인력을 계발하고 싶은 욕구와 숫자만을 중시하는 본사의 요구 사이에서 갈등을 느낀다. 현장 관리자는 방법에 상관없이 본사에서 지시한 수량적 목표를 달성해야만 승진할 수 있다. 두려움에 기초한 아메리칸 항공의 기업 문화는 현장 직원과 본사 간의 논의를 방해하고 학습을 가로막는다. 역설적으로 아메리칸 항공은 현장 관리자의 업무 지침에 '바람직한 업무 관계의 지원'이란 문구를 명시해두었지만 성과를 평가하는 시스템에 있어서는 이 항목을 전혀 고려하지 않는다.[16]

아메리칸 항공과 사우스웨스트 항공을 비교하면 팀에 의사결정 권한을 위임하는 일은 다음과 같은 세 가지 일반 원칙을 강조한다는 것을 알 수 있다. 첫째, 팀의 효율성에 따라 의사결정 권한을 위임할지의 여부가 결정된다. 조직은 특정 업무에 정통한 인력을 고용할 필요가 있으며 팀원은 다양한 업무를 수행하는 개별 인력으로 구성된다. 이렇게 조직과 인력이 구성되는 상황에서 효율적인 팀은 개별 부서의 이해관계를 주장하지 않고 공동의 목표를 달성하려고 노력한다. 하지만 비효율적인 팀은 공동의 이익보다는 개별 부서의 이익을 앞세워 행동한다. CEO는 팀의 효율성 여부를 판단해 인센티브를 제공한다.

둘째, 팀은 올바른 목표를 염두에 두고 의사결정을 내려야 한다. 사우스웨스트 항공의 사례에서 팀은 항공기가 탑승구 진입에 걸리는 시간을 최소화해야 한다는 목표를 명확히 했다. 또 그들은 항공기의 신속한 탑승구 진입이 수익성에 매우 중요하다는 것을 확실히 인식했다. 한편 역시 수익성을 높여야 했던 아메리칸 항공은 목표 달성을 개별 부서에 의존했고, 따라서 개별 부서는 기업 전체의 이익을 희생해 부서의 효율성을 달성할 능력을 갖춘 인력을 선호하는 예상치 못한 결과를 낳게 되었다.

셋째, 팀에 의사결정을 위임하는 것은 팀이 문제를 해결하는 방식에 달려 있다. 모든 팀은 정해진 규칙에 따라 문제를 해결할 때 시간이 얼마나 걸리는가를 기준으로 평가받는다. 한 팀이 일상적인 문제를 해결하면서 다른 팀보다 시간이 많이 걸렸다면 일상적인 문제를 해결하는 데는 비효율적인 팀이라고 할 수 있다. 하지만 팀의 효율성을 가늠하는 진정한 척도는 예기치 못한 문제를 해결하는 방식이다. 효율적인 팀은 문제를 내부에서 해결하려고 노력하며 해결책을 찾을 수 없을 경우에만 경영진에게 도움을 구한다. 효율성이 떨어지는 팀은 예상하지 못했던 일이 발생하면 문제 해결을 위해 노력하기보다는 비난을 피하려고만 한다.

팀 행동의 보상

팀 행동을 보상하는 기업은 '스타 직원에 의존하지 않는' 기업이다. 이에 비해 기능적인 능력에 중점을 둔 보상 제도는 업무 능력이 뛰어난 특정 인물에 의존하는 스타 시스템을 만든다. 팀 행동의 보상에 대한 기업 가치는 속담을 통해서도 다시 한번 생각해볼 수 있다. 팀의 행동을 보상하는 기업은 '모난 돌이 정 맞는다'는 속담을, 스타 시스템을 활용하는 기업은 '우는 아이 떡 하나 더 준다'는 속담을 따른다.

팀의 행동을 보상하는 방식을 개선하기 위해 경영자는 다음과 같은 전술을 고려해야 한다.

- 직원들의 행동을 면밀히 관찰해 진정한 팀 플레이어를 찾아라. 관리자는 상사의 유무에 따라 이중적인 행동을 하는 인력을 주의해야 한다.
- 팀 플레이어에게 높은 보수를 지급하고 승진시켜라. 관리자가 팀 플레이어와 다른 인력을 분명히 구분해 대우하면 팀 플레이어가 아닌 인력은 조직에서 성공하기 위해 어떻게 변화해야 하는지 이해하게 된다.
- 팀원이 개인적으로 기여하기보다는 팀 내에서 자신의 역할에 충실하도록 팀 플레이어를 장려하라. 관리자는 성과의 공로는 자신에게 돌리고 실패의 책임은 다른 사람에게 미루는 논쟁을 지양하고 다른 사람과의 협력을 통해 성과를 달성했다는 사실을 인식하는 토론을 활성화해야 한다.

골드만삭스는 다양한 방법으로 팀워크를 보상하는 기업 문화를 만들어냈다. 플레인 딜러 지의 언급에 따르면, 골드만삭스는 개인적 이익보다 회사의 이익을 우선시하는 직원에게 보상하며, 공동의 이익을 가장 먼저 생각하는 인력의 탐색은 채용 과정에서부터 시작된다고 했다. 때때로 골드만삭스는 경영대학원 교수나 현 임직원의 동급생이었던 사람을 채용 후보자로 인터뷰하는데 인터뷰를 통해 후보자가 팀 플레이어가 아니라고 판명되면 그 사람이 아무리 훌륭하더라도 채용하지 않는다.

골드만삭스는 적절한 보상을 통해 팀워크를 강화한다. 이 회사는 이익을 증가시킨 행동뿐만 아니라 팀워크에 대해서도 보너스를 지급하는데, 정치적인 행동, 즉 공동의 이익이 아닌 영향력이 큰 임원을 위해 열심히 일하는 사람은 예상보다 적은 보너스를 받게 된다.

골드만삭스에서 파트너 위치로 승진하려면 확실한 팀워크를 보여야 한다. 워싱턴 포스트 지는 '수치' 상의 성과를 달성했지만 개인적 이익을 회사의 이익보다 앞세운 사람은 골드만삭스의 파트너 대상에서 제외된다고 썼다. 전임 공동 CEO인 프리드먼은 파트너 후보자들에게 기본적 능력, 재능과 열정이 아무리 뛰어나더라도 골드만삭스의 이익을 우선시하지 않고 개인적 이익을 추구하는 사람은 대상에서 제외할 것이라고 말했다. 스타급 인력의 눈부신 활동을 장려해 이익을 거두는 경쟁사와 달리 골드만삭스는 고참 트레이더에게 뛰어난 투자은행 전문가만큼의 보수를 지급한다. 어떤 부서가 큰 이익을 거두었더라도 나머지 부서의 실적이 좋지 않다면 수익성이 높은 부서의 인력은 상대적으로 적은 보너스를 받는다. 골드만삭스에서 파트너들은 서로를 평가하는데, 높은 수익을 거둔 파트너가 팀 플레이어가 아니라는 평가를 받게 되면 보너스는 기대보다 훨씬 적게 지급된다.[18]

골드만삭스의 파트너는 퇴직할 때까지 자신의 지분을 거래할 수 없다. 퇴직한 다음에도 지분을 한꺼번에 매각하지 못한다. 따라서 파트너가 보유한 지분의 가치는 회사의 전반적인 성과에 따라 등락한다. 이런 보상 시스템으로 골드만삭스의 파트너는 팀을 이뤄 새로운 비즈니스를 수행하는 일에 능숙하고 두려움이 없다.[19]

일상 업무에도 골드만삭스는 팀워크를 평가하고 보상하는 구체적 프로세스를 사용한다. 월스트리트저널에 따르면, 골드만삭스는 벤처기업이나 제조업체에 투자한 투자은행가의 성과를 컴퓨터를 활용해 점수화한다. 이 컴퓨터 시스템은 해당 인력이 주기적 방문을 통해 투자 기업의 상태를 파악하고 있는지 여부를 추적해 성과를 관찰한다. 골드만삭스는 하나의 거래를 끝내면 관련 당사자의 목록을 작성한다. 새로운 고객을 확보하면 신입 직원을 포함해 프로젝트에 참여한 모든 사람은 경영진과 회의를 갖는다. 해마다 받는 보상 평가에서 각 부서는 실제로 거래에 들인 시간과 관계없이 참여한 모든 거래에 대해 동일한 점수를 받는다.[20]

골드만삭스가 팀워크를 보상하는 유일한 기업은 아니다. 사우스웨스트와 스머커는 이윤을 공유하고 월마트는 직원들에게 주식을 배분한다. 이 기업들은 회사에 최선을 다해 이익을 창출하면서 협력해 일한 직원에게 보상한다. 비록 낮은 기본 급여에 비용 절감까지 강조하지만 이들은 직원들에게 동기를 부여해 고객과 주주의 이해에 부합하는 행동을 하도록 장려한다. 직원의 개인적 이익을 회사의 이익에 포함시켜 직원들에게 경쟁 기업보다 많은 보상을 한다.

메릴린치는 앞서 언급한 기업의 경쟁사에서 흔히 보이는 스타 시스템을 활용하는 대표적인 기업이다. 모난 돌에 망치질하는 골드만삭스와 달리 메릴린치는 우는 아이에게 떡 하나 더주기로 유명하다. 메릴린치는 투자은행 부문에서 더 많은 보수를 챙기고 영향력을 확보하려는 싸움으로 이직률이 높아졌다. 인베스트먼트 딜러스 다이제스트 지에 따르면, 1995년에 도이체방크는 메릴린치의 팀워크 보상 시스템의 허점을 이용해 메릴린치에서 실적이 좋은 서너 명의 임원을 스카우트했다. 그 해에 메릴린치 기관투자 부문 담당 임원으로 새로 임명된 허브 앨리슨은 채권 투자 부분 공동책임자인 스타급 트레이더 그랜트 크발하임이 도이체방크로 이직하려는 것을 막고자 했다.[21]

앨리슨은 총명하고 냉정한 성격으로 메릴린치에서 관리 담당 임원으로 일했다. 그는 이미 사표를 낸 크발하임이 다시 나오면 자신의 대인관계에 관한 능력을 인정받고 1997년에 예정된 새로운 사장 선임에서 유리한 위치를 차지할 수 있으리라 기대했다. 1995년 6월, 앨리슨은 높은 연봉과 함께 광범위한 업무 영역을 제시하고 크발하임이 메릴린치에 다시 나올 날짜를 정했다. 앨리슨은 채권시장의 스타급 거래인인 크발하임이 다시 나온다는 사실을 비밀에 붙였다.

출근하기로 약속한 날, 크발하임은 메릴린치에서 채권시장을 담당하다가 1995년 4월에 도이체방크로 자리를 옮긴 에디슨 미첼을 만났다. 미첼은 도이체방크 런던 지사에서 급히 뉴욕으로 날아와 9년 전 메릴린치에서 일할 때 자신이 채용한 크발하임에게 다시 함께 일하자고 설득했다. 미첼은 메릴린치가 팀 성과를 제대로 인정해주지 않는다고 설득해 그의 마음을 움직였다. 크발하임은 미첼을 만난 후 즉시 런던으로 갔다. 크발하임이 도이체방크로 이직을 결정한 가장 큰 요인은 미첼과 함께 일할 수 있다는 사실 때문이었다. 미첼과 함께 일하면서 채권시장 팀은 서로 협력해 더 많은 일을 할 수 있었고 크발하임은 2년 6개월 동안 연간 단위로 환산해 2백만 달러가 넘는 보수를 받았다.

메릴린치도 특정인의 연봉이 너무 높지 않도록 관리함으로써 팀워크가 강하다고 자부했지만 팀워크를 구축하려던 앨리슨의 노력은 역풍을 맞았다. 낮은 보상과 제한적인 승진 기회 때문에 메릴린치의 많은 우수 인력이 회사를 떠난 것이다. 도이체방크의 미첼이 또다시 다른 인력을 빼갈까 두려웠던 메릴린치는 미첼의 설득을 받아 이직할 가능성이 큰 직원의 연봉을 높였다. 결국 일부 사람들은 팀워크를 유지하려는 그의 노력을 인정했다.[22]

골드만삭스와 메릴린치를 비교하면 팀 행동을 보상하는 일반 원칙에 대해 알 수 있다. 첫째, 팀을 중심으로 보상하는 것은 회사 전반에 걸쳐 팀워크를 활성화하는 기업 문화의 자연스런 결과다. 스타에 의존하는 기업 문화에 팀 보상을 융합하기는 불가능하다. 팀 행동을 보상하는 기업은 채용, 교육, 인재 개발, 운영과 직원 보상 등에 팀워크의 개념을 적용한다.

둘째, 팀 행동에 보상하려면 직원을 면밀히 관찰하는 프로세스가 필요하다. 팀 플레이어인 것처럼 행동하는 사람을 가려내려면 직원 성과에 관한 정보를 다양한 방법으로 수집하는 것이 중요하다. 팀 행동을 보상하는 시스템에 허점이 있다면 이를 악용하려는 사람이 생기게 된다. 하지만 직원들이 회사의 보상 시스템이 공정하다고 확신하면 정치적으로 행동하지 않고 업무의 수행에 모든 힘을 집중한다. 직원들을 면밀하게 관찰하는 프로세스가 압박감을 줄 수도 있지만 고객의 문제를 해결하려는 직원에게는 다른 것에 신경 쓰지 않고 일할 수 있는 환경을 조성해줄 수 있다.

셋째, 팀을 중시하는 기업 문화에서도 모든 팀원이 좋은 성과를 내거나 똑같이 보상을 받지는 않는다. 따라서 기업은 다른 인력의 사기를 저하시키지 않고 최고의 인력에게 보상할 방법을 찾아야 한다. 가장 좋은 방법은 지속적으로 분명한 보상 기준에 관한 의사를 교환하는 것이다. 기대한 만큼 보상을 받지 못하거나 승진하지 못한 직원이 그 이유를 올바로 이해한다면 승진과 보상을 받기 위해 자신의 행동에서 무엇을 고쳐야 할지 분명히 알게 된다.

존슨 앤드 존슨의 카이젠

기업 문화에 있어서 혁신이 중요한 도전이기는 하지만 혁신이 이루어지면 주목할 만한 결과를 얻을 수 있다.

존슨 앤드 존슨의 크리티콘 부문은 카이젠(Kaizen, 개선(改善)을 일본어로 읽은 것―옮긴이)이라 불리는 일본의 프로세스를 이용해 혁신을 달성했다. 크리티콘은 모든 주요한 업무를 수행하는 직원의 견해를 수렴했으므로 존슨 앤드 존슨이 카이젠을 활용한 것은 팀워크를 존중한 뛰어난 사례라고 볼 수 있다. 내셔널 프로덕티비티 리뷰 지에 따르면 1991년 초반에 코네티컷 주 사우싱턴에 소재한 존슨 앤드 존슨 크리티콘 공장은 주문에서 출고까지 걸리는 리드 타임이 길고 생산성이 낮으며 과도한 재고로 어려움을 겪었다. 반면, 경쟁 기업은 혁신적인 제품으로 크리티콘 고객들의 수요를 맞추고 있었다. 1991년 6월, 크리티콘은 전환점을 맞고 단 4일 반 만에 50만 달러를 절약했다.[23]

이처럼 빠른 변화와 뒤이은 생산성 혁신은 크리티콘 부문이 적절한 개선 작업을 지속적으로 활용한 덕이었다. 카이젠은 일본어로 순서에 따른 지속적 개선을 의미한다. 카이젠을 활용한 사업 전략에서 조직원은 서로 협력해 큰 자본 투자 없이 개선을 이루어낸다.

1991년 4월 허브 브라운은 생산 담당 임원으로 사우싱턴 공장에 부임했다. 브라운은 경영 관리팀, 세 부문의 생산 관리자, 공장 감독자, 엔지니어링과 기술 서비스 관리자, 품질 감독관과 인적자원 관리자를 만났다. 그들은 크리티콘의 사업이 직면하고 있는 문제와 브라운의 카이젠 경험에 대해 논의했다. 브라운은 크리티콘 부문이 비용과 리드 타임을 줄이고 서비스를 향상시켜야 하며 유연성을 증가시킬 필요성이 있다고 견해를 밝혔다.

1991년 6월, 크리티콘 공장은 '카이젠 혁신'이란 주제로 5일 동안 워크숍을 열고 카이젠 전략을 시행했고, 카이젠 전략은 신속한 성과로 힘을 얻어 크리티콘 부문의 운영비용을 절감하는 데 큰 역할을 했다.

크리티콘의 결과는 예상을 뛰어넘어 사우싱턴 공장은 1994년, 뛰어난 제조업체에 수여되는 싱고(Shingo) 상을 수상했다. 수상 이유를 밝히면서 싱고 상 위원회는 열 개 부문에서 크리티콘이 거둔 성과를 언급했다. 특히 품질(고객 불만 68% 감소), 고객서비스(고객 불만 처리 시간 60% 감소)와 생산성(1990년 이후 1인당 생산성 50% 증가)에 주목했다.

크리티콘은 다음과 같은 4단계의 카이젠 프로세스를 따랐다.

- 최고 경영진의 의지를 확고히 밝히고 야심 찬 목표를 설정하라. 카이젠을 적용한 성공 경험을 보고 경영진은 브라운을 지원했다. 그는 인적자원, 회계, 경영정보시스템, 기획, 원료 공급, 본사 관리 인력으로 팀들을 꾸렸고, 각 팀에는 구체적인 목표가 있었다. 예를 들어 설비 X는 부품 교체 시간을 70% 줄이고 설비 Y는 생산에 투입하는 노동량을 50% 감소시키며 설비 Y의 4단계 생산 프로세스에 투입하는 인력을 25% 줄이라는 등의 목표였다. 직원들은 근무 시작 당시 해고되는 일은 없다는 말을 들었기 때문에 목표 달성에 적극 협력했다. 개선 작업이 효율적으로 진행되어 어떤 직위를 없애야 한다면 해당 인력은 이전의 직위에 상당하는 다른 직위로 재배치되었다.
- 집중적인 교육을 통해 즉시 개선을 시행하라. 1991년에서 1994년까지 해고를 하지 않고도 1인당 생산성은 50% 증가했다. 초기에 '놀라운 성과를 보인' 카이젠 행사는 4~6주마다 2~3일 동안 시행되었다. 수년이 지난 후에는 두 달마다 카이젠 행사를 개최했다. 각 팀은 '낭비'(과도한 재고, 느슨한 작업, 재작업, 불필요한 동작, 쓸데없는 검사, 가치를 부여하지 못하는 업무)와 같은 카이젠의 중요한 용어를 배웠다. 또한 생산 수요가 아닌 생산의 속도를 평가하고 기계의 기능과 이를 작동하는 인력의 업무를 분석하고, 시간과 동작을 연구하는 방법을 배웠다.
- 프로세스를 변화시켜라. 카이젠 팀원은 매일 스톱워치와 측정표를 들고 생산 현장을 방문했다. 수집한 자료에 기초해 크리티콘은 인력 감축, 재고 감소, 시설의 이동, 이동 시간의 단축과 설비 간의 연계성, 생산수단의 변형에 관한 의사결정을 내렸다. 이 팀은 두세 시간마다 프로세스를 검토해 생산 현장을 다시 방문했으며, 개선 방안을 일단 시험해보고 그 결과에 관한 계량적 데이터를 수집했다. 그리고 데이터를 분석해 프로세스를 수정했다.

- **결과를 발표하고 보상하라.** 마지막으로, 크리티콘 팀들은 결과를 발표하고 해당 인력에게 보상을 해주었다. 각 팀은 변형된 생산수단의 모습, 실제 생산량 변화 도표, 사전과 사후의 비교 비디오를 제작해 발표했다. 성과를 자랑하고 팀원들이 서로 칭찬하는 행동은 좋은 의미에서 자기과시로 장려되었다. 마지막 팀이 발표를 한 후 경영진은 발표에 관해 간단히 언급하고 결과에 만족을 표했다. 그리고 모든 팀원들은 카이젠 프로그램을 이수했음을 나타내는 수료증을 받았다.

크리티콘에서 카이젠을 적용한 결과에 매우 만족한 존슨 앤드 존슨은 카이젠을 기업 문화에 접목시켰다. 1993년 1월, 모든 생산 관련 협력자를 임금을 지급받는 직원으로 전환했고 다른 임금 직원과 동일한 혜택을 제공했다. 그리고 일률적인 임금 인상 제도를 폐지하고 평가와 성과에 따른 임금제를 도입했다. 이 시스템의 도입은 사업단위의 성과를 높이기 위해 각 부서가 협력해 일하는 결과를 낳았으며, 존슨 앤드 존슨의 단위별 사업 구조와 카이젠 프로세스는 부서 간 경쟁을 줄였다.

존슨 앤드 존슨은 카이젠을 통해 철학적인 측면에서 팀워크를 활성화할 수 있었다. 현재, 크리티콘의 직원들은 개선에 필요한 조치를 취할 수 있고 필요한 자원을 사용하며 궁금한 사항은 질문하고 교훈을 얻는다. 크리티콘의 경영진은 직원들이 업무 수행 방식을 분석하고 변화시키면 그것을 신뢰한다. 이 회사에서 직원들은 적극적으로 학습하고 문제점을 찾아 개선하는 공학자처럼 행동한다.

크리티콘이 카이젠 프로세스를 도입하면서 마주한 가장 큰 장애는 실업의 두려움이었다. 앞서 언급했듯이, 브라운은 카이젠을 도입해서 개선 효과가 일어나도 해고를 하지 않겠다는 뜻을 분명히 밝혔다. 처음에 직원들은 브라운의 말을 잘 믿으려하지 않았지만 브라운은 약속을 지켰다. 그리고 직원들은 실제로 업무의 질이 향상되는 모습을 목격하면서 카이젠을 실행하겠다는 열정을 높여갔다.

경영 혁신의 수단

존슨 앤드 존슨은 크리티콘 부문에서 팀워크를 활성화해 큰 이익을 봤다. 존슨 앤드 존슨처럼 팀워크를 활성화해 조직을 혁신하고자 하는 기업은 조직 문화의 모든 요소를 변화시킬 자세를 갖추어야 한다. 다음은 팀워크를 활성화할 경영 혁신의 다섯 가지 수단이다.

- 팀워크를 활성화할 팀을 구성하라. 기업 문화의 변화는 각 이해관계자를 공정히 대표하는 인력으로 팀을 구성하는 것으로부터 시작한다. 결국 팀워크의 활성화는 각 업무와 비즈니스 단위의 상호작용 방식을 변화시키는 일이다. 팀워크를 활성화하려면 경영진은 가급적 다양한 이해관계를 대표하는 인력으로 팀을 구성해야 한다. 팀원 선정 후, 경영자는 명확한 목표를 설정한다. 또, 팀원이 목표 달성에 열중할 수 있도록 단기적 성과를 목표에 포함해야 한다. 아울러 팀워크를 효과적으로 활성화했던 다른 기업의 사례를 연구하며 특히 스타 시스템을 극복하고 팀워크를 중시하는 기업 문화를 정착시킨 혁신 사례에 관심을 두어야 한다.
- 팀워크를 존중하는 기업 가치와 현재 기업 가치의 차이를 분석하라. 팀워크의 활성화를 맡은 팀은 현재의 기업 가치와 이를 뒷받침하는 조직적 프로세스를 분석해야 한다. 특히, 내부에서 가장 유능한 인력의 특성과 가장 빨리 승진한 인력의 특성을 분석해야 한다. 또한 새로운 인력의 채

용, 성과 평가, 경영진 후보자 선발, 보수와 인센티브를 제공하는 프로세스를 연구한다. 이같은 분석을 통해 팀은 현재 기업의 가치와 팀워크를 중시하는 가치 사이에 존재하는 차이를 확인할 수 있다.
- **차이를 좁혀라.** 팀워크의 가치와 현재 기업 가치 사이의 차이를 좁히기 위해 팀워크를 활성화시킬 비전을 개발해야 한다. 이 비전에는 새로운 가치 선언서, 새로운 채용 기준과 프로세스, 새로운 단체 의사결정 권한 위임, 활동의 실행, 성과 평가, 보상과 다양한 인센티브가 포함된다.
- **비전에 맞는 본보기를 설정하라.** 팀워크 활성화 팀은 한번에 회사 전체에 걸친 변화를 시도하지 말고 가급적 빠른 결과가 나오리라 기대되는 부서나 부문을 본보기로 설정해 비전을 시행한다. 경영진은 성공의 가능성을 극대화시킬 수 있는 본보기 대상을 선정해야 한다.
- **비전을 시행하라.** 본보기가 된 대상이 긍정적인 결과를 도출하면 활성화 팀은 회사 전체에 걸쳐 비전을 확산시킨다. 만일 실패가 있다면 변화 프로세스를 포기하지 말고 좌절과 실패에서 교훈을 얻어야 한다.

가치지수

전술적인 측면에서 밸류 리더십의 원칙을 분석하는 일은 경영진이 개선의 기회를 파악하는 데 도움을 준다. 조직이 '팀워크의 활성화' 원칙을 적용해 경영을 개선할 여지가 있다면 전술적 측면의 분석은 조직이 목표로 삼은 활동을 수행하는 방법을 개선하는 최선의 노력이 무엇인지 알아내는 데 도움을 준다.

예시 3.1은 두 가지 측면의 분석을 통해 기업의 VQ를 계산하는 데 유용하다. 첫 번째 측면의 분석은 이진법적 분석으로 기업이 열거된 특정한 전술을 수행하고 있는지 여부를 판별하는 점검표로 가치지수분석표를 활용한다. 기업이 특정한 활동을 수행하면서 어떤 전술도 수행하고 있지 않다면 이 전술의 수행을 고려해야 한다. 두 번째 측면의 분석은 유사성 분석으로 기업이 이미 특정한 전술을 수행하고 있다면 그 전술을 수행할 때 개선의 기회가 있는지 파악하는 데 가치지수분석표를 활용할 수 있다. 특정한 전술에 해당하는 점수를 올리려면 전술의 실행 방법을 변화시키는 프로세스를 시작해야 한다.

이 두 가지 측면의 분석을 실행하기 위해 기업은 직원들을 인터뷰하고 데이터를 수집해야 한다. 가장 좋은 방법은 객관적인 외부인을 고용해 적절한 인터뷰 대상을 선정하고 인터뷰 방침을 개발하여 인터뷰를 실행한 후 그 결과를 분석하는 것이다. 데이터 수집과 분석 결과로 각 전술에 점수가 매겨질 것이다. 점수를 매기는 데 가치 판단이 필요하지만 밸류 리더 또는 우수한 경쟁 기업의 점수와 비교해 기업의 점수가 어느 정도인지 파악할 수 있다. 각 전술에는 탁월(5점)에서 낮음(1점)의 점수가 매겨진다. 조직이 전술을 전혀 수행하고 있지 않다면 점수는 0이다. 활동 점수를 구하려면 분석자는 각 활동에 해당하는 전술의 점수를 평균하고 반올림한다. 각 전술에 점수가 어떻게 배분되는지 설명하기 위해 '본받아야 할 행동을 효과적으로 설명하기 위해 재미있고 체험적인 교육 프로그램을 개발하라'는 전술을 생각해보자. 이같은 전술을 개발하지 않았다면 이 항목에 대한 점수는 0이 된다. 반면에 이 전술이 제대로 시행되는 사례를 연구하고 임원진과 주요 직원의 인터뷰를 바탕으로 최근에 이 전술을 도입했다면 점수는 5가 될 것이다.

팀워크의 활성화 : 활동과 전술	점수
팀 교육 ☐ 팀 교육 프로그램을 개발하고 시행한 경험이 풍부한 교육 담당자를 채용하라. ☐ 가장 효율적인 팀워크를 보이는 구체적 행동을 식별하기 위해 조직 내부의 다양한 직급 수준에서 '기업 문화 전달자'를 인터뷰하라. ☐ 본받아야 할 행동을 효과적으로 설명하기 위해 재미있고 체험적인 교육 프로그램을 개발하라. ☐ 각 직급의 직원들을 교육시킬 프로그램을 도입하라. ☐ 교육 프로그램의 효율성을 평가하고 개선하라.	
순환 보직 ☐ 기업 내부에서 또는 다른 기업에서 가장 성공적인 경영자의 특성을 분석하라. ☐ 분석한 특성을 바탕으로 잠재 가능성이 높은 관리자와 직원을 선발하라. ☐ 경영자 후보를 개별적으로 평가해 계속 발전시켜야 할 장점과 개선의 여지가 있는 부문을 파악하라. ☐ 경영자 후보에게 승진을 위해 필요한 능력을 갖추도록 다양한 업무를 담당하게 하고 교육받을 기회를 제공하라. ☐ 경영자 후보자가 승진하는 동안 그를 평가하고 CEO 교체 시기가 되면 평가 성적이 제일 좋은 후보자를 CEO로 승진시켜라.	
팀에 의사결정 권한 위임 ☐ 팀의 성과를 측정하는 방법에 합의하라. ☐ 성과를 측정할 객관적인 방법을 개발하라. ☐ 단지 개인으로 구성된 팀이 아닌 책임성을 갖고 성과를 달성할 팀을 구성하라. ☐ 문제에서 교훈을 얻고 서로 책임을 전가하지 못하게 하라.	
팀 행동의 보상 ☐ 직원들의 행동을 면밀히 관찰해 진정한 팀 플레이어를 찾아라. ☐ 팀 플레이어에게 높은 보수를 지급하고 승진시켜라. ☐ 팀원이 개인적으로 기여하기보다는 팀 내에서 자신의 역할에 충실하도록 팀 플레이어를 장려하라. ☐ 공정하게 보상하라.	
총점	

주: 5=탁월, 4=매우 우수, 3=우수, 2=보통, 1=낮음, 0=해당사항 없음.

결론

팀워크의 활성화는 기업에 엄청난 혜택을 준다. 팀 플레이어를 고용하고 다양한 기업 프로세스를 통해 팀워크를 중시하는 기업 가치를 강화함으로써 기업은 생산성과 고객만족도를 높인다. 그리고 경영자 후보의 능력을 키우며 다양한 경험을 쌓게 한다. 팀워크를 경시하는 기업에서 일하는 인력은 개인 간에 또는 부서 간에 경쟁하는 경향이 있다. 이런 기업에서의 내부 경쟁은 너무 치열해 인력들은 모든 에너지를 경쟁에 소비해 고객을 위해 봉사할 여력이 없다. 그리고 때때로 가장 재능 있고 실적이 좋은 인력은 다른 기업에서 좋은 조건을 제시하면 주저하지 않고 이직한다. 팀워크를 중시하는 기업과 스타 시스템을 유지하는 기업 사이의 차이 때문에 밸류 리더는 경영자가 바뀌더라도 변함없이 성장을 추구하고 시장점유율을 높인다.

4장

문제는 성장이다
성장 동력의 내적 발견

성장 동력의 내적 발견은 우연한 발견을 놓치지 않고 그것을 활용해 고객과 사업 파트너에게 가치를 창출한다는 경영 원칙이다. 성장 동력의 내적 발견을 통해 경영자는 진화론적 프로세스를 이끌어낸다. 이 아이디어는 고객의 반응에 따라 존폐가 결정된다. 직원들은 성장 동력의 내적 발견을 통해 CEO가 지시한 아이디어를 무작정 따르기보다는 자발적으로 신제품과 프로세스를 개선할 아이디어를 개발한다. 성장 동력의 내적 발견은 일시적인 성공이 아닌 기업의 내부적 능력에서 성장을 이끄는 원동력을 발견한다는 사실에 근거를 둔다. 성장 동력의 내적 발견은 실행할 수 없는 아이디어를 검증하고 주요 임원이 제시한 아이디어에 투자한 후 시장에서 아무런 반응도 얻지 못할 경우를 예방한다. 성장 동력의 내적 발견은 시장에서 성공할 아이디어를 가진 사람을 환영하며, 실패할 아이디어를 옹호해 추후 시장에서 망신을 당할 가능성이 있는 아이디어를 제시하는 사람을 배척한다.

밸류 리더십과의 연관성

■

성장 동력의 내적 발견은 밸류 리더십에 꼭 필요한 구성요소다. 성장 동력의 내적 발견을 통해 직원과 파트너는 새로운 상품을 개발하고 이익을 창출하며 주주는 투자 수익을 거두게 돼 모두에게 혜택이 돌아간다. 성장 동력의 내적 발견은 직원들에게는 수익을 내는 방법을 발견해 회사에 기여할 기회를 제공하고, 파트너에게는 낮은 비용으로 매출액을 증가시켜주는 등 여러 측면에서 가치가 크다. 또, 고객은 필요로 하던 신제품을 구매하게 되므로 수익성이 개선되고 이는 주주에게 이익으로 돌아간다. 그리고 기업이 파트너와 공동으로 개발한 새로운 프로세스를 적용하기 때문에 비용 또한 낮아진다. 게다가 성장 동력의 내적 발견은 손실을 보던 프로젝트를 수익성 높은 프로젝트로 재빨리 전환하게 함으로써 신상품 개발 과정에서 수반되는 실패 비용을 줄이고, 실패 비용의 감소에 따라 기업의 경영 조건이 좋아진다.

경제적 이득

■

밸류 리더인 기업과 그 경쟁 기업을 비교하면 성장 동력의 내적 발견의 수행 가치가 드러난다. 밸류 리더인 기업은 경쟁 기업보다 성장률이 56%나 높고 큰 순이익을 보고 있지만 경쟁 기업은 손실을 면치 못하고 있다. 밸류 리더인 여덟 개 기업은 1997년부터 2002년 사이의 매출액이 평균 16.5% 성장했지만, 여덟 개의 경쟁 기업은 10.6% 성장에 그쳤다. 또 밸류 리더 기업의 2002년도 순이익률은 평균 9.4%인데 비해 경쟁 기업은 -0.2%였다. 물론 이런 차이가 성장 동력의 내적 발견만으로 모두 설명되지는 않겠지만 성장 동력의 내적 발견이 밸류 리더십의 중요한 요소임에는 틀림없다.

사례

이 장은 성장 동력의 내적 발견이 실제로 어떻게 작용하는지를 사례를 들어 살펴본다. 먼저, 초기 실패를 딛고 60억 달러의 제약 소매 비즈니스를 확립한 월마트의 능력이 무엇인지 제시하고, 월마트의 수익성 다변화 사례와 JC 페니가 홈쇼핑 분야에 진출해 1억 달러의 손실을 본 사례를 비교한다. 그리고 JM 스머커의 사과씨 프로젝트를 통해 고객과 직원들이 긴밀히 협력함으로써 수익성 있는 신제품 아이디어를 개발한 과정을 살펴보며, 캐피털 원의 CEO인 리처드 페어뱅크의 아이디어로 무선 통신 사업에 진출해 2억 5천만 달러의 손실을 본 경우를 스머커의 성공과 비교해본다.

또, 이 장에서는 마이크로소프트의 수익성 높은 '재빠른 추격자(fast-follower)' 전략을 컴퓨터 어소시에이츠(CA)의 '인수와 분쇄(acquire-and-crush) 전략과 비교한다. 그리고 머크-메드코(Merck-Medco)가 의약품 가격 상승률을 제한하기 위해 외부적으로 파트너십을 형성한 방법을 보여주며, 마지막으로 고객 문제의 해결 과정에서 직원의 우연한 발견 덕에 처음 14년을 제외하고는 지금까지 부채 없는 경영을 해온 3M의 놀라운 이야기로 결론을 내린다.

활동 분석

성장 동력의 내적 발견을 위해 경영자는 다음의 네 가지 활동을 수행해야 한다.

- 유기적 성장 : 성장 동력의 내적 발견은 현재 잘하고 있는 것을 자연스럽게 확대 적용해 신제품을 개발하고 프로세스를 개선하는 기업의 능력을 기초로 이루어진다.
- 개발 위험의 관리 : 성장 동력의 내적 발견은 불필요한 지출 없이 성장을 위해 다양한 수단을 동원할 수 있는 경영자를 필요로 한다. 그러기 위해서 경영자는 아이디어를 수익성 있는 성장 동력으로 전환하는 데 방해가 되는 주요한 위험 요소를 파악해야 한다. 또한 경영자는 진행 중인 프로젝트를 철저히 점검해 계속 올바른 방향으로 진행되도록 주의를 기울여야 한다. 그리고 성과가 기대에 미치지 못하는 프로젝트는 의미 없는 자금을 더이상 투입하지 말고 신속히 종료해야 한다.
- 내부 파트너십 형성 : 기업은 다양한 업무와 기능을 담당하는 인력이 협력해 일하도록 분위기를 조성함으로써 성장 동력의 내적 발견을 수행할 수 있다. 각 부서가 아이디어를 서로 공유하면 아이디어는 더욱 건실해진다. 여러 부서가 협력해 일하게 되면 특정 부서에는 그럴듯해 보이지만 다른 부서의 시각에서 볼 때 가능성이 없는 아이디어를 무리하게 추진하는 위험을 막을 수 있다. 한 예로, 엔지니어링 부서에서 좋아 보이는 아이디어는 마케팅 부서에서 보면 전혀 시장성이 없을 수 있고, 결과적으로 현실성이 결여된 이 아이디어는 추진 비용이 지출되기 전에 중단된다.
- 외부 파트너십 형성 : 모든 기업은 가치 창출 네트워크에 참여한다. 성

장 동력의 내적 발견으로 개발된 프로세스는 제반 비용을 줄이고 기업의 파트너가 시장에서 위치를 강화하는 데 도움을 준다. 이 목적을 달성하기 위해 경영자는 공급자, 고객, 파트너와 효과적으로 협력해야 한다. 외부 파트너십을 통해 기업은 신제품 개발 가능성을 높이고 경영 프로세스를 향상시켜 큰 이익을 달성할 수 있다. 신제품과 프로세스의 향상은 가치창출 네트워크에 참여한 당사자 모두에게 이전보다 큰 몫을 창출하기 때문이다.

유기적 성장

유기적 성장을 통해 기업은 내부 능력 활용으로 신제품과 새로운 프로세스를 실험할 수 있다. 반면 인수합병을 통한 성장은 겉으로 보면 빨리 성장하고 있다는 느낌을 주지만, 인수한 기업을 효과적으로 통합시키는 일은 매우 어렵기 때문에 지속적인 기업 인수를 통해 수익성 있는 성장을 달성하기는 힘들다. 결국 몇몇 기업 인수에 실패하면 많은 비용과 시간이 허비되어 처음 의도했던 목적을 달성하지 못한다.

일반적으로 기업이 유기적 성장을 달성하는 것은 쉽지 않다. 유기적 성장을 잘 이끄는 경영자는 일반적으로 여러 시장에서 시장점유율을 높이도록 경영하는 특별한 능력이 있다. 이런 경영자는 자신의 능력을 객관적으로 파악한다. 반면에 그 외의 많은 경영자는 자기 생각이 옳다고 강하게 믿거나 새로운 사업에 진출하는 것을 야심에 찬 도전이라고 생각해서 옳은 판단을 하지 못한다. 경영자는 흐려진 판단으로 새로운 분야에 과도한 투자를 한 다음에서야 시장 규모가 예상과 달리 작다거나 시장에서 다른 기업과 경쟁할 능력이 없다는 사실을 깨닫는다.

또한 새로운 분야에 진출하기 전에 시장을 철저히 분석하고 예상보다 수익성이 없다는 판단 하에 사업 진출을 포기하는 행동은 무작정 시설

투자를 하고 나서 나중에 수익성이 낮다고 파악하는 행동보다 분명히 비용을 절감할 수 있다. 그리고 유기적 성장은 기업에 자신의 강점과 약점이 무엇인지 정확히 이해할 수 있는 기회를 제공하며, 따라서 신제품을 개발하고 프로세스를 향상해 수익성을 높일 가능성이 높다.

물론 기업이 유기적으로 성장하는 과정에서 선택적인 기업 인수를 활용해 이익을 보기도 한다. 하지만 기업 인수가 성공하기 위해서는 세 가지의 까다로운 테스트를 통과해야 한다. 첫째, 인수한 기업은 이전보다 규모가 크거나 매력적인 시장을 제공해야 한다. 둘째, 인수자는 새로운 시장에서 경쟁할 수 있는 능력을 보유해야 한다. 셋째, 인수 기업은 피인수 기업에 합당한 가격을 지불해야 한다. 그렇지 않으면 피 인수 기업의 주주는 인수에서 발생되는 혜택을 보지 못한다.

유기적 성장을 추구하는 경영자는 다음과 같은 전술을 사용할 수 있다.

- 기업의 장점을 살려 이득을 볼 수 있고 성장이 빠른 시장을 식별하라. 수익성과 성장성이 빠른 시장을 식별하는 일은 쉽지 않다. 경영자는 성장이 빠른 시장을 찾아야 할 뿐만 아니라 시장에서 효과적으로 경쟁할 가능성이 충분히 있는지도 평가해야 하기 때문이다.
- 시장의 규모, 성장률과 수익성을 평가하라. 원칙적으로 이같은 분석은 간단하지만 실제로 믿을 만한 성장률을 예측하기는 매우 어렵다. 그러므로 예측의 기초가 되는 가정을 올바로 이해하고 성장의 원인이 되는 믿을 만한 요소를 제대로 선택하는 것이 매우 중요하다.
- 가장 매력적인 시장에서의 시장점유율을 획득하기 위해 필요한 능력을 분석하라. 경영자는 잠재적 고객과 대화를 나누고 경쟁 기업의 행동을 평가해 새로운 시장에서 성공하기 위해 어떤 능력이 필요한지 파악해야

한다.
- 경쟁 기업과 비교해 새로운 시장에서 필요한 능력을 얼마나 갖추고 있는지 평가하라. 경영자는 중요 능력을 얼마나 갖추고 있는지 객관적으로 평가해야 한다. 경쟁 기업에 비해 능력이 불충분하다면 투자한 자원을 상쇄할 만한 시장점유율을 획득하지 못할 위험이 있다.
- 경쟁우위를 차지할 시장에 투자하라. 경영자는 새로운 시장에서 수익 창출과 경쟁우위 확보 가능성에 기초해 시장 진입 여부를 결정해야 한다. 그리고 시장에서 리더십을 발휘할 것으로 기대되는 가장 매력적인 시장에 투자해야 한다.

제약 소매업에 진출해 성공적으로 사업 다각화를 이룩한 월마트의 능력은 유기적 성장의 훌륭한 사례이다. 드러그스토어 뉴스에 따르면, 약국을 갖춘 월마트의 2,500개 점포는 2000년도에 조제 약품으로 60억 달러의 매출을 올려 미국 내 제약사업 분야에서 5위를 차지했다(CVS, 월그린, 엑커드와 라이트 에이드에 이어 5위). 월마트의 전임 CEO인 데이비드 글래스는 월마트가 성장 동력의 내적 발견을 충실히 수행했기에 제약 분야에서 성공할 수 있었다고 말했다. 글래스는 사업보고서에서 월마트가 경쟁 기업 인근에 점포를 개설하고 항상 경쟁에서 이길 능력을 지녔다고 언급했다. 또 그는 월마트가 시장에서의 위치와 운영을 개선하기 위해 유기적인 성장에 지속적으로 중점을 두어왔기 때문에 경쟁에서 승리할 수 있다고 생각했다.[1]

성공적으로 새로운 시장에 진입하는 월마트의 핵심 능력은 자원을 사용하기 전에 적용하는 원칙이다. 월마트는 대량 구매 능력, 특정한 점포에서 특정 품목의 수요와 공급을 일치시키는 능력 또는 낮은 가격에 판매해 수익을 거두는 능력처럼 자사가 보유한 능력이 활용될 수 있는 시장에 진입해 고객에게 경쟁 기업보다 나은 거래를 제공한다. 새로운 시장에서 월마트의 능력이 경쟁 기업보다 우월하다면 시장을 공략한다. 경쟁우위가 떨어진다면 월마트는 새로운 시장에 진입하지 않는다.

월마트의 고유한 강점은 의약품 소매업 시장에서 성공의 기초를 갖추고 있다는 점이다. 즉 월마트는 성공적인 유기적 성장 능력을 갖고 있다. 마케팅 노하우, 고객 충성도, 운영 능력, 공급자 확보와 광고 활동 능력도 새로운 시장으로의 진입을 가능케 하는 월마트의 능력이다. 월그린의 회장이자 CEO인 대니얼 존트는 월마트가 소매업에 있어 미국 최고라고 생각하며 소매업에서 살아남기 위해 필요한 다섯 가지 요소 중 하나가 월마트와 거래하는 것이라고 말했다. 스탠더드 호미어패식의 자회사이며 월마트에 제품을 공급하는 하일랜드의 부사장인 벤더 데일 넵사는 월마트가 판매 가능성이 높은 신제품을 찾아내고 개발하는 노력에 감명 받았다고 한다. 넵사는 월마트의 창업주 샘 월턴이 열아홉 개 점포를 운영하며 직접 물품을 구입하던 시절부터 월마트와 거래를 했다. 월턴이 구매 업무를 다른 사람에게 맡긴 이후에도 그는 어떤 상품이 쓸 만한지 살펴보기 위해 박람회나 전시회에 직접 참가했다. 월마트의 구매 담당 임원은 한 가지 상품을 선택하면 그 상품을 그 해 월마트의 최고 판매품으로 만들기 위해 노력한다. 넵사는 월마트의 정직성, 최고가 되고자 하는 야심, 매일 최선의 가격으로 제품을 공급하려는 노력과 대금 지급 기일의 엄수를 칭찬했다. 월마트는 250개 제품 공급 기업과 파트너십을 형성해 지역적으로 가장 필요한 제품을 공급하고 적절한 공급망을 유지해 비용을 절감한다. 그리고 매일 저렴한 가격으로 제품을 공급한다는 전략을 변함없이 유지하고 있다.[2]

처음에 월마트의 의약품 소매업 진출은 실패였다. 매스마켓 리테일러지에 따르면 1980년대 초반, 샘 월턴은 자사의 경쟁 기업은 의약품을 대폭 할인해 판매하는 파모(Phar-Mor)밖에 없다고 파악했다. 그래서 월턴은 할인 의약 사업을 시작하기로 했다. 1983년, 월마트는 아이오와 주 데스 모인스에 닷 디스카운트 드러그라는 이름으로 할인 의약품 매장을 처음 열었다. 다른 곳에도 매장을 개설하긴 했지만 이 실험은 1990년에 끝났다.3) 드러그스토어 뉴스를 보면, 월마트는 캔자스시티의 지역 매장 관리자와 투자자에게 투자비용보다 약간 싼 가격으로 닷 디스카운트 드러그를 매각했음을 알 수 있다. 월마트는 이 실패를 통해 조제를 겸하는 종합 의약품 할인 매장은 단순한 의약품 할인 매장보다 고객에게 신뢰감을 주어야 한다는 교훈을 얻었다.4)

월마트의 초기 실험은 비용이 상대적으로 적게 들어간 경우였다. 이 경험으로 월마트의 경영진은 조제를 겸하는 의약품 사업은 고객에게 편리함과 가치를 제공해야 한다고 확신했다. 결과적으로 의약품 사업은 월마트의 핵심 할인 매장이 되었다.

수년에 걸쳐 월마트는 의약 소매업 부문에 있어 비용을 절감하고 매출을 증가시켜 이익을 창출하는 기술에 투자해왔다. 드러그스토어 뉴스에 따르면, 월마트는 조제실 기능을 강화하고 고객이 필요한 물품을 찾아 빨리 구매할 수 있도록 계산대를 분리했다. 월마트는 매장의 조제 의약품 판매량에 따른 자동화 시스템을 도입했다. 또, 조제 의약품의 판매량이 적은 곳에는 간단한 자동화 시스템을 설치했고 판매량이 많은 곳에는 컨베이어 벨트와 알약 개수를 자동으로 계산하고 분배하는 베이커셀이라는 기계를 설치했다. 이 기계는 1분당 알약 600개를 자동으로 계산하고 분배한다. 약국에 드나드는 시간을 줄여 고객의 편의를 증가시킨 이 투자로 월마트는 매출액을 늘릴 수 있었다. 월마트는 현재 몇몇 매장에서 로봇을 이용한 조제 자동화 시스템을 시험적으로 가동하고 있다.5)

월마트는 고객을 위한 가치를 창출하고 비용 절감과 매출액 증가를 통해 이익을 낼 수 있는 기술에 투자한다. 이런 맥락에서 월마트가 기술에 접근하는 방식은 성장 동력의 내적 발견을 요약적으로 보여준다. 장기적 관점에서 보면 월마트가 기술에 투자한 비용은 그리 크지 않다. 기술 투자를 통한 개선의 결과는 고객이 기꺼이 구매하는 가치를 이끌어내고 운영상의 낭비 요소를 제거해 비용을 절감한다. 절감된 비용은 추가적 개선을 위해 투자된다.

의약품 소매 분야에서 거둔 월마트의 성공은 기업의 내부적인 강점에서 비롯되었다. 의약품 사업의 수석 부사장인 짐 마틴은 월마트는 다른 사업 부문에 적용한 고객서비스 원칙을 의약품 사업 부문에도 똑같이 적용한다고 말했다. 즉 고객인 환자와 약사를 직접 접촉하게 해 환자에게 조제해준 의약품의 결과를 면밀히 관찰해 건강 관리 서비스를 제공하는 것이다. 월마트의 건강 관리 서비스에는 골밀도 검사, 골다공증 검사, 콜레스테롤과 당뇨 검사가 있다. 마틴의 말에 따르면 미국 당뇨병학회와 파트너십을 형성해 제공하는 당뇨 진단 서비스는 1,500개 월마트 매장에서 받을 수 있다고 한다. 수익성을 갖춘 혁신의 원천으로서 고객을 활용해 새로운 서비스를 개발하는 기본적 논리는 성장 동력의 내적 발견의 영향력을 설명하는 좋은 예가 된다.

월마트는 시장점유율이 높아지자 처방 의약품에 대해 보조금을 지불하는 기관과 엄격한 거래 조건을 협상하고 있다. 1999년, 월마트는 조제약에 보조금을 지불하는 3대 프로그램인 시그나 헬스케어, Rx 프라이스와 헬스소스 Rx와의 관계를 정리했다. 이 세 프로그램이 월마트의 엄격한 거래 조건에 동의하지 않았기 때문이다. 동시에 월마트는 약사가 개입하여 불충분한 주문, 부정확한 용량과 복용 횟수, 잘못된 약품 선택, 중복 처방 등을 방지해서 처방 비용을 절감할 수 있도록 보조금 지불 기관과 협력했다. 또한 비교적 저렴한 가격으로 동일한 효과를 내는 일반 의약품으로 대체하는 프로그램을 통해 의약품의 조제 비용을 내렸다.[6]

월마트는 내부에서 의약품 소매 사업을 구축했다. 월마트가 의약품 사업을 구축한 프로세스는 몇 가지 주요 원칙을 보여준다. 첫째, 월마트는 자신의 강점을 명확히 이해했다. 둘째, 의약품 소매 사업이 월마트 방문 고객에게 가치를 추가할 수 있는 규모가 큰 시장이라는 것과 의약품 구매 고객이 월마트의 다른 제품도 구입하리라는 사실을 파악했다. 셋째, 월마트는 현재 보유한 능력을 활용해 새로 진출하는 의약품 소매 사업에서도 효율적으로 경쟁할 수 있다고 정확히 평가했다. 넷째, 초기에는 시장 진입에 실패했지만 그 경험으로 중요한 교훈을 얻었다. 마지막으로, 월마트는 의약품 소매업에 과감히 투자해 비용을 줄이고 시장 점유율을 확대했다.

어떤 기업들은 제대로 이해하지 못하는 분야에 투자를 해 성장을 도모하기도 한다. 이런 기업은 새로운 시장에서 경쟁하는 데 필요한 능력이 무엇인지도 모르면서 근사해 보이는 분야에 투자를 하고 좋은 실적을 생각하다가 기대가 어긋나면 매우 실망한다. 이같은 사고방식 때문에 경쟁 기업은 흥미로워 보이는 새로운 사업에 많은 자원을 쏟아 붓는다. 일반적으로 그러한 사업에 대한 예상 성장률은 높지만 시장 규모는 작다. 이미 시장에 주목할 만한 경쟁 기업이 있음에도 불구하고 경영진은 막대한 투자를 하면 경쟁에서 이기리라 확신한다. 그러나 시장은 예상보다 훨씬 작은 규모로 드러나고 매출은 실망스럽다. 결국 이 기업은 조용히 무모한 모험을 끝낸다.

텔랙션(Telaction)을 운영하다 실패한 페니의 사례는 경쟁할 능력을 갖추지 못한 채 새로운 시장에 뛰어들어 막대한 투자를 하는 것이 얼마나 위험한지 보여준다. 시카고 선타임스를 보면, 페니는 1989년 4월, 24

개월 동안 진행했던 대화형 홈쇼핑 사업인 텔랙션을 완전히 정리했다. 홈쇼핑 사업의 실패로 1억 600만 달러의 손해를 보았고 164명을 해고했다. 텔랙션은 일리노이 주에서 케이블 TV를 통해 시험적으로 상품을 판매했던 시어스와 마셜 필드가 납품한 상품을 주로 다루었다. 하지만 두 납품 업체 모두 1989년 초반에 사업 포기를 선언했다.[7]

1988년 2월에 설립된 텔랙션은 소비자들이 케이블 텔레비전에서 광고를 보고 수신자 부담 전화로 의류, 주방용품과 식료품을 구매할 것이라고 기대했다. 케이블 방속국은 다양한 소매업자의 상품을 방송에 내보냈고 고객은 텔랙션에 전화를 걸어 제품을 주문하는 방식이었다. 하지만 예상과 달리 이것은 곧 실패로 돌아갔다. 1989년 1월, 페니는 투자 은행인 키더 피바디에 의뢰해 시험 단계를 벗어나지 못하던 텔랙션에 투자할 파트너를 찾았다. 하지만 페니의 부회장 로버트 길은 투자하려는 파트너가 없었음을 인정했다.

모험이 완전한 실패는 아니었지만 페니는 막대한 사전 투자 비용을 감당할 수 없었다. 사실, 페니는 텔랙션 광고를 시청한 고객 중 13%가 실제로 주문을 했다고 주장했다. 페니가 실패한 텔랙션 사례는 대화형 홈쇼핑 사업을 하려는 기업은 몇 가지 생산품을 특화하고 시청자가 구매에 편리를 느껴야 한다는 사실을 제시한다. 예를 들어, 시청자에게 전화로 주문을 받는 홈쇼핑 네트워크는 판매 상품의 가치와 유용성을 강조했고 시청자가 흥미를 느끼도록 판매 프로그램을 제작했기 때문에 성공했다.[8]

페니가 텔랙션에서 실패한 경험은 '반대로 하기(do the opposite)' 전략과 관련된 행동 특성을 보여준다. 첫째, 페니는 홈쇼핑 네트워크의 성공을 따라하기 쉬운 사업이라고 생각해 재빨리 사업에 뛰어들었다. 둘째, 페니는 홈쇼핑 사업에서 성공하기 위해 필요한 능력이 무엇인지 철저히 분석하지 않았고 자신이 보유한 능력이 무엇인지도 확인하지 않았다. 셋째, 페니는 텔랙션에 1억 달러가 넘는 자금을 투자해 경쟁에서 유리한 위치를 차지할 것이라고 믿었다. 넷째, 텔랙션이 즉시 이익을 내지 못하자 급히 사업을 포기했다는 사실은 텔랙션에 대한 경영진의 의지가 매우 제한적이었음을 뜻한다.

월마트와 페니의 사례는 유기적 성장에 관한 일반 원칙을 보여준다. 첫째, 기업을 유기적으로 성장시키려면 경영자는 엄격한 프로세스를 적용해 유망해 보이지만 실제로 수익성이 그리 높지 않은 새로운 시장을 걸러내야 한다. 월마트는 자세한 분석을 통해 의약품 소매업에서 자신의 강점을 이용할 수 있다고 파악했지만 페니는 대화형 TV에 관한 흥분과 신기함으로 판단이 흐려졌다. 월마트는 의약품 소매 시장의 크기와 경쟁우위를 차지할 수 있는 자사의 원천이 무엇인지 올바로 이해했기 때문에 초기의 실패를 딛고 계속 노력해 시장 진입에 성공했다. 반대로 페니는 투자를 계속 진행할 만한 분석적 기초가 부족했기 때문에 손실을 보자 바로 대화형 TV에 대한 관심을 잃어버렸다.

둘째, 기업의 참된 능력을 객관적으로 파악하는 것이 유기적 성장에 매우 중요하다. 일부 경영자는 새로운 시장에서 효과적으로 경쟁하는 데 필요한 기업의 능력을 평가할 때 막연히 낙관적 평가를 내리지 않도록 하는 것이 매우 힘들다고 생각한다. 주관적으로 내린 좋은 평가 때문에 새로운 사업을 시작하고 나서야 새로운 시장에서 수익성을 거두기가 매우 힘들고 자사가 경쟁하며 이익을 올릴 능력이 부족함을 깨닫는다. 객관적인 평가를 하기 위해 경영자는 잠재적 경쟁 기업의 능력과 고객의 요구를 분석하여 데이터를 수집해야 한다.

셋째, 기업은 연속적인 관점에서 유기적 성장을 다루어야 한다. 시장 진입을 빨리 하기 위해 막대한 투자를 하는 것은 신중을 기해야 한다.

시장 진입 초기에 경영자는 시험적으로 시장을 점검하는 전략을 활용해 문제점이 있는지 여부를 살펴야 한다. 시험적 진출이 어떤 지역에서 성공적이라면 다른 지역의 고객은 어떻게 반응하는지 또한 알아봐야 한다. 몇 개 지역에서 시험을 거친 뒤 새로운 전략이 전국적으로 시행되었을 때 성공할지를 평가하고 서서히 투자를 늘려간다. 하지만 반드시 예상 수요에 따라 투자를 늘려야 하며, 수요가 충분하지 않은 상황에서의 막대한 투자는 삼가야 한다.

개발 위험의 관리

개발 위험을 관리하기 위해 경영자는 세 가지 일을 해야 한다. 첫째, 잠재적 위험을 철저하게 구별해야 하며, 둘째, 현재 진행 중인 프로젝트를 엄격하게 감시해야 한다. 셋째, 프로젝트의 매력도가 떨어지면 가능한 한 신속히 손실을 줄여야 한다. 마지막 일은 특히 따르기 힘들지만 경영자는 매몰비용의 크기나 프로젝트 후원자에 상관없이 손실을 줄이는 조치를 취해야 한다.

개발 위험을 관리하기 위해 경영자는 개발 프로젝트에서 나타날 수 있는 위험의 주요 원인을 식별해야 한다. 주요 위험에는 제품을 생산해 시장에 판매하기까지 소요된 비용을 충분히 상쇄할 만큼 시장의 규모가 크지 않을 위험(시장 위험)과 제품이 경쟁 기업의 제품보다 고객에게 충분한 가치를 제공하지 못해 충분한 시장점유율을 확보하지 못할 위험(경쟁 위험)이 있다. 경영자는 개발 프로젝트를 담당하는 리더에게 위험을 분석하고 극복할 방안을 마련하도록 요청한다. 그 후, 어떤 프로젝트에 더 많은 자원을 투입할 가치가 있는지 결정한다. 유망한 프로젝트가 새롭게 나타나면 그것에 투자하기 위해서 가망성 없는 프로젝트에는 지원을 중단한다.

개발 위험의 관리는 매우 많은 경제적 혜택을 제공한다. 실패한 프로젝트에서 성공 가능성이 높은 프로젝트로 자원을 옮겨 실패 비용을 줄이고 성공적인 제품을 시장에 출시하는 시간을 단축할 수 있다. 프로젝트를 철저하게 선별하는 과정에서 나타나는 가장 큰 위험은 실수로 유망한 프로젝트를 중단할 수도 있다는 점이다. 이런 실수를 저지르면 기업은 수입을 증가시킬 신제품의 개발을 그만두는 셈이다.

개발 위험을 관리하려는 경영자는 다음과 같은 전술을 고려해본다.

- 다양한 인력으로 개발 위험 평가 팀을 구성하라. 재무, 마케팅, 영업, 제조와 연구 개발 인력이 참여한다. 팀원들에게 개발 위험을 관리하는 방법을 교육하면 팀 운영의 효율성이 높아진다.
- 가장 큰 시장 위험과 경쟁 위험을 정확히 파악하기 위해 개발 프로젝트를 면밀히 검토하라. 팀은 시장의 규모와 수익성을 예측하기 위해 세운 가정을 살펴보고 회사의 경쟁적 위치를 평가하면서 사용한 기초를 분석한다. 그리고 낙관적인 가정과 비관적인 가정을 제시하고 두 가정에 따라 상방 위험(upside risk)과 하방 위험(downside risk)을 계산한다.
- 프로젝트의 위험을 감소시킬 방안을 식별하라. 앞선 분석을 사용해 이 팀은 비관적인 시나리오가 발생할 가능성을 줄일 기법을 개발한다. 그리고 가장 낮은 비용을 들여 프로젝트의 위험을 가장 크게 줄일 조치를 취한다.
- 적은 비용으로 위험을 줄일 수 없는 프로젝트는 중단하고 적절한 비용으로 위험을 제거할 수 있는 프로젝트에 투자하라. 위험 감소 방안으로도 프로젝트의 위험을 충분히 제어할 수 없다면 팀은 해당 프로젝트의 철회를 권고해 위험을 줄일 수 있는 프로젝트에 자원을 사용한다.
- 미래에 추진할 프로젝트를 위해 위험 관리 프로세스를 공식화하라. 이 팀

은 미래에 적용하기 위해 적절한 프로젝트에 자원을 배정하는 프로세스를 공식화해야 한다.

마이크로소프트는 개발 위험을 관리하는 능력이 뛰어나다. 이 기업은 시장에 다른 기업이 판매하는 성공적인 신제품이 존재하는지 여부를 산업 전체에 걸쳐 자세히 조사해 시장 위험을 관리한다. 이렇게 해서 마이크로소프트는 신기술을 아웃소싱한다. 워싱턴 포스트에 따르면, 마이크로소프트는 소프트웨어를 발명하지 않고 복제한다. 1980년경, 개인용 컴퓨터의 개발 작업에 참여하던 한 IBM 엔지니어가 컴퓨터 내부 구성요소의 설계도를 공개해 하드웨어 제조업체가 호환될 수 있는 기계를 만들게 되었다. 이 엔지니어의 공개로 소위 IBM 호환 기종이라 불리는 PC가 등장했다. IBM은 더 이상 PC를 제조하지 않지만 북미와 아시아에서 부품을 생산하고 있으며 호환 기종을 생산하는 기업들은 IBM이 생산한 부품을 조립해 자신의 상표를 붙여 판매한다. 따라서 여러 기업들이 경쟁적으로 디스크 드라이브와 전원 공급 장치를 생산하기 시작했다. 따라서 부품 가격은 하락했고 판매량은 증가했으며 PC는 보편화되었다.[9]

마이크로소프트는 IBM에 운영체제를 공급하기로 계약한 기업 가운데 하나였다. 마이크로소프트가 공급한 운영체제는 성능이 그리 좋지 못했다. 마이크로소프트는 시애틀 컴퓨터 프러덕츠라는 기업이 개발한 MS-DOS라 불리는 소프트웨어의 사용권을 5,000 달러에 매입했다. MS-DOS는 IBM 호환 기종에 패키지로 묶여 판매되었다. 컴팩이나 델과 같이 IBM 호환 기종 컴퓨터를 생산하는 기업과 소프트웨어 공급 계약을 맺어 마이크로소프트 제조업자가 생산하는 모든 호환 기종 컴퓨터에 MS-DOS를 설치해 판매했다.

마이크로소프트는 원래 다른 기업이 개발한 기술을 채용한 뒤 신속하게 고객의 요구에 맞게 개선하여 경쟁 위험을 관리한다. 마이크로소프트는 MS-DOS에 이어 윈도우 운영 체제를 개발했다. 윈도우는 그래픽 인터페이스로 원래 제록스의 팔로알토 연구소에서 개발해 애플이 사용했던 시스템을 모방한 것이다. 처음 두 개 버전의 윈도우 시스템은 기능이 원활치 못했다.[10] 가장 최근 버전인 윈도우 XP는 이전보다 안정성이 크게 높아졌으나 여전히 문제가 있다. 마이크로소프트는 운영체제 외에도 문서 작성 프로그램인 워드, 프레젠테이션 프로그램인 파워포인트를 개발했으나 모두 워드퍼펙트와 로터스 사의 프로그램을 변형한 것들이었고 이 프로그램을 개발한 기업을 모두 인수했다. 넷스케이프의 웹 브라우저에 대응하여 인터넷 익스플로러를 개발했고 닌텐도와 소니의 게임기에 대응해 엑스박스를 개발했다.

마이크로소프트의 재무 실적을 살펴보면 이 기업이 얼마나 개발 위험을 잘 관리했는지 알 수 있다. 2002년도에 마이크로소프트는 세상에서 가장 큰 소프트웨어 기업으로 매출액이 280억 달러, 순이익이 80억 달러, 그리고 현금 보유액이 390억 달러에 이르렀다. 회장인 빌 게이츠는 10여 년 이상 세계 최고 부자였다.

마이크로소프트가 개발 위험을 관리하는 방식을 살펴보면 몇 가지 일반 원칙을 찾을 수 있다. 첫째, 일반적으로 마이크로소프트는 주요 자원을 집행하기 전에 시장 위험을 줄인다. 즉, 산업에서 어떤 기업이 마이크로소프트가 판매하지 않는 제품을 개발해 주목할 만한 성장세를 보이면 막대한 투자를 감행한다. 마이크로소프트에 있어서 새로운 경쟁 기업의 매출과 주가 상승은 시장에서 차지할 몫이 적어지는 시장 위험이 높아짐을 의미한다. 마이크로소프트는 다른 기업이 개척한 시장을 공략하여 경쟁 기업에 비해 상대적으로 개발 비용을 줄였다. 이미 시장에서 어느 정도 검증이 끝난 제품에 투자해 성공률을 높이기 때문이다.

둘째, 때때로 마이크로소프트는 목표로 삼은 경쟁 기업의 제품을 개선하는 데 오랜 시간을 투자한다. 경쟁 기업의 초기 제품은 경쟁우위가 크지 않은 경우가 많다. 하지만 마이크로소프트는 충분한 자금을 동원해 경쟁 기업이 개발한 제품의 성능을 향상시켜 다시 출시한다. 이 과정에서 고객의 불만과 요구 사항에 주의를 기울여 초기 버전에서 나타난 문제점을 수정하고 성능을 높여 경쟁력이 강한 제품을 개발한다. 이런 방식으로 시장 위험과 경쟁 위험을 관리해 마이크로소프트는 뛰어난 재무성과를 거둔다.

경쟁 기업은 개발 위험을 다루는 데 마이크로소프트보다 효율성이 떨어진다. 그들은 제품을 판매할 시장의 존재 여부도 확인하지 않고 막대한 투자를 감행한다. 이따금 경쟁 기업은 개발 중인 제품의 경쟁력을 과대평가해 막대한 자금을 투자한 뒤에야 시장 규모가 불충분하다는 사실을 깨닫는다. 몇몇 경쟁 기업은 성장률이 하락하고 있는 기존 시장에서 벗어나 새로운 시장을 신속하게 개척하지 못한다. 성장이 빠른 시장을 개척해 수익성을 확보하지 못하고 대처가 느리다보니 효과적으로 시장에서 경쟁할 능력을 갖추지 못한다.

컴퓨터 어소시에이츠(CA)는 핵심 사업 분야에서 시장 위험을 이해하지 못해 계속 현 사업 분야에만 투자했다. 컴퓨터 비즈니스 리뷰 지에 따르면, CA는 어려움에 처한 메인프레임 소프트웨어 업체를 인수한 전략으로 궁지에 몰렸다. CA의 창업자 찰스 왕은 CEO로 재직하던 24년 동안 일흔 개가 넘는 시스템 관리, 데이터베이스, 응용 소프트웨어 기업을 인수했다.[11]

CA의 가장 큰 약점은 대부분의 매출액이 데이터의 분류와 백업, 배치(batch) 작업 등 메인프레임 제품을 업그레이드하고 유지 보수하는 분야에서 발생한다는 것이다. 메인프레임 소프트웨어 시장은 규모가 큰 편이지만 성장률은 연간 4%로 상대적으로 낮다. 이렇게 낮은 성장률로는 높은 주가를 유지할 수 없다. CA의 성장률을 높이기 위해 찰스 왕은 성장률이 높은 컴퓨터 서비스 시장에 진출하고자 했다. 그래서 1988년 초반, CA는 컴퓨터 서비스 산업을 선도하던 컴퓨터 사이언스 코퍼레이션(CSC)을 현금 98억 달러에 인수하려고 했다.

CSC가 거부해 인수는 실패했지만 찰스 왕은 CA의 사업을 다각화시키려는 시도를 계속했다. 그는 1999년도에 서비스 분야의 매출액 달성 목표를 10억 달러로 세웠다. 서너 개의 컴퓨터 서비스 장비 업체를 인수하면 이 목표를 달성할 수 있다고 생각한 것이었다. 그러나 컴퓨터 서비스 시장에서 IBM의 성공을 목격하고 자신의 핵심 분야에서의 성장세가 둔화되자 1998년에 그는 컴퓨터 서비스 시장에 진입하려던 마음을 바꿨다.[12]

2002년 8월까지 CA의 성장률은 정체 상태에 있었다. 찰스 왕은 2000년 8월에 CEO 자리에서 물러나면서 샌제이 쿠마르를 후계자로 직접 지명했다. 쿠마르는 자신이 운영하던 UCCEL을 1987년에 CA가 인수할 때 이 회사에 합류했다. 기업 정보를 제공하는 웹사이트인 마이크로소프트 머니센트럴에 따르면, 1997년에서 2002년 사이에 30억 달러에 이르던 CA의 매출액은 해마다 7%씩 감소했다. 게다가 이 회사는 8억 2,500만 달러의 순손실을 기록했고 주가는 전년 대비 75% 하락해 지난 9년 동안 가장 낮았다. CA의 대차대조표는 더욱 혼란스럽다. 현금과 현금 등가물이 10억 달러이지만 장기 부채는 33억 달러에 이른다. CA의 전문 서비스 매출액은 2001년도에 8,300만 달러에서 22% 감소한 6,500만 달러를 기록했다.[13]

핵심 사업인 메인프레임 소프트웨어에서 벗어나지 못한 CA의 무능력은 개발 위험을 관리하지 못한 기업에 관한 몇 가지 일반 원칙을 보여준다. 첫째, CA는 메인프레임 소프트웨어 사업을 벗어나려는 사업 다각화 결정을 늦게 내려 시장 위험을 관리하지 못했다. CA는 소멸해가는 산업에서 생존하는 능력을 보였고 이 능력은 곤경에 처한 기업을 인수해 비용을 절감시킬 수 있다는 이 회사의 강점을 대변한다. 하지만 인수 대상 기업들은 경영이 부실했고 수익성이 제한적이었기 때문에 곤경에 처했다. 인수 대상으로서 취약한 측면이 너무 많았던 것이다. 즉, CA는 곤경에 처한 기업들을 인수해 단기적으로는 성장할 수 있지만 장기적인 측면에서 보면 더욱 어려워질 수 있다는 점을 뒤늦게 깨달았다.

둘째, 컴퓨터 서비스 분야로 다각화를 결정한 이후에 CA는 경쟁 위험을 관리하지 못했다. 컴퓨터 서비스 산업에서 경쟁 기업보다 앞서 가려면 최고 실력을 갖춘 컨설턴트를 보유해야 했다. CA는 인수 과정에서 인력을 줄이는 전략을 선택했고 이에 따라 유능한 컨설턴트를 계속 보유하기 힘들었다. 이러한 상황을 틈타 CSC가 경쟁우위를 확보했다. 찰스 왕은 메인프레임 소프트웨어 산업에서처럼 기업을 인수하고 인력을 줄이는 전략이 CSC 인수에도 적용되리라 생각했지만 그는 CA가 이전의 전략을 유지한 채 CSC를 인수한다면 CSC의 최고 인력은 바로 이탈할 것이라는 점을 인식하지 못했다. CSC가 인수에 반대한 이유도 CA의 인수로 시장에서 지위가 약화될 것으로 판단했기 때문이었다. 컴퓨터 서비스 산업에서 경쟁우위를 유지하기 위해 필요한 요소가 무엇인지 이해하지 못했던 찰스 왕은 새로운 시장에 진입하면서 마주치게 될 경쟁 위험을 관리하지 못했다.

내부 파트너십의 형성

내부 파트너십은 형성하기는 힘들지만 기업 운영에 있어 매우 소중한 전략이다. 내부 파트너십은 내부의 각 부서가 서로 협력해 신제품을 개발하고 프로세스를 개선하도록 장려하는 것을 의미한다. 기업이 내부적으로 파트너십을 제대로 형성하기는 쉽지 않다. 내부 파트너십을 형성하기 위해서는 직원이 자기 부서의 단기적 혜택을 넘어 장기적인 회사이익을 고려하는 프로세스를 확립하도록 많은 노력을 기울여야 하기 때문이다. 이 프로세스는 3장에서 설명한 가치와 인센티브를 얼마나 활성화하는가에 달려 있다.

내부 파트너십은 신제품을 개발하고 프로세스를 개선할 아이디어를 지닌 여러 부서에서 일하는 창의력이 풍부한 인력으로 형성되며, 이것은 아이디어가 실패할 경우에 발생할 비용을 감소시킨다. 엔지니어에게 대단해 보이는 아이디어라도 실제로 생산하거나 유통시키기가 너무 어렵다면 폐기되어야 한다. 반대로 생산이나 유통 관련 인력이 이 아이디어를 실제로도 생산 가능하고 수익성을 갖춘 것으로 변경시킬 수도 있다. 내부 파트너십은 새로운 아이디어가 수익성을 갖출 기회를 높이며, 실패한 신제품이나 프로세스 개선이 필요한 아이디어에 들어가는 비용을 줄인다.

반대로 내부적으로 파트너십을 형성하지 않은 기업은 수익성을 유지하면서 지속적인 성장을 달성하기가 상대적으로 힘들다. 이같은 기업은 가장 영향력이 센 부서가 제안한 아이디어를 채택하기 쉽다. 일반적으로 그런 아이디어는 실행하기에 비용이 많이 들거나 실제로 매출액과 수익성을 달성하지 못해 개발에 든 비용을 상쇄하지 못한다. 더구나 막대한 자원을 개발에 쏟아 붓고 나서야 아이디어에 문제가 있다는 사실을 알게 된다. 어떤 기업이 문제가 있는 새로운 아이디어를 계속 추진하기 위해 뒤늦게 아이디어를 수정한다면 시행착오에 드는 비용이 만만치 않아 향후 수익성을 크게 떨어뜨릴 수밖에 없다.

내부적으로 파트너십을 형성해 혜택을 보기 위한 경영자는 다음과 같은 전술을 사용한다.

- **제품과 프로세스 혁신을 위한 파트너십 형성에 참여할 주요 업무를 식별하라.** 내부 혁신은 다양한 업무가 서로 연관되어 진행된다. 그러므로 제품과 프로세스에서 혁신을 추구하는 경영진은 다양한 업무 분야가 포괄된 팀을 구성해 혁신의 기회를 파악하고 이를 현실적으로 올바로 적용한다.
- **참신한 아이디어를 제기하고 이를 실행할 수 있도록 프로세스를 개발하라.** 경영자는 기업 내부에서 신제품 개발과 프로세스 혁신을 위해 제기한 참신한 아이디어를 포착할 프로세스를 고안하고 관리해야 한다. 관련 부서가 의견을 교환하는 과정에서도 좋은 아이디어가 나오는데, 이를 놓쳐서는 안 되기 때문이다.
- **내부 파트너십의 목적과 책임성을 널리 알린 후 이행하라.** 내부 파트너십을 성공적으로 형성하는 데 필요한 핵심 요소는 혁신적 아이디어를 현실화시키겠는 경영자 의지를 확실히 표현하는 것이다. 다양한 업무와 부서 인력이 함께 일할 경우 불가피하게 갈등과 불신이 나타날 수 있는데 경영자의 확실한 의지 표명으로 난관을 극복할 수 있다.
- **수익성 있는 제품과 프로세스 개발, 바람직한 협조 행동에 금전적, 심리적 인센티브를 부여하라.** 의지 표명에 더불어 경영자는 팀에 단체 보너스를 지급하는 형태로 금전적 인센티브를 제공해야 한다. 아울러 경영자는 회사 전체에 권장하고 싶은 행동을 한 직원을 공개적인 자리에서 칭찬해 다른 사람들이 본받게 해야 한다.

스머커가 실행한 사과씨 프로젝트는 내부 파트너십이 어떤 혜택을 가져오는지 보여준다. 이 기업은 P&G에서 지프(Jif)를 인수한 2001년 이후 땅콩 크림과 젤리 산업에서 시장을 선도하고 있다. 다양한 업무를 수행하는 인력으로 팀을 구성한 사과씨 프로젝트를 통해 스머커는 제품 개발과 기업 문화 개선에 관한 혁신적인 아이디어를 얻으려 노력했다. 스머커는 다양한 직급의 임직원, 고객과 외부 컨설턴트로 팀을 구성했고, 9개월 동안 정기적으로 회의를 개최해 논의를 거친 후, 최고의 아이디어를 선정하고 사내 벤처 투자 부서에 투자를 요청했다.

논의가 진행되는 동안 사과씨 프로젝트는 매우 획기적인 아이디어를 도출했다. 스머커의 사장이며 공동 CEO인 리처드 스머커에 따르면, '언크러스터블(Uncrustables)'이라고 하는 겉이 부드러워 부스러기가 떨어지지 않는 빵에 땅콩 크림과 젤리가 곁들여진 샌드위치가 상당한 매출액을 올렸다고 한다(매출액이 얼마인지 정확히 밝히지는 않았다). 언크러스터블이 기존 제품의 매출을 감소시키기는 했지만 새로운 제품은 회사의 전반적인 수익성을 향상시켰다. 언크러스터블에 관한 아이디어가 제안된 이후 스머커는 이 제품에 어울리는 브랜드를 다른 기업에서 인수했다. 스머커는 시장조사를 통해 일반 가정은 오후 네 시 이후에 저녁 메뉴를 결정하고 사람들은 자동차 안에서 편리하게 먹을 수 있는 제품을 선호한다는 사실을 알게 된 후 언크러스터블을 시장에 출시했다. 언크러스터블은 사람들이 선호하는 두 가지 사항을 모두 반영한 샌드위치였다. 요란하게 광고를 하지 않아도 아이들의 저녁거리로 잘 팔렸다. 그리고 언크러스터블은 빵 부스러기가 적게 떨어지므로 차에서 먹더라도 실내가 더러워지지 않고 조심스럽게 먹으라고 아이들에게 주의를 주지 않아도 괜찮았다. [15]

사과씨 프로젝트를 통해 다른 새로운 아이디어도 나왔다. 1999년, 스머커는 본사가 소재한 오하이오 주 오빌에서 남쪽으로 3마일 떨어진 스트로베리 레인에 첫 소매점을 개장했다. 내부 면적이 3,100평방미터인 스머커 매장은 350종류의 스머커 제품과 과일 살사(salsa), 딸기-바나나 통조림 선물 세트 등을 취급했다. 또한 사과씨 프로젝트는, 모든 제조업체는 슈퍼마켓에서 좋은 진열대를 차지하고 물품을 공급하기 위해 치열하게 경쟁해야 한다는 개념을 다시 한번 강조했다. 이에 따라 스머커는 고객을 직접 상대하는 마케팅 활동을 강화하고 인터넷 홈페이지를 구축하고 새로운 카탈로그를 제작했다.

새로운 제품은 다양한 부서가 서로 협력해 고객의 요구 사항을 아이디어에 고려해넣었기 때문에 성공할 수 있었다. 고객의 선호도를 조사하고 분석한 마케팅 인력과 컨설턴트는 통조림이 선물세트로 적합하다는 사실을 알아냈다. 스머커에 원료를 제공하는 공급자와 구매 담당 인력은 제품 생산 비용을 줄이는 아이디어를 제공했고, 소매 담당 인력은 매장에서 제품을 소개하고 시장을 개척하는 최고의 아이디어를 제안했다. 다양한 부서와 업무 사이에 이와 같은 협력이 없었다면 신제품은 성공하지 못했을지도 모른다.

스머커가 직원과 핵심 제품에 의존해 성장을 추구한 전략은 8,400백만 달러나 날린 쓰라린 경험에서 비롯되었다. 1994년, 스머커는 냉동 파이 생산업체인 미시즈 스미스(Mrs. Smith)를 켈로그에서 8,400만 달러에 인수했다. 인수한 뒤에야 스머커는 이 비즈니스가 생각보다 계절적으로 민감하다는 사실을 알게 되었고, 게다가 인수 직전에 개발된 저지방 냉동 파이는 시장을 개척하는 데 실패했다. 스머커는 이 생산 라인의 가동을 중단했고 미시즈 스미스 사업을 회생시키기 위해 2년 동안 노력했으나 8,000만 달러가 넘는 손실을 보고 나서 최종적으로 포기하게 되었다.

스머커가 미시즈 스미스의 인수 실패에서 얻은 가장 큰 교훈은 성장은 내부 파트너십 형성에서 나온다는 사실이었다. 현재 스머커의 경영진은 자사의 핵심 제품에 초점을 두고 경영한다. 그들은 과육이 포함된다농 요구르트와 켈로그의 팝-타츠처럼 혁신적인 제품을 통한 성장 기회를 포착하기 위해 직원과 고객의 제안과 아이디어를 주의 깊게 살핀다. 리처드 스머커에 따르면 소비자는 새로운 방식으로 음식물을 섭취하며 스머커는 이 기회를 놓치지 않고 소비자의 새로운 취향에 맞는 제품을 공급한다. 즉 잼, 주스, 팝-타츠 또는 다농 요구르트 등 새로운 형태로 과일을 가공한 제품을 개발하는 것이다.[16]

내부적으로 파트너십을 형성한 스머커의 방식은 몇 가지 일반적인 교훈을 제공한다. 첫째, 내부 파트너십 형성은 경영진과 직원 간, 여러 부서에서 일하는 직원들 간에 인간관계를 존중하는 기업 문화가 형성되어 있을 때 가장 큰 효과를 발휘한다. 둘째, 내부 파트너십 형성은 고객과 같은 외부 파트너가 새로운 아이디어 개발에 기여할 때 가장 좋은 결과를 도출한다. 시장조사, 특정 소비자단체의 자문 또는 제품 개발 과정에의 고객 참여 등 스머커가 언크러스터블을 개발하면서 사용했던 방법처럼 고객이 제품 개발 과정에 참여하면 신제품의 품질은 크게 높아진다. 신제품에 관한 최고 아이디어는 기존 제품에 대한 소비자의 불만을 청취하는 것에서 생기지 않는다. 고객의 생활에서 나타난 변화를 이해하고 이러한 변화를 신제품에 반영하는 과정에서 좋은 아이디어가 나타난다. 셋째, 내부 파트너십 형성은 기업 인수를 통한 기업 성장이 매우 힘들다는 사실을 의미한다. 피인수 기업은 인수 기업의 문화에 쉽게 적응하지 못하고 필요한 역량을 보유하지 않았을 가능성이 높기 때문이다. 따라서 인수를 통해 성공적으로 성장을 한 경우는 많지 않다. 넷째, 내부 파트너십의 형성이 가장 좋은 결과를 낳지만 여기에도 결점은 있다. 예를 들어, 내부적으로 파트너십을 형성하는 데 많은 시간이 걸릴 수도 있고 제안한 아이디어가 받아들여지지 않아서 자금 지원을 받지 못한 제안자는 실망감을 느낄 수 있다. 그리고 실험이 실패하는 경우도 있다.

비록 완벽하지는 않지만 내부 파트너십 형성은 비용 측면에서 가장 효과적인 성장 방법이라고 할 수 있다. 이 방법은 잘못된 실패로 초래되는 비용을 최소화하고 신제품 개발과 프로세스를 개선할 가능성을 최대화한다.

일부 경쟁 기업은 CEO가 거창한 아이디어를 제시하고 막대한 자금을 쏟아 붓는 방법을 추구한다. 때때로 이 방법은 전혀 생각지 못한 참담한 실패로 돌아가 값비싼 대가를 치른다. CEO에게 잘 보여 승진하려는 임직원은 그가 제안한 실패할 가능성이 높은 성장 아이디어에 많은 자원을 낭비하게 된다. CEO가 제안한 아이디어를 부하 직원들이 거부하기는 어렵기 때문이다. 이 접근 방법의 약점은 투자가 이루어지기 전에 시장의 현실을 감안해 충분히 테스트를 하지 않는다는 점이다. 결과적으로 사전 검증 절차를 충분히 거치지 않은 아이디어에 수백만 달러를 투자하고 나서야 시장 규모가 너무 작다는 사실, 투자비용을 상쇄하고 이윤을 창출할 정도로 시장점유율을 확보할 수 없다는 현실, 시장에서 거둘 수 있는 수익성 자체가 제한적이라는 사실 등을 깨닫는다.

신용카드 기업 캐피털 원이 휴대전화 시장에 진입하기로 결정했을 때 이같은 현상이 영향을 미쳤다. 리치몬드 타임스-디스패치 지에 따르면, 캐피털 원이 투자한 무선통신 분야 벤처기업인 아메리칸 원은 1999년 하반기에 6,700만 달러의 총매출을 올렸으나 5,700만 달러의 손실을 봤다. 캐피털 원의 CEO인 리처드 페어뱅크는 '휴대전화는 안테나가 달린 신용카드와 같다!' 라고 선언하며 휴대전화 시장에 진입했다.[17] 페어뱅크는 무선통신 사업을 신용카드와 마찬가지로 먼저 구입하고 나중에 월별로 결제하는 서비스로 생각했다. 이런 시각을 바탕으로 신용카드 비즈니스에서 뛰어난 실적을 거둔 캐피털 원은 무선통신 비즈니스에 진입해도 큰 시장점유율을 확보할 수 있다고 자신했던 것이다.

페어뱅크는 스프린트 PCS의 전파 송신권을 전매하고 직접 마케팅을 통해 휴대전화기를 판매하며 아메리칸 원을 시작했다. 하지만 그는 캐피털 원이 커다란 실수를 했다고 인정했다. 휴대전화 시장은 캐피털 원의 예상보다 경쟁이 매우 치열했으며, 일부 경쟁 기업들이 실제로 휴대전화 서비스 이용을 권장하기 위해 사용료 일부를 지원하고 있다는 사실을 뒤늦게 알게 된 것이다. 캐피털 원은 휴대전화 시장이 회복되면 수익성이 향상되리라 예상하며 광고비용을 줄이면서까지 치열한 경쟁에 대응했다.[18] 그러나 채 1년이 지나지 않아 페어뱅크가 자신 있게 진출한 휴대전화 사업은 참담한 실패로 돌아가 아메리칸 원은 결국 문을 닫고 말았다. 캐피털 원이 아메리칸 원에 투자해 거둔 수익률은 다른 비즈니스에 투자한 경우보다 낮았다. 2000년 10월 아메리카 원은 운영을 중단하고 7만 2,000명의 고객 계좌를 스프린터에 넘겼고, 나머지 고객 계좌를 인수할 기업을 찾느라 고생했다.[19] 결과적으로 캐피털 원이 휴대전화 비즈니스에서 입은 총 손실은 2억 5,000만 달러로 추산된다.

캐피털 원의 경험은 하향식으로 성장의 아이디어를 제시하는 방법에 관한 몇 가지 일반 원칙을 알려준다. 첫째, 하향식 방법은 CEO의 지시에 순응하는 정도에 따라 직원의 성공이 결정되는 CEO 중심의 기업 문화에서 통용된다. 둘째, 하향식 방법은 직원과 고객이 제시한 새로운 아이디어를 주의 깊게 분석하지 않는 기업 환경에서 번성한다. 셋째, 하향식 방식은 자신의 아이디어에 투자하라는 CEO의 요청에 이사회가 아무런 이의도 제기하지 못하는 환경에서 두드러진다. 마지막으로, 하향식 방법은 기업의 자원을 낭비한 당사자인 CEO가 아닌 외부에서 비난의 대상을 찾는 경향이 있다.

외부 파트너십의 형성

외부 파트너십을 형성하는 역량은 내부 파트너십 형성의 경우와 비슷하지만 외부적으로 파트너십 형성으로 얻는 경제적 이득은 훨씬 크다. 외부 파트너십 형성은 공급자, 경쟁 기업 또는 고객 등 기업 외부의 조직과 협력해 새로운 비즈니스 기회를 창출한다. 또, 기존 시장을 확대하거나 새로운 시장을 만들어내기 때문에 이것은 신제품이나 프로세스 개선에서 오는 이익을 뛰어넘는 새로운 이익 창출의 기회를 제공한다. 이 같은 혜택을 달성하려면 경영자는 외부 조직과 협력하는 새로운 방식을 제시해야 한다. 새로운 방식을 실제로 실행하기 위해 경영자는 이 새로운 방식이 높은 매출이나 낮은 비용 또는 둘을 동시에 달성해 큰 도움이 될 수 있다는 근거를 들어 외부 협력자를 설득해야 한다.

외부 파트너십이 제대로 형성되면 해당 기업과 외부 참여자는 경제적 이득을 얻을 수 있다. 정보기술(IT) 산업은 공급자, 경쟁 기업 또는 고객과 협력해 비용을 낮추는 사례가 많은데, 특히 정보기술을 활용한 주문, 견적서 발송, 영수증 발행 등을 비롯한 관리비용을 절감한다. 또한 수요를 초과한 재고 부담이나 소비자가 구매를 원하지 않는 제품을 개발하는 비즈니스 위험을 낮춘다. 체계적인 협력을 통해 제조와 유통에서 비용을 절감하며 소비자가 선호하는 제품을 개발하여 매출액을 증가시킨다.

외부 파트너십은 그냥 이루어지지 않는다. 외부 파트너십을 성공적으로 형성하려면 경영자가 확고한 의지를 갖고 추진력을 발휘해야만 한다. 1990년대 후반에 하이테크 기업들 사이에 파트너십을 형성하기로 결정했다는 언론 보도가 많았다. 그러나 이들 기업은 언론에 발표된 내용과 달리 파트너십이 소기의 성과를 거두도록 후속 조치를 취하지 않았다. 일반적으로 파트너십은 상호 이해가 충족될 때 성공한다. 파트너십을 형성할 기회가 생기면 경영자는 이 기회가 비즈니스에 도움이 될 수 있도록 담당 인력 또는 담당 부서를 배치해야 한다.

외부 파트너십 형성에서 이익을 얻고자 하는 경영자는 다음과 같은 전술을 사용할 수 있다.

- 공급자, 고객뿐만 아니라 산업 전반에 걸쳐 파트너십을 형성하라. 특히 기술집약적 산업에 속한 기업은 공급자 또는 고객과 긴밀히 협조해 산업 전체에 큰 영향을 미치는 특정 기술 표준을 정하는 협약에 참여함으로써 큰 이익을 볼 수 있다.
- 파트너십에 참여하는 모든 당사자의 이익이 성장하도록 체계적인 협력 전략을 시행하라. 일단 파트너십이 형성되면 파트너들은 파트너십이 실행되는 과정에서 그동안 보유한 경쟁우위를 포기하게 될까 걱정해 적극성이 떨어질 우려가 있다. 따라서 파트너십의 형성은 모든 이해 당사자에게 '더 큰 몫'을 창출할 것이라는 확신을 줘야 한다. 파트너십이 효과적으로 진행되려면 경영자는 이해 당사자 사이의 복잡한 관계를 조정하는 업무에 능숙한 인력을 담당자로 배치한다.
- 파트너십 형성에 시간과 자본을 투자해 파트너와 기업에 약속한 성과를 달성하라. 의미 있는 성과를 달성하는 관건은 아이디어의 계획에서 실행에 이르기까지 필요한 인력과 자원을 충분히 투자하는 것이다.

머크-메드코(Merck-Medco)는 머크 사의 의약품 부문 자회사로서 조제 의약품의 비용을 낮추는 방안으로 외부 파트너십을 형성했다. 머크-메드코의 의약품 담당 임원인 롭 엡스타인은 머크-메드코가 의사, 약사, 조제 의약품 보조 기관, 환자와 파트너십을 맺었다고 말했다. 머크-메드코의 혁신으로 1인당 의약품 지출비용 증가율은 1999년 16.4%에서

2000년 14%로 감소했다. 이 기업은 치료의 효율성을 높이고 조제 비용을 줄이는 임상 프로그램과 기술을 활용해 비용 절감 목표를 달성했다.[20]

엡스타인은 새로운 의약품의 도입과 인구 노령화로 의약품 지출비용이 증가할 수밖에 없다고 밝혔다. 하지만 그는 머크-메드코의 고객이 치료의 질을 떨어뜨리지 않으면서 비용의 증가를 완화시켰다고 확신한다. 예를 들어, 이 기업은 회원의 조제 약품 중 유명 제약회사의 제품을 효과는 같고 가격은 저렴한 다른 무명 제약사의 제품으로 대체해 비용을 낮췄다. 또 특허 비용을 지불해 가격이 비싼 조제 의약품을 새로 출시된 저렴한 대체 의약품으로 한 달 만에 90%를 교체한 경우도 있었다. 이같은 비용 절감 방안으로 파트너십을 형성한 당사자들은 매월 200만 달러를 절약했다.[21]

머크-메드코의 사례는 외부 파트너십 형성에 관한 몇 가지 일반적 원칙을 알려준다. 첫째, 외부 파트너십 형성은 모든 참여자에게 더 큰 기회를 부여할 때 효과적으로 진행된다. 파트너십 형성에 참여한 당사자는 모든 이해관계자가 이전보다 나아질 가능성이 높다고 확실히 느낄 때까지 자신의 능력을 드러내기를 주저한다. 둘째, 외부 파트너십 형성은 경영자가 배우고 연습해야만 하는 중요한 능력이다. 파트너십 형성에 관한 교육 프로그램을 이수한다든지, 취임하기 전에 시간과 노력을 투자해 규모가 작은 파트너십을 형성하고 관리하는 경험을 쌓으면 경영자로서의 경영 능력을 높일 수 있다. 하지만 많은 경영자들은 매출액 급감으로 위기에 봉착할 때가 되어서야 서둘러 기업의 파트너십을 관리하는 방법을 배우려 한다. 셋째, 기업은 파트너십 체결을 언론에 발표하고 세상에 알리지만 이 파트너십이 성공적이었는지의 여부를 판단하는 기준은 구체적 성과다. 경제 호황기에 많은 파트너십 형성이 발표되지만 대부분은 언론 보도에 그친다. 마지막으로, 외부 파트너십 형성은 주요한 경영상의 도전을 상징한다. 파트너십을 통해 지속적 성과를 거두기 위해서 모든 참여자는 각자가 파트너십에 기대하는 사항을 명확히 표시해야 한다. 게다가 파트너십의 주체가 된 기업은 이해 당사자가 기대에 따라 충실히 행동하는지를 면밀히 관찰하고 성과가 기대에 미치지 못하면 즉시 시정 조치를 취해야 한다.

3M의 사례

사업을 다각화한 제조업체인 3M은 설립 초기부터 성장 동력의 내적 발견을 수행하는 방법을 내부적으로 가르쳤다. 성장 동력의 내적 발견에 성공한 이 기업도 1990년대 초반에는 기업의 존폐를 위협받는 어려움에 처했었고 제너럴 일렉트릭 CEO 취임 경쟁에서 실패한 사람을 경영진으로 영입했다. 3M이 100년 이상 생존한 비결은 성장 동력의 내적 발견을 수행하는 능력에 있다.

살아 움직이는 기업 3M – 장수 비결

사포를 생산하는 기업으로 1902년에 설립된 3M은 현재, 스카치테이프, 포스트잇, 방수가공제인 스카치가드, 마스크, 광학필름, 방열재, 의약품, 연료전지 등 5만여 종의 제품을 생산한다.

3M의 기업 문화 중 상당 부분은 전임 사장이자 이사회 의장이었던 윌리엄 맥나이트에게서 유래되었다. 맥나이트는 3M이 성장함에 따라 의사결정을 임직원에게 위임하고 그들이 창의성을 발휘하도록 장려하는 것이 중요하다고 믿었다. 그는 또 이 목표를 달성하기 위해서는 많은 인

내와 시간이 필요하다고 생각했는데, 이는 권한과 의사결정을 위임받은 인력들이 예전의 방식을 벗어나지 못한 채 업무를 추진하기 때문이었다. 맥나이트는 그런 사람들이 실수를 저지를 것이라고 예상했다.

하지만 그는 권한을 부여받은 사람이 정말로 올바른 사람이라면 그들이 저지른 실수가 장기적으로 볼 때 그리 심각한 문제는 아니라고 생각했다. 오히려 그는 직원이 실수를 했을 때 경영진이 정확한 업무 방법을 알려주는 과오를 범함으로써 직원들의 창의성을 죽이는 것이야말로 치명적이라고 생각했다. 맥나이트는 직원들이 창의적으로 업무를 할 수 있는 환경을 마련해야 3M이 지속적으로 성장할 수 있다고 판단했다.

3M이 오랫동안 경쟁력을 유지하며 생존할 수 있었던 비결은 규모가 커지고 기업의 역사가 깊어짐에도 혁신적인 사고방식을 계속 유지하는 능력이 있었기 때문이다. 1916년의 일화는 엄격한 재무 관리, 고객 의견 중시와 문제에 대한 해결책 개발에 있어 3M이 강조하는 가치를 설명하기에 좋다.

1916년 8월 11일, 3M의 사장인 에드거 오버는 경영진을 한자리에 소집했다. 이 자리에서 오버는 그동안 고대했던 목표를 달성했다고 발표했다. 그리고 그는 3M이 모든 부채를 상환했고 그들의 미래는 밝다고 선언했다. 3M의 비즈니스는 1914년 이래 두 배나 성장했을 뿐만 아니라 사상 처음으로 배당금을 지불하고도 충분한 자금이 남았던 것이다.

1902년 설립 이후 3M이 많은 공을 들여 혁신을 이룰 수 있었던 가장 큰 힘은 초창기의 연마포 생산 작업에만 국한하지 않고, 관심을 넓혀 끊임없이 새 제품을 개발하려는 노력을 기울인 데서 찾아볼 수 있다. 1914년, 이 기업은 알루미늄 산화물로 새로운 연마포를 개발했고, 이 연마제는 쓰리엠아이트라는 이름이 붙여졌다. 쓰리엠아이트는 천연 광물을 절단하는 것보다 금속을 절단하는 데 유용했다. 제1차 세계대전 참전으로 전쟁에 쓰이는 자동화 장치와 차량 제작에 필요한 사포의 수요가 크게 증가하자 기계 공구를 제작하는 산업이 곧 쓰리엠아이트의 최대 구매자가 되었다.

우연치 않게, 공장장인 오손 혈이 연마포를 쇠막대에 부착해 편리하게 사용할 수 있도록 만들고 연마포의 뒷면에 접착성 물질을 발라, 말아서 보관할 수 있도록 제품을 개선하자 3M 제품은 시장 반응이 더욱 좋아졌다. 현재 생산 직원은 쇠막대에 부착된 연마포를 사용해 손이 닿지 않는 자동차의 구석 부분과 곡면의 금속 표면도 효과적으로 연마할 수 있다.

3M의 장수 비결은 지속적인 성장 동력의 내적 발견을 통해 고객의 문제를 효과적으로 해결해 시장에서의 성장 기회를 활용했던 능력에 있다. 쓰리엠아이트는 3M에서 광범위하게 시행되는 성장 동력의 내적 발견의 한 가지 사례에 불과하다. 이 기업의 엔지니어는 3M의 기술을 적용하고 고객과 함께 협력해 문제를 해결하려 노력한다. 막대한 자금 투자가 없어도 3M의 엔지니어는 몇 번의 시행착오를 통해 문제 해결을 위한 단서를 발견하고 이 단서를 다듬어 효과적인 해결책이 되도록 만든다. 일단 고객의 문제를 해결하고 문제를 수정해 개발한 신제품을 시장에 출시하면 많은 고객들은 이 제품을 구입한다.

개인적 연구를 위한 3M의 15% 규칙

실험과 발견을 장려하는 3M의 신념은 혁신적인 제품과 기술의 개발을 활성화시킨다. 이 기업은 직원들을 대상으로 실험과 연구를 장려하는 많은 프로그램을 운영하는데, 대표적으로 직원이 자신의 업무 시간

중 15%를 실험과 연구를 하도록 허락하는 '15% 규칙'이 있다.

덧붙여 기술직 직원은 정상적인 통로로는 자금 지원을 받기 힘든 혁신적인 프로젝트를 진행하기 위해 회사의 자금을 지원받는 '3M 창세기 연구 보조금' 프로그램에 지원할 수도 있다.

시게요시 이시이가 개발한 새로운 접착제는 혁신을 중요시하는 3M의 기업 문화에서 개발된 여러 제품 가운데 하나이다. 이시이는 선임 화학연구원으로 전기전자 분야를 다루며 스미토모 3M의 생산 부문에서 일한다. 1987년 입사 당시 이시이는 시장에서 크게 각광받을 수 있는 신제품을 개발하겠다는 꿈을 품었고, 신제품 개발의 열망으로 그는 열심히 일했다.

6년 후, 그에게 드디어 기회가 왔다. 반도체 패키징 제조업자가 그에게 유기체 기질을 금속이나 실리콘과 같은 무기물질에 접착시키는 저비용의 접착제를 찾고 있다고 말했다. 스스로 설정한 프로젝트에 업무 시간의 15%를 사용하도록 허락하는 3M의 내부 프로그램을 활용해 이시이는 높은 접착성과 더불어 뛰어난 적응성과 내열성, 그리고 가스를 발생하지 않는 특성을 지닌 접착제 개발을 시작했다. 전문적 실험 시설을 사용하는 데 어려움을 겪는 등 많은 난관이 있었지만 이시이는 공공 기술연구소 등에서 허가된 장비를 사용하며 연구를 진행했다. 어려운 연구였지만 그는 결실을 거두었다.

또한 이시이는 연구 기간 내내 동료들의 지원도 큰 역할을 했다고 생각했다. 많은 3M 전문가에게 조언과 협력을 구할 때 아무도 그의 요청을 거부하지 않았고 모두 시간을 내 이시이를 도왔다. 혁신을 추구하면서 무엇보다도 소중한 격려까지 받은 그는 형광 다이오드와 같은 탄소 소재 유기물질을 실리콘과 금속 같은 무기물질에 접착시키는 혁신적인 반도체 패키징 접착제를 개발했다. 그리고 이 제품은 시장에서 큰 인기를 얻어 그가 입사와 동시에 꿈꾸어오던 소망을 이룰 수 있었다. 혁신적인 접착제 개발로 이시이는 2000년도 3M 혁신상을 수상했다.

이시이는 혁신자가 되기 위해서는 적극적인 연구 수행이 필요하다고 말한다. 그는 과거의 실험이 중요한 정보를 제공하는 것은 사실이지만 새로운 아이디어의 유효성을 검증하려면 다른 사람의 연구 데이터에 의존하기보다 직접 실험을 통해 데이터를 수집해야한다고 생각한다. 또 그는 진정한 혁신을 이루는 첫 단계는 실험 계획을 세우고 계획에 따라 연구를 진행하는 것이라고 확신하며, 연구자는 자신의 연구를 지원하도록 동료를 설득하고 믿음을 주어야함을 강조한다.

3M의 15% 규칙은 직원들에게 창의성을 불러일으키는 중요한 수단이다. 이 15% 규칙을 통해 인력들은 스스로 문제를 심사숙고하며 동료에게 도움을 요청하고 자신이 존중하는 동료의 인정을 받는다. 창의적으로 실험을 수행하는 인력을 유치하고 그들이 열심히 연구할 수 있는 여건을 조성한 3M의 능력이 바로 100년이 넘는 기간 동안 혁신이 지속된 배경이다.

다양한 산업에 성공한 3M의 능력

우연한 실험을 통해 수익을 창출하는 능력으로 3M은 다양한 산업에 진출하고 있다. 결과적으로 3M은 많은 산업에서 경쟁을 통해 시장 리더십을 유지한다. 현재의 조직 구조로 3M은 다른 운영 조직에 악영향을 미치지 않으면서도 전체적 효율성을 높이는 방식으로 기업의 자원을 공유해 특정 시장을 겨냥한 신제품을 개발한다. 3M은 이런 능력을 60여 개 국가의 시장에 적용해 매출액의 절반을 미국 이외의 국가에서 달성한다.

외부에서 CEO를 영입한 3M

주주가 원하는 능력을 보유한 리더를 내부적으로 양성할 수 없다는 사실이 명백해지자 3M은 경영 성과 향상을 위해 맥너니를 영입했다. 맥너니가 취임하기 전 5년 동안 S&P 500 지수는 60% 증가했지만 3M의 주가는 35% 증가에 그친 것을 보면 당시 3M의 경영 상태를 알 수 있다. 하지만 제너럴 일렉트릭 출신인 짐 맥너니를 현재의 CEO로 영입한 일은 3M의 직원들에게 꽤 큰 충격이었음은 사실이며, 맥너니가 여러 차례 고백했듯이 7만 5,000명이나 되는 3M 직원들에게 그는 매우 이질적인 존재였기 때문에 기업 문화를 변화시키려는 그의 노력은 매우 조심스럽게 진행되었다. .

맥너니는 기업이 전반적으로 창의성을 발휘하게 하는 능력을 겸비했다. 직원들은 창의성으로 사기가 높아지고 기업 성과를 개선한다. 맥너니의 경영 아래서 3M은 2001년 순이익 증가에 큰 기여를 한 다섯 가지 창의성 프로그램을 시작했다.

- 간접비용 관리 프로그램: 이 프로그램으로 2000년과 비교해 5억 달러의 간접비용을 절감했다.
- 아웃소싱 프로그램: 2001년에 1억 달러 이상을 절감했고 2002년에는 추가로 1억 5,000만 달러를 절감할 것으로 예상한다.
- e-생산성 프로그램: 2002년에 5,000만 달러의 혜택이 발생할 것으로 확신한다.
- 연구개발 강화 프로그램: 연구개발 자원을 재배치해 대규모 글로벌 프로젝트를 진행한다.
- 식스시그마 프로그램: 높은 성장과 낮은 비용, 그리고 대규모의 현금흐름에 초점을 둔다. 이 프로그램으로 3M은 2002년에 2억 달러의 영업이익

을 예상한다.23)

성장 동력의 내적 발견에 관한 3M의 교훈

3M은 설립 후 첫 14년 동안 생존을 위해 많은 노력을 했다. 하지만 성장 동력의 내적 발견으로 이 기업은 수익성을 겸비한 성장을 지속해 100년 넘게 생존해왔다. 3M의 경험에서는 다섯 가지 일반적인 교훈을 얻을 수 있다. 첫째, 3M의 경영진은 성장은 기회를 놓치지 않고 활용하는 능력에서 나온다는 사실을 깨달았다. 또, 직원이 우연히 얻은 아이디어를 제품으로 전환시킬 수 있도록 기회를 부여하고 내부에서 성장의 엔진을 창출했다. 둘째, 이 기업은 우연한 발견을 통해 큰 성공을 거두었다. 그리고 15% 규칙처럼 우연한 발견에서 수익성을 창출하는 프로세스를 공식화했다. 셋째, 3M의 성장 패턴은 뿌리를 내릴 수 있는 비옥한 토양을 찾아 원래 자라는 곳에서 사방으로 가지를 뻗는 거미 식물과 유사하다. 모든 실험이 성공하지는 않았지만 충분히 수익성이 있었고 전체적으로 성장을 확대할 수 있었다. 3M의 성장은 사업을 다각화해 새로운 시장을 공략했고, 새로운 시장에서 다시 성장 동력을 얻었다. 넷째, 3M은 자원의 배정에 제한을 두거나 특정 아이디어를 지나치게 선호함으로 인해 다른 많은 아이디어가 사장되지 않도록 주의했다. 마지막으로, 3M은 창의적 인력이 자신의 성공을 동료로부터 인정을 받아 보상받도록 환경을 조성했다.

경영 혁신의 수단

3M의 사례는 성장 동력의 내적 발견이 얼마나 큰 영향력을 발휘하는지를 잘 설명한다. 이 장에서 계속 살펴봤듯이 기업들은 성장 동력의 내적 발견이라는 원칙을 다양한 방법으로 실천한다. 성장 동력의 내적 발견은 수익성이 높은 성장을 이끈다. 이에 비해 다른 방식을 통해 성장을 추구한 기업은 값비싼 비용을 지불하면서도 곤경에 처한다. 성장 동력의 내적 발견을 통해 조직을 혁신하려는 경영자는 다음과 같은 조치를 취해야 한다.

- 직원이 아이디어를 개발하도록 환경을 조성하라. 성장 동력의 내적 발견을 위해 기업은 직원들에게 신제품과 프로세스 향상에 관한 아이디어를 개발하도록 기회를 줘야 한다. 창의성을 장려하는 환경은 경영진의 가치관에 달려 있다. 경영자가 하향식 의사결정 방식을 선호하면 직원이 자발적으로 창의성을 발휘하기가 어렵다. 성장 동력의 내적 발견에서 발생하는 혜택을 인정한다면 경영자는 인력에게 권한을 부여해 체계적으로 수익성 있는 성장을 달성하는 모델인 3M의 15% 규칙이나 스머커의 사과씨 프로젝트와 유사한 개념을 도입하려고 한다.
- 고객과 협력하라. 성장 동력의 내적 발견을 위해서 기업은 고객에게 가치를 높일 수 있는 아이디어에 투자해야 한다. 가장 좋은 방법은 제품 개발의 초기 단계에 고객을 참여시켜 과도한 투자 전에 고객의 의견을 수렴하는 것이다. 3M이 개발한 히트 상품 중 상당수가 고객과 협조를 통해 얻은 아이디어에서 나왔다.
- 가능성이 없는 아이디어를 폐기하더라도 제안자는 존중하라. 성장 동력의 내적 발견에서 또 하나 중요한 요소는 가능성이 없는 아이디어에

자원을 낭비하지 않는 것이다. 경영진에게 어려운 일 중 하나는 아이디어를 개발하도록 조직 전체에 동기를 부여하는 혁신적 정신을 억누르지 않고 가능성이 없는 아이디어를 적절히 폐기하는 결정이다. 경영자는 실패한 아이디어를 제시한 인력이 다른 프로젝트에서 능력을 발휘할 수 있도록 기회를 부여해야 한다. 때때로 처음에 실패했던 아이디어가 나중에 새로운 비즈니스를 크게 성공시키는 원천이 되기도 하는데, 의약품 소매업에서 실패를 경험했던 월마트를 통해 사례를 찾을 수 있다.

- **성공을 칭찬하라.** 창의적 인력은 자신의 성공이 인정받는 것을 좋아한다. 경영자는 전체 인력에게 동기를 부여할 수 있는 방식으로 성공을 칭찬해야 한다. 칭찬의 비용은 창의성으로 발생하는 이익에 비해 상대적으로 작다. 3M은 창의성을 발휘해 회사에 기여한 직원을 인정한다는 의미에서 칼턴 소사이어티라는 상을 해마다 수여한다. 신제품의 성공을 칭찬하는 방법을 고민하는 경영자에게 3M처럼 동기를 부여하는 행동은 좋은 본보기가 된다.

가치지수

전술적인 측면에서 밸류 리더십의 원칙을 분석하는 일은 경영자가 개선의 기회를 정확히 파악하도록 돕는다. 여러분의 조직이 '성장 동력의 내적 발견' 원칙을 적용해 개선할 가능성이 있다면 전술적 측면의 분석은 조직이 목표로 삼은 활동의 수행 방법을 개선하는 최선책이 무엇인지 알아내는 데 도움을 준다.

예시 4.1은 두 가지 측면의 분석을 통해 여러분 기업의 VQ를 계산하는 데 유용하다. 첫 번째 분석은 이진법적 분석으로 기업이 열거된 특정 전술을 수행하고 있는지 여부를 판별하는 점검표로 가치지수분석표를 활용한다. 여러분의 기업이 특정한 활동을 수행하면서 어떤 전술도 수행하고 있지 않다면 이 전술의 수행을 고려해야 한다. 두 번째 분석은 유사성 분석으로 기업이 이미 특정한 전술을 수행하고 있다면 그 전술의 수행에서 개선의 기회가 있는지 파악하기 위해 가치지수분석표를 활용할 수 있다. 특정한 전술에 해당하는 점수를 올리려면 전술의 실행 방법을 변화시키는 프로세스를 시작해야 한다. 자세한 내용은 9장에서 다룬다.

이 두 가지 측면의 분석을 실행하기 위해 여러분의 기업은 직원들을 인터뷰하고 데이터를 수집해야 한다. 가장 좋은 방법은 객관적인 외부인을 고용해 적절한 인터뷰 대상을 선정하고 인터뷰 방침을 개발하여 인터뷰를 실행한 후 결과를 분석하는 것이다. 데이터 수집과 분석 결과로 각 전술에는 특정한 점수가 매겨질 것이다. 점수를 매기는 데에 가치 판단이 필요하지만 밸류 리더 또는 우수한 경쟁 기업의 점수와 비교해 여러분 기업의 점수가 어느 정도인지 파악할 수 있다.

각 전술에는 탁월(5점)에서 낮음(1점)의 점수가 매겨진다. 조직이 전술을 전혀 수행하고 있지 않다면 점수는 0이다. 활동 점수를 구하려면 분석자는 각 활동에 해당하는 전술의 점수를 평균하고 반올림한다. 이해를 돕기 위해 '규모, 성장률, 시장의 수익성을 평가하라'란 전술을 생각해보자. 여러분의 기업이 이같은 전술을 실행하고 있지 않다면 점수는 0이다. 반면, 최근에 핵심 가치에 대해 공감대를 형성하기 위해 경영진으로 구성된 팀을 꾸렸다면 점수는 5가 된다.

예시 4.1 가치지수분석표 : 성장 동력의 내적 발견

성장 동력의 내적 발견 : 활동과 전술	점수
유기적 성장 ☐ 기업의 장점을 살려 이득을 볼 수 있고 성장이 빠른 시장을 식별하라. ☐ 시장의 규모, 성장률과 수익성을 평가하라. ☐ 가장 매력적인 시장에서 점유율을 얻기 위해 필요한 능력을 분석하라. ☐ 경쟁 기업과 비교해 새로운 시장에서 필요한 능력을 얼마나 갖추고 있는지 평가하라. ☐ 경쟁우위를 차지할 시장에 투자하라.	
개발 위험의 관리 ☐ 다양한 인력으로 개발 위험을 평가할 팀을 구성하라. ☐ 가장 큰 시장 위험과 경쟁 위험을 정확히 파악하기 위해 개발 프로젝트를 면밀히 검토하라. ☐ 프로젝트의 위험을 줄일 수 있는 방안을 구별하라. ☐ 적은 비용으로 위험을 줄일 수 없는 프로젝트를 폐지하고 적절한 비용으로 위험을 제거할 수 있는 프로젝트에 투자하라. ☐ 미래에 추진할 프로젝트를 위해 위험 관리 프로세스를 공식화하라.	
내부 파트너십 형성 ☐ 제품과 프로세스 혁신을 위한 파트너십 형성에 참여할 주요 업무를 식별하라. ☐ 참신한 아이디어를 내고 이를 실행할 수 있도록 프로세스를 개발하라. ☐ 내부 파트너십의 목적과 책임성을 널리 알린 후 이행하라. ☐ 수익성 있는 제품과 프로세스 개발, 바람직한 협력 행동에 금전적, 심리적 인센티브를 부여하라.	
외부 파트너십 형성 ☐ 공급자, 고객뿐만 아니라 산업 전반에 걸쳐 파트너십을 형성하라. ☐ 파트너십에 참여하는 모든 당사자의 이익률을 높일 수 있도록 체계적인 협력 전략을 시행하라. ☐ 파트너십 형성에 시간과 자본을 투자해 파트너와 기업에 약속한 혜택을 제공하라.	
총점	

주: 5=탁월, 4=매우 우수, 3=우수, 2=보통, 1=낮음, 0=해당사항 없음.

결론

성장 동력의 내적 발견은 파트너와 직원에게 가치를 창출하고 주주가 수익을 얻도록 하며 기업을 성장시킨다. 경영자가 이 장에서 설명한 네 가지 활동을 따른다면 성장 동력의 내적 발견을 실행할 수 있다. 3M, 월마트, 머크-메드코, 스머커와 마이크로소프트의 사례는 네 가지 활동을 통해 성장 동력의 내적 발견에서 어떤 방법으로 혜택을 얻는지를 설명하는 훌륭한 본보기가 된다.

5장

정직이 생명이다
약속의 이행

약속의 이행이란 하고자 하는 것을 말하고 말한 것을 실행하라는 의미다. 경영진은 명시적 또는 암묵적으로 직원, 고객, 공급자, 주주와 지역사회에 약속을 한다. 정직한 경영자는 다양한 이해관계자에게 한 약속을 지킨다. 또한 경영자는 올바른 일을 하는 것뿐만 아니라 올바른 일을 하겠다는 사실을 널리 알려야 한다. 경영자가 자신이 정직성에 많은 가치를 두고 있다는 사실을 널리 알리면 조직 전체 인력은 이 정직의 중요성을 인식하고 정직해지려고 노력하기 때문이다. 게다가 자신이 정직하다는 사실을 널리 알림으로써 경영자가 약속은 지킬 것이라는 기대가 형성되고, 이를 통해 조직 내외부에 정직이 기본 가치로 구축된다.

보통 약속을 지키겠다고 말하는 것이 실천하는 것보다 쉽다. 언행일치의 모습을 보이는 기업은 비즈니스의 목적이 장기적 관계를 수립하고 활성화하는 일이라고 믿는다. 기업은 직원, 고객, 투자자 또는 공급자 사이에 장기적 관계를 수립하기 위해, 하고자 한 일을 널리 알려 약속하고 실제로 이를 지킨다. 이들 기업은 장기적 관계는 신뢰에 달려있고 신뢰는 정직에서 나온다고 생각한다.

경영자는 직원의 이직률, 고객, 공급자 또는 주주의 교체율로 장기적 관계의 결속 정도를 평가한다. 이직률이나 교체율이 낮다면, 올바른 인력을 채용하고 그들에게 회사와 관계를 유지하도록 적절한 동기를 제공하고 있는 기업이다. 관계에서 낮은 교체율을 유지하는 기업은 그렇지 못한 기업보다 생산성이 높다. 일단 경영진이 약속의 이행이라는 가치의 중요성을 확신하게 되면 이 원칙을 실천하는 방법은 쉽게 터득한다. 기업의 임원이 이 원칙을 기업의 가치로 생각하지 않는다면 이사회는 현재 경영진을 약속의 이행을 중시하는 경영진으로 교체할 필요가 있다. 일단 경영진이 약속의 이행이라는 가치를 중시하는 모습과 행동을 보이면 조직 전체가 이 가치를 따르게 된다.

밸류 리더십과의 연관성

약속의 이행은 업무적으로 관련이 있는 이해 당사자 사이에 신뢰를 형성한다. 직원들은 회사가 자신의 노동에 정기적으로 보수를 지불할 것이라고 믿기 때문에 새 직장에서 일을 시작한다. 고객은 제품에 그만한 가치가 있다고 믿기 때문에 가격을 지불하고 물건을 구매한다. 공급자는 납품 기업이 원재료 대금을 지급할 것을 믿고 원재료를 공급한다. 주주는 투자 기업의 경영진이 기업의 가치를 높여 주가가 높아지리라는 생각으로 주식을 매입한다. 그리고 지역사회는 기업이 세금을 납부하고 시민을 고용하며 공장 대지를 깨끗하고 안전하게 관리할 것으로 신뢰하기 때문에 기업에 유리한 환경을 조성한다.

경제적 이득

약속의 이행은 기업과 이해 당사자 사이에 신뢰를 지속적으로 유지해 조직의 효율성을 높인다. 직원들을 공정하게 대우하겠다는 의도를 공표하고 이행하는 기업은 재능 있는 직원을 유치하고 그들에게 동기를 부여해 좋은 성과를 얻는다. 또한 직원과 노사 간의 문제를 일으킬 가능성도 최소화한다. 고객에게 유익한 가치를 창출하겠다는 의지를 표명하고 그것을 이행하는 기업은 높은 매출액을 유지하며 제품과 관련된 분쟁을 겪는 일이 많지 않다. 그리고 투자자에게 투자 자금을 신중히 사용하겠다고 공표하고 이를 이행하는 기업은 쉽게 이탈하지 않는 충성도가 높은 투자자를 유치하고 투자자에게 소송을 당해 대가를 치를 가능성을 낮춘다. 약속의 이행은 바람직한 행동이며 비용 측면에서 가장 효과적인 일이다.

약속은 불황이나 호황 여부에 상관없이 항상 지켜져야 한다. 호황기일 때 경영자는 정직을 져버릴 유혹에 마음이 흔들리기도 한다. 예를 들어, 주가의 지속적인 상승은 실제 실적이 예상 실적을 초과하느냐, 그렇지 않느냐에 달려 있는데, 만약 예상 실적을 달성하지 못한다면 주가는 폭락하고 경영진은 심한 타격을 입는다. 이러한 조건 아래서 경영자는 실적 목표를 달성하기 위해 기업회계기준(GAAP)을 벗어나 실적을 조작하고 싶은 유혹에 직면한다. 하지만 실적을 조작하게 되면 단기적으로는 이득을 보겠지만 장기적으로는 더 높은 실적을 달성해야 한다는 압박에 시달려 부정이 심화되고 이는 곧 기업의 붕괴로 이어진다.

경기가 불황기에 있을 때에도 약속을 이행하는 것이 중요하지만 대중의 심리와 여론에 따라 정직성을 평가하는 정도가 달라지기도 한다. 불황기를 겪는 대중은 호황기 시절 지나친 팽창의 주범을 찾아 희생양을 삼으려고 한다. 일반적으로 희생양은 경제적 호황기에 눈에 띄게 이익을 보거나 법률을 위반한 사람, 윤리적 문제가 있는 사람들 중에서 나온다. 경제 불황으로 성난 유권자에게 심판을 받지 않으려는 정치인은 희생양을 찾아 그들을 조사하고 감옥에 보내거나 과도한 경제 팽창이 다시 일어나지 않도록 새로운 법을 제정한다. 이같이 비난과 처벌이 행해지는 환경에서 경영자 대부분은 성난 군중에게 꼬투리를 잡히지 않기위해 매우 주의한다. 다시 말하면, 경영자의 정직한 행동은 불황기의 위험한 때에 자리를 보전하려고 생겨난 행동을 의미한다. 불황기가 끝나고 호황기가 도래하면 경영자의 정직성은 실적을 높이지 않으면 해고된다는 위기감으로 도전을 받는다.

사례

이 장은 약속을 이행했을 때 얻는 혜택에 대해 설명한다. 그리고 사우스웨스트 항공이 전설적인 공동 창업자 허브 켈러허를 계승할 CEO로 성과 달성 욕구가 높고 정직한 리더인 제임스 파커를 선택한 자세한 상황을 설명한다. 파커의 정직성은 캐나다 우유 배달원에서 월드컴의 CEO까지 오른 버니 에버스와 좋은 대조를 이룬다. 에버스는 70억 달러에 이른 회계 부정을 저지르고 월드컴 주가를 유지하기 위해 계속 큰 인수와 합병을 실시했으며, 이같은 에버스의 행동은 회사가 도산할 때까지 계속되었다. 이 장은 발생주의 회계보다는 현금주의 회계를 사용해야 하는 논거와 정직하게 회계 보고를 하는 기업이 실적을 과장하는 기업보다 높은 주가를 유지한다는 증거를 제시한다. 또, 마이크로소프트가 수익 일부를 적립한 노력을 컴퓨터 어소시에이츠(CA)의 회계조사와 비교한다. CA는 회계장부를 조작해 최고위층 임원 세 명이 10억 달러에 달하는 주식 옵션을 배정 받게 했다. 이 장은 존슨 앤드 존슨이 어떤 신조를 가지고 직원, 고객과 지역사회를 만족시켰는지를 설명한다. 또한 인력과 제품에 정직성을 불어넣은 마이크로소프트의 CEO인 스티브 발머의 노력에 대해서도 살펴본다.

활동 분석

약속의 이행은 아래의 세 가지 활동을 수행하는 것에 따라 결정된다.

- **정직한 인력의 채용과 승진** : 정직하게 행동하는 인력을 채용하고 승진시키는 일은 약속을 이행하는 중요한 출발점이다. 정직한 행동을 하려는 태도를 지닌 사람은 업무에서도 정직하게 행동할 가능성이 높다. 기업이 정직한 인력에게 보상한다면 다른 직원들도 정직하려고 노력하며 정직한 사람들이 이 기업에 취직하기를 희망할 것이다.
- **투명한 회계** : 정직을 존중하는 기업은 성과를 정직하게 보고한다. 투명한 회계란 실적을 보기 좋게 과장하기보다는 회계 원칙을 충실히 따르는 것을 의미한다. 또한 기업 경영에 관한 나쁜 소식을 은폐하거나 축소하기보다는 신속히 발표하여 선의의 피해자가 발생하지 않도록 한다.
- **직원, 고객, 지역사회를 공정하게 대우** : 정직한 행동은 직원, 고객, 지역사회를 공정하게 대우하는 것을 의미하기도 한다. 이를 위해 경영자는 책임감을 갖고 높은 도덕 기준을 널리 알려야 한다. 높은 도덕 기준을 공표하면 직원, 고객, 지역사회는 기업이 그들을 공정하게 대우할 것이라고 예상한다. 이를 검증하는 잣대는 기업이 평소 활동에서 얼마나 충

실하고 일관되게 이해관계자의 기대를 실현시키는지의 여부다.

정직한 인력의 채용과 승진

정직한 기업 문화를 구축하고 싶은 경영자는 정직한 인력을 채용하고 승진시킴으로써 목적을 쉽게 달성할 수 있다. 모든 직원들이 부정직하다면 이 기업은 생산성이 크게 떨어질 가능성이 높다. 부정직한 직원의 행동을 방지하는 데 많은 비용과 시간이 들고 고객이 이 기업의 제품을 구입하려 하지 않기 때문이다. 따라서 채용 과정에서 정직하지 못한 인력을 적절히 걸러내는 일에 많은 주의를 기울이게 되면 경제적으로 혜택을 얻는다. 기업은 인력을 채용하기 전에 부정직한 인력을 식별하면서 비용이 많이 들지 않는 프로세스를 갖추어야 한다. 예를 들어 채용하려는 직원의 평판을 전 직장에서 확인하거나 전과 기록, 신용 정보, 주변인의 의견, 재무 기록 등을 살펴본다.

정직한 인력을 채용하고 승진시키려는 경영자는 다음과 같은 전술을 고려해볼 필요가 있다.

- 행동 면접을 시행해 취업 희망자의 정직성을 시험하라. 행동 면접에서 경영자는 취업 희망자의 정직성을 시험할 질문을 한다. 과장된 대답이나 거짓말이 감지되면 경영자는 해당 인력과 더이상 채용 절차를 진행하지 않는다.
- 후보자에 대해 모든 면접관이 받은 인상을 검토하라. 인터뷰가 끝난 후 모든 면접관은 후보자에 관한 각자의 의견을 비교할 회의를 개최한다. 한 면접관이 해당 후보의 말과 행동에서 부정직성을 발견했다면 다른 면접관도 동일한 인상을 받았을 수 있다. 따라서 면접관들의 견해가 일치하면 적절하지 못한 후보자를 조기에 배제하고 다른 후보자의 면접

과정에서 면밀히 살펴봐야 할 사항을 인식하게 된다.
- **채용을 결정하기 전에 추천서, 이력서, 기타 판단 자료를 주의 깊게 검토하라.** 경제가 호황기에 있을 때에는 인력의 증원이 시급하기 때문에 채용 결정을 신속히 내려야 한다고 생각해 잠재적 직원에 관한 정보를 자세히 검토하지 않을 수 있다. 반면에 경제 불황기에 채용 결정이 시급하지 않다고 생각하는 기업은 후보자의 신상을 꼼꼼히 검토한다. 약속을 이행하는 기업은 경제 상황에 따른 고용 시장의 변화와 상관없이 항상 잠재적 직원에 관한 정보를 면밀히 검토한다.
- **승진의 판단 기준으로 직원의 정직성을 꼼꼼히 감시하라.** 경영자는 승진과 채용의 조건으로 직원의 정직성을 계속 지켜보아야 한다. 정직성에 있어 분명한 문제가 발견되면 당연히 해고 사유가 되겠지만 그 정도가 심하지 않은 경우에도 승진을 지연시키는 사유가 된다. 예컨대, 한 직원이 매출액 목표 달성과 같은 특정한 성과를 달성하기로 했지만 그 약속을 지키지 못했다고 하자. 약속을 지키지 못한 인력에게 취할 수 있는 조치는 다음과 같은 세 가지 중 하나가 될 것이다. 첫째, 직원이 통제할 수 없는 요인 때문에 약속을 지키지 못했으므로 별다른 조치를 취하지 않는다. 둘째, 직원의 능력을 향상시키면 약속을 지킬 수 있으므로 교육의 기회를 제공한다. 셋째, 약속을 이행하지 못한 일을 정당화시킬 수 있는 사유가 없으므로 해당 직원을 해고한다.

정직한 인력을 채용하는 일이 근무 환경을 개선하듯이, 정직한 인력을 승진시키는 일은 모든 이해 당사자에게 혜택을 준다. 댈러스 모닝 뉴스에 따르면 사우스웨스트 항공이 겸손, 정직 그리고 효율적 업무 처리로 정평이 난 제임스 파커를 전설적인 공동 창립자 허브 켈러허의 후계자로 결정한 일은 매우 긍정적인 영향을 미쳤다고 한다. 2001년 6월 29

일, 파커는 CEO로 취임해 허브 켈러허 회장과 사장이자 최고운영책임자인 콜린 배럿과 함께 3인 체제로 사우스웨스트 항공을 경영했다.[1)]

평소에 온화한 성품인 파커는 취임 연설을 통해 퇴임하는 켈러허는 너그러운 품성으로 회사를 이끌었지만 자신은 엄격한 기준으로 경영하겠다고 말했다. 파커는 정직성, 공정성과 엄격함을 적절히 결합하는 능력과 사우스웨스트의 이익을 위해 싸움도 마다하지 않는 성격으로 유명하다. 파커에게 CEO를 물려주면서 켈러허는 파커가 이타적이고 임직원을 돕는 일에 관심이 많은 리더라고 언급했다. 그는 희생적이고 이해심 많으며 재치 있는 파커의 성격이 다른 인력들에게 큰 혜택이 될 것이라고 말했다. 아울러 켈러허는 파커가 모든 것을 갖추고 있기 때문에 남들을 모방할 필요가 없다는 사실을 강조했다.[2)]

파커를 잘 아는 사람들은 그의 정직성을 천성이라고 생각했다. 어렸을 적, 파커는 밝은 성격으로 진실하게 행동했다. 텍사스 주 샌안토니오에서 태어난 그는 유년기의 대부분을 포트워스에서 보냈다. 사우스힐 초등학교 6학년 때는 '낙천주의자 클럽(Optimist Club)'이 주최한 웅변대회에서 상을 타기도 했다.

파커는 텍사스 대학에서 법학을 전공했다. 댈러스 지역에서 변호사 활동을 하는 텍사스 대학 1년 후배인 베스티 줄리언은 파커가 회장으로 있던 '젊은 민주당원' 지부에서 그를 만났다. 줄리언은 파커를 사람들이 신뢰할 수 있는 정직하고 성실한 사람으로 설명했다. 또 그녀는 사람들이 파커의 말을 신뢰했고, 신중하고 상냥한 행동을 하는 그를 따랐다고 한다.[3)]

1978년, 파커가 텍사스 주 검사보로 일하고 있을 때 사우스웨스트 항공을 고객으로 로펌을 운영하던 허브 켈러허와의 첫 만남을 갖게 되었고, 그는 1986년 2월에 사우스웨스트 항공의 사장, CEO, 회장을 역임한 켈러허를 따라 이 항공사의 자문역으로 합류했다. 1999년에 은퇴하기까지 19년간 댈러스 항공국장을 역임한 대니 브루스는 파커가 상황에 따라 상냥할 수도 완고할 수도 있다고 말했다. 그는 파커가 사우스웨스트 항공을 올바로 경영할 것이라고 확신하며 정도를 걷고 정직하며 강인한 사람이라고 파커를 묘사했다.[4)]

파커를 영입하고 그를 CEO로 승진시킨 사우스웨스트 항공의 결정은 정직한 인력의 채용과 승진에 관한 일반 원칙을 보여준다. 첫째, 사우스웨스트 항공의 공동 창업자인 허브 켈러허는 파커와 함께 일해본 후 그를 영입하는 데 개인적 관심을 보였다. 켈러허는 파커를 자신의 후계자로 선택하기 전 23년 동안 그를 관찰했다. 켈러허는 다른 사람들이 자신이 재임 기간 중 남긴 업적을 평가하는 데 중요한 영향을 미치는 요소는 후계자 선정이라고 생각했다. 켈러허는 파커와 20년 넘게 일하면서 그를 관찰한 결과에 기초해 결정을 내렸다.

사우스웨스트 안팎에서 파커를 아는 사람들은 그가 지닌 여러 장점 중 하나가 정직성이라고 말했다. 파커의 정직성은 다른 사람들의 신뢰를 이끌어냈기 때문에 그에게 유리한 점으로 작용했다.

둘째, 켈러허가 파커를 후계자로 선택하면서 적용한 주요 판단 기준은 다른 관리자에게 긍정적인 영향을 미쳤다. 즉 정직성, 공정성과 다른 사람을 존중하는 개인적 특성은 보상을 받는다는 메시지를 전체 인력에게 전달한 것이다. 결과적으로 파커를 승진시킨 일은 야심에 찬 사우스웨스트 직원들에게 파커와 같은 특성을 보유하는 동기를 제공했다. 이에 따라 기업 전반에 걸쳐 정직성이 높아지자 직원, 고객, 주주 등 사우스웨스트 항공의 이해관계자도 혜택을 입었다.

마지막으로, 켈러허가 강한 리더에게 필요한 덕목을 모두 갖추었다고 파커를 평가한 말은 업무에 도움이 되는 능력뿐만 아니라 정직성도 중요한 요소라는 사실을 강조한다.

뒤를 이을 CEO를 선택하면서 켈러허는 암묵적으로 다른 인력에게 메시지를 전달했다. 최고의 CEO는 어쩔 수 없이 자신의 성격을 업무에 맞게 바꾸는 사람이 아니라 리더의 역할을 수행할 성품이 내재된 사람이어야 한다는 메시지였다. 파커가 CEO로 지명된 해에 사우스웨스트 항공의 매출액과 이익은 감소했지만 2001년도에 발생한 9.11테러 이후 새로운 인력을 채용한 항공사는 사우스웨스트가 유일했다. 다른 경쟁 항공사들은 매우 어려운 시기를 겪고 있었지만 파커의 리더십 덕택에 사우스웨스트 항공은 성장했고 무리한 항공료 인하 경쟁을 벌이지 않았다.

정직한 인력의 채용과 승진이 어떤 혜택을 주는가에 대해 사우스웨스트 항공이 좋은 사례를 제공했다면, 월드컴은 이와 크게 다른 모습을 보인다. 뉴욕타임스에 따르면, 월드컴의 전임 CEO인 버니 에버스는 기본적인 경영 능력이 부족하고 통신 산업을 잘 이해하지 못했지만 은행가와 투자자를 속이는 데 능숙한 장사꾼이었다. 월드컴의 CEO가 되기 전에 에버스는 고등학교 운동 코치, 호텔 교환원, 우유 배달원을 했던 경력이 있다.[5]

월드컴의 도산은 일련의 기업 인수를 제대로 관리하지 못한 에버스의 무능력과 기업 인수 자금의 원천인 월드컴의 주가를 높이기 위해 회계 장부를 조작해 7조 달러의 가짜 이익을 만들어낸 행동의 결과였다. 65개 기업을 인수했지만 월드컴은 이들을 효과적으로 통합하지 못했다. 예고도 없이 일부 고객의 전화 서비스가 두절되었고 복구에 며칠씩 걸렸다. 서비스를 해지했는데 청구서가 날아오기도 했다. 이런 일들이 일어나자 내부자와 애널리스트들은 에버스가 경쟁이 심한 통신 산업에 적절한 능력을 보유하지 못한 경영자라고 생각했다. 프리드먼 빌링스 &

램지 소속 애널리스트인 수전 칼라는 에버스가 매력적인 인물이기는 하지만 통신 산업에 관한 지식이 부족하다고 언급했다.6)

에버스는 곤란에 처한 통신 벤처기업을 회생시키려는 목적으로 미시시피 호텔 체인의 현금을 사용하면서 통신 산업에 발을 들여놨다. 1983년, 미시시피 사업가들로 구성된 한 그룹은 LDDS 커뮤니케이션즈라는 전화 회사를 설립했다. LDDS는 얼마 지나지 않아 손실을 보기 시작했고 점점 에버스의 자금에 의존하기 시작했다. 당시 에버스는 열세 개 호텔의 소유주였고 LDDS의 주요 투자자였다. 그가 더이상 LDDS에 자금을 지원하지 않겠다고 선언하자 LDDS 이사회는 그를 CEO로 지명했다. 에버스는 LDDS에 많은 자금을 투자했고 그 투자 자금을 회수하기 위해서라도 이 회사의 경영이 어떻게 돌아가고 있는지 파악할 필요가 있다고 생각해 이사회의 제안을 받아들였다.

에버스는 통신 산업에 문외한이었지만 다른 통신 기업을 인수하기 시작했고, 1988년까지 그의 회사는 네 개 주에 걸쳐 통신 서비스를 제공하게 되었다. 에버스는 인수 기업의 운영에 별다른 관심을 두지 않았지만 1996년 통신 산업에 대한 규제가 완화되어 지역 통신 시장에서 경쟁이 가능해지자 그는 지역 통신 서비스 제공업체인 MFS 커뮤니케이션즈를 인수하고 회계장부 조작을 통해 가치가 부풀려진 LDDS 주식으로 인수 대금 120억 달러를 지불했다. MFS 커뮤니케이션즈는 인터넷 서비스 업체인 UUnet 테크놀로지를 인수한 지 얼마 되지 않은 상태였다.

월드컴의 인수 후 실적을 부풀리기 위해 회계장부를 조작하는 악순환이 시작되었다. 부풀려진 실적을 발표하면 투자자는 월드컴 주식을 선호하게 되고 이에 따라 에버스는 다른 기업을 인수할 자금을 마련하게 된다. 악순환은 계속되었던 것이다. 월드컴의 회계 부정은 인수한 기업의 특정 자산의 가치를 낮게 평가해 이익에서 수십 억 달러를 빼돌리는 식으로 진행되었다. 월드컴은 기업을 인수한 이후 발생한 이득을 회계 조작을 통해 부채로 기록했고 여기에는 현재 손실을 과대하게 조작해 다음 분기의 손실을 적게 만들어 예상 이익률을 높게 하려는 의도가 있었다. 특히, 월드컴은 연구개발 비용을 크게 조작해 비자금을 조성했다. 그들은 인위적으로 수익을 높여야 할 때 비자금을 사용했다.

  월드컴이 큰 기업을 인수할수록 비자금의 규모는 커져만 갔다. 1997년, 에버스는 지칠 줄 모르는 월드컴의 인수 욕구를 충족시키기 위해 또 다른 대규모 인수 작업을 진행했다. 그는 MCI 인수 경쟁에 뛰어들어 인수 금액으로 300억 달러를 지불하고 이 기업을 인수했고, 이에 따라 막대한 비용을 들여 인수한 기업의 회계를 조작해 과도하게 지불한 인수 비용을 상쇄하는 과감한 행동이 되풀이되었다. 특히 월드컴은 MCI의 장부가치(자산가치에서 부채가치를 차감한 자본의 가치)를 34억 달러나 줄였고, 동시에 같은 액수만큼 무형자산의 가치를 늘렸다. 월드컴이 회계장부를 조작해 자본가치를 34억 달러나 적게 평가하지 않았다면 이 금액은 비용으로 처리되어야 했다. 비용을 무형 가치로 전환시켜 월드컴은 십여 년 동안 34억 달러를 상각해가면서 MCI 인수를 통해 큰 이익이 발생한 것처럼 조작했다. 금융연구분석센터는 월드컴의 회계 조작으로 2000년도 주당순이익(EPS)이 14센트나 부풀려졌다고 추정했다. 월드컴은 주당순이익이 1.4달러라고 보고했으나 추정해보니 실제 주당 순이익은 1.26달러로 계산되어야 했다.

  법무부가 스프린트 사를 1,450억 달러에 인수하려던 월드컴의 의도를 꺾으면서 회계 조작을 통해 자금을 마련해 진행해왔던 에버스의 부정한 기업 인수는 2000년 6월 서서히 실체를 드러내기 시작했다. 에버스가 추진한 성장의 원천인 기업 인수 전략이 중단됨으로써 월드컴이 기업 운영에 무능력하다는 사실이 세상에 드러났다. 예를 들어, 2000년 8월에 마크 퍼켈이 소유한 미주리 주 소재 소프트웨어 기업인 스프링필드는 전화 불통으로 업무를 중단하는 경험을 했다. 이처럼 어처구니없는 일은 스프링필드의 전화 회선을 끊어버린 일 때문에 일어났다. 퍼켈이 월드컴의 고객서비스센터에 전화를 걸어 전화가 불통인 이유를 묻자 고객서비스센터 직원은 스프링필드가 고객 명단에 들어 있지 않다는 답변을 했다. 그는 전화 회선을 되살리기 위해 여러 차례 전화를 걸었지만 제대로 된 답변은 듣지 못했고, 어떤 월드컴 직원과의 통화에서는 MCI 고객은 다루지 않고 월드컴 고객만을 관리한다는 답변을 들었다.

마침내 예전 MCI 고객 명단에서 자신의 서비스 가입 사실을 확인해 어렵게 전화 서비스를 재개했지만 퍼켈은 월드컴의 운영에 심각한 문제가 있다는 사실을 단적으로 경험했다. 월드컴은 다른 기업을 인수했지만 통합하거나 관리하지는 않았다. 결과적으로 서로 호환되지 않는 컴퓨터 시스템이 방치된 채 혼란을 일으켰고 지역 네트워크 시스템은 중복되거나 상호 연결이 제대로 되지 않았다. 그리고 요금 청구서를 발행하는 시스템도 정비되지 않았다. 퍼켈은 회사를 샌프란시스코로 이전하게 되자 월드컴 서비스를 해지했다. 하지만 월드컴은 더이상 존재하지도 않는 전화 서비스에 대해 1년이 지나도록 할증료가 추가된 요금 청구서를 매달 발송했다.

월드컴의 사례는 부정직한 CEO가 위험할 수 있다는 사실을 보여준다. 에버스가 월드컴의 CEO를 차지하는 능력은 있었지만 그의 배경과 지식은 회사가 필요로 하는 수준이 아니었다. 에버스가 월드컴에서 쫓겨나지 않고 자리를 보전했던 일은 우연이며 보통 기업에서는 상상할 수도 없는 일이었다. 1984년, 독점적 지위를 유지하던 AT&T의 분할 결정이 내려지고 1996년에 통신사업법 제정으로 규제가 완화되자 통신 산업으로의 진출을 가로막던 장벽은 낮아졌다. 더구나 주식시장의 활황과 금융기관의 무분별한 대출로 에버스는 자신의 경영 능력 부족을 감추고 월드컴의 주가를 높일 기업 인수 자금을 손쉽게 마련할 수 있었다. 월드컴 도산 이후, 에버스가 기업 인수 전략이 수익성이 높다고 포장하기 위해 회계 부정을 저질러 자금을 마련했다는 사실이 대중에게 널리 알려졌다. CEO는 단기적으로는 자신의 능력이 부족하다는 사실을 감출 수 있다. 하지만 장기적으로 볼 때 적절하지 못한 인물을 경영자로 영입하면 주주와 고객 모두에게 막대한 비용과 손실을 초래하게 된다.

사우스웨스트 항공과 월드컴을 비교하면 정직한 인력의 채용과 승진에 관한 일반 원칙을 알 수 있다.

첫째, 정직성은 최고경영자에서 시작한다. 대다수의 기업은 오로지 결과만을 중시하며 방법은 그다지 중요하지 않다고 생각한다. CEO가 이런 시각을 가진다면 조직에서 일하는 모든 사람들은 기업의 가치 선언서에 명시된 기업 가치를 무시한 채 방법에 상관없이 결과만을 중시하는 사고방식을 따른다. 반대로, CEO가 정직한 결과를 중요시하면 조직도 정직성을 존중하는 행동을 하려고 노력한다.

둘째, 기업은 정직한 인력을 채용하고 승진시키는 공식적 프로세스를 확립해야 한다. 채용 과정에서 부정직한 인력을 배제하도록 엄격한 원칙을 고수해야 한다. 정직하지 못한 인력 한 명이 기업의 평판에 커다란 상처를 입힌다. 핵심 가치를 고수하는 기업에 부정직한 인력 한 명으로 초래되는 비용은 막대하다.

셋째, 인력을 승진시킬 때 정직성을 주요한 판단 기준으로 사용해야 한다. 승진은 기업이 중시하는 가치가 무엇인지 조직 전체에 알리는 기회이다. 따라서 정직한 인력을 승진시키면 다른 인력들도 이 정직한 행동을 본받으려 노력한다는 사실을 인식해야 한다.

투명한 회계

투명한 회계는 비즈니스가 거둔 주요한 성과를 정확하게 반영한다는 의미다. 정직한 회계는 매출액, 비용과 이익을 정확하게 보고해 언제 비즈니스가 잘 진행되고 있으며 언제 어려움을 겪는지 투자자가 정확히 파악하도록 도움을 준다. 미국 역사상 규모가 가장 컸던 기업 도산의 장본인인 월드컴은 7조 달러에 달하는 회계 부정으로 규모를 급속히 키웠다. 월드컴은 발생주의 회계 원칙을 따랐기 때문에 2001년 후반이 되어서야 일련의 회계 부정이 드러나기 시작했다.

발생주의 회계 아래서 매출은 발생 시점을 기준으로 기록되고 비용은 재화와 서비스를 받은 시점을 기준으로 기록된다. 즉, 실제로 돈이 오가는 시점을 기준으로 삼지 않는다. 간단히 말해, 발생주의 회계로 기업은 실제로 자금의 이동이 없어도 매출을 장부에 기록하고 재화와 용역에 대한 대금을 지불했어도 장부상 비용 처리를 뒤로 미룰 수 있다. 예를 들어, 지출을 비용으로 처리하지 않는 방식을 통해 월드컴은 손익계산서에 실제로 지급한 비용을 누락시켜 실적을 과대 포장했다.

발생주의 회계 관행은 회계를 복잡하게 만드는 주범으로서 회계사가 투자자와 채권자를 만족시키기 위해 거짓 숫자를 만들어낼 빌미를 제공한다. 다음에 소개하는 몇 가지 사례를 살펴보자.

- 에너지 중개인들은 장기 에너지 계약을 할 때 시장가격 평가(mark-to-market) 회계를 사용한다. 이 방법을 사용해 거래인은 장기 에너지 계약의 가치를 예측하고 미래에 수입을 보고해야 할 시점에 실제 지급 금액을 훨씬 초과하도록 수입을 부풀린다. 게다가 에너지 거래인은 거래의 결과로 수령한 현금 총액이 아닌 거래한 에너지의 시장가격을 수입으로 계산한다. 전자는 후자보다 금액이 훨씬 적다. 거래인은 차이가 크

면 클수록 보너스를 많이 받기 때문에 수입을 과대 계상할 동기를 갖게 된다.
- 통신업체들은 용량을 서로 교환했다. 실제로 현금 거래를 하지 않았어도 통신 공급자끼리 사용하지 않는 전송 용량을 거래해 매출이 일어난 것처럼 장부에 기록했다. 월드컴은 매출을 부풀리기 위해 글로벌 크로싱, 퀘스트와 현금이 수반되지 않는 거래를 했다고 한다.
- AOL 타임워너와 월드컴처럼 대규모 인수를 한 기업은 영업권과 무형자산의 가치를 인수하면서 실제로 지불한 금액보다 적게 평가해 장부에 기록했다. 2002년 4월, AOL은 영업권과 무형자산을 복잡한 가치 추정을 통해 540억 달러나 적게 평가했지만 아직도 그 근거를 밝히지 않고 있다. 2003년 1월에 AOL는 다시 한번 450억 달러를 적게 평가해 근거 없는 회계 관행을 계속했다.[8]

발생주의 회계는 기업이 미국 증권거래위원회(SEC)에 보고하는 내용이 실제와 다를 여지를 제공한다. 그리고 월드컴이나 엔론의 회계 부정은 정기적인 재무 보고를 통해 밝혀진 것이 아니다. 내부 고발자가 관련 자료를 폭로하거나 신임 CEO가 특별 조사를 시행했기 때문에 세상에 알려졌다. 발생주의 회계 절차가 복잡하고 이를 악용할 가능성을 고려하면 투자자는 재무 보고서를 신뢰할 이유가 없다.

허위 보고를 막기 위한 실질적인 해결책은 발생주의 회계 원칙을 포기하고 현금주의 회계 원칙을 따르는 것이다. 현재 상장 기업이 거의 채택하지 않고 있는 현금 거래를 기준으로 삼는 회계 시스템을 따르면 회계연도 중에 실제로 현금이 은행 계좌에 입금된 금액만큼 매출액이 장부에 기록된다. 마찬가지로 비용도 회계연도 중 기업의 은행 계좌에서 현금이 빠져나갔을 때 기록한다.

경영자가 마음만 먹으면 현금주의 회계도 악용할 가능성은 있지만 현금의 흐름에 기초한 회계는 투자자와 채권자를 속일 여지가 훨씬 적고, 회계를 조작한다면 신뢰를 회복하기 위해 오랜 시간이 걸린다. 현금주의 회계를 이용했을 때 나타나는 가장 큰 단점은 비용이 많이 든다는 것이다. 효과적인 변화를 위해서 SEC는 회계 방법을 바꾼 것을 공식적으로 명명할 필요가 있다. 현금주의 회계 원칙을 채택하면 재무 보고가 훨씬 투명해지며, 외부의 부당한 압력에 따라 회계 부정을 저지를 가능성이 줄어든다는 이점이 있다. 이는 궁극적으로 회계 보고를 하는 기업에 대해 대중의 신뢰도가 높아짐을 뜻하며, 이같은 혜택은 회계 원칙을 바꾸는 데 드는 비용을 뛰어 넘는다.

발생주의 회계 시스템에 분명한 결점이 있기는 하지만 회계를 정직하게 보고하는 기업은 성과를 조작하는 기업보다 주식시장에서 더 좋은 평가를 받는다. 인베스트먼트 뉴스 지에 따르면, 자체적으로 산정한 주당순이익(EPS)이 기업회계기준인 GAAP가 정한 원칙에 충실한 EPS에 가까운 기업일수록 주가가 좋았다. 코네티컷 주 하트포드에 소재한 앨터스 인베스트먼트 매니지먼트의 포트폴리오 매니저인 더글러스 코트는 이익을 정직하게 보고하는 기업과 보고한 이익에 의문점이 많은 기업의 주가를 비교했다.

이 분석을 통해 코트는 기업이 자체적으로 보고한 EPS에서 GAAP가 정한 원칙에 따라 계산한 EPS를 뺀 '정직한 EPS(honest EPS)'란 개념을 개발했다. 기업은 GAAP에 따라 증권거래위원회에 EPS를 보고한다. 하지만 언론에는 자체적으로 계산한 주당순이익을 발표하며 반드시 GAAP 규정을 따를 필요는 없다. 때때로 월스트리트 애널리스트들은 기업의 추정 이익을 계산하면서 기업이 자체적으로 계산해 발표한 EPS를 사용한다. 투자자는 GAAP에 따라 계산한 주당순이익과 자체적으로 발표한 주당순이익 사이에 차이가 큰 기업을 잘못된 정보를 제공하는 기업으로 생각하는 경향이 있다. 코트는 이런 식으로 주식시장에서 기업가치가 제대로 평가받지 못한다는 생각을 바탕으로 '정직한 EPS'를 개발했다.

코트는 자신의 가정을 엄밀하게 검증했다. 그는 8년간 발표된 러셀 1000 성장주를 분석했으며, 각 주식의 정직한 EPS를 계산하고 순위를 매겨 다섯 개 그룹으로 분류했다. 그런 다음, 특정 연도에 각 그룹의 월별 수익률을 계산했다. 분석 결과 가장 정직한 EPS를 기록한 기업의 주가는 가장 낮은 순위를 기록한 기업의 주가보다 복리로 계산할 경우에 연평균 11%나 수익률이 높았다. 2001년도까지 8년 동안 가장 정직한 EPS를 기록한 기업의 주가 수익률은 연간 복리로 계산해 평균적으로 14.92%를 달성했지만 가장 순위가 낮은 기업의 수익률은 3.95%에 불과했다. 2002년도 1/4분기에 가장 정직한 EPS 기업의 주가 수익률은 가장 못한 기업의 수익률보다 14.6%가 높았다. 가장 정직한 기업과 가장 부정직한 기업의 주가 수익률 차이가 가장 큰 경우는 2002년도의 33.14%였다.

코트가 가장 정직한 기업과 가장 부정직한 기업을 분석한 결과는 큰 의미가 있다. 일반적으로 코트의 분석에서 높은 순위가 매겨진 기업은 조직적으로 성장하는 업계의 리더인 반면, 낮은 순위를 차지한 기업은 기업 인수를 통해 성장을 추구하는 하이테크 기업인 경우가 많다. 정직한 기업으로 순위가 매겨진 기업으로는 페니 매, 프레디 맥, 컴캐스트, 일렉트로닉 데이터 시스템즈와 MBNA가 있다. 이들 기업이 자체적으로 계산한 EPS와 증권거래위원회에 보고한 EPS 사이의 차이는 8년 동안 평균 99센트였다. 최악의 기업으로는 퀘스트, JDS 유니페이즈, 브로드컴, 아기어 시스템즈와 베리사인이 포함된다. 이들 기업이 자체적으로

계산한 EPS와 증권거래위원회에 보고한 EPS 사이의 차이는 8년간 평균 26.33달러였다.[10]

코트의 분석이 결코 변하지 않는 규칙은 아니지만 정직하게 회계를 보고하는 기업이 윤리적 혜택과 더불어 경제적 혜택도 받는다는 사실은 분명하다. 정직하게 회계를 보고하는 기업이 주식시장에서 뛰어난 성과를 거둔다는 주장은 투자자의 선호 기업이 달라졌다는 사실로 증명되었다. 투자자는 1990년대 후반, 다른 인수를 통해 성장을 추구하는 하이테크 기업을 선호했으나 거품이 붕괴된 2000년대 초반 이후로 조직적 성장을 추구하는 정직한 기업을 선호했다. 앞서 언급했듯이 사회가 활황기에 과도했던 거품을 제거하려고 노력하는 과정에서 정직한 기업이 각광받기 시작했다. 나중에 다시 호황이 찾아오면 경영자는 1990년대 후반에 정직성이 떨어지는 기업이 주식시장에서 높은 평가를 받았던 경험을 떠올리며 과연 계속 정직한 회계 보고를 해야 할지 망설일지도 모른다. 하지만 코트의 분석 결과에서 알 수 있듯이 정직성은 반드시 보상받는다.

앞서 논의한 회계 규칙의 복잡성은 정직하게 회계를 보고하려는 관리자와 회계의 정직성에 기초해 투자 기업을 판별하려는 투자자에게 장애가 된다. 밸류 리더는 보수적인 회계 규칙을 고수한다. 반면 다른 일부 경쟁 기업은 재무 실적을 실제보다 좋게 만들기 위해 넘어서는 안 될 선을 넘는다.

정직한 회계를 추구하는 경영자는 다음의 전술을 사용해야 한다.

- 정직성과 보수적인 회계 정책으로 평판이 높은 CFO를 선임하라. CFO의 정직성은 매우 중요하다는 사실을 유념하고 기업은 CEO가 과거에 어떤 사람이었는가를 각별히 유의해 살펴야 한다. 신용 정보와 범죄 기록

의 조회, 이력 사항의 확인, 후보자가 전에 일했던 직장 관계자를 인터뷰하는 방법 등을 통해 정직한 CFO를 선임하도록 노력해야 한다.
- 회계에 논란이 되는 부분이 있다면 보수적인 회계 정책을 적용하라. 기업은 경영상 나쁜 소식이 있다면 과감히 발표하고 보수적인 회계 규칙을 유지해야 한다. 특히 경쟁 기업이 보수적 회계 규칙을 채택하지 않아 좋은 실적을 보고하더라도 끝까지 보수적 회계 방침을 고수해야 한다.
- 애널리스트, 직원, 투자자에게 일관된 방식으로 재무 실적을 제공하라. 기업은 정보가 필요한 모든 관계자에게 일관된 방식으로 재무 결과와 예측을 제공해야 한다. 현재와 과거의 재무제표에서 사용한 기준이 다르면 투자자는 경영진을 신뢰하지 않게 되므로 주가와 경영자의 경력에 악영향을 미친다.
- 보수적인 회계 정책을 적용하는 재무 인력에게 보상하라. 기업은 재무 인력의 성과와 보상을 평가하는 프로세스의 일환으로 보수적 회계 규칙을 실천하는 행동을 측정하고 그에 따른 보상을 해야 한다.

마이크로소프트가 1990년대 후반에 회계와 관련해 겪은 어려움은 정직한 회계와 부정직한 회계 사이의 경계가 불명확하다는 사실을 알려준다. 아시안 월스트리트저널에 따르면, 2002년 1월 미국 증권거래위원회(SEC)는 마이크로소프트가 매출액을 유보해 이익을 적게 평가했다는 판단 하에 조사를 시작했다. 골드만삭스의 직원으로 마이크로소프트와 관계된 업무를 담당했던 릭 셜룬드는 마이크로소프트가 보수적 회계기준을 적용해 매출액을 평가한다고 조사에서 밝혔다. 매출액 평가에 대한 보수적 회계기준은 주식 애널리스트에게 기업에 관한 나쁜 인상을 전달하는 공격적 회계기준과 정반대다. 하지만 SEC는 마이크로소프트가 이익의 규모를 적당하게 조정하려고 매출액을 이용한다는 우려를 떨치지

못했다. 이같은 회계 관행은 투자자에게 잘못된 정보를 제공해 시장을 왜곡시킬 수 있기 때문이었다.[11]

　SEC가 어떤 매출액을 유보시켰다고 의심했는지는 지금껏 의문으로 남아 있다. 사실, GAAP를 준수하면서도 두 가지 방식으로 매출액을 유보시킬 가능성이 있다. 예를 들어, 마이크로소프트는 지난 분기의 마지막 달 발생할 것으로 예상되는 매출액을 추정하고 다음 분기에 실제 매출액과 추정 매출액의 차이를 조정했다. 덧붙여, 장기 소프트웨어 계약의 가치를 추정해 매출액을 유예하고 회계연도마다 발생하는 장기 계약의 매출액의 가치를 낮췄다. 매출액 평활법(revenue smoothing)으로 알려진 마이크로소프트의 회계 관행은 일반적인 현상이고 마이크로소프트는 SEC 규정을 어기지 않았다고 강조했다.[12] 결국 마이크로소프트는 SEC와 합의했다. 로이터 뉴스에 따르면, 2002년에 마이크로소프트는 매출액 평활법을 더이상 이용하지 않겠다고 약속해 SEC가 조사를 중단했다고 한다.[13]

　매출액 평활과 관련한 마이크로소프트의 경험은 정직한 회계와 연관된 미묘한 문제를 밝히는 데 도움이 되기도 한다. 첫째, 마이크로소프트의 회계 관행은 대부분 GAAP와 SEC 규정을 준수하는 것처럼 보였다. 그럼에도 이 기업이 SEC와 맺은 합의는, 지침에 따라 회계 보고를 했다지만 마이크로소프트가 형식적으로 규정을 지키는 데 그치지 않고, 규정의 의도를 충실히 지켜야 한다는 사실을 의미한다. 즉 일반적으로 기업은 회계 규정의 교묘한 이용에 창의력을 쓰지 말고 제품의 혁신에 활용해야 장기적으로 성과를 높일 수 있다. 둘째, 마이크로소프트의 현금 보유액은 꾸준히 증가하는 모습을 보였다. 이같은 사실은 이 기업의 비즈니스 전략이 효과적이며, 마이크로소프트의 재무 실적 보고가 전반적으로 실제 상황을 제대로 반영하고 있음을 보여준다. 결국 회계 보고를 정직하게 하려는 경영자는 재무 보고에 비즈니스의 주요한 사항을 정확히 반영하도록 주의를 기울여야 하며 규정과 법규의 보수적인 측면을 악용해서는 안 된다. 이 장의 후반부에서 살펴보겠지만, 스티브 발머는 마이크로소프트 조직을 혁신해 정직성에 대한 평판을 높였다.

컴퓨터 어소시에이츠(CA)는 경영상의 목적 달성을 위해 분명하게 매출액 보고의 규칙을 어겼다. 월스트리트저널에 따르면, 2002년 5월에 SEC는 CA가 경영자에게 더 많은 보너스를 지급하려고 인위적으로 매출액을 부풀렸는지 여부를 조사하기 시작했다. 특히 조사관들은 최고 경영진이 목표로 삼은 10억 달러에 달하는 인센티브를 받기 위해 소프트웨어 라이센스 계약에서 발생하는 매출액을 부풀려 주가를 인위적으로 상승시키려 했는지 여부를 중점적으로 조사했다. 1998년 6월에 이 기업이 부여한 스톡옵션의 수혜자로는 전임 회장인 찰스 왕, CEO인 샌제이 쿠마르, 그리고 수석 부사장인 러셀 아츠가 있었다.[14]

조사관은 CA가 경영진에게 막대한 주식 양도 차액을 안겨주기 위해 매출액을 부풀렸다고 확신했다. 월스트리트저널에 따르면 법무부와 SEC는 CA가 1998년과 1999년도에 경영진의 사리사욕을 충족시키기 위해 매출액을 5억 달러나 부풀렸는지 여부를 조사 중이라고 보도했다. 1998년 5월, CA의 주가는 사상 최고치인 주당 55.13달러를 기록했고 그 가격을 당분간 유지했기 때문에 왕, 쿠마르와 아츠에게 부여된 스톡옵션의 가치는 당시 10억 달러에 달했다.

법무부와 SEC는 CA가 임원에게 스톡옵션을 부여한 시기 이전과 이후에 매출액을 부풀린 이유에 관해 조사했다. CA는 2000년 5월이 되자 2000년 3월에 끝난 회계연도 이전의 3년 동안 보고했던 매출액에 비해 10% 낮은 17억 6천만 달러를 줄이는 회계 조치를 취했다. CA는 정식 회계 보고 양식인 10-K를 작성해서 SEC에 제출 시, 이전과는 다른 회계 방법을 써서 매출액을 하향 조정했다. 경영진에게 스톡옵션을 부여한 1998년 5월 이후, 새로운 회계 방법을 적용해 그 이전 14개월 동안 발생한 매출액에서 수억 달러를 줄였다. 또한 1998년 3월에 끝난 회계연도에 5억 1,300만 달러와 1999년도에 5억 8,700만 달러를 각각 매출액에서 줄였다. 즉, 최고 경영진이 스톡옵션을 좋은 조건으로 행사하도록 매출액을 부풀린 다음, 감독 기관에 정식으로 보고할 때에는 회계 방법을 바꾸어 부풀린 매출액을 원래 상태로 되돌린 것이었다.

CA가 '재분류' 방법을 통해 매출액을 줄이는 과정에서 이익에는 아무런 변화가 없었다. 매출액 감소는 정확히 그 크기만큼 비용의 감소로 상쇄되기 때문이다. 2000년도 사업보고서 각주에서 CA는 소프트웨어 대여 항목에 관한 회계 방법의 변화로 매출액 감소가 발생했다고 설명했다. 1998년 5월, 매출액을 조정하기 이전의 재무 실적을 발표하면서 쿠마르는 '기록적인' 매출액과 이익을 달성했다고 자랑하며 이 같은 결과는 '세계적으로 CA 소프트웨어의 수요가 크게 증가' 했기 때문이라고 밝혔다.[15] 1999 회계연도에 삭감한 총액은 11.2%에 달하는 5억 8,700만 달러였고, 2000년도에는 9.8%인 6억 6,300만 달러를 줄였다.

회계장부를 조작하기 전에 쿠마르가 한 발언은 CA의 주가에 영향을 미치고 싶은 마음에서 나온 말이었다. 1998년 7월, CA의 주가는 60달러 이상으로 올랐다. 하지만 7월 말에 쿠마르는 아시아 금융 위기와 Y2K의 우려로 매출액과 이익 성장률이 둔화될 것 같다는 우려를 나타냈다. 1998년 7월 22일, CA의 주가는 57달러에서 39.5달러로 하락했다.[16]

CA가 세 명의 최고 경영진에게 막대한 혜택을 주기 위해 재무제표를 조작한 행동으로 투자자가 손해를 입은 것은 분명했다. 2002년 8월까지 1년 동안 CA의 주가는 73%나 하락했다. CA의 부정직한 회계 보고에서 몇 가지 일반 원칙을 알 수 있다. 첫째, CA는 재무제표를 조작할 수 있고 회계 조작을 이용해 최고 경영진이 막대한 혜택을 볼 수 있다고 믿었다. 너무나 뻔뻔스럽게 법을 어길 수 있다고 믿었을 뿐만 아니라 최고 경영진은 처벌받지 않을 것이라고 확신했다. 이같은 오만한 행동은 CA에 확실한 기업 지배 구조가 형성되어 있지 않다는 사실을 반증한다. CA의 최고 경영진이 불법 행동에 무관심한 이사회나 감사를 통제할 수 있다고 생각하지 않았다면 회계를 조작해 막대한 돈을 챙기려는 사기극은 생각조차 못했을 것이다.

둘째, CA의 행동은 직원과 주주에 대한 위압적인 태도를 나타낸다. 근본적으로 CA의 최고 경영진은 직원과 주주가 자신들의 잇속을 챙기는 과정에서 담보물 역할을 한다고 암묵적으로 믿었으며, 회계 조작을 통해 막대한 보상을 받으려는 행동이 직원과 주주의 생계에 어떤 영향을 미칠지는 생각하지 않았다.

CA의 부정직한 회계 보고는 특별한 경우이기는 하지만 이 경우를 통해 통제 기능이 약한 기업 지배구조에 관한 몇 가지 일반적인 원칙을 알 수 있다. 통제 기능이 약한 기업 지배구조는 경제가 호황기에 있을 때 흔히 나타난다. 경제가 불황을 끝내고 호황기에 들어서면 높은 기업 윤리를 강조하는 목소리가 높지만 경영자에게 주어진 과제는 경제 상황에 상관없이 항상 정직한 회계를 유지할 방법을 찾는 일이다.

직원, 고객, 지역사회를 공정하게 대우

대부분의 기업은 좋은 고용자의 이미지를 갖추기 위해 노력하지만 좋은 고용자인지 아닌지는 기업이 직원, 고객, 지역사회를 대우하는 방식에 따라 결정된다. 이해 당사자를 공정하게 대우하는 일을 하겠다는 기업의 의도는 행동으로 옮겨져야 한다. 정직성은 이해 당사자를 공정하게 대우하고, 대우하는 방식에 일관성을 지키겠다는 약속을 이행하는 행동을 말한다.

 고객, 직원, 지역사회를 공정하게 대우하려는 경영자는 다음과 같은 전술을 고려해야 한다.

- 공정한 대우에 관한 기준을 정의하라. 기준을 개발하기 위해 경영자는 고객, 직원과 주요 지역사회 일원과 인터뷰를 해 기업과의 상호 관계에서 어떻게 대우받고 싶은지 파악해야 한다. 경영자는 이해관계자들이 대우의 공정성 정도를 계량화할 수 있도록 구체적인 평가기준을 확립하는 기초로서 인터뷰 결과를 사용한다.
- 고객, 직원, 지역사회에 이 기준을 널리 알려라. 경영자는 고객, 직원, 지역사회와 활발한 대화를 통해 이해 당사자들이 기업과의 상호 관계에서 기대하는 공정성의 구체적 기준에 관해 공감대를 형성해야 한다. 이해 당사자와 기업 사이에 맺는 관계에 따라 기업은 각 이해 당사자에게 적절한 행동 기준을 공식화해야 한다.
- 관리자와 직원을 평가하고 보상을 할 때 공정한 기준을 준수하고 있는지 살펴라. 경영자는 앞서 정의한 기준을 목표로 설정하고 성과를 평가하며 보수와 보너스를 결정에 포함시켜야 한다. 공정한 행동에 관한 기준을 관리자와 직원의 성과 평가와 보수에 연계시켜 기업은 직원의 이익을 공정한 대우의 원칙과 확실히 결부시킬 수 있다.
- 고객, 직원, 지역사회의 의견을 조사해 기업이 얼마나 기준을 충실히 따른다고 생각하는지 파악하라. 기업의 고객, 직원, 지역사회를 공정하게 대우하기 위해 경영자는 앞서 말한 구체적 기준을 충실히 수행하는지 여

부를 평가할 시스템 개발에 시간과 노력을 기울여야 한다. 이 평가 시스템은 고객, 직원과 지역사회에서 주기적으로 의견을 수렴하고 제3자가 의견을 분석해 부족한 점을 보완해야 한다.

존슨 앤드 존슨은 관리자와 직원이 기업 이념을 내재화하도록 장려해 창업자의 믿음을 새롭게 했다. 존슨 앤드 존슨의 기업 이념은 공정성, 정직성, 신뢰이며 더불어 고객과 직원, 지역사회를 존중하라는 내용으로 되어 있다. 이그제큐티브 엑셀런스 지에 따르면, 존슨 앤드 존슨이 창립 이념을 강조한 결과, 이해관계자를 존중하는 가치 체계가 기업 내부에 확립되었다. 전임 CEO인 랠프 라센은 이 원칙을 경영 곳곳에 적용함으로써 60여 년 전에 로버트 우드 존슨이 정한 기업 이념을 계속해서 새롭게 하고 있다. 라센은 회사의 기업 이념을 단지 책임감 있는 의사결정에 사용하는 범위를 넘어서 경영 수단으로 전환시켰다.[17]

존슨 앤드 존슨의 기업 이념을 새롭게 하는 작업은 라센의 선임자인 제임스 버크에서 시작되었다. 캘리포니아 매니지먼트 리뷰 지에 따르면, 버크는 CEO가 된 직후 고참 관리자 스물여덟 명을 소집해 이 기업 이념에 대해 철저한 토론을 벌이게 했다. 그는 관리자들에게 정말로 창립 이념에 따라 행동하고 있는지를 물었다. 버크가 생각하기에 존슨 앤드 존슨이 원칙을 준수할 의지가 없다면 기업 이념을 믿는 척하는 관리자들의 행동도 아무 의미가 없기 때문이었다. 버크는 관리자들이 '밤을 새워 서로의 문제점을 지적하고 허심탄회하게 토론' 하도록 해 기업 이념의 진정한 의미를 상기시켰다. 격렬한 토론이 끝나자 그들은 기업 이념에 따라 행동하자는 마음가짐을 새롭게 다질 수 있었다. 그 후 관리자들은 존슨 앤드 존슨의 모든 운영에 기업 이념을 적용했고 1979년, 시대의 변화에 맞게 기업 이념을 갱신해 조직 전체에 적용했다.

1장에서 살펴봤듯이, 존슨 앤드 존슨은 1982년에 발생한 타이레놀 위기에 대처하면서 기업 이념에 따라 행동해 국제적 명성을 얻었다. 1982년 가을, 존슨 앤드 존슨의 자회사인 맥닐(McNeil Consumer Products)사는 시카고 웨스트사이드 지역에서 알 수 없는 이유로 일곱 명이 사망한 일로 큰 위기를 맞았다. 관계 당국은 사망 원인이 소량의 시안화물이 캡슐에 스며든 초강력 타이레놀을 복용했기 때문이라고 밝혔다. 존슨 앤드 존슨은 즉시 그 책임을 인정하고 1억 5,000만 달러를 손해 보면서도 시장에서 3,100만 병에 달하는 초강력 타이레놀을 모두 회수하는 조치를 취했다. 그동안 존슨 앤드 존슨은 고객과 지역사회를 존중하라는 기업 이념을 실천으로 옮기는 뛰어난 행동을 보였으며, 기업 이념을 직접 행동으로 보여 직원들에게 기업 이념을 각인시켰다. 그것은 타이레놀 사건 때도 마찬가지였다. 사건 보도 당시, 존슨 앤드 존슨의 관리자들은 타이레놀을 즉시 회수하기 시작했는데, 이 일은 마침 여행 중이던 CEO가 사건에 대해 알기도 전에 진행되었다. 그리고 6주 후, 존슨 앤드 존슨은 3중 방지 장치로 포장된 새로운 타이레놀을 시장에 출시했으며, 이렇게 위기에 적절히 대처함으로써 존슨 앤드 존슨은 공공의 이익을 생각하는 기업이라는 국제적 명성을 얻게 되었다.

1983년, 강력한 진통제인 조맥스를 복용한 열두 명이 알레르기 반응을 일으켜 사망했을 때도 존슨 앤드 존슨은 다시 한번 기업 이념을 검증했다. 1,500만 명이 부작용을 겪지 않고 조맥스를 복용하고 있었지만 부작용으로 인한 사망 사건으로 존슨 앤드 존슨의 기업 이념은 다시 한번 큰 시험을 받았다. 조맥스는 매우 수익성이 있는 제품이었지만 존슨 앤드 존슨은 시장에서 이 제품을 철수했다.

조맥스 사건으로 존슨 앤드 존슨의 경영진은 경영 프로세스에 기업 이념을 좀더 각인시킬 필요가 있다고 생각했다. 세상이 존슨 앤드 존슨을 더욱 주목하고 있기 때문이었다. 당시 CEO였던 제임스 버크는 1985년에 모든 직원들을 대상으로 설문조사를 했다. 버크는 전체 임직원 6만 7천 명에게 고객, 직원, 지역사회, 주주와 관련해 경영 이념이 얼마나 잘 실행되고 있는가를 물었다. 솔직한 답변을 얻기 위해 모든 답변은 비밀에 부쳐졌다. 설문의 분석 결과는 관리자에게 제공되었고 부족한 사항을 논의하고 시정 조치를 취했다. 결국, 기업 이념에 회의적인 태도를 보이던 직원도 이 기업 이념을 충실히 이행하는 행동이 존슨 앤드 존슨을 발전시킬 수 있다는 새로운 관점을 얻었다.

랠프 라센이 회장이 되었을 때 그는 경영 수단으로서 기업 이념을 올바로 행사해 명성을 얻었다. 라센은 과거에 관리자의 성과를 평가하는 수단을 넘어서 기업 이념의 사용 범위를 확장했다. 그는 기업 이념을 활용해 직원의 자발성과 생산성을 높였고 기업의 가치와 목표를 조직 전체에 널리 이해시켜 전략적 계획에 적용했다. 또한 존슨 앤드 존슨의 원칙과 일상 행동 사이에 나타나는 차이를 확인해 그 격차를 줄였다. 기업 이념을 적극적으로 실천하려는 라센의 노력으로 관리자들은 일상 행동에서 변화를 보였다. 특히 라센은 관리자가 기업 이념을 지지하고 적극적이고 일관되게 조직 전체에 퍼뜨리도록 장려했으며, 일관되게 기업의 이념에 부합한 행동을 한 인력에게 보상을 했다.

또한 라센은 존슨 앤드 존슨의 기업 이념에 따라 인력을 채용하고 승진시키도록 장려했다. 관리자가 직원과 승진에 관해 논의할 때 그들은 기업 이념을 맨 처음 논의하고 그 다음에 사업 실적을 논의한다. 기업 이념과 관련된 활동은 다음과 같다.

- 정직하고 청렴한 행동
- 다른 사람들을 존중하고 배려하는 행동

- 기업 이념을 일상 활동에 적용
- 고객과 직원의 만족도를 평가해 비즈니스 개선
- 모든 이해관계자의 이해를 균형 있게 조화
- 장기적 안목에서 경영

    기업 이념을 충실히 이행한 직원에게 보상하는 것에 덧붙여 라센은 기업 이념을 어기는 행동에 대해서는 분명히 대처했다.[19]

    존슨 앤드 존슨이 기업 이념을 새롭게 정비한 일을 통해 직원, 고객과 지역사회를 공정하게 대우한다는 가치에 관한 일반 원칙을 알 수 있다. 첫째, 관리자가 존슨 앤드 존슨의 기업 이념에 확고한 믿음을 갖고 실천하도록 장려한 버크의 조치는 주목할 만하다. 정직한 행동을 장려하는 선언서를 작성하는 것처럼 명목상으로 정직성을 강조하기는 쉽지만 조직 전체가 일상 활동에서 이 믿음을 실천하도록 경영하기는 어려운 일이다. 한 기업이 공표한 기업 이념에 따라 행동하지 못한다면 직원, 고객, 지역사회는 이 기업의 모든 행동을 신뢰하지 못한다. 간단히 말해서 기업이 직원, 고객, 지역사회를 공정하게 대우하는 일은 기업 이념에 따라 경영하겠다는 약속을 실천하는 것에서 시작된다.

    둘째, 존슨 앤드 존슨은 새로운 세대의 관리자와 직원은 과거의 경험과 전통에 기초해 시대에 맞도록 기업 이념을 새롭게 해야 한다는 점을 깨달았다. 버크는 타이레놀 사태가 일어나기 전에 존슨 앤드 존슨의 기업 이념을 갱신하고 조맥스 사건이 일어났을 때 새롭게 갱신한 기업 이념을 검증했다. 그리고 경영 성과 평가에 기업 이념을 철저히 적용했다. 라센은 적용 범위를 넓혀 경영뿐만 아니라 인력의 채용과 승진에도 기업 이념을 적용했다. 존슨 앤드 존슨은 기업 이념을 시대 상황에 맞게 변화시킴으로써 경영진과 관리자가 교체되어도 원칙에 충실한 경영을 지속했다. 존슨 앤드 존슨의 이같은 행동은 명목상으로는 기업 이념을 거창하게 선언해놓고 일상 활동에서는 실천에 옮기지 않는 기업과 좋은 대비를 이루고 있고 존슨 앤드 존슨이 얼마나 정직한 기업인지를 보여준다.

셋째, 존슨 앤드 존슨은 높아진 국제적 기대를 실망시키지 않는 행동을 보였다. 이 기업은 타이레놀 사태로 세간의 이목이 집중되자 직원, 고객, 지역사회를 공정하게 대우하겠다는 약속을 지켰다. 존슨 앤드 존슨은 기꺼이 국제적 밸류 리더의 역할을 자임해 운영상의 변화를 시도했고 결과적으로 성과가 향상되었다. 그리고 향상된 성과에 만족하지 않고 안팎으로 항상 긴장감을 유지했다.

마지막으로, 존슨 앤드 존슨은 기업 이념과 인센티브 제도를 연계시켰다. 인력이 충실히 기업 이념을 따르는 정도를 평가해 조직 전체에 기업 이념의 중요성을 널리 알렸다. 기업 이념에 따라 행동한 직원에게 보상을 하고 그렇지 못한 직원을 징계해 모든 인력이 기업 이념의 중요성을 실천적으로 인식하도록 했다. 결국 고객, 직원, 지역사회를 공정하게 대우하고 있는지 여부는 일상 활동에서의 적용 여부에 따라 판별된다.

마이크로소프트의 혁신

세상에서 가장 성공적인 기업으로 성장한 마이크로소프트가 정직성이 뛰어난 기업으로 여겨진 적은 없다. 이 장의 전반부에서 언급했듯이 분기별 이익을 높이기 위해 매출액을 회계 장부에 기록하는 과정에서 GAAP 규정을 교묘히 활용한 사례만 봐도 알 수 있다. 이같은 회계의 문제는 그 정도가 심하지는 않았지만 경쟁우위를 확보하기 위해 기업의 이념과 법 규정을 위반할 수도 있다는 마이크로소프트의 기업 문화를 단적으로 보여준다.

2000년에 공동 창업자인 빌 게이츠가 CEO직을 물러난 이후, 뒤를 이은 스티브 발머는 마이크로소프트가 직원, 고객, 경쟁 기업을 공정하게 대우해야 한다는 임무를 떠맡았다. 발머는 마이크로소프트가 약속을 정확하게 알리고 지키는 데 충실할 필요가 있다고 생각했다. 특히 고객에게 품질이 높은 안전한 제품을 공급하고 비즈니스 파트너에게 신뢰감을 주며 경영진과 관리자는 물론 내부의 모든 부서와 기능 간에 정직하게 의사소통을 해야 할 필요가 있었다. 그리고 투자자에게 사업 실적과 전망을 정직하고 올바르게 설명해야 했다. 비즈니스위크에 따르면, 발머의 노력에는 마이크로소프트를 오래 지속할 기업으로 만들려는 의도가 있었다. 즉 마이크로소프트에 정직성을 불어넣어 고객과 파트너에 긍정적인 영향을 주는 방식으로 앞선 25년보다 향후 25년 동안 더욱 성공적인 기업으로 만들고자 했다.[20]

2002년 6월에 발머는 이같은 목적을 달성하기 위해 '잠재적 가능성의 실현'이라는 제목을 붙인 지침을 모든 직원에게 배포하면서 자신의 계획을 알렸다. 발머는 '전 세계 인력이 자신의 잠재 가능성을 실현하도록 만들자'라는 사명 선언서를 통해 지침을 구체화했다. 그리고 사명을 달성하는 방법을 사명 선언서에서 설명했다. 사명 선언서는 부서 간 업무협력, 책임성 강화, 의사결정 속도를 향상시키는 경영 프로세스를 개략적으로 설명했다. 예를 들어, 발머는 부서가 서로 협력해 매출을 달성하고 제품을 개발하는 방법을 규정했다. 그는 상급자의 간섭을 줄여 현장 직원이 자신의 업무를 책임지고 수행하도록 권한을 부여했다. 그리고 엔지니어, 영업 인력과 관리자 모두가 마이크로소프트 제품과 서비스의 질을 향상하도록 요구했다.

발머의 새로운 경영 프로세스는 마이크로소프트 인력이 효율적으로 업무를 처리하도록 하기 위해 고안되었다. 예를 들어, 직원은 자신의 상사를 평가하고 새로운 회계 시스템은 관리자가 지출 결정을 올바로 했는지를 평가한다. 그리고 최고 경영진은 분기별로 회사 외부에서 격의 없이 경영 현안을 토론하는 브레인스토밍 미팅을 개최한다. 모든 새로운 프로세스는 실행과 직접 연결되며 후에 결과를 측정 받는다.

게다가 발머는 새로운 기업 가치를 도입했다. 그는 새로운 기업 가치를 직원의 연간 성과 평가에 반영했다. 특히 그는 평가 기간이 시작되면 직원이 가치에 부합하는 행동을 했는지 개인적으로 입증하도록 했다. 또한 발머는 가치에 부합하는 행동을 했는지 여부에 기초해 직원의 보수에 차등을 두었다. 그는 정직성, 청렴성을 마이크로소프트의 핵심 가치로 삼고 싶었으며 고객과 비즈니스 파트너가 공공의 이익에 부합하는 기업으로서 마이크로소프트를 존중해주기를 바랐다. 발머는 마이크로소프트를 사회에서 존경받는 기업으로 혁신시키려 노력했지만 선마이크로시스템즈, SAP와 같은 경쟁 기업은 마이크로소프트의 노력을 회의적인 시각으로 바라보았다. 발머가 매출액 관련 회계 문제를 해결하고 임시직 직원, 고객, 경쟁 기업과 발생한 분쟁을 마무리 짓기는 했지만, 마이크로소프트는 반독점 소송을 아직 해결하지 못한 상태였기 때문에 회의적 시각이 우세했다.

'잠재적 가능성의 실현'이란 지침을 발표하기 전 2년 동안 발머는 마이크로소프트를 제대로 경영하기 위해 많은 노력을 기울였다. 먼저 그는 제품 개발 단위를 사용자와 긴밀히 연계시키려는 의도에서 조직을 고객별로 재편성했다. 하지만 발머가 처음에 시도한 재편성 작업은 실패했다. 윈도우와 같은 제품 하나에도 너무나 많은 부서가 의사결정 과정에 관여했기 때문이었다. 마침내 발머는 자신만의 고유한 새로운 방법을 발견했다. 발머는 다른 기업의 재편성 사례를 참고하고 사례가 있는 기업의 경영자와 대화를 나누었으며, 경영 관련 도서를 숙독하여 필요한 지식을 습득함으로써 문제를 체계적으로 해결했다.

이러한 진지한 탐구 결과로 발머는 마이크로소프트에 적용할 수 있는 경영 프로세스를 도입했다. 또다른 기업 사례에서 일부를 채택하기도 했다. 대표적으로 다음과 같은 여덟 가지 프로세스가 있다.

- 조직 건전성 지수(OHI)로 경영진의 성과를 측정하라. P&G가 사용한 개념에 기초해 직원이 직속 상사의 리더십 역량을 점수로 매겨 조직 건전성 지수를 작성했다.
- 경영진을 양성하라. 발머는 제너럴일렉트릭이 유망한 관리자를 식별하고 승진시켜 경영자를 양성하는 새로운 시스템에 대해 연구했다.
- 경영자 손익계산서를 사용해 조직을 재편성하라. 경영 성과를 측정하는 수단인 경영자 손익계산서를 활용해 조직을 일곱 개의 비즈니스 단위로 재편성했고 각 비즈니스 리더에게 단위별로 성과를 평가하는 여러 기준을 제시했다. 이전 관리자들은 제품 개발비용은 알고 있었지만 판매비용을 인식하지 못했다. 경영자 손익계산서를 도입하자 관리자들은 제품과 관련된 모든 비용을 파악하게 되었고 발머가 관리자들의 결정을 검토하거나 승인하지 않아도 관리자는 자원을 배분하기 위해 필요한 모든 정보를 파악했다. 수석 부사장인 더그 버검은 경영자 손익계산서를 좋아했다. 2002년 6월에 그는 기업 응용 소프트웨어 그룹에 관한 재무 계획을 발머에게 보고했다. 발머는 높은 연구개발 비용에 문제를 제기했지만 결국 비용을 지출하는 방식을 결정하고 책임지는 사람은 버검이라며 계획안을 승인했다. 그레이트 플레인스 소프트웨어의 CEO였던 버

검은 경영자 손익계산서 방식이 매우 효과적인 의사결정 방식이라고 만족을 표시했다.

- 비즈니스가 계획대로 진행되는지 주기적으로 검토하라. 예를 들어, 마이크로소프트는 2001년 5월 말에 7일 동안 비즈니스가 계획대로 진행되는지 검토하는 회의를 열었다. 10월에 수석 부사장 열두 명은 2주 동안 회의를 갖고 조직적 구조와 발전이 필요한 부분을 분석했다. 11월, 일곱 개 사업 부문의 리더들은 새로운 사업 기회를 파악하기 위해 일주일간 토론을 벌였다. 마이크로소프트의 연간 고객만족도 조사 결과가 나온 다음해 1월, 각 부문을 대표하는 경영자 일곱 명은 4일간 결과를 분석했다.

- 경영 조정 주간을 마련하라. 경영 조정 주간은 분기별로 열려 경영진과 이사회가 함께 경영상의 주요 주제와 전략을 조정한다. 경영 조정 주간을 개최하는 이유는 마이크로소프트의 의사결정자들의 의견을 조정하기 위해서다.

- 협동해서 진행하는 업무 방식을 장려하라. 발머는 관리자들이 서로 협력해 정해진 기한 안에 프로젝트를 완수하기를 원했다. 그는 자신이 생각하는 자격 요건을 충족하는 경영진, 예를 들면 사무 응용 프로그램 임원인 제프 라이키스, CFO인 존 코너스와 영업 담당 임원인 올랜도 아얄라에게 권한을 부여했다. 그리고 자신의 재무 실적조차 파악하지 못했던 전임 사장인 리처드 벨루조와 같은 사람처럼 필요한 역량을 갖추지 못한 사람은 해고했다.

- 자신이 속한 산업에서 다양한 제휴 관계를 수립하라. 발머는 1년에 여섯 번이나 실리콘밸리를 방문해 전임 오라클 사장인 레이 레인과 주요 벤처캐피털인 클라이너 퍼킨스의 주요 인사와 교류 관계를 구축했다. 발머는 2000년도부터 마이크로소프트 VC 서밋을 해마다 개최해 벤처캐

피털리스트가 마이크로소프트의 새로운 사업에 투자할 기회를 제공했다.
- **고객과 신뢰 관계를 구축하라.** 마이크로스프트는 고객과 신뢰 관계를 구축해야 할 필요성이 있었다. 2002년 여름에 이 기업은 자동적으로 소프트웨어를 업그레이드를 받아야 하는 소프트웨어 라이센스 계획을 발표해 기업 고객들을 놀라게 했다. 버몬트 워터베리에 소재한 그린 마운틴 커피의 최고정보책임자인 짐 프레보는 이 라이센스 계획을 좋아하지 않았다. 그는 자신의 회사에 유용한지 확신하지 못하는 소프트웨어를 구입해서 업그레이드를 몇 번씩하며 어쩔 수 없이 계속 사용해야 할 처지에 놓일 수도 있다고 생각했기 때문이었다. 기업 고객이 불만을 표시해 오자 마이크로소프트는 업그레이드를 두 번 할 수 있는 기한을 늘렸고 업그레이드 규정도 완화했다. 개선 조치를 취했지만 의견 조사 결과 많은 기업 고객은 여전히 자동 업그레이드를 조건으로 소프트웨어를 구입하는 방법을 선호하지 않았다.[21]

발머가 시도한 개선 작업이 효과적이었는지는 아직도 명확히 판명나지 않았다. 2000년 1월부터 2002년 8월까지 발머의 CEO 재직 기간 동안에 이 기업의 재무 실적은 명암이 교차했다. 매출액은 230억 달러에서 280억 달러로 22% 성장한 반면 주당순이익(EPS)은 1.71달러에서 1.41달러로 하락했다. 그리고 시가총액은 폭락해 57% 하락한 3,420억 달러를 기록했다. 긍정적인 측면으로, 마이크로소프트의 순이익률은 여전히 27.6%로 높았고 현금 보유액은 300억 달러에서 390억 달러로 늘어났다. 장기적으로 보면 발머가 '잠재적 가능성의 실현'이라는 캐치프레이즈 아래서 실시한 혁신의 결과는 정량적인 재무 성과뿐만 아니라 고객만족도, 산업에서의 리더십 발휘, 경영진의 능력과 같은 정성적 지표로 나타날 것이다.

경영 혁신의 수단

　마이크로소프트를 혁신시키려는 발머의 노력은 조직에 정직성을 불어넣기를 원하는 경영자가 직면한 문제가 무엇인지 분명히 알려준다. 기업에 있어 정직성은 이해관계자에게 정직해지겠다고 널리 알리고 실천하는 것을 의미한다. 정직이라는 원칙을 고수하기 위해서는 전반적이고 체계적인 변화가 필요하다. 목표를 달성하려는 노력을 하면서 스티브 발머는 마이크로소프트를 변화시키는 변화 프로세스에 착수했다.

　그의 노력은 정직성에 관해 다음과 같은 경영 수단을 제시한다.

- **계획을 세워 실행하라.** 일반적으로 기업의 정직성을 제고할 경영자의 리더십에 변화가 있어야 한다. 하지만 계획을 실행할 가장 좋은 시기는 외부적 충격으로 어쩔 수 없이 정직성을 제고하기 이전이다. 앞서 살펴봤듯이, 제임스 버크는 타이레놀 위기가 있기 전에 존슨 앤드 존슨의 기업 이념을 재검토했다. 따라서 존슨 앤드 존슨은 준비된 상태에서 뒤이은 어려움에 훌륭히 대처할 수 있었다.
- **기존 가치에 문제를 제기하여 개선하라.** 세대별 경영자는 기존 가치와 앞선 세대에서 물려받은 믿음에 문제점이 없는지 검토해야 한다. 이같은 문제의식은 실제로 문제가 발생하기 전에 구체화되어야 한다. 경영자는 문제가 발견된 가치를 새롭게 정비하고 준수해야 한다. 앞선 세대에서 전해온 가치에 문제를 제기함으로써 현재 경영진은 시대의 변화를 반영하도록 가치를 개선하고 필요없는 부분은 과감히 제거하여 현재 경영자

가 확신하는 새로운 가치를 창출할 필요가 있다. 경영자가 자신이 만든 가치를 확신하지 못하면 이 가치를 이해관계자에게 널리 알리지 못하며 조직을 가치에 따라 운영할 수도 없다.

- **경영진이 가치를 이행하도록 하라.** 마이크로소프트와 존슨 앤드 존슨의 사례에서 나타났듯이 기업이 새로운 가치를 채택했을 때 모든 경영진이 말과 행동에서 일관되게 가치를 준수해야 한다. CEO는 새로운 가치를 준수할 능력과 의지가 없는 사람을 회사에서 내보내야 한다. 어렵겠지만 조직을 새로운 가치에 충실하도록 만들기 위해서는 불가피한 조치다. 불필요한 인력을 배제하여 가치에 충실한 인력으로 경영진을 구축하고 이해관계자에게 조직 전체가 새로운 가치에 충실할 것이라는 메시지를 보낸다.

- **가치를 이행할 경영 프로세스를 창출하라.** 기업이 정직성을 실천하는 데 가장 시간이 많이 걸리는 부분은 직원이 일상 활동에서 가치를 실천하도록 경영 프로세스를 창출하는 일이다. 마이크로소프트 사례에서 살펴봤듯이 경영 프로세스는 이해관계자와 관련된 모든 조직 활동으로 확장된다. 기업은 재무 보고, 제품 개발, 고객서비스, 다른 기업과의 관계뿐만 아니라 경영진, 관리자와 개별 인력간의 상호 관계에서 뛰어난 정직성이 발휘되도록 경영 프로세스를 창출해야 한다. 발머의 사례에서 알 수 있듯이 이같은 경영 프로세스는 기업 활동에 관한 깊은 이해, 가장 바람직한 행동의 검토와 시행착오를 거쳐 나타나기도 한다.

- **성과를 평가하라.** 경과를 파악하기 위해 성과를 평가해야 한다. 조직을 혁신시키는 과정에서 경영자는 주기적이고 포괄적으로 진행 경과를 평가해야 한다. 평가는 정량적, 정성적 측면을 모두 고려해야 한다. 정성적 요소는 경영 프로세스와 긴밀한 관계가 있으며 기업 가치를 준수하는 능력, 고객만족도 조사 결과, 경영진과 동료의 직원 평가, 경영진 승

계 계획의 진행 정도, 재무 보고의 수준, 시장에서의 기업과 경영자의 평판 등이 포함된다. 정량적 요소는 자체적으로 산정한 수치가 아닌 보수적으로 측정한 재무 성과다.
- 평가 결과에 따라 인센티브를 제공하라. 경영자는 평가 결과에 따라 보상하고 처벌해야 하며, 인력이 기업 가치를 준수한 정도를 기준으로 삼아 보상 한도에 차등을 둬야 한다. 경영진이 얼마나 자신의 약속에 충실했느냐에 따라 내외부적으로 신뢰도가 평가될 것이다.

가치지수

전술적 측면의 분석은 경영자가 개선의 기회를 정확히 파악하는 데 도움을 준다. 여러분의 조직이 '성장 동력의 내적 발견' 원칙을 적용해 개선할 가능성이 있다면 전술적 측면의 분석은 조직이 목표로 삼은 활동을 수행하는 방법을 개선하는 최선의 방법이 무엇인지 알아내는 데 도움을 준다.

예시 5.1은 두 가지 측면의 분석을 통해 기업의 VQ를 계산하기에 유용하다. 첫 번째 분석은 이진법적 분석으로 기업이 열거된 특정 전술을 수행하고 있는지 여부를 판별하는 점검표로서 가치지수분석표를 활용한다. 여러분의 기업이 특정한 활동을 수행하면서 어떤 전술도 수행하고 있지 않다면 이 전술의 수행을 고려해야 한다. 두 번째 분석은 유사성 분석으로 기업이 이미 특정한 전술을 수행하고 있다면 그 전술의 수행에서 개선의 기회가 있는지 파악하는 데 가치지수분석표를 활용할 수 있다. 특정한 전술에 해당하는 점수를 올리려면 전술의 실행 방법을 변화시키는 프로세스를 시작해야 한다.

예시 5.1 가치지수분석표 : 약속의 이행

약속의 이행 : 활동과 전술	점수
정직한 인력의 채용과 승진 □ 행동 면접을 시행해 취업 희망자의 정직성을 시험하라. □ 후보자에 대해 모든 면접관이 받은 인상을 검토하라. □ 채용을 결정하기 전에 추천서, 이력서, 기타 판단 자료를 주의 깊게 검토하라. □ 승진의 판단 기준으로 직원의 정직성을 면밀히 감시하라.	
투명한 회계 □ 정직성과 보수적인 회계 정책으로 평판이 높은 CEO를 선임하라. □ 회계에 논란이 되는 부분이 있다면 보수적인 회계 정책을 적용하라. □ 애널리스트, 직원, 투자자에게 일관된 방식으로 재무 실적을 제공하라. □ 보수적인 회계 정책을 적용하는 재무 인력에게 보상하라.	
직원, 고객, 지역사회를 공정하게 대우 □ 공정한 대우에 관한 기준을 정의하라. □ 고객, 직원, 지역사회에 이 기준을 널리 알려라. □ 관리자와 직원에 대한 평가와 보상이 공정한 대우에 관한 기준을 따르고 있는지 살펴라. □ 고객, 직원, 지역사회의 의견을 조사해 기업이 얼마나 기준을 충실히 따르고 있다고 생각하는지 파악하라.	
총점	

주: 5=탁월, 4=매우 우수, 3=우수, 2=보통, 1=낮음, 0=해당사항 없음.

 이러한 두 가지 측면의 분석을 실행하기 위해 여러분의 기업은 직원들을 인터뷰해 데이터를 수집해야 한다. 가장 좋은 방법은 객관적인 외부인을 고용해 적절한 인터뷰 대상을 선정하고 인터뷰 방침을 개발하여 인터뷰를 실행한 후 결과를 분석하는 것이다. 데이터 수집과 분석 결과로 각 전술에는 특정한 점수가 매겨질 것이다. 점수를 매기는 데 가치 판단이 필요하지만 밸류 리더 또는 우수한 경쟁 기업의 점수와 비교해 여러분 기업의 점수가 어느 정도인지 파악할 수 있다.

 각 전술에는 탁월(5점)에서 낮음(1점)의 점수가 매겨진다. 조직이 전술을 전혀 수행하고 있지 않다면 점수는 0이다. 활동 점수를 구하려면 분석자는 각 활동에 해당하는 전술의 점수를 평균하고 반올림한다. '행동 면접을 시행해 취업 희망자의 정직성을 시험하라' 는 전술을 생각해 보자. 여러분의 기업이 행동 면접을 시행하지 않았다면 점수는 0이다. 반면, 광범위하게 행동 면접을 시행해 윤리적으로 문제가 있는 잠재적 인력을 배제하고 현재 인력에게 중요한 정직성 문제가 발생하지 않았다면 점수는 5이다.

결론

약속을 이행하기 위해 경영자는 정직한 인력이 보상받는다는 기대를 형성하고 조직 전체가 일상 활동에서 이러한 기대에 따라 정직한 행동을 하도록 분위기를 조성해야 한다. 약속의 이행이라는 고결한 가치를 달성하기 위해서는 많은 노력이 필요하다. 하지만 결과적으로 노력보다 훨씬 큰 대가를 얻을 수 있다. 호황 불황에 상관없이 약속을 이행하는 기업은 사회적 신뢰를 얻는다. 약속의 이행이라는 훌륭하고 소중한 가치는 기업이 고객과 파트너와 협력 관계를 형성해 효율적으로 일하고 최고의 인력을 발굴하며 충성도 높은 투자자를 유치하는 데 도움을 준다.

6장

성공은 실패의 씨앗?
자기만족과의 싸움

자기만족과의 싸움은 조직 내부에서 자만을 제거하는 경영 프로세스라고 할 수 있다. 성공에는 실패의 씨앗이 내재되어 있다. 기업은 경쟁 기업보다 우월한 가치를 고객에게 제공함으로써 성공을 이룬다. 일부 기업은 성공을 달성한 이후, 실적에 대한 금전적 보상과 승진을 둘러싼 싸움이 일어나기도 한다. 이 과정에서 기업의 성과를 달성하려고 노력했던 인력은 정당한 보상을 받지 못하고, 오히려 보상에만 관심을 두고 자신의 실적을 과장해 선전하거나 인맥과 내부의 역학적 관계를 이용한 기회주의적인 인력이 과도한 보상을 받기도 한다. 결과적으로 성공을 달성한 이후 내부 밥그릇 싸움에 치중한 기업은 자기만족의 수렁에 빠져 혁신과 성장을 지속시키려는 노력을 하지 않고 현재의 성공에 안주하는 까닭에 시장점유율을 잃게 된다.

밸류 리더십과의 연관성

자기만족과의 싸움은 밸류 리더십을 뒷받침한다. 특정 기간에 성공을 거둔 기업은 현재의 성공에 지나치게 안주하여 위험이 점차 커지는 상황에 직면한다. 경영자가 현재 상태에 만족해 기업을 더 발전시키는 일을 등한시하게 되는 것이다. 이에 따라 직원, 고객, 지역사회는 점차 성공에 안주하는 기업의 모습을 당연하게 생각하게 되고, 이런 분위기는 경쟁 기업에 유리한 환경을 조성한다. 자기만족에 대처하는 체계적 과정을 실행하지 않는다면 기업은 밸류 리더십에서 점차 멀어지게 된다. 그러나 자기만족과의 싸움을 게을리 하지 않는다면 직원, 고객, 지역사회는 이 기업에 더욱 깊은 애정과 지지를 보낼 것이다.

경제적 이득

결과적으로 자기만족을 제어하기 위해 노력하는 기업은 경쟁사보다 빠른 성장을 보인다. 예를 들어, 밸류 리더인 기업은 경쟁사보다 35%나 빠르게 성장했다. 특히 5개년 평균 매출액 성장률은 16.5%로 산업 평균 성장률인 12.2%보다 높다. 밸류 리더는 성공에 안주하려는 안일한 자세를 버리고, 성공이란 일시적이며 쉽게 무너질 수도 있다는 생각으로 꾸준히 노력했기 때문에 경쟁 기업보다 우월한 성과를 달성할 수 있었다.

사례

이 장에서는 기업이 자기만족과 싸우는 방법을 사례를 들어 설명한다. 월마트의 창업자인 샘 월턴이 첫 직장인 JC 페니에서의 실패 경험에서 얻은 교훈을 통해 유능한 후계자를 고용한 사례를 소개한다. 월턴이 은퇴한 이후 월마트는 바른 후계자를 선정하는 일이 비즈니스를 유지하는 데 가장 중요한 도전이었다. 여기서는 월마트가 올바른 경각심을 발휘해 관리자와 직원에게 지속적으로 성과를 유지하도록 긴장감을 늦추지 않았고 지금 잘하고 있는 많은 분야보다는 개선할 필요가 있는 몇몇 분야에 중점을 뒀던 사례를 제시한다. 또한 골드만삭스가 외부의 침입을 좀처럼 허용하지 않는 안정된 영국 투자은행 시장을 성공적으로 공략하고 그 일에 가장 기여도가 높은 직원에게 보상한 방법을 이야기한다. 이어서 존슨 앤드 존슨이 어떻게 제 기능을 하지 못하던 연구실을 회생시키고 비침해성(noninvasive) 수술 비즈니스에서 높은 성장을 달성했는지 살펴보는 것으로 결론을 내린다.

활동 분석

자기만족과 싸우고자 하는 경영자는 다음의 세 가지 활동을 수행해야 한다.

- **경영진 승계 계획 마련** : 창업자가 회사를 떠난 후에도 초심으로 기업을 유지하기 위해서는 차기 경영자가 될 후보자를 주의 깊게 선택해야 한다. 이를 위해서 경영자는 현재 시행하고 있는 공식적 경영 프로세스를

감독하는 일과 지속적인 성장을 가능케 할 새로운 비즈니스 기회를 찾는 일 중 어느 하나도 등한시해서는 안 된다.
- **올바른 경각심 유지**: 커가는 기업 규모에 맞춰 과거보다 높은 성장률을 달성하려면 분기마다 매출액을 증가시켜야 한다. 높은 성장률을 계속 유지하기 위해 경영자는 조직에 올바른 경각심을 불어넣어야 하며, 체계적인 성과 평가와 품질, 프로세스 향상을 권고할 수 있는, 주기적 회의 같은 공식 프로세스를 통해 조직 전체에 높은 성장률 달성에 관한 주의를 환기시킨다.
- **새로운 시장 공략**: 성공한 기업이 직면하는 또다른 위험으로 이들 기업은 수요가 이미 포화 상태에 이른 시장에서 지배적 위치를 점유해 성장한다는 것을 들 수 있다. 따라서 목표한 성장률을 달성하려면 아직 공략할 여지가 많은 새롭고 규모가 큰 시장에 진입해야 한다.

경영진 승계 계획 마련

경영진 승계 계획을 마련하는 것은 기업의 미래를 결정짓는 중요한 일이다. 특히 창업주인 CEO가 최초로 '전문 경영진'에게 자리를 물려주는 시기에는 경영진 승계 계획이 더욱 중요하다. 첫 번째 CEO 승계가 잘 진행되지 않으면 아무리 성공한 기업이라도 창업자 은퇴 이후 몇 년 안에 평범한 기업으로 추락하지만, 적절한 승계가 이루어지면 기업은 창업자가 수립했던 계획에 따라 지속적으로 성장하게 된다. 창업자 이후 다음 세대의 CEO로 경영진을 효율적으로 승계하는 일은 성공적인 기업이 계속 시장에서 리더십을 유지할 수 있느냐를 결정하는 매우 중요한 요소다. 게다가 일반 기업은 적절한 CEO 승계를 통해 시장에서의 위치를 크게 향상시킬 수 있다.

경영진 승계를 성공적으로 관리하는 기업과 그렇지 못한 경쟁 기업

간에 나타나는 주요한 차이는 후계자를 선정하는 일이 기업의 장기적 전망에 어떤 영향을 미치는가를 인식하고 이에 관심을 두는 경영자의 의지에서 나타난다. 경쟁 기업은 후계자 선정 프로세스가 체계적이지 못한 반면에 밸류 리더인 기업은 기업의 미래를 이끄는 데 필요한 능력을 갖춘 사람을 CEO 후계자로 선택한다. 간단히 말해, 자기만족과의 싸움은 전임 CEO가 훌륭히 해왔던 일을 신임 CEO가 잘 지속시키면서도 변화된 상황에 맞는 경영 원칙을 새롭게 도입하느냐의 여부에 달려 있다.

경영진 승계 계획을 마련하려는 경영자는 다음과 같은 전술을 사용할 수 있다.

- 현직 CEO가 퇴임하기 적어도 5년 전에 경영자 승계 계획을 마련하라. 승계 계획은 CEO자격 요건에 따라 내부적으로 5~10명의 후보자를 선정하고 CEO 직위를 수행하는 데 필요한 순환 보직, 교육 등 인력 개발 계획을 수립하는 것을 포함한다.
- 잠재 가능성이 높은 후보군을 선발하고 친숙하지 않은 환경에 적응하는 정도를 시험하기 위해 그들에게 새로운 업무를 수행할 기회를 제공하라. 기업은 경영자 후보자를 지속적으로 선발해 퇴직자나 자격 요건을 갖추지 못한 후보자를 대체할 수 있어야 한다. 후보자에게 새로운 업무를 맡긴 후에 경영진은 후보자가 자신의 위치를 파악할 수 있도록 그들을 재평가해야 한다.
- CEO 후보자에게 회사 전체 업무를 파악할 기회를 제공하고 이사회에 소개하라. 순환 보직은 가장 유망한 후보자에게 기업의 중요한 업무를 이해하고 관리할 기회를 제공한다. 이사회 구성원이 CEO가 될 가능성이 높은 다양한 상위 후보자를 만나 평가할 기회가 있어야 한다.

- 새로운 CEO에게 소중한 조언을 제공하도록 떠나는 CEO에게 지위를 부여하라. 일단 새로운 CEO가 취임하면 전임 CEO는 자신의 경영 노하우를 전수해야 한다. 전임자가 새로운 CEO가 수행하는 업무에 관해 지도와 조언을 해주지 않는다면 신임 CEO는 효과적으로 업무를 개발하고 수행할 수 없다. 따라서 퇴직한 CEO가 조언자로서 역할을 기꺼이 수행한다면 소중한 조언을 얻게 된다.

월마트의 창업자인 샘 월턴은 월마트가 자기만족을 이겨내는 수단으로서 올바른 후계자 선정의 중요성을 인식한 몇 안 되는 사람 중 하나이다. 시카고 선타임스 지에 따르면, 월턴은 JC 페니와 케이마트가 창업자를 뒤이은 CEO가 여러 번 바뀌면서 자기만족에 빠졌던 사례에서 교훈을 얻었다. 예를 들어, 월턴이 처음으로 상점을 개업했을 때 케이마트는 시장을 지배하던 할인점이었다. 하지만 20년도 안 되어 케이마트는 월마트에 한참 뒤진 기업으로 전락했다. 케이마트는 월마트와의 경쟁에서 패배했을 뿐만 아니라 자기만족에 빠져 경쟁력을 상실했기 때문에 월마트에 고객을 빼앗겼다. 케이마트도 처음에는 뛰어난 기업가인 해리 커닝엄 덕택에 성공을 거두었는데, 그는 은퇴할 때까지 효율적인 경영으로 회사를 발전시켰다.[1]

케이마트를 불행하게 만든 씨앗은 커닝엄이 이 회사를 떠난 뒤 뿌려졌다. 케이마트는 커닝엄을 계승할 경영자로 전통적 스타일의 관리자를 선택했다. 이 관리자 스타일의 경영자는 예산을 관리하는 면에서는 능숙한 수완을 발휘했지만, 커닝엄이 시장 환경에 발맞추어 케이마트를 발전시켰던 것과 같은 도전적인 기업가 정신이 부족했다. 커닝엄을 계승한 많은 후임 경영자들은 1960년대 후반에 재고를 추적하고 신속히 관리를 하던 시장과 기술에서 나타난 변화를 활용하지 못했다.

케이마트와 월마트는 분명히 다른 전략을 추구하고 있었다. 월마트는 고객과 긴밀한 관계를 유지해 고객의 요구에 적응했다. 반면, 케이마트는 성공에 안주해 변화하는 환경을 등한시했고 그 결과 어려움을 겪었다. 케이마트는 도시 외곽에 매장을 마련해 접근성이 떨어진 반면, 월마트는 다른 경쟁 기업들이 매장을 개설하기 꺼리던 중소도시를 중점 시장으로 설정했다. 두 할인점 모두 충분한 제품 공급자를 보유하고 있었지만 월마트는 가격을 낮추고 고객의 니즈와 취향에 부합하는 제품을 공급하려고 노력했다. 실제로 월턴은 스스로 매장 문을 닦고 다른 관리자도 역시 그렇게 하도록 했다. 이와 대조적으로 케이마트는 새로운 매장을 개설하는 데 열중해 기존 매장을 제대로 관리하지 않아 외관상 보기가 좋지 않았다. 더구나, 케이마트는 고객에게 다양한 제품을 저렴한 가격에 제공하려는 노력을 기울이지 않은 채 현재의 성공에 안주하고 있었다.

케이마트를 구원하려 노력했던 조 안토니니는 낡아빠진 케이마트 매장을 방문하고 절망감을 느꼈다고 실토했다. 대도시 외곽으로의 진출 기회를 엿보던 월마트는 케이마트가 자기만족에 빠져있는 동안 도시 외곽 지역에 진출했다. 안토니니가 많은 노력을 기울였지만 케이마트는 여전히 비효율적이었고 시장 환경의 변화에 능동적으로 대처하지 못했다. 예를 들어, 케이마트는 673개 매장에서 일하는 관리자에게 손으로 주문서를 작성하고 본부에 우편으로 보고하도록 요구했다. 안토니니가 케이마트의 CEO로 취임했던 1987년 케이마트가 할인점 시장에서 차지했던 점유율은 35%였던 반면 월마트는 20%에 불과했다.[2]

안토니니는 월마트와 경쟁하려는 야심에 찬 계획을 수립했다. 파이낸셜 타임스에 따르면, 그는 세 가지 방안을 통해 케이마트의 회생을 위해 노력했다. 첫째, 2,400개 매장을 혁신하는 일에 30억 달러를 투자해 매장의 복도를 넓히고 정원을 꾸몄으며 매장에 약국을 개설했다. 또한 기존 케이마트 매장 규모보다 두 배나 넓은 규모의 복합 매장을 15개나 개설했다. 복합 매장에서는 공산품 할인과 더불어 식료품도 판매했다. 둘째, 가정용품, 문구, 가구와 컴퓨터를 판매하는 회원제 할인 매장인 페이스와 오피스맥스를 열었다. 셋째, 해외로 눈을 돌려 1992년, 체코슬로바키아에서 아울렛 12개를 매입했다.3)

하지만 안토니니의 노력은 실패로 돌아갔다. 1994년에 안토니니가 케이마트를 떠났을 때 할인점 시장에서 케이마트가 차지한 점유율은 23%로 떨어졌고 월마트의 점유율은 42%로 높아졌다.

월턴은 첫 직장이던 JC 페니에서 일하면서 무엇을 해야 하고 무엇을 하지 말아야 할지에 관해 많은 교훈을 얻었다. JC 페니는 틀에 박히지 않는 방식으로 소매업을 전개했고 월턴은 이 방식을 새롭게 변형해 사용했다. 하지만 JC 페니는 초기에 회사를 성공으로 이끌었던 창의적 사고방식을 유지하지 못했다. 여러 방법으로 새로운 시도를 추구했지만 결실을 거두지 못해 지속적으로 이윤 증가를 달성하지 못했다.4) 월턴은 JC 페니와 케이마트를 보며 기업가 정신이 투철한 창업자에서 다음 세대로 경영진을 올바로 교체하는 일이 기업의 장기적 생존과 발전을 결정한다는 교훈을 얻었다.

월턴은 월마트의 성공에 만족하지 않고 새로운 비즈니스에 관심을 보였다. 그는 계속해서 새로운 비즈니스 아이디어를 개발하면서 자기만족과 싸웠고 자기 혁신을 계속하며 경각심을 늦추지 않았다. 체인 드러그 리뷰 지에 따르면, 월마트는 큰 성공을 거두었고 월턴은 명성이 높아졌지만 그는 결코 거기에 머무르지 않았다. 그는 계속해서 회원제 할인 매장과 초대형 슈퍼마켓과 같은 새로운 사업 방식을 모색했다. 그리고 1987년, 월마트는 텍사스 주 갈런드에 첫 번째 월마트 하이퍼마켓 USA

를 개장했다. 이 하이퍼마켓은 6,000평의 공간에 슈퍼마켓과 일반 공산품을 함께 파는 형태로서 나중에 월마트가 계획한 슈퍼센터 방식을 예견하는 매장이었다. 후에 이같은 슈퍼센터는 매우 빠른 성장을 보였다. 1990년, 월턴은 미주리 주 워싱턴에서 처음으로 슈퍼센터를 개장한 이후 슈퍼센터가 향후에 중요한 매장 형태가 될 것으로 생각했다. 그러나 그는 1990년대 후반에 슈퍼센터가 월마트의 주요한 성장 동력으로 결실을 거두는 모습을 보지 못하고 1992년 암으로 사망했다.[5]

월턴은 1998년, 자신의 후계자로서 데이비드 글래스를 선택하는 선견지명을 보였다. 글래스를 후계자로 발표한 이후 월마트는 12년 동안 빠른 성장을 지속했다. 이 기업은 1993년 멕시코에 매장을 열고 1994년에 캐나다에 진출하여 국제적으로 사업을 확장했다. 글래스가 CEO로 재직하는 동안 월마트는 아르헨티나, 브라질, 독일과 한국에 진출했다. 1997년에 월마트는 매출액이 1조 달러에 이르렀고 정보기술을 통해 효율적으로 공급망을 관리해 시장에서 리더로서의 위치를 확고히 했다.

2000년, 글래스는 리 스콧에게 CEO자리를 물려주고 은퇴했다. 월마트의 유통 그룹에서 일하면서 리더십을 발휘해 글래스에게 깊은 인상을 준 스콧은 상품거래 담당자로 승진했다. 스콧이 재임하는 동안 월마트는 2002년도에 2조 달러가 넘는 매출액을 달성했다. 매출액 1조 달러를 달성한 지 불과 5년 만이었다. 월마트는 이미 진출한 국가의 인접국 시장을 조심스럽게 검토한 후 준비가 되면 진출하는 방식을 새로운 국제 전략으로 삼아 시장을 넓히고, 효율적으로 CEO를 승계하는 계획을 통해 매출액이 3조 달러가 넘는 독보적인 기업으로 자리잡았다.[6]

경영진 승계 계획은 기업이 자기만족과 싸우는 가장 중요한 무기다. 앞서 논의한 월마트와 경쟁 기업의 사례를 통해 경영진 승계 계획에 대한 몇 가지 원칙이 드러난다. 첫째, 창업자가 CEO를 겸했던 세대가 끝나고 다음 세대로 CEO를 효과적으로 승계하는 일은 기업의 미래에 매우 중요하다. 효과적인 승계 작업을 완수하기 위해 창업자인 CEO는 자신이 해왔던 일을 그대로 따라 해서 겉보기에 좋아 보이는 사람을 후계자로 삼고자 하는 욕심을 버려야 한다. 대신 기업이 앞으로 맞이할 도전과 기회가 무엇인지 예견하고 이런 도전과 기회에 가장 적합한 인물을 고용하거나 양성해야 한다. 예를 들어, 샘 월턴은 월마트가 중요시 여기는 저렴한 가격과 양질의 서비스 방침을 유지하면서 새로운 정보기술에 대한 지식과 효율적으로 국제시장에 진출할 능력을 갖춘 데이비드 글래스를 후계자로 선택했다.

둘째, 일단 CEO 자리를 승계하는 일이 올바르게 이루어지지 않으면 다시 자기 혁신에 힘쓰는 기업으로 되돌리기는 매우 힘들다. 케이마트와 JC 페니의 사례에서 살펴봤듯 이 기업의 창업자는 기업가 정신이 충만해 기업의 확장에 많은 시간과 노력을 들였지만 적절한 경영진 승계 계획을 마련하지 못했다. 결과적으로 차세대 CEO는 재무 전문가 중에서 임명되었고 그는 산업에 대한 이해가 부족했다. 따라서 고객의 요구가 변하고 새로운 기술이 나타나거나 경쟁 기업의 출현으로 환경이 변했을 때, 재무 전문가 출신인 경영자는 재무 실적이 악화되기 전까지는 변화에 대해 인식하지 못했다. 이같은 관리자나 경영자는 위기가 닥치면 단지 비용을 낮추는 방식으로 어려움을 극복하려 한다. 결국 케이마트와 JC 페니는 기업 혁신에 조예가 깊은 사람을 CEO로 영입했다. 하지만 케이마트가 시도한 기업 혁신은 결국 도산으로 귀결되었고, JC 페니는 아직도 기업 혁신을 계속하고 있다.

마지막으로, CEO 자리를 올바르게 승계하는 일은 현직 CEO가 책임져야 할 중요한 업무다. 대부분의 CEO가 중점을 두는 부분은 재무 목표를 달성하는 것이다. 게다가 CEO들은 현재 맡고 있는 업무에 만족하고 당장 중요한 문제에만 관심을 두지만 이런 단기적 관심은 결국 불안한 미래를 초래하는 원인이 된다. 직원과 마찬가지로 CEO도 기업에 이익이 되는 일을 할 때에 가치 있는 존재가 된다. 후계자를 선정하는 일에 무관심하다면 CEO는 기업의 이익보다는 자신의 이익을 우선시하는 것과 다름없다. 경영자 승계 계획을 마련하는 중요한 임무를 수행하기 위해 CEO는 미래를 생각해 기업을 효율적으로 이끌 능력이 있는 인력을 양성해야 한다. 예를 들어, CEO는 10년 후에 성장 가능성이 가장 높은 시장이 어느 것인지 평가하고 이 시장에서 효율적으로 경쟁하기 위해 필요한 능력이 무엇인지 파악해야 한다. 동시에 CEO는 미래에 회사를 이끌어갈 후보 리더들을 선발해 필요 능력을 갖추도록 업무 능력을 개발할 다양한 기회를 제공해야 한다. 현직 CEO가 효율적이었는지 판단할 궁극적인 기준은 월마트를 국제적 리더로서 성장시킨 후계자를 선정했는가 아니면 케이마트를 도산으로 이끈 후계자를 선정했는가 여부다.

올바른 경각심 유지

올바른 CEO를 선택하는 일은 자기만족과 싸우는 시작으로 매우 중요하다. 더불어 CEO는 경각심을 유지해 직원들을 일깨우고 경쟁 상황을 항상 주목해야 한다. 올바른 경각심은 변화하는 고객의 요구, 새로운 기술의 출현 또는 새로운 경쟁 기업의 등장으로 야기된 경쟁 방식의 변화에 반응하는 시간을 줄여준다. 한번 성공을 경험한 기업은 현재에 안주하려는 분위기에 젖는 경향이 있다. 어느 정도 성공을 이미 달성한 기업이 현재 또는 잠재적 경쟁 기업에 앞서 가기 위해 높은 목표를 세우고 노력한다면 이 기업은 올바른 경각심을 유지한 기업이라고 말할 수 있다. 사실, 올바른 경각심은 고객을 경쟁 기업에 쉽게 빼앗기지 않게 하므로 산업의 구조를 변경시킬 수 있다. 올바른 경각심은 이분법적으로,

CEO가 올바른 경각심을 체화한 경우와 그렇지 않은 경우가 있다. 체화하고 있지 않다면 CEO가 올바른 경각심을 체화하도록 교육시킬 방법이 없고, 따라서 기업과 직원들은 자기만족에 빠져 성장 동력 약화로 실패할 위험에 처한다.

올바른 경각심을 실천으로 옮기고자 하는 경영자는 다음과 같은 전술을 사용할 수 있다.

- 직원들이 경쟁 기업을 주시하고 적절히 대처하도록 하는 성과 기준을 선택하라. 이같은 성과 기준으로는 시장점유율의 변화, 고객에게 더 나은 가치를 제공할 수 있는 새로운 기술의 출현 또는 제품에 대한 고객만족 수준의 변화 등이 있다.
- 직원들에게 선택한 성과 기준을 널리 알리고 성과 목표에 통합시켜라. 모든 회의, 이메일과 다른 의사소통 수단을 활용해 경영자는 성과 기준과 이를 적용하는 이유를 선포하고 강화해야 한다. 경영자는 성과 기준을 직원들이 달성해야 할 성과 목표에 통합시켜야 한다. 그리고 주기적으로 성과를 평가하거나 비즈니스 계획을 수립하는 회의에서 관리자와 직원들에게 목표 달성의 중요성을 환기시켜야 한다.
- **목표로** 했던 성과 기준과 실제로 달성한 목표를 비교하라. 또한 경영자는 목표와 실제로 달성한 실적을 비교하는 시스템을 개발하고 활용해 성과 기준의 중요성을 강화해야 한다. 경영자는 계획과 실적에서 차이가 난 이유를 깊이 분석해 부정적인 추세가 있다면 적절한 조치를 취해야 한다.
- **목표와** 실적에 따라 인센티브를 분배하라. 경영자는 기준에 따라 성과를 훌륭히 달성해 기업의 경쟁적 지위를 유지하는 데 기여한 직원에게 노고를 보상하는 방식으로 자기만족과의 싸움을 강화해야 한다.

성과를 유지하는 데 꼭 필요한 기준은 고객만족, 성장과 이윤 목표 그리고 생산 목표다. 이같은 지표들을 공개적이고 공정하며 일관되게 모든 직원에게 적용할 때 조직에 동기를 부여한다. 간단히 말해서 경영자가 성과 관리 시스템을 적용하는 방식이 효율성을 결정한다.

성과 관리 시스템을 효율적으로 적용하기 위해 경영자는 경영 프로세스를 개선할 수 있는 기회에 중점을 둬야 한다. 예를 들어, 고객이 평가 기준 20개 항목 중 19개 항목에서 만족을 나타내지만 한 가지 항목에서 불만을 표시한다면 밸류 리더는 많은 항목에서 좋은 평가를 받았다고 만족하지 말고, 불평의 대상이 된 한 가지 항목을 개선시키려는 노력을 해야 한다. 이렇게 개선에 중점을 둔 행동은 직원들에게 중요한 메시지를 전달한다. 첫째, 가장 긴급히 해결해야 할 문제가 무엇인지 알려준다. 둘째, 관리자에게 위기감을 불러일으키고 현재에 만족하지 못하게 만든다. 마지막으로, 기업의 성공은 자축하며 끝나는 것이 아니라 더 높은 수준의 성과를 달성하려는 과정이라는 사실을 일깨워준다.

월마트는 성과 평가 시스템을 훌륭히 운용한 좋은 사례를 보여준다. 포천 지에 따르면, 특유의 자신감과 도태에 대한 두려움의 적절한 조화는 월마트의 경영진에게 긍정적인 효과를 준다. 6개월마다 열리는 월마트 대표자 회의에서도 이런 특성을 볼 수 있는데, 월마트는 대표자 회의를 소집할 때 하절기 회의는 시원한 지역에서 열지 않고 동절기 회의를 따뜻한 지역에서 개최하지 않는다. 오히려 1월 회의는 눈이 많은 캔자스 주 캔자스시티에서 열고, 8월 회의는 무더운 텍사스 주 댈러스에서 개최하는 등 계절마다 사람들이 붐비지 않는 한적한 곳을 택해 회의 개최에 들어가는 비용을 아낀다.[7]

2000년 1월에 캔자스시티에서 개최된 회의는 자신감과 두려움이 혼재한 회의였다. 예를 들어, 캔자스시티 대극장에서 진행된 회의에서 "우리는 월마트의 주역이다. 우리는 승자이다. 승자는 항상 승리한다."라는 구호와 함께 그 해에 월마트의 영웅으로 선정된 직원들을 축하하는 자리를 마련했다. 동시에 같은 장소에서 월마트 경영진은 식료품 분야에서 매출액이 하락한 사항을 심각하게 논의했다. 그리고 개선할 여지가 있는 기회를 논의하던 회의는 본사에서 매주 금요일 아침에 열리는 회의로까지 계속 연결되었다. 금요일 회의에서 200명의 관리자들은 더이상 매출액이 하락하지 않도록 다음 주에 고쳐야 할 문제점에 관해 의견을 나누었다.

금요일 아침 회의는 세부 사항에 중점을 두고 판매가 잘 되어 매진된 품목에서 경쟁 기업의 전략까지 광범위한 주제를 다룬다. 1999년에 열린 한 회의에서 CEO인 리 스콧은 최근 방문한 매장에서 캐시 리 상표의 '양복바지용 양말'의 재고가 떨어졌던 일을 지적하면서 전임 CEO인 데이비드 글래스가 매장에 너무 많은 할로윈 사탕 제품이 나와 있는 것을 보고 고객에게 시식할 기회를 제공해 반응을 살핀 후 그에 따라 사탕의 재고량을 결정하라고 지시했던 사례를 언급했다. 이외에도 40분 동안 의약품 부문에서 경쟁 기업인 월그린에 대해 분석했다.[8]

이런 사례는 월마트가 고객과 경쟁 기업에 얼마나 중점을 두는지를 말해주는 단적인 경우다. 특히 월마트 경영진은 관리자가 고객의 불만을 제거하기 위해 노력해야 하고 동시에 경쟁사가 고객의 불만을 활용해 월마트의 시장점유율을 빼앗아갈 수도 있다는 경각심을 유지해야 한다는 메시지를 끊임없이 보낸다. 이 기업은 관리자에게 항상 앞서가라는 압박감을 줌으로써 자기만족이 발붙이지 못하게 한다.

월마트는 자기만족과 싸우려는 노력을 소매점 운영을 넘어 정보기술에까지 적용했다. 체인스토어 에이지 지에 따르면, 월마트의 최고정보 관리자(CIO)인 케빈 터너는 월마트의 정보기술 전문가 사이에 올바른 경각심 유지가 긍정적인 결과를 낳았다고 확신한다. 2000년 4월에 시카고에서 열린 소매 시스템 관련 회의에서 터너가 한 연설은 월마트 IT 인력의 개인적 발전에 중점을 뒀다. 소매 IT 전문가는 소매점 인력 중에 가장 영리한 사람이어야 한다는 자신의 확신을 분명히 밝힌 것이다. 그는 CIO가 IT 인력을 제대로 활용한다면 정보기술력이 경쟁우위를 확보하는 가장 중요한 원천이 되어 CIO가 CEO가 될 수 있다는 점을 발견했다. 터너는 IT 인력에게 주어진 과제에 아무런 문제도 제기하지 않으며 업무를 수행하기보다는 응용 소프트웨어 개발과 기간 정보망 프로젝트에서 비즈니스 논리를 적용하는 데 머리를 사용하라고 제안했다. 터너는 월마트가 지속적으로 경각심을 불러일으키며 IT 인력이 더 높은 성과를 달성하는 데 불확실성을 활용한다고 말했다. 그는 기업 규모가 거대하기 때문에 개별 인력은 자칫 시장에서 치열하게 벌어지는 경쟁 상황을 인식하지 못하고 새로운 기술에 둔감할 수 있다고 생각했다. 따라서 그는 집중을 강조하는 것이 인력이 맡고 있는 업무의 책임성을 높이고 성과를 개선한다는 사실을 발견했다.[9]

터너는 집중성이 없으면 새로운 경쟁 기업은 전통적 소매업자로부터 시장점유율을 빼앗을 수 있다고 언급했다. 사실, 아마존은 월마트에서 많은 IT 인력을 채용했다. 2000년에 터너는 강력한 경쟁 기업으로 등장한 아마존을 경계했다. 아마존은 1,700만 고객을 보유했고 이중 73%가 반복 구매자였다. 또한 그는 아마존이 12월 23일자 주문의 99%를 정확한 시간에 배송한 일에 경탄을 금치 못하면서도 두려움을 느꼈다. 이 수치는 같은 기간 월마트의 수치보다 훨씬 높았다. 그리고 터너는 아마존이 제품을 성실히 배달하고 정확한 거래를 중시하는 행동으로 명성을 높이고 있고, 이런 측면에서 아마존은 월마트에 매우 위협적인 경쟁 기업이 될 것이라고 생각했다.

그는 이베이도 아마존과 마찬가지로 새롭게 등장한 경쟁 기업으로 우려했다. 터너가 분석한 바에 따르면 이베이와 같은 새로운 경쟁 기업은 기존 기업에서 드러나는 제한이 없었다. 즉 이베이는 과거부터 거래를 해오던 고객이 없고 컴퓨터 시스템 간의 충돌(새로운 기술을 채용했을 때 이전 컴퓨터 시스템을 교체하거나 서로 다른 시스템을 연결해 사용해야 할 문제)도 없었다. 또한 기간 시설이나 예산 문제도 없었기 때문에 새로운 경쟁 기업은 월마트와 같은 대기업에 비해 경쟁우위를 확보했다. 터너는 퇴직한 자신의 아버지도 이베이를 방문해 낚시 미끼를 구입한다고 말했다. 온라인 경매 사이트인 이베이는 월마트 고객의 주목을 받고 있다. 터너는 전통 소매업자들에게 이베이와 같은 사고방식으로 뛰어난 아이디어를 개발해 새로운 시장을 개척하라고 조언했다.10)

터너는 월마트가 경쟁 기업에 항상 올바른 경각심을 늦추지 않는 태도로 조직 전체에 가치를 골고루 퍼지게 만들었다고 생각했다. 인터넷 쇼핑몰이 등장했다고 월마트의 수익성이 크게 위협받지는 않았지만 새로운 경쟁 기업이 월마트 조직에 불러일으킨 두려움은 세계 최고의 기업이지만 자사 인력이 현재의 성공에 안주하지 못하게 하려는 월마트의 능력을 반영한다.

직원들에게 항상 경각심을 일깨우는 월마트의 능력은 대상 고객이 아니라고 여겨졌던 '명품' 패션을 선호하는 계층에게 품격 높은 패션 제품을 공급하며 유감없이 드러났다. 뉴욕타임스 패션 담당 기자인 캐시 호린은 자신도 월마트에서 의류를 구입한다고 털어놓았다. 월마트가 판매하는 의류는 그다지 품격이 높은 제품이 아니기 때문에 그녀는 월마트에서 의류를 구입한다는 사실을 부끄럽게 털어놓았다. 하지만 월마트가 세상 어느 상점보다 가장 많은 의류를 판매하고 있고 그 가치가 약 250

억 달러에 이른다는 것은 부인할 수 없는 사실이다. 호린은 처음에 월마트에서 소품을 구입했다. 1997년에 샌들, 2001년에 13달러짜리 후드티를 구입했다. 하지만 2002년이 되자 그녀는 월마트에서 의류를 구입하지 않게 되었다. 호린은 월마트가 의류제품 광고를 제대로 하지 않았고 고객에게 제품 정보를 제공하지 않으며 의류 매장에 거울조차 제대로 설치하지 않았다는 점에 실망했다고 말했다.[11]

월마트는 시장에서 효과적으로 경쟁하는 데 필요한 능력을 키우려고 투자하면서 250억 달러나 되는 의류 판매 사업을 시작했다. 1990년대 후반, 월마트에 제품을 공급하는 많은 기업이 아칸소 주 벤턴빌로 이주했다. 공급자들은 월마트의 요구 사항에 더 효과적으로 대응하기 위해서 월마트의 본사가 위치해 있는 벤턴빌로 이주한 것이다. 게다가 월마트의 경영진은 최근 패션 추세를 파악하기 위해 유럽을 방문한다. 여성복 및 아동복 담당 수석부사장인 셀리아 클랜시와 제품 개발 담당 수석부사장인 클레어 왓츠는 유럽에 주기적으로 출장을 가서 상점을 돌아보고 파리에서 열리는 섬유 박람회인 프리미에 비전에 참석한다.

결과적으로 월마트는 2000년 가을 시즌에 로라이즈 팬츠(low-rise pants, 헐렁하면서 밑단 통이 좁아지는 배기바지 — 옮긴이), 레이스 깃이 달려 있는 데님 드레스와 여러 가지 천을 붙여 만든 의류 등 히트 제품을 내놓았다. 1997년 이후에 월마트는 착용감에 주의를 기울이며 낮은 가격으로 유행에 뒤떨어지지 않는 의류 상품 판매를 늘렸다. 의류를 매장에 내놓기 전에 월마트는 본사가 있는 벤턴빌로 신제품을 보내 기술자가 미국인의 체형에 맞게 착용감을 높이는 작업을 한다. 이처럼 월마트가 상품을 시장에 내놓는 능력은 2002년도 8월호 컨수머 리포트에 실린 기사에서 이 회사의 색 바랜 줄무늬 청바지가 시장에서 최고로 착용감이 좋은 데님 브랜드로 뽑히면서 그 착용성을 인정받았다. 수석 부사장인 클랜시는 월마트가 판매하는 의류가 싸구려이고 매장에 거울 하나 없다고 비판한 패션 컬럼니스트 호린의 지적을 인정하면서도 의류 비즈니스는 월마트에 '새로운 기회'를 의미한다고 말했다. 즉 클랜시의 대답은 월마트 사람에게 '우리도 문제를 알고 있고 고치려고 노력하고 있습니다'라는 의미였다.[12] 클랜시의 말은 발전을 중요시하는 기업 문화가 월마트의 임직원에게 얼마나 깊이 퍼져 있는지 보여주는 단적인 사례다.

월마트가 경쟁력을 유지하는 능력을 살펴보면 몇 가지 일반 원칙을 알 수 있다. 첫째, 경쟁 기업보다 규모가 크더라도 노력하지 않으면 실패한다고 생각했다. 많은 기업이 규모와 성공을 동일시하고 성공하면 더이상 노력하지 않고 우쭐거리기 쉽다. 하지만 월마트는 큰 성공에도 올바른 경각심을 유지했고 바로 이 때문에 경쟁력을 계속 유지할 수 있었다. 기업이 경각심을 잃게 되면 결국 호시탐탐 기회를 노리는 경쟁 기업에 리더십을 빼앗긴다.

둘째, 시장에 관한 정보를 토대로 올바른 경각심을 강화한다. 특히 월마트 경영진은 고객과 경쟁 기업의 움직임을 항시 주시해 비즈니스 기회를 파악한다. 월마트는 고객 만족도를 조사해 고객의 불만족 사항을 시정하는 조치가 매우 중요하다는 사실을 임직원에게 일깨운다. 또한 월마트는 가장 강력한 경쟁 기업이 어떻게 성공했는지 그들의 전략을 분석해 대처 방안을 마련한다.

마지막으로, 올바른 경각심을 제도화한다. 2년마다 축전을 개최해 직원들의 사기를 높이고 동시에 개선이 필요한 직원은 비판받는다. 그리고 관리자를 대상으로 매주 금요일에 개최되는 회의는 고객의 문제를 신속하게 해결하고 치열한 경쟁에서 살아남아야 한다는 경각심을 일깨운다. 이같은 공식적 프로세스를 통해 월마트 직원들은 성공에 안주하지 않고 경쟁 기업에 뒤떨어지지 않도록 끊임없이 문제를 해결하는 데 노력을 기울인다.

새로운 시장 공략

성공을 거둔 기업이 직면하는 가장 큰 문제는 기존 시장이 포화 상태에 도달해 더이상 새로운 이윤을 창출하기 힘들다는 것이다. 대기업이 처음에 목표로 삼았던 소비자 계층의 수요 대부분이 충족되면 시장에서 성장할 가능성은 줄어든다. 일부 기업은 성장률이 정체되는 상황에서도 핵심 고객과 핵심 제품에 계속 의지할 뿐, 다른 방법으로 난관을 극복하려는 시도를 하지 않는다. 반면에 어떤 기업은 성장이 빠른 새로운 시장에 진입하려고 시도하지만 충분히 검증되지 않은 시장에 무턱대고 많은 투자를 한 뒤에 효율적인 경쟁을 할 만한 능력이 없다는 사실을 뒤늦게 깨닫는다. 이 두 가지 방식 모두 자기만족에서 유래한 안이한 대처 방식이다.

새로운 시장을 공략하려는 경영자는 다음과 같은 전술을 선택해야 한다.

- **직원들이 목표를 달성하도록 재무 목표와 임무를 결정하라.** 경영자는 야심에 찬 성장 목표를 설정하고 현재 직원과 잠재적 직원들에게 동기를 부여할 수 있는 임무를 설정해 기업의 나아갈 방향을 명확히 제시한다. 야심에 찬 목표와 임무를 세우되 달성할 가망성이 없을 정도로 터무니없어서는 안 된다.
- **목표를 실현시킬 새로운 시장과 제품에 대해 토론하고 분석하며 제시된 아이디어를 평가하라.** 경영자는 목표를 실현시킬 창의적인 아이디어가 내부에서 활발히 제안되도록 장려해야 한다. 다양한 아이디어가 제시되

면 가장 수익성이 높은 아이디어에 회사의 자원과 시간, 그리고 노력을 투입할 있도록 경영자는 아이디어를 철저히 분석해야 한다.
- 주력 시장에서 승리하기 위해 필요한 기업의 능력을 파악하고 평가하라. 새로운 시장에서 높은 수익을 달성할 가능성이 크다고 하더라도 경영자는 실제로 수익성을 거둘 수 있는 방법이 무엇인지 평가해야 한다. 평가와 분석이 끝나면 경영자는 새로운 시장에 성공적으로 진입하기 위해 어떤 능력이 필요한지 파악하며, 시장에서 이미 활동하고 있는 경쟁 기업에 비해 필요한 능력을 얼마나 발휘할 수 있을지 평가한다. 현재보다 큰 능력 발휘가 예상될 때 새로운 시장에 진입해야 한다.
- 새로운 시장을 공략할 계획을 수립하고 적극적으로 실행하라. 새로운 시장에 진입하기 위해서 경영자는 새로운 시장을 공략할 계획을 수립하고 적극적으로 실행해야 한다. 계획에는 목표 고객층을 명시한다. 즉 기업이 주의를 기울여 신경 써야 할 구체적인 고객의 요구 사항과 더불어 고객에게 우월한 가치를 제공하는 제품과 서비스에 관한 내용이 포함되어야 한다. 아울러 디자인, 제품의 조립 방법, 유통과 제품 지원에 관한 업무 지침도 계획에 포함된다. 또한 경영자는 계획을 실행에 옮겨 목표 성과를 달성하도록 인력과 자금을 적절히 분배해야 한다.

골드만삭스가 유럽 투자은행 시장에 진출한 일은 새로운 시장을 성공적으로 공략한 좋은 사례이다. 골드만삭스는 뉴욕에서 설립되었고 사업의 대부분을 미국에서 진행하고 있었기 때문에 유럽 시장을 공략하는 일은 그리 쉽지 않았다. 선데이 텔레그래프 지는 골드만삭스는 경쟁 기업보다 앞서가고자 한 욕망 덕분에 유럽 투자은행 시장에 성공적으로 진입할 수 있었다고 설명했다.[13]

골드만삭스는 1986년 런던에 지사를 열면서 유럽 투자은행 시장에 진입했다. 이 회사는 보유하고 있던 핵심 능력을 활용해 새로운 분야를 개척했다. 파트너십으로 운영되는 골드만삭스의 부유한 파트너 146명은 이 회사가 유럽 시장에 진입하도록 부추겼다. 포천 지가 조사한 월스트리트에서 가장 부유한 사람들을 뽑은 리스트를 보면 40%가 골드만삭스 파트너들이었다. 게다가 골드만삭스가 1991년에 거둔 수익은 총 6억 달러 정도로 추정되며 주가 수익률은 다른 기업에 비해 상대적으로 높은 30%였다. 이렇듯 골드만삭스의 풍부한 자금력은 유럽 투자은행 시장에 성공적으로 진입하는 중요한 기초가 되었다. 그리고 파트너십 형태의 경영 구조를 통해 철저한 조사와 분석을 거쳐 새로운 인력을 채용하고 의사결정을 내렸다.

부유한 파트너들 외에 골드만삭스의 경영 원칙 또한 유럽 시장에 성공적으로 진입하는 데 기여했다. 골드만삭스는 모든 직원들에게 각종 회의와 모임을 통해 열네 가지 원칙을 가르친다. 이 원칙은 골드만삭스의 인력이 직장에서는 물론 사생활에서도 항상 고객을 최우선시하고 매우 높은 윤리적 기준을 유지하도록 가르친다.

골드만삭스는 세계적인 투자은행이 되자는 목표를 세우고 유럽 시장에 진출했다. 1986년 이전에 골드만삭스는 유럽에 있는 미국 고객과 미국에 있는 일부 유럽 기업을 상대로 영업했기 때문에 유럽 시장을 상대로 한 업무 범위는 제한적이었다. 1991년 6월에 기존 런던 사무소를 확장한 기념으로 열린 행사에는 전 영국 수상인 마거릿 대처와 골드만삭스 인터내셔널의 회장인 유진 파이프가 참석했다. 여기서 파이프는 골드만삭스는 유럽에서 총수익의 4분의 1을 벌어들인다고 자랑했다.

골드만삭스는 이전부터 강세였던 거래 분야에서 많은 수익을 올렸다. 특히 런던을 본부로 삼은 거래 부서는 채권, 석유, 귀금속, 커피, 농산물, 외환, 스왑, 옵션과 다양한 파생 상품을 다루었다.

더구나 골드만삭스는 새로 채용한 인력을 기업 문화에 맞게 교육시켜 조직을 구축했다. 이 회사는 영업 인력, 무역 인력과 조사 연구 인력을 집중 교육해 골드만삭스 업무 방식에 맞지 않는 습관을 없앴다. 그리고 런던 지사에 필요한 새 인력을 고용한 후 팀워크를 이뤄 일하도록 장려해 우수한 인력에서 흔히 나타나는 자만심과 개인주의적 성향을 제거했다.

골드만삭스의 런던 지사에서는 전에 옥스퍼드 대학에서 테니스 선수로 이름을 날린 존 손턴과 그의 유럽 담당 임원인 도널드 오패트르니가 이끄는 기업금융 부서가 가장 적극적으로 활동했다. 런던 기업금융부는 1980년대 후반 인수합병 전쟁이 벌어졌을 때 상당한 시장점유율을 확보했다. 이때 골드만삭스는 적대적 기업 인수를 노리는 기업의 편에 서지 않고 인수 당할 처지에 있는 기업 편에서 방어자로서 명성을 쌓았다. 오직 적대적 기업 인수의 반대편에 서는 전략을 추구해 골드만삭스는 자신을 도이체방크나 워버그와 차별화했다. 이같은 차별화가 가능했던 이유는 기업의 CEO들이 골드만삭스를 신뢰했고 정보를 공유했기 때문이다. 그들은 골드만삭스가 다른 경쟁 기업과는 달리, 기업에서 얻은 정보를 악용해 적대적 인수를 시도하는 반대편에게 그 정보를 제공하지 않으리라고 생각했다. 겉으로 드러나지는 않았지만 골드만삭스가 유럽에서 성공을 거두게 된 원동력은 올바른 경각심이었다. 즉 골드만삭스는 스스로 모든 비즈니스 분야에서 '뛰어나야 한다'는 의무감을 유지했고 고객이 골드만삭스를 경쟁 기업과 '다르지 않다'고 보기 시작하면 더이상 비즈니스를 할 수 없다고 믿었다.

1991년까지 골드만삭스가 기업금융 분야에서 발휘한 리더십은 독보적이었다. 이 회사는 세계 각국에서 국영기업의 민영화 작업을 진행했으며, 주로 영국과 미국의 국영기업체 민영화에 참여했다. 골드만삭스는 말썽이 끊이지 않던 살로먼 브러더스로부터 브리티시 텔레콤 민영화 작업을 인계받았다. 또한 골드만삭스는 여러 국가가 관계된 채권 및 증권 발행 분야에서 명성을 쌓았다. 예를 들어, 골드만삭스는 스웨덴의 정유업체인 노르스크 히드로가 8개국에서 채권을 발행할 때, 폴크스바겐이 국제 채권을 발행할 때, 스위스가 최초로 국채를 발행할 때, 그리고 스위스의 치바가이기 그룹이 보증사채를 발행할 때 주간사를 맡았다.

골드만삭스가 런던에서 5년 동안 보인 뛰어난 실적에 경쟁 기업들은 경의를 표했다. 당시 영국 토착 투자은행으로 시장을 이끌던 SG 워버그의 데이비드 스콜리 경은 골드만삭스는 최고가 되기 위해 열심히 노력하고 의지가 대단하다는 점이 워버그와 다르다고 말했다.

유럽에서 골드만삭스의 성공을 이끈 주역들은 스콜리 경의 칭찬보다 더 큰 보상을 받았다. 골드만삭스가 스타를 배제하는 기업 문화를 강조하지만 그래도 리더 역할을 할 사람이 필요하다. 존 손턴은 런던 지사의 기업금융 업무에서 발휘한 뛰어난 리더십 덕분에 2002년에 골드만삭스의 유력한 CEO 후보가 되었다. 파이낸셜 타임스에 따르면, 새로운 비즈니스를 과감하게 수행하는 추진력을 인정받아 손턴은 최고경영자 지위를 바라볼 수 있었다. 2002년 4월에 당시 골드만삭스의 사장 겸 공동 최고운영책임자였던 손턴은 15년간의 영국 생활을 정리하고 미국으로 돌아왔다. 사람들은 손턴이 존 사인과 함께 2004년에 현재 CEO인 행크 폴슨의 뒤를 이어 공동 CEO가 될 것이라고 생각했다. 하지만 손턴은 골드만삭스에서 최고 지위에 오를 수 없었다. 2003년 3월호 옵저버 지에 따르면 그는 골드만삭스를 떠나기로 선언하고 중국 청화대학 교수로 가기로 결정했다. 일부 사람들은 CEO인 행크 폴슨이 당분간 자리를 내줄 계획이 없다는 사실이 명확해지자 손턴이 좀더 기다리지 못하고 골드만삭스를 떠났다고 추측했다.[16]

손턴이 런던에서 일하는 동안 골드만삭스는 무시무시한 공격성으로 유명했고, 이 공격성에 관한 출처를 알 수 없는 소문들이 무성했다. 예를 들어, 그는 지체되는 거래를 추궁하기 위해 결혼식을 올리는 담당자에게 결혼식 당일에 여섯 번이나 전화한 적이 있으며, 계약을 체결하지 못하면 담당 팀원의 목을 잘라 피를 마시겠다고 CEO에게 직접 얘기한 경우도 있다. 손턴의 공격성은 개인의 이익보다 팀의 이익을 우선시하는 골드만삭스의 기업 문화에 적합하지 않았지만 배타적인 영국 투자은행 시장에서 점유율을 끌어올리기 위해서는 이러한 공격성이 필요했다. 그리고 그는 골드만삭스의 이익을 증진시키면서 자신의 이익도 철저히 챙겼다.

브리티시 타이어 앤드 러버가 토머스 틸링을 적대적으로 인수하려 했던 1983년에 손턴은 경쟁 기업의 안일함을 틈타 처음으로 유럽에서 시장점유율을 끌어올릴 호기를 맞았다. 토머스 틸링과 거래하는 투자은행 담당자는 3년간 전화 한 통 하지 않았다. 이런 사정을 아는 손턴은 적대적 인수 시도가 시작되자 경쟁 기업이 나타나기 72시간 전에 이미 틸링을 찾아와 협상하고 있었다. 1987년, 런던에 부임한 이후 손턴은 주요 영국 기업의 CEO 사무실에 약속도 없이 불쑥 찾아갔다. 그는 CEO가 원하는 답을 줄 때까지 무작정 앉아서 기다렸다. 1999년에 골드만삭스의 사장으로 승진하자 그는 런던 지사와 관련된 모든 일에 관여하는 시간을 줄이고 분쟁을 해결하며 최고 인재를 찾아다녔다.[17]

골드만삭스가 유럽에 성공적으로 진출해 시장점유율을 높인 사례에서 새로운 시장의 공략에 관한 몇 가지 일반적인 교훈을 얻는다. 첫째, 골드만삭스는 유럽이 효율적으로 경쟁할 수 있을 만큼 규모가 크다는 점을 파악했다. 골드만삭스는 국제적인 투자은행이 되기로 결정했고 유럽에서 확고한 위치를 확보하는 것이 이 목적을 달성하기 위한 핵심이라고 판단했다. 게다가 기존에 보유한 능력을 활용해 유럽에서 경쟁우위를 달성할 수 있다고 확신했다. 특히 파트너십 구조를 통한 풍부한 자금력, 경영 원칙, 경쟁 기업보다 뛰어난 성과를 달성해야 한다는 경각심, 증권거래와 기업금융 분야의 노하우로 골드만삭스는 유럽 시장을 차지하고 있던 기존 경쟁 기업을 이길 수 있었다.

둘째, 비전을 현실로 바꿀 능력을 가졌다. 골드만삭스는 현지 인력을 채용해 회사의 문화와 운영 방식을 가르쳐 원하는 성과를 달성했으며, 경쟁 기업과는 차별화된 독특한 방식으로 영업을 했다. 예를 들어, 새로운 비즈니스를 공격적으로 추구하거나 기업금융에서 적대적으로 기업을 인수하려는 경우 오직 방어자만을 고객으로 삼는 '방어자 전략'을 취했다. 이처럼 골드만삭스가 런던에서 펼친 영업 전략 덕분에 런던 지사는 5년 만에 직원이 1천 명이나 되고 기업 전체 수익 중 25%를 차지하며 급성장했다. 골드만삭스는 올바른 전략을 선택했을 뿐만 아니라 매우 효과적으로 전략을 실행에 옮겼기 때문에 새로운 시장에서 성공할 수 있었다.

마지막으로, 골드만삭스는 성공적인 유럽 전략에 기여했다고 생각되는 인력에 대해 보상했다. 손턴을 사장으로 승진시켰고 그를 유력한 차기 CEO 후보에 올려놓음으로써 골드만삭스에서 성공하기를 바라는 다른 인력들에게 강한 메시지를 보냈다. 골드만삭스가 유럽에서 성공하는 데 큰 기여를 한 공격성 덕택에 손턴은 골드만삭스의 파트너에게 큰 부를 안겨주었고, 또한 그가 회사를 이끌면 더욱 미래가 밝을 것이라는 인상을 파트너들에게 남겼다. 비록 손턴은 최고경영자가 되지 못하고 골드만삭스를 떠났지만 그가 새로운 비즈니스를 하면서 보였던 적극적 자세는 다른 인력들에게 자기만족에 머물면 결코 발전할 수 없다는 점을 일깨워주었다.

존슨 앤드 존슨의 연구실 회생 사례

■

현재에 안주하려는 경향에 아무런 조치를 취하지 않는 기업은 밝은 미래를 결코 기대할 수 없다. 성공을 거둔 기업에서 자기만족을 없애기는 쉽지 않기 때문에 이를 시정하려는 기업은 경각심을 불러일으키는 다음과 같은 세 가지 조치를 취해 스스로 혁신해야 한다.

이 세 가지 조치는 앞서 논의했던 혁신을 시도하는 세 가지 활동, 즉 비용을 줄이고 매출을 늘리며 자기 쇄신의 정신을 불어넣는 활동에 해당한다. 첫 번째 조치는 과거에 자신의 능력을 증명했고 야심에 찬 성공 목표를 세운 새로운 경영자가 취하는 조치이기도 하다. 이같은 경영자는 새로운 시각으로 비즈니스 문제를 바라보고 공격적인 행동을 취하며 경력을 쌓고 목표를 달성하기 위해 끊임없는 노력을 기울인다.

두 번째 조치는 야심에 찬 새로운 경영자를 고용해 신선한 시각으로 문제점을 바라보고 새롭게 등장한 경쟁 기업의 입장에서 자신의 약점을 파악하는 것이다. 신선한 시각에서 바라본 약점은 의사 결정이 늦고, 변화하는 고객의 요구를 제대로 인식하지 못하거나 새로운 경쟁 기업에 빼앗긴 시장점유율에 무관심하거나 생산성을 높이기 위해 새로운 기술을 사용하지 않는 안이함 등이다.

마지막 조치는 문제를 시정할 계획을 수립하고 실행하여 결실을 보는 것이다. 이 조치는 조직 전체와 관련되므로 가장 많은 시간과 노력이 든다. 따라서 경영자는 계획을 모든 조직 구성원이 이해하도록 자주 일깨워 그들이 계획에 따라 행동하고 목표를 달성하게 한다.

존슨 앤드 존슨은 1990년대 후반에 기능이 유명무실하던 연구실을 회생시켜 다양한 신약을 개발했다. 포브스 지에 따르면, 연구실의 회생은 몇 번의 심각한 실패를 거듭한 끝에 연구 개발 분야를 관리하는 방식을 변경하면서 가속화되었다. 1998년, CEO인 랠프 라센은 존슨 앤드 존슨의 성장이 둔화되고 있다고 인식했다. 베이비파우더나 반창고와 같은 일반 소비자를 대상으로 하는 비즈니스는 아무런 문제가 없었지만 관상동맥 스텐트(stent, 협심증 환자의 혈관을 뚫어주는 의료기구—옮긴이) 비즈니스를 비롯한 의료기기 부문에서 시장점유율을 잃고 있었던 것이다. 그리고 매출액이 90억 달러인 제약 비즈니스도 커다란 도전을 받고 있었다.18)

존슨 앤드 존슨은 제약 부문에서 신약을 충분히 개발하지 못했고 기존 제품 일부도 고전을 면치 못하고 있었다. 개발 중이던 신약 5종이 마지막 단계에서 실패로 돌아갔고 당국은 다발성 경화증(척추 신경계가 서서히 마비되어 가면서 신체의 기능과 감각을 잃어버리는 희귀병—옮긴이) 치료제와 조산 억제제를 승인하지 않았다. 그리고 대규모 실험을 진행한 심장마비와 당뇨병 치료제도 실패로 돌아갔다. 게다가 존슨 앤드 존슨은 기존의 빈혈 치료제인 프로크리트를 개선한 제품의 권리를 놓고 벌인 소송에서 패했다. 매출액 성장률은 1998년에 5%로 낮아졌고 리스트럭처링 비용 때문에 이익률도 9%로 낮아졌다. CEO인 라센은 존슨 앤드 존슨이 자기만족에 빠져 제약 산업에 일어난 변화를 감지하지 못한 점이 진짜 문제라고 진단했다.

예를 들어, 1990년대에 존슨 앤드 존슨 연구실은 재능과 창의성이 뛰어나지 않은 평범한 연구원들로 가득 차 있었다. 뉴저지 주 래리탄과 펜실베이니아 주 스프링하우스에 위치한 존슨 앤드 존슨 연구소는 1995년과 1996년에 단 한 개 제품밖에 개발하지 못해 산업 평균 6종에 비해 크게 뒤떨어졌다. 따라서 존슨 앤드 존슨 소속 과학자들은 경쟁 기업이 개발한 제품의 특허를 빌려 제품을 제조하는 데 의존하기 시작했고 고유 신약을 개발할 의지와 능력을 상실했다.

존슨 앤드 존슨의 제약 연구원들은 법과 규제가 변해도 아무런 상관이 없다는 듯 행동했다. 예를 들어, 1990년대에 규제 당국은 의약품의 부작용에 엄격한 기준을 적용했지만 존슨 앤드 존슨은 약효에 주안점을 둔 1980년대식 자세로 약품을 개발했다. 1998년, 어고 사이언스(Ergo Science)에서 특허 사용권을 취득해 개발한 당뇨병 치료제인 어고셋은 식품의약품안전청(FDA)의 승인을 받지 못했다. 2000년에는 속쓰림 치료제인 프로펄시드를 발표했지만 불규칙한 심장 박동을 유발하는 부작용이 나타나 10억 달러를 손해보고 시장에서 모두 회수했다.

그러나 2001년 12월에 존슨 앤드 존슨은 성공적으로 회생했다. 약물을 코팅해 동맥의 혈액이 응고될 위험을 줄이는 스텐트를 개발해 의료기 부문의 시장점유율이 다시 상승한 것이었다. 게다가 더 주목할 만한 것은 제약 비즈니스로, 잇달아 유망한 신약을 시장에 출시하면서 회사 매출액의 절반 가량과 영업 이익의 62%를 달성했다는 것이었다.

존슨 앤드 존슨의 제약 연구실은 지난 5년 동안 유망한 신약을 여섯 배나 많이 개발했다. 1996년에 신약 6종을 개발한 것에 비해 2001년에 이 연구실은 당뇨병과 관절염 치료제 등 초기 검증 단계에 있는 신약을 35종이나 개발했다. 2002년에 존슨 앤드 존슨은 50여 가지 신약이 개발될 것으로 기대했다. 라센은 회생 과정을 가속화시키기 위해 50억 달러에 바이오테크 기업인 센토커(Centocor)를 1999년에 인수했고 110억 달러를 들여 의약품 투약 효과를 높이는 새로운 방법을 개발 중인 앨자(Alza)를 2001년 3월에 인수했다.

존슨 앤드 존슨에서 일어난 혁신은 라센이 주도한 몇 가지 방안 덕분에 가능했다. 그는 함께 운영되던 존슨 앤드 존슨의 의료기 부문과 제약 부문을 분리했고 유망한 임원인 윌리엄 웰던에게 제약 부문을 운영하도록 했다. 그리고 라센은 제약 연구실에 존재하던 결재 단계를 대폭 줄였고 3년 동안 예산을 50% 증가시켜 35억 달러를 지원했다. 또한 라센은 퍼 피터슨에게 제약연구소 운영을 맡기고 그를 열세 명으로 구성된 경영위원회에 포함시켰다. 피터슨은 경영위원회에 참가한 첫 번째 연구원 출신 임원이 되었다.

피터슨은 존슨 앤드 존슨의 연구실을 되살리기 위해 매우 열심히 일했다. 그는 기초 연구를 담당하는 연구원으로 캘리포니아 주 라호야 소재 스크립스 연구소에서 1994년에 자리를 옮겼다. 그 이후 피터슨은 제약 연구실 책임자로 승진해 생산성을 향상시키는 임무를 맡았다.

무엇보다 피터슨은 운영 방식을 혁신해 연구원과 연구 책임자 사이에 여섯 단계나 되는 결재 단계를 세 단계로 대폭 줄였다. 그는 서로 다른 질병을 연구하던 기존의 24개 부서를 세분해 생물학자와 화학자 12명으로 구성된 소규모 팀 조직으로 재편했다. 그리고 연구원은 해당 팀장에게만 보고하도록 결재 단계를 대폭 단축했다. 그동안 한 가지 질병만을 연구하는 방식을 바꿔 각 팀은 팀이 속하는 범주에서 어떤 의약품이나 질병도 연구할 수 있었다. 피터슨이 주도한 조직 개편은 연구원들이 상부에서 할당한 협소한 분야의 연구에서 벗어나 자유롭게 관심 있는 주제를 선택해 연구할 수 있는 풍토를 조성해 연구소를 활성화시켰다. 연구원들이 자유롭게 창의성을 발휘하고 자기 혁신에 노력을 기울이게 분위기를 조성함으로써 피터슨은 이전보다 훨씬 높은 생산성을 달성했다.

아울러 피터슨은 벨기에에 있는 자회사인 얀센 제약을 상대로 구조조정을 실시했다. 그는 2001년 6월에 기존 인력 중 40%를 해고하고 부족한 인력을 외부에서 충당했다. 존슨 앤드 존슨 래리탄 연구소에서 화학자로 일하는 윌리엄 머레이가 말하기를 피터슨은 자신이 개발하고 싶은 약품의 대략적인 아이디어를 연구원들에게 제안하고 그들이 개발하도록 동기를 부여했다.

이러한 피터슨의 노력의 결과로 유망한 신약들이 개발되었다. 존슨 앤드 존슨이 새로 설립한 캘리포니아 라호야 연구소에서 연구원들은 시차증(비행기 여행을 할 때 발생하는 신체나 정신 기능의 변화—옮긴이)과 기억력 감퇴를 치료하는 새로운 의약품을 개발해 임상 실험을 진행했다. 이 의약품은 호르몬 히스타민에서 정보를 받아들이는 세포 표면에 존재하는 세 번째 단백질 수용체인 H3이라 불리는 새로 발견된 수용체를 방해한다. H3은 전에 스트립스 연구소에서 피터슨과 함께 일했던 연구원이 발견했다. 동부 해안에 소재한 다른 존슨 앤드 존슨 연구소에서 연구원들은 새로운 관절염 치료제를 개발했다. 이 치료제는 관절에서 염증의 원인이 되는 효소가 생성되지 않도록 한다. 그리고 혈당과 콜레스테롤을 떨어뜨리는 당뇨병 치료제를 개발했고 소화 기능을 돕는 신약 개발에서 중요한 단백질을 찾아냈다.

또한 존슨 앤드 존슨은 시장에서 성공할 확률을 높이기 위해 개발 중인 의약품에 자금을 지원하는 방식을 개선했다. 2002년에 CEO가 된 윌리엄 웰던은 임상 실험 초기 단계에 있는 신약의 준비성을 평가하는 위원회를 1999년에 설립했다. 그리고 그는 개발 중인 신약이 수억 달러가 소용되는 본격적인 임상 실험을 계속 진행해도 될 만큼의 시장 경쟁력을 갖추었는지 평가하고 결정하는 두 번째 위원회도 만들었다. 2000년에 피터슨은 기존 시장에 나와 있는 제품과 효능 면에서 별다른 차이가 없는 특허권을 외부에서 도입해 개발을 추진하던 두 가지 의약품에 대해 거부권을 행사했다. 또한 그는 내부에서 개발한 편두통 치료제가 글락소의 이미트렉스보다 경쟁우위가 없다고 판단해 거부권을 행사했다. 피터슨은 1998년 이전이라면 존슨 앤드 존슨은 자신이 거부권을 행사한 신약에 투자를 했을 것이라고 말했다.

존슨 앤드 존슨이 개발한 신약이 반드시 수익성을 내리라는 보장은 없었지만 기업 혁신 작업을 통해 존슨 앤드 존슨은 제약 개발 분야를 회생시킬 수 있었다.

경영 혁신의 수단

존슨 앤드 존슨의 혁신 사례는 안정된 기업은 자기만족과 싸워야 한다는 사실을 알려준다. 많은 대기업은 조직을 혁신시켜야 한다는 사실을 깨닫기 위해 외부적 충격을 받을 필요가 있다. 일단 조직 혁신이 필요하다는 사실을 깨닫게 되면 경영진 대부분은 성과 향상에 박차를 가할 조치를 스스로 취해야 한다는 것을 인식한다. 존슨 앤드 존슨은 결재 단계를 축소하고 새로운 인력을 채용하며 연구자가 혁신적인 제품을 개발하도록 분위기를 조성해 바람직한 성과를 달성했다.

존슨 앤드 존슨과 같은 기업 혁신을 통해 성과를 향상하려는 경영자는 다음과 같은 경영 혁신 수단을 추구해야 한다.

- 새로운 경영진을 영입하라. 자기만족에 빠진 기업에는 현재에 만족하는 경영진이 있기 마련이다. 존슨 앤드 존슨의 사례에서 살펴봤듯이 반드시 새로운 경영진을 외부에서 영입할 필요는 없다. 사실, 내부에서 매우 능력 있는 경영진을 양성하는 프로세스를 갖춘 기업은 그렇지 못한 기업보다 우수한 성과를 보인다. 내부에서 양성된 경영진은 회사의 사정을 잘 파악하고 있으므로 외부에서 영입한 경영진보다 성과를 빨리 달성하기 때문이다. 외부에서 영입한 경영진은 혁신을 위해 조치를 취하기 전에 내부에서 신뢰감을 얻고 내부 사정을 파악하는 데 소중한 시간

을 낭비할 가능성이 있다. 이 장에서 논의한 '경영자 승계 계획의 마련' 이란 전술은 유능한 경영진을 양성하는 틀을 제공한다.

- **외부 시각에서 기업을 바라보라.** 새로운 경영자 세대가 등장한 덕택에 존슨 앤드 존슨은 고객, 경쟁 기업과 규제 당국의 시각에서 기업을 바라보는 경영자 두 명에게 경영권을 맡길 수 있었다. 외부인처럼 객관적이고 새로운 시각에서 내부를 바라보는 것은 자기만족과의 싸움에서 필요한 첫 번째 단계다. 존슨 앤드 존슨은 새로운 시각에서 조직을 진단해 시장의 변화에 대처하지 못하는 이유가 위계질서가 강한 경영진이 잘못된 결정을 내리고 연구 개발의 생산성에 별다른 주의를 기울이지 않았기 때문이라고 밝혀냈다. 외부적 시각이 없었더라면 자기만족과의 싸움을 시작할 수 없었을 것이다. 이 장에서 논의한 '올바른 경각심의 유지'란 전술은 외부적 시각에서 내부를 바라보는 방법을 제공한다.

- **가치를 추가하지 못하는 비용을 감축하라.** 외부에서 내부를 평가해 존슨 앤드 존슨은 의사 결정을 지연시키고 자원을 효율적으로 배분하는 데 방해가 되는 불필요한 결재 단계를 줄였다. 또한 연구 개발 생산성을 높이는 데 적합하지 않은 업무 방식과 능력을 보유한 인력을 식별하고 그들을 해고할 수 있었다. 불필요한 비용을 줄여 존슨 앤드 존슨은 수익성을 향상시키면서 업무 개선에 방해가 되는 장애물을 제거했다. 이 같은 경영 수단은 올바른 경각심을 유지하면서 생겨나는 자연스러운 결과다.

- **경쟁력을 향상시켜라.** 가장 먼저 취해야 할 조치는 혁신에 방해가 되는 장애물을 제거하는 일이기는 하지만 자기만족과의 싸움은 기업의 경쟁력을 향상시키는 조치로서, 이런 긍정적인 측면에서 조치를 취하는 일도 중요하다. 존슨 앤드 존슨은 경쟁력을 강조하는 신약 개발 프로세스를 통해 수익성을 높였다. 또한 이 기업은 연구원이 자유롭게 창의성을

발휘하는 조치를 취하고 아울러 시장에서 성공할 가능성이 있는 의약품 개발에 중점을 두도록 했다. 존슨 앤드 존슨의 혁신 노력은 경영진이 관심을 내부에서 외부로 돌리기만 해도 자기 혁신과의 싸움을 시작할 수 있다는 사실을 보여준다. 또한 올바른 경각심을 유지하는 것도 경영 혁신 수단의 중요한 부분이다.

가치지수

전술적인 측면에서 밸류 리더십의 원칙을 분석하는 일은 경영자가 개선의 기회를 정확히 파악하도록 도움을 준다. 여러분의 조직이 '자기만족과의 싸움' 원칙을 적용해 개선할 가능성이 있다면 전술적 측면의 분석은 여러분의 조직이 목표로 삼은 활동을 수행하는 방법을 개선하는 최선의 방법이 무엇인지 알아내는 데 도움을 준다.

예시 6.1은 두 가지 측면의 분석을 통해 여러분 기업의 VQ를 계산하는 데 유용하다. 첫 번째 분석은 이진법적 분석으로 기업이 열거된 특정한 전술을 수행하고 있는지 여부를 판별하는 점검표로서 가치지수분석표를 활용한다. 기업이 특정한 활동을 수행하면서 어떤 전술도 수행하고 있지 않다면 이 전술의 수행을 고려해야 한다. 두 번째 분석은 유사성 분석으로 기업이 이미 특정한 전술을 수행하고 있다면 그 전술의 수행에서 개선의 기회가 있는지 파악하는 데 가치지수분석표를 활용할 수 있다. 특정한 전술에 해당하는 점수를 올리기 위해서는 전술의 실행 방법을 변화시키는 프로세스를 시작해야 한다. 자세한 내용은 9장에서 다루겠다.

예시 6.1 가치지수분석표 : 자기만족과의 싸움

자기만족과의 싸움 : 활동과 전술	점수
경영자 승계 계획의 마련 □ 현직 CEO가 퇴임하기 적어도 5년 전에 경영자 승계 계획을 마련하라. □ 잠재 가능성이 높은 후보군을 선발하고 친숙하지 않은 환경에 적응하는 정도를 살펴보기 위해 그들에게 새로운 업무를 수행할 기회를 제공하라. □ CEO 후보자에게 회사 전체 업무를 파악할 기회를 제공하고 이사회에 소개하라. □ 새로운 CEO에게 소중한 조언을 제공하도록 떠나는 CEO에게 지위를 부여하라.	
올바른 경각심 유지 □ 직원이 경쟁 기업을 주시하고 적절히 대처하도록 만드는 성과 기준을 선택하라. □ 직원에게 선택한 성과 기준을 널리 알리고 성과 목표에 통합시켜라. □ 목표로 했던 성과 기준과 실제로 달성한 목표를 비교하라. □ 목표와 실적에 따라 인센티브를 분배하라.	
새로운 시장 공략 □ 인력들이 목표를 달성하도록 재무 목표와 임무를 결정하라. □ 목표를 실현시킬 새로운 시장과 제품에 대해 토론하고 분석하며 제시된 아이디어를 평가하라. □ 주력 시장에서 승리하기 위해 필요한 기업의 능력을 파악하고 평가하라. □ 새로운 시장을 공략할 계획을 수립하고 적극적으로 실천하라.	
총점	

주: 5=탁월, 4=매우 우수, 3=우수, 2=보통, 1=낮음, 0=해당사항 없음.

이진법 측면과 유사성 측면의 분석을 실행하기 위해 여러분의 기업은 직원들을 인터뷰해 데이터를 수집해야 한다. 가장 좋은 방법으로, 객관적인 외부인을 고용해 적절한 인터뷰 대상을 선정하고 인터뷰 방침을 개발하여 인터뷰를 실행한 후 결과를 분석한다. 데이터 수집과 분석 결과로 각 전술에는 특정한 점수가 매겨질 것이다. 점수를 매기는 데 가치 판단이 필요하지만 밸류 리더 또는 우수한 경쟁 기업의 점수와 비교해 여러분 기업의 점수가 어느 정도인지 파악할 수 있다.

각 전술에는 탁월(5점)에서 낮음(1점)의 점수가 매겨진다. 조직이 전술을 전혀 수행하고 있지 않다면 점수는 0이다. 활동 점수를 구하려면 분석자는 각 활동에 해당하는 전술의 점수를 평균하고 반올림한다. 이해를 돕기 위해 '현직 CEO가 퇴임하기 적어도 5년 전에 경영자 승계 계획을 마련하라'는 전술을 생각해보자. 여러분의 기업이 CEO 승계 계획을 수립하지 않았다면 점수는 0이다. 반면, 내부적으로 차기 CEO를 승계할 후보를 대상으로 업무 실적과 더불어 CEO에 필요한 자격 여부를 분석한 뒤에 최종적으로 다섯 명의 후보자를 선정해 CEO 승계 계획을 마련했다면 점수는 5이다.

결론

자기만족과의 싸움은 기업이 오랫동안 시장에서 생존하기 위한 필수 원칙이다. 평범한 기업은 자기만족과의 싸움 없이도 생존할 수 있겠지만 결국 간신히 목숨만 이어가는 기업에 불과할 것이다. 이같은 기업은 우수한 인력과 좋은 고객을 더 나은 가치를 제공하는 경쟁 기업에 빼앗긴다. 자기만족과의 싸움은 올바른 CEO로부터 시작된다. CEO는 자사의 인력이 성공에 안주하려는 경향을 보이면 즉시 경종을 울려 고객의 요구와 경쟁 기업의 전략에 대처해 좀더 높은 성과 목표를 달성하도록 긴장감을 늦추지 못하게 해야 한다. 자기만족 제어를 돕는 경영 수단은 일단 경영자가 도입을 결정하면 사용하기에 그리 어렵지 않다.

7장

수익이 생명이다
다양한 역량의 배양

'다양한 역량의 배양'이라는 원칙은 기업이 시장 리더십을 유지하는 전략이다. 다양한 역량을 배양한다는 원칙에 따라 경영자는 고객, 능력, 경쟁 기업이라는 세 가지 기초적인 지표를 정확히 파악해 올바른 전략을 수립할 수 있다. 이 원칙은 고객을 이해하고 다양한 역량을 키우며, 경쟁 우월성을 유지하는 활동에서 생겨난다. 시장 리더십을 유지하기 위해 다양한 역량을 통해 경쟁에서 승리하려는 기업은 세 가지 기초적인 지표에 일어난 변화를 정확히 파악하려는 노력을 기울어야 한다. 변화에 항상 주의를 기울여 이를 효과적으로 반영하는 기업은 시장 리더십을 계속 유지할 가능성이 높다.

밸류 리더십과의 관계

■
'다양한 역량의 배양'은 기업과 관련되어 있는 여러 이해 당사자에게 다양한 가치를 창출한다. 첫째, 기업은 경쟁에서 앞서기 위해 제품과 서비스의 질을 향상시키려고 노력하기 때문에 이 원칙은 오랜 기간에 걸쳐 고객에게 가치를 제공해준다. 또한 기업이 고객에게 우월한 가치를 주겠다는 약속은 고객이 그 기업의 제품을 반복해서 구매할 강력한 동기를 제공한다. 고객의 충성도가 제품의 생산 비용을 낮추는 한, 기업은 수익성을 높이고 고객은 저렴한 가격으로 제품을 공급받아 서로에게 도움이 되는 관계가 형성된다.

둘째, 경쟁에서 승리하기 위해 직원들은 고객의 문제를 해결하려는 노력을 기울인다. 그렇기 때문에 다양한 역량의 배양이라는 원칙은 직원들에게 가치를 창출한다. 또 기업은 경쟁에서 이기려는 동기를 부여하고, 직원이 이를 달성하기 위해 노력을 기울일 수 있는 환경을 조성한다.

셋째, 시장을 선도하는 기업은 일반적으로 공급자에게서 많은 부품을 공급받기 마련이므로 다양한 역량을 통해 경쟁에서 승리한다는 원칙은 공급자에게도 가치를 창출한다. 공급자 대부분에게 한계편익은 한계비용을 초과한다. 공급자는 시장을 선도하는 기업과 협력해 일하므로 편익에는 시장의 수요를 예측하고 설비 확장을 계획하며 더 많은 고객을 유치하는 능력이 포함된다. 비용에는 제품의 단가를 낮추라는 고객의 요구와 시설의 배치가 포함된다. 마지막으로, 시장을 선도하는 기업의 주주는 자본을 효율적으로 사용함으로 발생되는 높은 이윤에서 혜택을 얻는다.

경제적 이득

'다양한 역량의 배양'은 우월한 성과로 이어진다. 예를 들어, 다양한 역량을 동원해 경쟁에서 승리한 밸류 리더 기업은 1997년에서 2002년 사이에 산업 평균보다 두 배나 높은 순이익률을 달성했고 35%나 높은 성장률을 보였다. 특히 여덟 개 밸류 리더는 각자 자신이 속한 산업의 평균 순이익률인 8%보다 두 배나 높은 16.7%의 순이익률을 기록했다. 그리고 5년 동안의 매출액 성장률에서 밸류 리더는 산업 평균인 12.2%보다 높은 16.5%를 달성했다. 밸류 리더가 성장성과 수익성 면에서 뛰어난 실적을 달성한 데는 여러 요소가 복합적으로 작용했지만 이중 '다양한 역량의 배양'이 크게 기여했음은 틀림없는 사실이다.

사례

이 장은 구체적인 사례에서 얻은 교훈으로 다양한 역량의 배양이라는 원칙을 설명한다. 먼저 골드만삭스가 시장에서 고객이 원하는 일곱 가지 구체적인 요구 사항을 충족시키는 방식으로 이머징마켓 채권시장을 석권한 사례와 골드만삭스가 정크본드 시장에서 점유율을 증가시키기로 결정을 내린 과정, 정크본드 시장을 선도하던 경쟁 기업 베어스턴스의 인력을 스카웃해서 점유율을 높인 사례를 설명한다. 그리고 최초 공모(IPO) 시장에서 골드만삭스가 성공한 사례를 기관투자가와의 관계를 적절히 구축하지 못함으로써 메릴린치가 시장 리더십을 잃게 된 사례와 비교한다. 또한 MBNA가 다양한 역량을 개발해 기존 시장에서 경쟁 기업의 위협을 피하고 새로운 시장에 진출해 다른 수익성의 원천을 발견하고 기존 신용카드 사업도 안정적으로 지속시킨 사례를 소개한다. 또한 사우스웨스트 항공이 팀 정신에 투철한 인력을 채용하고 관리한 능력을 알아본 후, 사우스웨스트 항공의 전략을 모방하는 데만 그친 경쟁 기업보다 앞서갈 수 있도록 참신한 아이디어 개발을 장려한 사례를 제시한다. 마지막으로 혁신을 진행 중인 JC 페니가 이 장에서 논의할 기법을 활용한 사례를 살펴본 후 결론을 내린다.

활동 분석

'다양한 역량의 배양'이라는 원칙에 따라 경영자는 고객, 능력, 경쟁 기업이라는 기초적인 지표를 정확히 파악해 올바른 전략을 수립할 수 있다. 다양한 역량의 배양은 다음과 같은 세 가지 활동에서 생겨난다.

- 올바른 고객 이해 : 경영자는 고객이 제품을 선택하는 데 적용하는 구체적 기준을 이해하여 전략을 수립해야 한다.
- 다양한 능력 구축 : 경영자는 다양한 시장에 적합한 기능을 갖춘 여러 가지 제품을 출시하기 위해 경쟁 기업보다 우월한 능력을 개발해야 한다.
- 경쟁 우월성 유지 : 경영자는 호시탐탐 기회를 노리는 경쟁 기업의 전략을 분석하고 고객을 놓고 벌이는 치열한 경쟁에서 승리할 수 있는 새로운 방법을 모색해 경쟁에서 앞서가야 한다.

올바른 고객 이해

리더십을 발휘하려는 경영자는 고객을 올바르고 정확히 이해해야 한다. 즉, 경영자는 다양한 관점에서 고객에 관한 정보를 자주, 그리고 정기적으로 수집해야 한다. 특히 시장을 선도하려는 기업은 시장의 전체적인 크기, 성장률과 주요 추세뿐만 아니라 목표 고객을 세분하여 고객층별로 나타나는 구매 행동의 미세한 차이까지 이해해야 한다. 경영자는 기존 고객을 유지하고 새로운 고객을 확보하기 위해 이같은 차이를 반드시 이해할 필요가 있다. 게다가 시장을 선도하려는 기업에 빈번한 시장조사는 고객의 요구를 이해하는 좋은 출발점이 된다. 구매 성향을 추적하고 고객서비스를 분석하며 고객의 반응에 관한 자료를 수집하는 방식으로 항상 고객의 요구 사항이 무엇인지 파악함으로써 경영자는 경쟁 기업보다 높은 경계 수준을 유지할 수 있다.

기업이 고객의 구체적 구매 기준을 충족시키느냐 그렇지 못하느냐에 따라 치열한 경쟁에서의 승리와 패배가 결정된다. 고객의 구매 기준은 제품과 고객 그룹에 따라 변한다. 초등학생 자녀 두 명을 둔 중산층이 자동차를 구매하며 적용하는 기준과 부유한 집안에서 태어나 부모에게 돈을 받아 처음으로 자동차를 구매하는 십대와는 그 기준이 다를 것이다. 이 중산층 가족은 자동차의 안전성, 내부 공간, 가격, 그리고 유지비 등에 주안점을 두고 구매하는 반면, 십대는 친구에게 뽐낼 수 있는 모양, 색상 등 부차적인 요인에 주안점을 둔다.

이렇게 처한 환경이 각기 다른 여러 고객을 이해하기 위해 경영자는 다음과 같은 전술을 사용한다.

- 각 고객층을 대변하는 대표 고객에 관한 정보를 수집하라. 특히 얼리어답터(early adopter, 제품이 출시될 때 가장 먼저 구입해 평가를 내린 뒤 주위

에 제품의 정보를 알려주는 성향을 가진 소비자—옮긴이)에게 의견을 듣는 방법은 매우 유용하다. 그들은 신제품을 사용하는 데 관심이 매우 높을 뿐만 아니라 그들을 통해 대량 생산품 시장에서 일반 고객의 반응이 어떨지 미리 살펴볼 수 있기 때문이다.

- **고객이 제품을 선택하는 기준이 무엇이고 순위가 어떠한지 파악하라.** 고객을 세분해 각 고객층에 속하는 고객과 개별적인 인터뷰를 시행하여 경영자는 고객이 제품을 선택하는 구체적인 기준이 무엇인지 이해해야 한다. 또 인터뷰 과정을 통해 경영자는 정량적인 방식으로 고객에게 선택 기준을 평가하도록 요청해야 한다. 그리고 제품을 구매할 때 적용하는 상대적 중요성에 따라 판단 기준의 순위를 매기도록 요청한다.
- **경쟁사의 제품에 비해 자사 제품이 고객의 평가 기준을 얼마나 만족시키는지 파악하라.** 경영자는 자사 제품은 물론 경쟁사 제품이 고객의 평가 기준에 얼마나 부합하는지 구체적으로 파악해야 한다. 이같은 분석을 통해 기업은 시장점유율 확보가 가능한 새로운 제품을 출시할 기회를 발견할 수 있다.

골드만삭스는 앞서 말한 전술을 적용해 새로운 시장에서 지배력을 확보했다. 골드만삭스는 새 시장으로의 진입을 결정하면 먼저 치밀한 분석을 시작한다. 분석을 통해 좋은 실적을 거두지 못할 것으로 판단되면, 이 회사는 그동안 어렵게 얻은 명성을 손상시키지 않고 헛된 투자를 방지하지 않기 위해서 시장 진입을 포기한다. 골드만삭스는 새로운 시장에서 고객의 요구를 조사하고 자신과 경쟁 기업의 능력에 취약점이 무엇인지 자세히 조사한다. 그리고 인력을 충원해 취약점을 보완함으로써 경쟁력을 높일 수 있는지의 여부를 파악한다.

골드만삭스가 이머징마켓 채권시장에서 보인 탁월한 성과는 이런 분석이 유용하다는 사실을 입증한다. 뱅커 지에 따르면, 골드만삭스는 이머징마켓 채권시장에서 고객이 채권을 매입하면서 적용하는 기준을 충족시키는 데 경쟁 기업보다 뛰어났다고 한다. 26개국 채권 매니저에게 골드만삭스, JP 모건, 살로먼스미스바니, 도이체방크, BNP 파리바, 크레디 스위스 퍼스트 보스턴을 대상으로 이머징마켓 채권 트레이더로서 우수성에 따라 순위를 매기도록 요청했다. 채권 매니저들은 아래와 같은 일곱 개 평가 기준에 따라 탁월(4점)에서 낮음(1점)까지의 척도로 이 투자은행들의 순위를 매겼다.

- 혁신적이고 새로운 자금 조달 방법을 제공하는 능력
- 빠르고 효율적인 실행 능력
- 채권 상품을 시장에 널리 보급하는 능력
- 채권 판매 후 지속적인 지원
- 열악한 시장 상황에서 일을 진행하는 능숙함
- 고객을 상대할 때 필요한 솔직함과 능숙함
- 투자자에게 투자 설명회를 주선하고 투자 내용을 잘 설명하는 능숙함

이 평가에서 골드만삭스는 전체적으로 높은 평가를 받았다. 하지만 표 7.1에서 보듯, 모든 항목에서 최고는 아니었다.[1]

예를 들어, 채권 발행자들이 가장 중요한 항목으로 간주하는 혁신적이고 새로운 자금 조달 방법을 제공하는 능력이란 항목에서 골드만삭스는 3.75점을 얻어 2위를 차지했다. 이 항목에서 도이체방크와 살로먼스미스바니가 3.8점을 얻어 공동 1위를 했다. 열악한 시장 상황에서 일을 진행하는 능숙함이란 항목에서 골드만삭스는 2.75점을 얻어 7위를 했고

1위는 3.4점을 얻은 살로먼스미스바니였다. 도이체방크는 채권 상품을 시장에 널리 보급하는 능력에서 3.4점을 얻어 1위를 차지했고 골드만삭스는 3.25점을 얻었다.

표 7.1 이머징 채권거래 시장에서 고객의 평가: 골드만삭스

평가기준	순위	점수	1위	1위 점수
전체 점수	1위	3.27	–	
투자자에게 투자 설명회를 주선하고 투자내용을 잘 설명하는 능숙함	1위	3.60	–	
빠르고 효율적인 실행 능력	4위	3.20	JP 모건	3.40
혁신적이고 새로운 자금 조달 방법을 제공하는 능력	2위	3.75	도이체방크	3.80
채권 상품을 시장에 널리 보급하는 능력	7위	3.25	도이체방크	3.40
채권 판매 후 지속적인 지원	2위	3.10	크레디 스위스 퍼스트 보스턴	3.50
열악한 시장 상황에서 일을 진행하는 능숙함	2위	2.75	살로먼 스미스바니	3.40
고객을 상대할 때 필요한 솔직함과 능숙함	3위	3.30	BNP 파리바	3.40

출처: 「이머징 마켓에서 골드만삭스의 지배력」, 2001년 8월 1일, 뱅커, p.49

골드만삭스가 채권시장에서 리더십을 발휘할 수 있는 이유는 혁신을 이루는 능력이 탁월하기 때문이다. 골드만삭스의 전무이사이며 라틴 아메리카 시장을 담당하는 존 매킨타이어는 1996년에 골드만삭스가 브래디 익스체인지라는 혁신적인 채권 거래 상품을 시장에 내놓았다고 언급했다. 매킨타이어는 이머징마켓에서 자금 조달 시장이 2단계에 접어들면 골드만삭스가 이 시장에서 위치를 선점할 것이라고 말했다. 그는 2단계 자금 조달 시장은 선진국 채권시장을 닮아갈 것이라고 확신했으며,

특히 앞으로 이머징마켓에서 이자율과 환율을 능동적으로 관리하는 경향이 높아질 것으로 기대한다. 또한 매킨타이어는 골드만삭스가 외환거래, 파생 상품과 상품거래에 강점을 보유하고 있기 때문에 미래에도 계속 리더십을 유지할 것으로 믿는다. 마지막으로, 그는 골드만삭스가 리더십을 유지하는 비결은 이머징마켓을 지속적으로 관찰하고 거시경제에 관한 연구를 했기 때문이라고 설명했다. 아울러 자본시장을 통합하고 채권 인수 조직을 유지하며 채권 상품을 시장에 널리 보급하는 골드만삭스의 능력이 뛰어났기 때문에 리더십을 계속 유지할 수 있었다고 말했다.[2]

경쟁에서 승리를 강조하는 기업 문화를 고려할 때, 골드만삭스가 이머징마켓의 채권시장에서 자신의 위치를 파악하기 위해 매우 빈번히 시장을 분석한 일은 여러 가지 교훈을 제공한다. 이 분석은 시장에서 리더십을 발휘하려는 경영자에게 출발점이 되고 고객이 상품을 선택하고 매입하는 기준이 무엇인지 알려준다. 그러나 이 분석에는 몇 가지 중요한 문제점이 있다. 첫째, 일곱 가지 선택 기준의 구분이 명확하지 않다는 점이다. 이 선택 기준을 활용할 수 있으려면 고객은 선택 기준에 순위를 매겨야 하고 가장 중요한 선택 기준에 압도적으로 높은 점수를 부여해야 한다. 이런 식으로 순위가 매겨진다면 표 7.1에서 골드만삭스가 모든 선택 기준에서 높은 점수를 받지 않고도 전반적으로 높은 점수를 획득할 수 있었던 이유가 설명된다. 둘째, 골드만삭스가 시장에서 계속 리더십을 발휘하고 싶어한다는 사실을 생각하면, 골드만삭스가 이 분석을 통해 부족한 부분을 개선하려 했다는 사실을 알 수 있다. 선택 기준에 순위를 매기는 일은 골드만삭스가 시장에서 리더십을 지속적으로 유지하기 위해 부족한 점을 파악해 이를 보완하는 노력을 기울이는 데 도움이 된다.

시장점유율을 높이기 위해 고객의 구매 패턴을 파악하는 능력은 다양한 역량을 키워 경쟁에서 승리하는 중요한 요소이다. 경영자는 고객이 활용하는 선택 기준을 살펴 자신의 약점을 겸허하게 받아들이고 이를 개선하는 노력을 아끼지 말아야 한다. 하지만 취약점을 개선하기 위해 취해야 할 조치가 항상 명확한 것은 아니다. 예를 들어, 골드만삭스는 열악한 시장 상황에서 일을 진행하는 능숙함 측면에서 7위를 차지했다. 그러면 골드만삭스는 이 분야를 향상시키기 위해 어떤 조치를 취할 수 있을까? 경험이 많은 인력을 재배치해야 할까? 열악한 시장 환경에 대처하기 위해 새로운 방침을 채택해야 할까? 아니면 열악한 시장 환경에서 파생되는 위험을 분산시키도록 투자자의 기반을 넓혀야 할까?

골드만삭스는 자신의 취약점을 해결해 시장에서의 위치를 강화하는 능력을 보였다. 수익성 높은 시장에서 높은 점유율을 차지하려는 열망으로 골드만삭스는 세 가지 독창적인 전략적 수단을 동원했는데 그것은 다음과 같다. 첫째, 골드만삭스는 시장을 지배하고 싶다는 열망을 고객에게 직접 표명했다. 이 회사는 고객과 대화를 나누는 과정에서 고객들이 골드만삭스가 자신들의 요구를 충족시키는 헌신성이 부족하다고 생각한다는 사실을 파악했다. 사실, 고객들은 골드만삭스가 주로 우량 제조업체를 주요 고객으로 삼는다고 인식했기 때문에 개별 고객에게는 제대로 서비스를 제공하지 않을 것이라고 판단하고 있었다. 둘째, 골드만삭스는 많은 전문 인력을 새롭게 채용하는 프로그램을 시작했다. 개별 고객의 요구를 잘 이해하고 실행할 것으로 기대되는 전문 인력을 채용해 새로운 비즈니스를 차질 없이 진행할 준비를 했다. 셋째, 골드만삭스는 신규로 채용한 인력이 골드만삭스의 기업 문화를 수용하고 고객에게 뛰어난 서비스를 제공할 수 있도록 회사 차원에서 배려를 했다. 마지막으로, 이 회사는 새로 획득한 역량을 널리 알리고 잠재 고객에게 헌신하겠다는 약속을 공표해 고객을 끌어들이기 시작했다.

1990년대 후반, 골드만삭스는 정크본드 시장에서 입지를 강화하기 위해 앞서 말한 세 가지 방법을 사용했다. 월스트리트저널에 따르면, 골드만삭스는 정크본드 시장을 석권하려는 강한 열망으로 정크본드 시장을 공략할 선봉대로서 이 시장에서 명성이 높은 전문가를 채용했다. 그리고 1999년, 골드만삭스는 미국 주식 인수 시장을 선도하고 M&A 시장에서 최고이며 IPO 시장에서 리더십을 발휘하는 것에 대단한 자부심을 느꼈다. 하지만 실망스럽게도 골드만삭스는 하이일드 채권(High-Yield Bond, 고수익 고위험 채권—옮긴이) 분야에서는 5위를 차지해 규모는 작지만 시장을 선도하는 도널드슨 러프킨 & 젠렛 사에 뒤쳐져 있었다. 1997년도에 8위였던 것에 비하면 순위는 높아졌지만 골드만삭스는 1996년에서 1999년 사이에 두 배로 규모가 커진 정크본드 시장에 그 당시까지도 본격적으로 참여하고 있지 않았다.[3]

고객들은 골드만삭스가 정크본드 시장에 그렇게 열중하고 있지 않다고 생각했다. 이 점을 간파한 골드만삭스는 문제를 해결하기 위해 명성이 높은 정크본드 전문가를 채용하고 발행자와 투자자를 위해 정크본드와 관련한 각종 회의를 후원함으로써 시장점유율을 높이기로 결정했다. 1999년 9월에 골드만삭스는 베어스턴스에서 투자은행 부문의 공동대표였던 데이비드 솔로몬을 채용해 로버트 오셔와 함께 국제 하이일드 채권과 은행 비즈니스를 담당하도록 했다. 채권 발행자와 투자자 사이의 인지도를 높이기 위해 골드만삭스는 1999년 10월, 라스베이거스 베니션 호텔에서 800명이 참석한 회의를 주최하기도 했다. 참석자들은 130개 하이일드 채권 발행자로부터 프레젠테이션을 받았고 회의 후에는 서커스단과 유명 연예인의 공연을 즐겼다.

이 회의로 골드만삭스의 고객들은 골드만삭스가 정크본드 시장에 헌신성이 부족하다고 느끼던 기존의 견해를 바꿨다. 라스베이거스에서 열린 3일간의 회의에 참석한 한 포트폴리오 매니저는 골드만삭스가 이같은 회의를 개최하리라고는 기대하지 않았다고 말했다. 오클라호마에 소재한 석유와 가스 생산업체인 체사피크 에너지 사의 CEO인 마크 롤런드는 베어스턴스를 통해 7억 3,000만 달러어치 정크본드를 발행한 적이 있다. 롤런드는 이 회의가 있기 전에는 골드만삭스가 정크본드를 다룰 것이라고 생각하지 못했다고 말했다. 골드만삭스는 라스베이거스 회의를 통해 롤런드와 같은 사람에게 정크본드 시장에 관심이 있다는 점을 분명히 보여준 셈이었다.

골드만삭스가 베어스턴스에서 하이일드 채권을 거래해 수백만 달러의 이익을 거둔 솔로몬을 채용한 일은 이 회사가 정크본드 시장에서의 위치를 강화하기 위해 많은 인력을 채용한 중에서도 가장 주목할 만한 경우였다. 솔로몬 외에도 골드만삭스는 도널드슨 러프킨 & 젠렛에서 하이일드 채권 분석을 책임졌던 로저 고든, 크레디 스위스 퍼스트 보스턴에서 통신 부문 하이일드 채권 담당 애널리스트인 마크 로즈, 에너지 부문 하이일드 채권과 주식 애널리스트인 데크 반 도런을 채용했다. 스쿠더 켐퍼 인베스트먼트에서 하이일드 채권 매니저로 일하는 해리 레지스는 골드만삭스가 솔로몬을 채용해 정크본드 시장에서 리더십을 발휘하기를 열망하고 있으며 실제로 시장에서 리더가 될 수 있다는 강한 신호를 보낸 것이라고 말했다.

골드만삭스는 자금력이 풍부했기 때문에 솔로몬에게 스톡옵션을 포함해 수백만 달러의 연봉을 제시했다. 이 회사는 하이일드 시장에서 점유율을 크게 높이면, 솔로몬과 다른 신규 인력에게 지급하는 연봉보다 더 큰 수익을 거둘 것으로 기대했고 솔로몬도 골드만삭스의 명성과 자신이 베어스턴스에서 쌓은 정크본드 비즈니스의 경험을 활용해 큰 수익을 거둘 것으로 예상했다.

골드만삭스는 정크본드 시장에서 지위를 강화하기 위해 그동안 쌓아왔던 경험과 명성을 활용하고 정크본드 부서와 기업 인수합병(M&A) 부서를 서로 협력시키는 조치를 취했다. 솔로몬과 오셔는 정크본드 발행자는 국제적 명성과 능력을 보유한 투자은행과의 거래를 원한다고 언급했다. 1999년, 골드만삭스는 빠른 성장을 보이던 유럽 정크본드 시장에서 새로운 발행 채권을 가장 많이 인수한 투자은행이 되었다. 골드만삭스가 유럽시장에서 거둔 성공에서 솔로몬과 오셔는 골드만삭스가 그동안 수익성을 가장 크게 내는 부문으로 크게 의존했던 M&A보다 정크본드 시장에서 더 큰 수익을 거둘 수 있다는 사실을 깨달았다. 오셔는 미국 시장에서도 유럽과 유사한 추세가 나타나고 있다고 봤다. 예를 들어, 1999년 10월에 골드만삭스는 지금은 파산한 통신 기업인 글로벌 크로싱 사에 영국 기업인 래컬 일렉트로닉스 사의 통신 부문을 16억 5,000만 달러에 인수하도록 조언했다. 그리고 10월 말에 M&A 부서의 도움을 얻어 글로벌 크로싱 사가 인수 자금에 충당할 7억 6,500만 달러를 은행에서 대출받도록 주선해 거래를 성사시켰다. 당시 글로벌 크로싱의 CFO인 댄 코어스는 그 당시에 골드만삭스가 이같은 거래를 성사시킬 만큼 자금을 주선할 능력이 있다고는 생각하지 못했다고 말했다.[4]

골드만삭스는 기존에 보유하고 있던 강점과 정크본드 시장에서 나타나는 새로운 추세를 결합해 성공을 거뒀다. 기업들은 레버리지 바이아웃(Leverage Buyout, 인수 대상 기업의 자산을 담보로 대출을 받아 그 기업을 인수하는 금융기법, LBO — 옮긴이)보다는 스스로 정크본드를 발행하는 추세를 많이 나타냈다. 전통적으로 골드만삭스는 기업과 긴밀한 관계를 구축하고 있었기 때문에 기업이 자체적으로 정크본드를 발행하는 시장의 추세 변화를 활용할 수 있었다. 또한 골드만삭스는 유럽과 아시아 시장에서 이미 확고한 기반을 구축하고 있었기 때문에 여러 국가에 걸쳐 정크본드 거래 성사의 증가로 큰 이익을 거뒀다.

　마지막으로, 골드만삭스는 정크본드 시장에서 또다른 변화에 적극적으로 대응했다. 중소기업들을 위한 정크본드 시장의 중요성이 높아지고 있던 시기에, 전통적으로 대규모 우량 기업을 상대로 영업을 해오던 골드만삭스가 매출액 3억~5억 5,000만 달러인 중소기업을 위한 정크본드 비즈니스를 시작한 것이었다. 예를 들어, 골드만삭스는 라스베이거스에서 열린 회의에 참석했던 아고시 게이밍 사를 고객으로 삼았다. 아고시의 CFO인 데일 블랙은 골드만삭스가 정크본드 시장에서 시장점유율을 높이기로 결정하기 전까지는 아고시는 골드만삭스의 고객이 될 수 없었다고 지적했다. 본사가 보스턴에 있는 루미스 세일즈의 런던 지사에서 하이일드 트레이드로 일하는 일레인 스토크스는 다른 투자은행은 중소기업을 대상으로 정크본드 거래를 꺼려했던 반면에 골드만삭스는 중소기업이라도 항상 정크본드 거래를 성사시키려고 노력했다고 말했다. 스커더에서 일하는 레지스는 골드만삭스가 정크본드 비즈니스에 헌신하겠다는 약속을 충실히 이행했다고 평가했고 골드만삭스가 정크본드 시장점유율을 높이기 위해 취한 조치와 노력은 매우 인상적이었다고 말했다.[5]

　골드만삭스는 1999년에 취했던 전략적 조치가 결실을 거둬 정크본드 시장에서 점유율을 크게 높였다. 톰슨 파이낸셜에 따르면, 2000년과 2001년에 골드만삭스는 국제 하이일드 인수 시장에서 1999년 5위에서 2단계 상승한 3위를 차지했다. 특히, 골드만삭스는 2001년에 39개 국가에서 100억 달러 어치 하이일드 채권을 인수했고 2000년에는 24개국에서 66억 달러어치 하이일드 채권을 인수했다.[6] 골드만삭스가 국제 정크본드 시장에서 확실한 리더십을 확보한다는 목표를 달성했다고는 말하기는 힘들지만 비용을 크게 증가시키지 않으면서도 정크본드 인수 규모를 크게 증가시켰다는 점은 분명한 사실이다.

　시장점유율을 크게 높이겠다는 열망으로 골드만삭스는 겸손한 자세로 새로운 시장에 접근했다. 골드만삭스가 정크본드 시장에서 점유율을 증가시켰던 사례는 고객을 올바로 이해하는 것이 얼마나 중요한지를 보여준다. 첫째, 골드만삭스는 고객들이 자신을 정크본드 시장에서 중요한 인수자가 아니라고 생각한다는 점을 깨달았다. 이런 약점을 보완하기 위해 명성이 높은 정크본드 전문가를 외부에서 채용했다. 그리고 솔로몬이 골드만삭스의 기업 문화에 이질감을 느끼지 않고 쉽게 적응할 수 있도록 기존의 골드만삭스 임원인 오셔와 파트너를 이루어 일을 하게 배려했다. 둘째, 골드만삭스는 정크본드 시장에 헌신하겠다는 사실을 고객에게 널리 알리기 위해서 라스베이거스 회의를 주최했다. 셋째, 골드만삭스는 정크본드 시장에서 새롭게 나타난 고객의 요구를 이해하고 이에 기초한 전략을 실행했다. 예를 들어, 이 회사는 정크본드 발행과 M&A를 결합시켜 시장의 요구를 적절히 반영했고 국가간 거래를 주선했다. 결국, 골드만삭스는 목표 고객이 요구하고 골드만삭스에서 부족하다고 생각하는 능력을 적극적으로 파악하고 보완해 정크본드 시장에서 점유율을 높일 수 있었다.

　하지만 이렇게 취약점을 극복하지 못하면 골드만삭스와 정반대의 결과를 얻게 된다. 즉 시장점유율을 상실하게 되는 것이다. 기업이 시장의 변화에 무관심하면 고객은 자신의 요구에 신경을 쓰는 기업을 찾아 투자하려고 한다. 많은 경우에 어느 정도 성공을 거둔 기업은 시장점유율이 하락해도 크게 신경 쓰지 않으며, 특히 전체 비즈니스에서 차지하는 비중이 상대적으로 낮은 부문에서 무관심의 정도는 더욱 크다.

　메릴린치는 변화하는 고객의 요구를 반영하지 못해 어려움을 겪었던

적이 몇 번 있었다. 때때로 메릴린치는 시장에서 일어난 변화의 중요성을 너무 쉽게 간과했다. 이 회사의 전반적인 비즈니스는 잘 진행되고 있어서 경영진은 어느 한 부문에서 발생한 실적 둔화에 별다른 주의를 기울이지 않았다. 이런 메릴린치의 경영에 고객이 실망감을 느껴 매출액에 상당한 변화가 발생할 때까지 메릴린치의 경영진은 고객의 요구가 변하고 있다는 사실을 파악하는 데 전혀 신경을 쓰지 않았다. 주식 중개인을 통한 주식거래에서 상당한 성공을 거둔 메릴린치는 주식 중개 수수료에 당장 큰 영향을 미치지 않는 시장 변화에 무관심했다.

1990년대 후반에 IPO 시장에서 메릴린치의 점유율이 하락한 사실은 고객의 변화하는 요구에 적절히 대처하지 못하면 어떤 위험을 겪게 되는지를 알려준다. 다우존스 온라인 뉴스에 따르면, IPO 시장에서 메릴린치의 점유율이 하락하게 된 이유는 이 회사가 기관 거래에 상대적으로 취약했기 때문이었다. 기관 거래는 IPO 시장에서 새로운 고객을 유인하는 데 필요한 중요한 능력이다. 특히 메릴린치는 IPO 시장에서 차지한 점유율이 1위를 고수하던 1993년, 19.2%에서 1997년, 12.9%로 하락해 골드만삭스에 이어 2위를 차지했다.[7]

메릴린치의 점유율이 하락한 부분적 이유는 고수익 부동산 투자신탁과 폐쇄형 채권펀드가 대중적으로 인기를 끌었기 때문이다. 이들 금융상품은 이자율이 하락할 때 상대적으로 높은 수익을 가져다주기 때문에 1993년에 투자자들 사이에서 매우 인기가 좋았던 반면, 1996년과 1997년, IPO의 대부분은 기술주를 중심으로 일어났고 메릴린치는 전통적으로 이 분야에서 취약점이 있었다. 메릴린치가 1997년에 기술주 IPO 시장에서 차지한 점유율은 4.7%로 1993년 점유율에 비해 높기는 하지만 1997년 시장 리더인 골드만삭스의 점유율 12.4%에 비하면 크게 떨어지는 수치였다.

메릴린치가 기술주에 취약성이 있다는 사실로 시장점유율의 하락을 설명할 수도 있겠지만, 더 중요한 문제는 스스로 강점이라고 생각했던 주식 중개 능력이 IPO 시장에서는 약점으로 작용했다는 사실을 들 수 있다. 메릴린치는 수만 명이나 되는 주식 중개인을 보유해 주식 거래 분야에서는 상당한 능력을 보유했지만 1990년대 후반, IPO 시장에서 고객을 유치하는 가장 중요한 능력은 기관투자자와 긴밀한 관계를 창출하고 유지하는 역량이었다.

예를 들어, 1993년과 1997년 사이에 기관투자와 관계가 긴밀한 기업은 대부분 IPO 시장에서 점유율을 높였지만 주식 중개를 주로 하는 기업은 점유율이 하락했다. 골드만삭스는 1993년 10.4%에서 1997년 15.4%로 점유율을 높였다. 크레디 스위스 퍼스트 보스턴은 같은 기간 동안 2.8%에서 5.5%로 점유율을 높였고 도널드슨 러프킨 & 젠럿도 IPO 시장에서 점유율을 3.8%에서 4.9%로 높였다. 하지만 같은 기간 동안 주식 중개를 주로 했던 기업은 IPO 시장에서 점유율이 낮아졌다. 살로먼 스미스바니는 IPO 시장에서 차지한 점유율이 1993년 9.5%에서 4.6%로 낮아졌고 페인웨버 그룹은 8%에서 1%로, 프루덴셜 증권은 2.9%에서 2.2%로 낮아졌다.[8]

메릴린치는 달라지는 고객의 요구에 효과적으로 대응하지 못했다. 기관투자가는 주식이 상장된 첫날에 커다란 시세 차익을 거둘 수 있기 때문에 IPO 시장에서 점유율을 높이는 데 도움이 된다. 예를 들어, 1997년에서 2000년까지 IPO를 시행한 기업에 투자한 기관투자가는 첫날에만 100% 이상의 수익률을 거두었다. 거래 대가로 막대한 수수료를 투자은행에 지불하는 기관투자가는 최초로 공모하는 주식을 상장 이전의 가격으로 배당받는 식으로 큰 수익을 거두었다. IPO를 계획하는 기업의 주식을 상장 이전에 투자은행의 주선으로 장외시장에서 매입하고 상장 첫날 매도하면 두 배 이상의 수익률을 거두었기 때문에 당시 거저먹기나 다름없었던 IPO 주식에 대한 기관투자가의 수요는 사실상 제한이 없었다. 또한 IPO 시장을 통해 자금을 모으려는 기업은 기관투자가를 끌어들일 투자은행의 역할이 필요했다.

1990년대 후반, 주식 중개에 강점이 있다고 자부한 메릴린치는 IPO 시장에서 상처를 입었다. 시장 상황이 변하고 있었음에도 메릴린치는 개별 주식 투자자를 유치하고 관리하는 능력이 중요하다고 잘못 생각하고 있었다. 메릴린치는 중소기업이 자본을 모으기 위해 IPO 시장을 선호하는 시장의 변화에 대처할 필요가 있었다. 주식 중개보다 IPO를 선호하는 기업의 요구에 관심을 두었다면 메릴린치는 기관투자가와 긴밀한 관계를 구축하는 데 노력했을 것이다. 하지만 기업의 이런 변화를 파악한 투자은행은 1990년대 후반 주식시장이 활황에 있을 때 IPO 시장에서 큰 이익을 거둘 수 있었다. 메릴린치는 목표 고객을 잘못 판단하는 실수를 저질러 경쟁에서 뒤처지게 된 것이었다.

고객을 이해하는 것은 다양한 역량을 배양하는 데 매우 중요한 출발점이다. 골드만삭스는 고객의 요구 변화를 이해하고 자신의 장단점을 정확히 파악해 이머징 채권시장과 하이일드 채권시장에서 리더십을 발휘했다. 반면에 메릴린치는 IPO 시장에서 나타난 변화에 무관심하고 고객의 변화를 제대로 파악하지 못해 시장 리더십을 상실했다. 두 투자은행의 사례를 통해 시장에서 리더십을 발휘하고자 하는 경영자는 세 가지 측면에서 항상 경계심을 늦추지 말아야 한다는 사실을 알 수 있다. 첫째, 경영자는 경쟁 기업과 상대적인 시장점유율 변화가 어떠한지 항상 관찰하고 변화가 있다면 그 원인이 무엇인지 파악해야 한다. 핵심 고객층이 달라져 기업의 수익성에 큰 영향을 미칠 수도 있기 때문이다. 둘째, 경영자는 철저한 시장조사를 시행해 고객이 제품을 구입하며 적용하는 선택 기준을 파악하고 그 우선순위를 평가하며 고객의 요구에 대처하는 방법을 모색해야 한다. 마지막으로, 시장에서 리더십을 발휘하려는 경영자는 분석을 통해 취약한 부분을 발견했을 때 이를 감추거나 회피하지 말고 적극적으로 문제점을 보완하는 조치를 취해야 한다.

다양한 능력 구축

고객을 올바로 이해하는 것이 시장점유율을 높이는 중요한 첫 단계이지만 시장의 리더가 되고자 하는 기업은 고객을 확보하기 위해 사용할 역량을 신중히 선택해야 한다. 경쟁 기업이 시장 리더의 경쟁력을 면밀히 분석해 경쟁우위를 무력화시키려 노력하기 때문이다. 장기적으로 볼 때 경쟁 기업이 선도 기업의 성공 능력을 파악하지 못하게 막을 방법은 없다. 결과적으로 시장점유율을 방어할 유일한 방법은 자사만이 보유한 능력을 경쟁 기업에서 모방하기 어렵게 만드는 것이다.

이렇게 하려면 경쟁 기업을 물리칠 다양한 역량을 배양하고 제품을 다변화하며 고객에 따라 다양한 시장을 개발해야 한다. 여러 능력을 겸비해 경쟁 기업보다 앞서나간 사우스웨스트 항공을 예로 들어보자. 이 기업이 갖춘 다양한 역량은 좋은 비행기종을 선택하고 좀더 편리한 탑승구를 배정 받고, 높은 수준의 기내식 서비스와 저렴한 항공권을 고객에게 제공하며 비행기가 탑승구에 진입하는 시간을 줄이고 독특한 채용 관행을 유지하는 활동 등이었다.

어떤 기업이 다양한 활동과 기능에서 경쟁 기업보다 월등히 뛰어나다면 기존 경쟁 기업이나 새로 시장에 진입한 기업은 이 전략을 따라하기 매우 힘들게 된다. 이 경우 기존 경쟁 기업은 시장에서 리더십을 발휘하는 기업을 모방하는 데 소요되는 비용이 이익보다 크기 때문에 다양한 역량에 기초한 전략을 따라하기 힘들다고 판단한다. 새로 시장에 진입한 기업은 선도 기업의 전략을 따라하려고 노력하지만 선도 기업이 각 분야에서 '경쟁력이 높은 영역'을 이미 선점하고 있어 이를 뚫기가 어렵다는 사실을 깨닫는다. 예를 들어, 사우스웨스트와 경쟁하려는 신규 항공사는 시장 리더인 기업들이 이미 각 공항에서 가장 좋은 탑승구를 선점하고 있고, 우수한 인력을 채용하거나 양성하는 일이 보기보다 매우 어렵다는 사실을 깨닫는다.

다양한 역량을 배양하는 일은 경쟁에 필요한 기술뿐 아니라 경쟁의 범위와도 관련이 있다. 즉 기업은 다양한 기술이 유용하게 쓰일 수 있는 서너 개의 서로 다른 시장에서 효율적으로 경쟁을 벌인다. 다양한 시장에서 경쟁하면서 얻는 이득은 한 시장에서 점유율이 하락하더라도 다른 시장이 서로 연관성이 없다면 비즈니스 전체에 심각한 타격을 주지는 않는다. 따라서 다양한 역량을 배양하기 위해서 기업은 서로 독립적인 시장에서 경쟁을 할 때 어떤 능력이 필요하고 그것을 어떻게 사용해야 하며 다양한 시장이 서로 심각한 영향을 미치지 않으려면 어떻게 방어막을 구축해야 하는지 이해할 필요가 있다.

다양한 능력의 구축으로 이득을 보려는 경영자는 다음과 같은 전술을 고려해야 한다.

- 고객의 요구를 충족시키려면 현재 자신이 보유한 능력과 약점을 파악하라. 경영자는 고객이 경쟁 기업을 어떻게 평가하는지 알아보면 자사가 지금 보유한 능력과 약점을 파악할 수 있다. 경쟁 기업이 고객의 구매 기준에 부합하는 제품을 제공한다면 경영자는 경쟁 기업이 우월한 성과를 올릴 수 있었던 능력이 무엇인지 분석해야 한다. 또한 경쟁 기업이 이 능력을 훌륭히 활용한 방법이 무엇인지도 예리하게 관찰해야 한다.
- 고객의 요구를 충족시키는 활동을 경쟁 기업과 비교 평가하라. 경쟁자의

능력을 분석한 결과를 활용해 경영자는 고객의 요구를 충족시키는 활동이 경쟁 기업과 비교해 얼마나 훌륭한지 전략적으로 분석한다. 이 분석은 경영자가 경쟁 기업과 비교해 자사의 강점과 약점을 파악하는 데 도움을 준다.

- 인력을 채용하고 기업을 인수하거나 파트너십을 형성해 부족한 능력을 보완하라. 경영자는 약점이 보완될 수 있는지 결정해야 한다. 보완될 수 있다면 경영자는 자신의 기업에 부족한 능력을 갖춘 적당한 기업이나 인력을 찾는 프로세스를 시작한다. 경영자는 자사에 필요한 능력 정도나 합병 가치의 유무에 따라 기업들의 순위를 매기며, 현재 인력과 교체할 가치가 있느냐에 따라 바람직하다고 생각한 인력들의 순위를 매긴다. 비용편익분석을 수행하여 경영자는 가장 순위가 높은 기업을 인수하거나 인력을 채용해 자신에게 부족한 능력을 최대한 보완한다.
- 경쟁 기업이 모방하기 힘든 능력을 키워라. 경영자는 목표로 하는 시장에서 효율적으로 경쟁하는 데 필요한 능력만을 키워서는 안 된다. 경영자는 특허나 쉽게 따라하기 힘든 노하우처럼 고객이 우월하다고 확실히 인정하고 경쟁자가 쉽게 모방할 수 없는 능력을 개발해야 한다.

MBNA는 비스니스를 확립하면서 남보다 앞선 세 가지 전술을 사용했다. 첫째, 자신의 장점과 가장 잘 어울리는 시장을 선택했다. 그렇게 함으로써 경쟁자가 자신의 전략을 쉽게 모방하거나 시장점유율을 빠르게 잠식할까봐 걱정할 필요가 없었다. 둘째, 초기에 기술 투자를 통해 경쟁 우위를 높여 새로운 고객을 효율적으로 확보하고 질 높은 서비스를 제공해 가장 수익성 높은 고객을 유지했다. 셋째, 고객이 MBNA의 능력이 우월한 가치를 제공한다고 바라보는 시장으로 비즈니스를 확장했다.

MBNA가 수익성을 갖춘 성장을 달성했다는 사실은 이같은 접근방식을 대변한다. 아메리칸 뱅커 지는 MBNA가 수익성을 갖춘 성장을 달성한 이유가 여러 시장에서 경쟁우위를 달성한 다양한 역량 때문이라고 언급했다. 모기업인 MNC 파이낸셜에서 1991년에 분사한 MBNA는 1993년에 미국 치과 의사 협회에 신용카드를 발행하는 등 2,800개 기관과 단체에 신용카드를 발행했다. 전문가 조직, 대학 동창회, 친목 단체와 소규모 은행과 저축 기관을 대상으로 신용카드를 발행하는 시장에서 MBNA는 경쟁에서 승리해 미국에서 세 번째로 비자카드와 마스터카드를 많이 발행한 기업이 되었다.

하지만 MBNA의 경쟁 기업은 여러 조직과 단체를 대상으로 비즈니스를 진행할 다양한 역량을 갖추지 못했다. 경쟁 기업이 철저한 시장분석 없이 막연하게 잠재적 고객으로 판단되는 단체와 조직에 가입을 청원하는 우편물을 보낸 반면, MBNA는 단체에 가입해 있는 신용도가 높은 1억 500만 명을 목표 고객으로 삼아 치밀한 마케팅 활동을 벌였다. MBNA의 CEO인 척 콜리는 생활이 안정되고 신용카드 대금을 지불할 능력이 있는 책임 단체의 회원을 목표 고객으로 삼았다고 언급했다. 적절한 고객을 대상으로 삼아 MBNA는 경쟁적으로 이자율과 수수료를 낮춤으로써 소비자 신뢰가 떨어지는 것을 막고 은행 산업 외부에서 새로운 경쟁 기업이 진입하는 위협을 피했다. 결과적으로 1992년에 MBNA의 수입은 14% 증가한 1억 4,900만 달러를 기록했고 지불 연체와 대출 손실은 산업 평균보다 훨씬 낮았다.

MBNA는 목표로 삼은 단체 고객을 신중히 선택해 성공을 거뒀고, 아울러 기존 은행이 사용하는 전통적인 방법과 다른 방식으로 위험을 관리한 것도 성공에 큰 기여를 했다. 전임 MBNA 회장인 앨프리드 러너에 따르면, 기존 은행이 주요한 위험만 관리하는 데 비해 MBNA는 위험을 수많은 종류로 세분해 관리했다고 한다.[10] 결과적으로 1992년에 MBNA

가 입은 대출 손실은 전체 대출 금액의 3.3%에 불과했다. 이 수치는 상위 다섯 개 비자카드 발행사의 손실률 5.7%보다 크게 낮은 수치이며 전체 평균인 4.9%보다도 상당히 낮다.

게다가 MBNA는 경쟁 기업보다 지불 능력이 높은 고객을 유치하는 데 성공했다. 예를 들어, 1993년을 기준으로 MBNA 고객 중 33%는 평균 소득이 5만 5,000달러이며 14년 동안 연체 없이 카드 대금을 지불하고, 15년 이상 직장 생활을 하며 자기 집이 있는 사람들이었다. 아울러 이 고객들은 산업 평균보다 높은 수수료를 MBNA에 지불했다. MBNA 고객의 연평균 카드 사용금액은 2,166달러로 산업 평균인 1,419달러보다 높고 일년에 38회 신용카드를 사용해 산업 평균인 30회보다 높았다.

MBNA는 평균 이상인 단체와 형성한 파트너십과 신용 문화라는 두 가지 핵심적인 원천을 활용해 우량 고객을 유치했다. MBNA에서 카드 발급 신청서를 심사하는 과정은 이 기업의 신용 문화에서 핵심적인 요소이다. MBNA에서는 신용분석가와 컴퓨터 시스템이 접수된 카드 발급 신청서를 심사하는 2단계 과정을 거친다. MBNA에서 일하는 모든 직원들은 기업을 위해 우량 고객을 유치하는 데 관심이 매우 높다. 따라서 우량 고객을 유치해 그들을 대상으로 한 신용카드 대출은 1992년에 15%나 성장했다. MBNA는 단체 카드 발급으로 630개 조직을 추가했으며 150만 명이 새로운 고객으로 등록했다. 1993년에 추가로 600개 단체를 목표로 계약을 추진했다. MBNA는 비즈니스를 해외로 확장하려는 계획을 세우고 있지만, MBNA가 파트너십을 맺은 대학에서 수천 명이 졸업해 동창회에 가입하고, 의사, 교사, 법률가, 치과의사가 되어 새로운 단체에 가입하기 때문에 미국 내 비즈니스만으로도 충분한 성장 기회가 남아 있었다.

자신의 모교인 조지타운 대학을 MBNA에 최초로 가입시킨 콜리는 단체나 조직에 줄 것을 주면서도 결국은 경쟁 기업보다 많은 수익을 거두는 데 뛰어난 능력을 보였다. 일반적으로 은행은 단체와 계약을 맺고 고객 맞춤형 신용카드를 단체 회원에게 제공할 권리를 획득하고 로열티로 적은 금액을 지불한다. 단체 회원은 자기 단체의 이익을 위해 신용카드를 사용하고 일부 단체는 MBNA에서 받은 연간 수수료를 회원들을 위해 지불한다. 컨설팅 회사인 페이먼트 시스템즈의 부사장인 스티븐 스제켈리는 MBNA에 가입하기를 원하는 단체가 넘쳐나기 때문에 이 회사는 경쟁 기업보다 가입을 거절하는 비율이 높다고 확신했다.

MBNA가 수천 명에 달하는 단체 회원을 신용카드 소지자로 전환시킨 능력은 펜실베이니아 주립대학의 사례에서 단적으로 드러난다. MBNA는 1989년부터 관계를 맺어온 펜실베이니아 주립대학 총동문회를 위해 신용카드 8만 장을 공급하기로 1993년에 계약을 맺었다. 콜리에 따르면, 펜실베니아 주립대학은 MBNA와 계약을 체결하기 전에 이미 다른 은행과 3년간 계약을 맺은 상태였다. 이 은행은 단지 1만 5,000개의 신용카드 구좌를 공급했을 뿐이었다. 하지만 MBNA는 일대일 영업 방식을 사용해 매우 훌륭한 실적을 달성했다. 이 기업은 연례 동창회가 열리는 장소에 부스를 마련하고 다양한 동문회 행사에 영업 인력을 파견했다. 1993년에 MBNA가 영업 인력을 보내 참석한 행사는 1,100여 개에 이르며 이들은 행사에서 직접 카드 신청서를 배포했다.

마케팅과 영업 면에서 보인 강점 외에도 MBNA는 계속 시장 리더십을 유지하기 위해 다른 능력을 개발했다. 이 회사는 마케팅 비용을 통제하고 고객이 이탈하는 비율을 줄이기 위해 노력했다. 그리고 좋은 고객 서비스를 제공하기 위해 인력의 업무 만족도를 개선했다. 내부 광고 부서는 생산성이 매우 높아 1993년에 마케팅 홍보물 8,000만 건을 발송했고 텔레마케팅 부서는 전화 통화를 1,000만 건이나 했다. 1993년에

MBNA가 발행한 모든 신용카드는 연간 회비와 대출 금액에는 연이율 17.3%가 적용되지만 훌륭한 마케팅 활동과 고객 이탈 방지 노력을 벌여 MBNA의 고객이 이탈하는 비율은 6%로 산업 평균 비율의 반에 불과하다. 콜리는 MBNA가 발행한 신용카드가 다른 신용카드보다 높은 신용 한도를 제공하기 때문에 고객이 쉽게 이탈하지 않는다고 말했다. 마지막으로, MBNA는 경쟁 기업보다 우수한 고객서비스를 제공해 고객 만족도를 높였다. 모든 직원은 사내 교육기관인 '고객만족 대학'에 참석해 고객에게 훌륭한 서비스를 제공하는 방법을 교육받는다. 교육 장소에는 서비스와 팀워크의 가치를 강조하는 현수막과 슬로건이 곳곳에 걸려 있고 교육을 받는 직원들의 사기는 매우 높다.[11] MBNA의 직원들은 직장에서 행복감을 느끼기 때문에 자연히 훌륭한 고객서비스를 제공하게 된다.

1997년에 이 기업은 자사의 다양한 역량을 몇 가지 새로운 시장에 적용했다. MBNA가 보유한 능력은 새로운 시장에도 효력을 발휘해 놀랄 만한 성장을 이룩했다. US 뱅커 지에 따르면, 이 기업은 기존 능력을 발휘할 수 있는 세 가지 새로운 시장에 진입해 만족할 만한 성공을 거두었다. 콜리는 새로운 비즈니스 세 가지는 MBNA가 새로운 비즈니스를 선택하는 기준과 부합한다고 말했다. 새로운 비즈니스 제품은 MBNA의 노하우를 이용한 우편물과 전화 서비스로 판매되었다.[12]

MBNA는 1997년에 영국에서 비즈니스를 진행했고 아일랜드에서 영업 허가를 받았으며 캐나다에서 마케팅 활동을 벌였다. 콜리는 잉글랜드 체스터에서 공식적으로 금융업 허가를 받아 20억 달러에 상당하는 대출을 진행했다고 말했으며, 영국, 아일랜드, 캐나다에서 벌이는 비즈니스 규모는 2002년도 기준, 대출 금액으로 평가해 50억에서 70억 달러가 될 것으로 기대했다.

MBNA의 두 번째 새로운 비즈니스는 소비자 금융이었다. 1995년에 소비자 금융을 독립 운영하기 시작했고 1997년에 분할상환대출, 주택지분대출과 2차 모기지론의 형태로 40억 달러 상당의 대출을 실시했다. 2002년까지 소비자 금융 비즈니스는 100억 달러에서 120억 달러 규모로 성장할 것이라고 콜리는 예상했다.

MBNA의 세 번째 새로운 비즈니스는 보험이었다. 1997년에 MBNA는 38개 주에서 보험 상품을 제공해도 된다는 허가를 받았고 그해 연말에 그 수는 50개 주로 확대되었다. 이 기업은 보험 인수 분야에서 성과가 좋은 TIG와 파트너십을 맺어 보험 중개인을 활용했으며 다양한 보험 상품을 제공했다. 1997년에 콜리는 MBNA가 1억 달러의 보험 수수료 수입을 거두고 2002년에는 10억 달러가 넘어설 것으로 예상했다. MBNA는 생명보험과 자동차보험을 팔았다. 콜리는 신용카드 영업에 필요한 능력이 보험 영업에 필요한 능력과 겹치는 부분이 많아 MBNA가 새롭게 시작한 보험업에서 수익성을 달성하는 데 많은 도움이 되었다고 확신했다. 고객이 MBNA의 고객만족센터에 전화를 걸었을 때 그들 중 30%는 고객만족센터 직원이 보험담당 부서를 통해 보험 상품에 관한 설명을 들어보라고 권유하면 흔쾌히 이에 동의했다. 콜리는 신용카드 고객 2,000만 명을 바탕으로 대략 보험 상품 600만 건을 판매할 수 있을 것으로 예상했다.

콜리는 2002년까지 MBNA가 거둔 전체 세전 이익 가운데 30%를 세 가지 새로운 시장에서 거둘 것으로 예상했다.

새로운 시장을 통한 성장 외에도 콜리는 단체를 상대로 한 영업에도 여전히 성장 가능성이 많다고 봤다. 콜리에 따르면, 1997년에 미국 의사 중 55%가 MBNA가 발행한 신용카드를 보유하고 있었는데, MBNA가 발행한 신용카드를 보유하지 않은 나머지 45%도 향후에 소지할 가능성이 높았다.

　이외에도 간호사 중 25%, 변호사 중 36%, 엔지니어 중 27%와 치과 의사 중 60%가 MBNA가 발행한 신용카드를 소지하고 있다. 미소지자도 영업 활동을 벌여 신용카드 사업을 성장시킬 가능성이 크다. 콜리는 MBNA의 비즈니스는 열 가지로 시장을 분류하여 각 시장을 담당하는 마케팅과 홍보 부서가 설치되어 있다고 말했다. 예를 들어, 스포츠 마케팅, 전문직 마케팅과 대학을 담당하는 마케팅 부서가 별도로 운영된다. 각 시장별로 MBNA는 1996년보다 1997년에 성장률이 높았다.[13]

　MBNA가 거둔 놀라운 성공은 다양한 역량을 배양해서 얻는 가치에 관해 몇 가지 일반 원칙을 알려준다. 첫째, 다양한 역량은 기업이 고객의 요구를 충족시키는 데 경쟁 기업보다 더 나은 성과를 거두도록 도움을 준다. MBNA는 친목이나 이익단체와 그 회원을 대상으로 마케팅 활동을 능숙히 벌이는 능력을 통해 많은 혜택이 있는 서비스를 제공해 이들 단체가 회원을 새로 유치하고 기존 회원을 유지하는 데 도움을 줬다. MBNA는 높은 신용 한도를 제공하는 대가로 경쟁 기업보다 높은 이자율을 지불할 의사가 있는 개인만을 회원으로 받아들여 신용카드를 남발하지 않고 우수한 회원만을 유지하는 데 도움이 되었다. 그리고 고객에게 제공한 뛰어난 서비스는 고객을 이탈시킬 수도 있는 불만족과 불평을 최소화해 가장 바람직한 양질의 고객을 유지하는 데 도움을 주었다. MBNA는 다양한 역량을 배양해 경쟁 기업보다 훨씬 더 많이 고객의 요구 사항을 충족시켜 시장 리더가 되겠다는 희망을 실현시켰다.

　둘째, 기업이 배양한 다양한 역량을 경쟁 기업이 모방하기 힘들다면 그 효과는 더욱 커진다. 경쟁 기업들은 MBNA가 수행한 단체 마케팅, 신용 분석, 가격 정책과 고객서비스를 쉽게 따라하지 못했다. MBNA가 지닌 경쟁 우월성은 세밀한 비즈니스 프로세스에서 생겨났고, 이 비즈니스 프로세스를 통해 MBNA의 인력 수천 명은 일관된 활동을 수행할 수 있었다. 이 회사는 상세한 비즈니스 프로세스와 주요한 기술이 경쟁 기업에게 유출되지 않도록 유의했다. 예컨대 수익성을 극대화시키는 다이렉트 마케팅 전략을 위한 시스템과 고객이 서비스에 나타난 문제를 효과적으로 해결하도록 도움을 주는 기술이 경쟁 기업에게는 커다란 장벽이었다. 경쟁 기업이 MBNA의 세부적인 프로세스를 배워 고객에게 경쟁적으로 우월한 가치를 제공하는 데 필요한 프로세스와 기술을 구축할 가능성은 거의 없다.

마지막으로 MBNA는 다양한 역량을 새로운 시장에 접목시켰다. MBNA는 자신의 능력을 발휘해 새로운 매출과 수익을 가져다줄 매력적인 시장을 식별했다. 대신 기준을 충족시키지 못하는 시장과는 거리를 두었다. 결과적으로, 이 회사는 새로운 시장에 진입해 만족할 만한 수익을 거둘 가능성을 높였다. 더구나, MBNA는 새로운 시장에 진입한 후 수익성을 달성해 사업 다각화라는 목표를 달성했다. 특정 비즈니스에 대한 의존성을 줄여 경영진은 새로운 경쟁 기업의 출현으로 인해 점유율이나 성장률이 갑자기 하락하는 위험에서 MBNA의 주주를 보호했다.

경쟁 우월성 유지

호시탐탐 기회를 노리는 경쟁 기업보다 앞서가지 못하면 시장 리더는 리더십을 상실한다. 이런 의미에서 기업의 전략은 앞선 세대에 폐허로 변한 도시를 재건하는 것으로 생각할 수 있다. 기업은 시장으로 올바로 진입하기 위한 초기 전략을 세운다. 경쟁 기업이 출현하고 기술이 발전하며 고객의 요구가 변하면서 기업의 초기 전략은 효력을 잃는다. 이에 따라 기업은 초기 전략에서 장단점을 분석해 새로운 전략을 개발한다. 이전 전략의 핵심적인 요소를 유지한 채 새로운 환경에서 경쟁하는 데 도움이 될 새로운 전략적 요소를 추가하는 실험을 한 것이다. 시간이 흘러 새롭게 마련한 전략이 효력을 잃으면 앞선 과정을 반복해 또다른 전략을 마련한다.

창업자가 수립한 초기 전략이 실행에 옮겨지겠지만 뒤이은 전략들은 창업자가 고용한 인력들이 제안한 아이디어를 바탕으로 수립되어야 한다. 기업의 성장에 따라 창업자는 다른 인력의 도움이 없이는 환경 변화에 따른 기업 전략 수정을 위한 필요 데이터를 수집하고 분석할 능력에 한계를 느끼게 된다. 경쟁 우월성을 유지하기 위해서 창업자는 전략가에서 조직가로 자신의 역할을 바꾸어야 한다.

경영자는 변화하는 고객의 요구를 경쟁 기업보다 훌륭히 충족시키도록 조직을 구축해야 한다. 고객의 요구에 충실히 대처하는 조직은 창업자보다 효율적으로 고객의 요구를 충족시킬 수 있는 인력을 채용해야 한다. 경쟁 우월성을 유지하기 위해 경영자는 조직이 기존 고객을 유지하고 새로운 고객을 확보할 향상된 방법을 제시할 수 있어야 하며, 수만 명에 이르는 직원들이 일상 활동에서 아이디어를 실천할 수 있는 능력을 갖추도록 분위기를 조성해야 한다.

경쟁 우월성을 유지하려는 경영자는 다음과 같은 전술을 활용한다.

- **고객에게 향상된 가치를 창출할 수 있는 인력을 고용하라.** 빠르게 변화하는 고객의 요구, 경쟁 기업의 전략과 기술적 변화를 감안할 때 과거에 하던 업무 방식을 고수하는 기업은 뒤쳐지기 마련이다. 리더십을 계속 유지하기 위해 기업은 변화를 분석해 뒤쳐지지 않고 지속적으로 리더십을 발휘하도록 신제품과 프로세스를 개발할 인력을 채용해야 한다. 새로운 인력을 채용하기 위해 경영자는 기존 인력 중 가장 혁신적인 생각을 보유한 사람을 채용 담당자로 선정하고, 새로 채용할 사람이 생소한

문제를 창의적인 방법으로 해결할 능력이 있는지를 시험할 인터뷰 방식을 개발하도록 한다.
- 직원들이 창의력을 발휘할 수 있도록 근무 환경을 조성하라. 적절한 인력을 고용한 이후, 기업은 그들이 창의력을 발휘해 문제점을 식별하고 효율적인 해결책을 마련할 수 있도록 근무 환경을 마련해야 한다.
- 고객의 반응을 살펴 어떤 해결책이 효과가 있었는지 파악하라. 일반적으로 제품과 프로세스 혁신에서 얻은 재무적 성과가 해결책을 평가하는 수단이겠지만, 고객의 반응을 살펴보면 어떤 혁신적 아이디어가 다른 경쟁 기업보다 고객의 요구를 제대로 충족시켰는가를 판단하는 유용한 수단이 될 수도 있다.
- 경쟁력 강화에 기여한 창의적 아이디어를 제안하고 이를 실천한 인력에게는 보상하라. 기업은 경쟁 우월성 확보에 기여한 아이디어를 실천으로 옮긴 직원의 노고를 보상해 그들이 계속 혁신을 수행할 동기를 부여하고 다른 인력도 이에 자극을 받아 혁신적인 활동에 나서도록 자극해야 한다.

사우스웨스트 항공은 앞에서 말한 네 가지 전술을 수행한 좋은 사례를 보여준다. 사우스웨스트 항공은 30여 년 동안 수익성 있게 운영을 한 유일한 항공사다. 또한 고객만족, 신속하고 정확한 서비스와 효율적인 비용 처리 측면에서 업계의 선두를 달리고 있다. 에어 트랜스포트 월드지에 따르면, 2001년까지 사우스웨스트 항공은 에어 트랜스포트 월드지에서 수여하는 상을 다섯 개나 받았다. 1991년, 다른 항공사보다 뛰어난 영업 실적을 거둬 올해의 항공사에 선정되었고, 1993년에는 비교적 단기간에 우수한 실적을 올린 항공사로 선정되었다. 그리고 1998년, 미국 교통부가 발표한 성과 보고서에 따르면 사우스웨스트 항공은 가장 신속 정확한 항공사, 가장 훌륭히 수화물을 처리한 항공사, 고객 불만이 가장 적은 항공사로 선정되어 3관왕이 되었으며, 4년 연속 고객 불만이 가장 적은 항공사로 선정되는 영예를 안았다.[14]

사우스웨스트 항공은 다양한 역량의 배양이라는 원칙을 단적으로 드러내는 기업이다. 이 항공사는 취항 공항 선택, 항공기 선정, 적절한 인력의 채용과 보상, 항공기 유지 보수 등 거의 모든 항공사 활동에서 경쟁 기업보다 우수한 실적을 거두었다. 각 활동에서 훌륭한 성과를 달성한 사우스웨스트의 독특한 접근 방식을 살펴보자. 이 항공사는 경쟁이 매우 치열한 항공 산업에서 생존하고 번성하기 위해 다음과 같은 활동을 진행했다. 항공 산업은 경쟁 기업을 산업에서 퇴출시키기 위해 매우 치열한 경쟁 활동을 벌이기 때문에 사우스웨스트 항공은 두 가지 테스트를 만족시키는 활동 방식을 택했다. 첫째, 사우스웨스트 항공의 경영 방식은 경쟁 기업이 모방하기 매우 힘들다. 경쟁 기업이 이 항공사의 방식을 따라한다면 득보다 실이 많기 때문이다. 둘째, 비행시간이 신속 정확하고 즐겁지만 저렴한 항공권을 제공하는 방식으로 고객에게 경쟁 기업보다 훨씬 우월한 가치를 창출했다.

또, 강력한 경쟁 항공사가 경유 공항을 활용해 연결 편을 제공하는 방식을 취한 반면, 사우스웨스트 항공은 주로 직항 편을 운용했다. 경유 공항과 연결 편을 활용하는 항공기를 탑승하는 승객은 댈러스 포트워스와 같은 대규모 공항을 경유해야 하고 최종 목적지로 연결되는 항공편을 탑승하기 위해 여러 시간을 기다려야 한다. 이런 탑승 시스템은 항공기에 적정 탑승 인원을 채우지 못했고, 많은 항공기를 운용했기 때문에 비용이 높았다. 사우스웨스트 항공은 직항 편 체계를 통해 보유 항공기를 가능한 한 자주 운용해서 탑승률을 최대한 높였고 탑승구에서 승객이 대기하는 시간은 채 20여 분이 넘지 않았다. 업무 때문에 항공기를 이용하는 승객에게는 환승 시간을 줄일 수 있는 직항편이 매우 매력적이었으며 일반 승객에게도 정확한 시간에 목적지에 도착하면서도 저렴한 가격 덕분에 인기가 있었다.

경쟁 항공사와 달리 사우스웨스트 항공은 한 종류의 항공기, 즉 보잉 737기종만 운행하고 있었다. 이 전략을 통해 조종사, 지원 인력, 승무원에게 한 기종에 대해서만 교육을 실시해도 충분하기 때문에 여러 기종을 운용하는 경쟁사에 비해 비용을 절감할 수 있었다.[15]

사우스웨스트 항공이 항공기 이용률을 높일 수 있었던 이유는 저렴한 항공권을 제공해 고객을 충분히 확보했기 때문이었다. 경쟁 기업보다 많은 승객을 한 편의 항공기에 탑승시켜 효율을 극대화했으며 저렴한 항공권과 질 높은 서비스로 많은 고객을 확보할 수 있었다. 저렴한 항공권을 판매하면서도 수익성을 거두려면 사우스웨스트는 비용을 낮게 유지해야 했다. 앞서 언급한 교육비용과 유지비용을 낮게 유지한 것 외에도 이 항공사는 네 가지 방법으로 비용을 절감했다. (1) 항공권 발권 비용을 절감했다(2000년에 매출액의 30%인 17억 달러가 온라인으로 예약되었다). (2) 기내식을 제공하지 않았다(대신에 9,090만 봉지의 땅콩과 730만 봉지의 건포도를 제공했다). (3) 경쟁 기업보다 중소 공항에 취항하는 비율을 높였다. (4) 지정석을 없앴다. 사우스웨스트 항공은 비용을 절감해 저렴한 항공권을 판매해도 수익성이 높았다. 이 항공사는 더 많은 승객을 유치할 수 있는 새로운 비행 편 개척에 투자했고, 그 결과 단위 비용은 낮아졌고 고객에게 저렴한 항공권을 제공할 기반을 마련할 수 있었다.

또한 이 사우스웨스트 항공은 고객이 쾌적한 여행을 할 수 있도록 노력했다. 좌석 공간이 넓고 (앞좌석과 공간이 82.5cm 85cm로 타 항공사보다 넓었다) 객실이 분리되어 있지 않으며 짐을 넣을 수 있는 공간이 여유가 있는 보잉 737-700기를 100기 넘게 보유했다.16) 그리고 고객이 즐겁게 여행할 수 있도록 갖가지 배려를 했다. 이 항공사의 고객인 낸시 휴즈먼은 승무원들이 격의 없고 성격이 좋아 비행 중에 편안함을 느끼고 좋은 인상을 받았다고 말했다. 2002년 5월에 휴즈먼은 뉴햄프셔의 고등학교에 다니는 고등학생들을 인솔해 테네시 주 녹스빌에서 열리는 창의력 캠프에 참가했다. 휴즈먼과 학생들은 사우스웨스트 항공을 이용해 뉴햄프셔 주 맨체스터를 출발했다. 학생 중 한 명인 샘은 자기가 안전벨트 착용에 관한 안내방송을 해볼 수 없겠느냐고 승무원에게 요청했다. 승무원은 무뚝뚝하게 거절하지 않고 상냥하게 안 된다고 말하며, 대신에 승무원 역할을 해보고 싶으면 승객에게 땅콩을 나눠주는 일을 해보지 않겠냐고 제안했다.17)

샘은 마이크를 들고 승객에게 지상 최고로 멋진 땅콩 서비스를 받게 될 것이라고 농담을 했다. 샘은 동급생들이 전체 승객에게 땅콩을 나눠주는 동안 땅콩 봉지 뒷면에 적혀 있는 성분표를 기내방송을 통해 읽어 내려갔다. 승객들은 샘의 행동에 즐거워했으며 학생들이 땅콩을 나눠줄 때 고맙다는 말을 아끼지 않았다. 비행이 거의 끝날 무렵에 승무원들은 학생들이 기내 서비스를 너무 훌륭히 수행했으며 고맙다는 말을 전했다. 기장은 학생들에게 탑승 기념품을 나눠주었고 승무원들과 함께 기념사진을 찍었다. 공항에 도착해 승객들이 비행기에서 내리는 동안 승무원들은 사우스웨스트 항공을 이용한 것에 감사하다는 내용의 노래를 불렀다. 휴즈먼이 말하듯이 사우스웨스트 항공의 승무원들은 비행이 지루하지 않고 편안하도록 많은 노력을 했다.

사우스웨스트 항공이 보유한 경쟁우위를 유지하는 방법은 비밀이 아니다. 경쟁 기업보다 앞서기 위해서 조직은 끊임없이 리더십을 유지하려는 노력을 한다. 사우스웨스트 항공에서 고객서비스 담당 부사장으로 일하는 도나 코너버에 따르면, 사우스웨스트 항공은 스스로를 고객서비스가 중심 비즈니스인 업체로 생각한다. 매우 간단한 말로 들리지만 이 말은 사우스웨스트 항공이 경쟁우위를 유지한 능력에 관해 큰 시사점을 제시한다. 고객서비스를 중요시하는 사우스웨스트는 모든 직원들에게 뛰어난 고객서비스를 제공하는 데 방해가 되는 문제를 해결해야 한다는 책임성을 부여한다.[18]

모든 직원이 주인의식을 갖고 기업의 성과 개선에 노력을 기울이는 사우스웨스트 항공은 직원들이 자신을 기계의 부품처럼 느끼며 일하는 경쟁사에 대해 경쟁우위를 유지했다. 사우스웨스트 직원들은 서로 가족처럼 생각하고 자사를 성공으로 이끄는 일이 자신의 임무라고 생각한다. 반대로 경쟁 항공사에서 일하는 직원들은 경영자가 자신을 관리해야 할 비용처럼 취급한다고 느낀다. 회사에서 직원이 받은 느낌은 고객에게 전달되기 때문에 고객은 사우스웨스트 항공에서는 가족과 같은 따듯함을 느끼지만 다른 항공사에서는 그런 느낌을 받지 못한다.

코너버는 자기 경험을 예로 들며 사우스웨스트 항공이 회사 발전을 위해 직원들에게 어떤 방식으로 책임감을 부여했는지 설명한다. 그녀는 1977년 항공 예약 담당 직원으로 일하기 시작했고 이후에 기술과 기업 문화를 주제로 직원들을 교육하는 업무를 맡았다. 1986년에 코너버는 새로운 예약 시스템을 실행하는 임무를 맡았다. 1994년 일선 여행사에서 자사의 예약 시스템에 사우스웨스트 항공편을 게시하는 대가로 거래한 건마다 수수료 1달러를 부과한다는 결정을 내리는 바람에 사우스웨스트 항공은 시장에서 위치가 흔들릴 정도로 큰 문제에 직면했다. 사우스웨스트 항공사는 거래 수수료 비용을 부담할 능력이 없었기 때문에 여행사와 연계된 예약 시스템을 철수해야 했고, 그 일로 매출이 급격히 감소할 위기에 처했다.

사우스웨스트 항공의 CEO이자 회장인 허브 켈러허는 코너버가 이끌고 있는 팀에 티켓 없이 예약하는 시스템을 구축하도록 지시했다. 1994년 5월에 코너버와 그녀의 팀은 4일 동안 회의를 열어 시스템 구축에 관해 논의했다. 같은 해 7월에 그녀의 팀은 고객이 온라인으로 항공권을 구입하고 신용카드로 대금을 지불하는 시스템을 개발했다. 이 시스템은 적절한 시기에 완성되었고 작동에도 문제가 없어 사우스웨스트 항공은 경영에 심각한 문제를 초래할 수 있었던 위기를 극복했다. 코너버는 만약 다른 회사에서 동일한 문제의 해결책을 마련하기 위해 팀을 구성한다면 위계질서 때문에 제 기능을 발휘하지 못해 소기의 성과를 거두기 힘들 것이라고 확신했다.

사우스웨스트 항공은 끊임없이 직원들에게 저비용을 유지해야 한다고 강조했다. 물론 사우스웨스트 항공은 직원들과 이윤을 공유하는 프로그램을 제공해 직원들의 비용 절감 노력에 큰 동기를 부여했지만 이것보다도 회사를 내 것처럼 여기는 주인의식이 더 큰 역할을 했다고 본다. 전체 직원들 중 85%가 우리사주조합에 가입되어 있는 사우스웨스트의 직원들은 회사가 지속적으로 성공해야 자신에게도 발전과 혜택이 돌아온다고 생각한다. 결과적으로 사우스웨스트 항공은 엄격히 비용을 통제했고 고객에게 가치를 창출하지 못하는 곳에는 헛되이 돈을 쓰지 않았다. 게다가 사우스웨스트 항공이 자금 압박을 겪을 때 직원들은 솔선수범해 비용을 절감하는 노력을 기울였다. 1990년과 1991년, 중동 지역에서 정치적 긴장이 고조되어 연료 가격이 급상승해 위기가 찾아왔다. 이때 사우스웨스트 항공의 직원들은 '마음에서 나오는 연료(Fuel from the Heart)'라고 불린 프로그램에 자발적으로 참여해 임금을 스스로 삭감함으로써 연료비 상승에서 오는 비용 증가를 줄이려고 노력했다.

결국, 사우스웨스트 항공은 모든 인력이 자발적으로 창의적 아이디어를 제시하고 실천하도록 환경을 조성해 경쟁우위를 지속하고 있다. 대부분 조직에서 고위직에 오른 사람은 자신보다 직위가 낮은 사람이 자신의 권위에 도전해서는 안 된다는 교만함을 갖기 쉽다. 사우스웨스트 항공은 채용 단계에서 이런 마음 자세가 있는 인력을 배제했다. 이와 관련해 자주 인용되는 사우스웨스트 항공에 조종사로 지원했던 한 사람의 일화가 있다. 이 조종사는 사우스웨스트 항공과 인터뷰하기 전 항공편을 직접 예약하라는 요청을 받았다. 하지만 이 조종사 후보자는 예약 담당 직원에게 너무 무례하게 대했고 이 사실은 관리자에게 보고 후 인사 담당자에게 전달되었다. 그 조종사가 인터뷰하러 왔을 때 사우스웨스트 항공은 예약 담당자에게 범한 무례함 때문에 그를 채용할 의사가 없다고 밝혔다.

2002년에 사우스웨스트 항공은 자유롭게 아이디어를 제안하는 시스템을 통해 경쟁 기업보다 계속 앞서나갈 수 있도록 혁신을 시도했다. 2001년 9.11 테러가 발생한 이후 승객들은 보안 검색을 받느라 비행기 탑승에 오랜 시간이 걸렸다. 이에 대처 방안으로 사우스웨스트 항공사는 승객들이 신속하게 탑승권 발급과 수화물 처리를 할 수 있도록 무인 터치스크린 시스템을 마련했다. 이 시스템 개발에는 공항 세관원, 전산 인력, 고객, 지상 운영 인력과 임원 등 다섯 개 그룹이 참가해 각자의 의견을 개진했다. 여러 관계자의 이해를 수렴하는 과정을 거쳐 무인 터치스크린 시스템은 단순히 발권, 탑승권과 수화물 처리를 신속히 하는 보조 기능만을 수행하도록 설계되었다. 사우스웨스트 항공은 인력을 해고하려는 수단이 아니라 동일한 인력을 유지한 채 고객의 편의를 증가시키는 목적으로 터치스크린 시스템을 개발한 것이었다.[19]

사우스웨스트 항공은 경쟁 우월성 유지에 관해 몇 가지 일반적 원칙을 알려준다. 첫째, 이 항공사는 경쟁우위를 유지하기 위해 여러 조치를 취했지만 그 중에서도 가장 경쟁적인 무기는 인력이었다. 앞에서 살펴 봤듯 사우스웨스트 항공은 고객에게 저렴한 항공권을 제공하면서도 수익성과 비용 면에서 우위를 유지했다. 이미 잘 알려진 사실이지만 사우스웨스트 항공이 경쟁 기업보다 앞서갈 수 있었던 이유는 경쟁 기업들이 경쟁우위를 유지하는 요소를 제대로 이해하기 힘들거나 모방하기 힘들기 때문이었다. 무엇보다도 사우스웨스트 항공의 강점은 문제가 발생했을 때 창의적이고 실용적인 방식으로 문제를 해결해 고객에게 뛰어난 서비스를 제공하는 직원들에 있다. 이런 인력이 없었다면 사우스웨스트 항공도 다른 경쟁 항공사와 다르지 않았을 것이다.

둘째, 경쟁우위를 유지하는 일은 '자기를 내세우지 않는(즉, 팀워크를 중시하는)' 경영진에 달려 있다. 자신의 이익보다 조직의 이익을 중시하는 경영진은 경쟁의 관점에서 보면 매우 강력한 힘을 발휘한다. 다른 기업이 따라하기 매우 힘든 부분이기 때문이다. 팀워크를 중시하는 경영진의 사고방식이 모든 인력에게 확산되어 영향력이 커지면, 직원들에게서 창의적인 아이디어가 제시될 가능성이 커진다. 아울러, 경영진이 제시한 아이디어에 주인의식을 보유한 직원이 현실감을 더하면 그 힘은 몇 배나 커진다. 따라서 자기를 내세우지 않고 조직을 중시하는 경영진은 조직이 창의적으로 문제를 해결하는 능력을 크게 높이고 시장 리더로서 경쟁 기업과 격차를 넓히는 역할을 한다.

마지막으로, 사우스웨스트 항공이 경쟁우위를 유지할 수 있었던 이유는 문제에 신속히 대처하고 기회를 놓치지 않은 능력에 기인한다. 이 항공사가 1994년에 티켓이 필요 없는 항공권 예약 시스템을 개발한 일이나 기내 방송을 원했던 학생들의 요구에 재치 있게 대응한 승무원의 사례에서 보듯, 사우스웨스트 항공은 신속한 대응으로 경쟁 기업에 앞서갈 수 있었다. 신속한 대응이 가능했던 이유는 자율성과 책임성을 중시하는 기업 문화를 구축했기 때문이다.

사우스웨스트 항공은 매우 세심한 채용 과정을 거쳐 직원들에게 책임성과 결부된 자율성을 부여했으며, 자율성을 통해 새로운 아이디어를 제시하고 실천하는 데 장애가 되는 관료적 위계질서를 타파했다. 결과적으로, 사우스웨스트 항공의 인력은 새로운 도전에 적극적으로 맞서 동료와 협력해 새로운 해결책을 개발했다. 이 항공사는 비슷한 문제에 직면한 경쟁사보다 신속히 문제를 해결했기 때문에 경쟁우위를 유지할 수 있었다.

JC 페니의 혁신

몇 년 동안 침체에 빠져 있는 기업에 다양한 역량을 배양하는 일은 쉽지 않다. 일반적으로 조직이 안정화된 기업은 오랫동안 경쟁에서 승리하겠다는 강렬한 열망이 없어도 당장 망하지는 않는다. 주주와 고객은 가치 창출에 관심이 없는 경영자에 실망감을 느끼겠지만 주주가 경영진에게 경쟁에서 승리하라는 열정을 불어넣을 방법은 거의 없다. 따라서 위기가 닥쳐야 경영진은 조치를 취하기 시작한다. 그리고 위기를 극복하기 위해 취하는 조치로 회사를 회생시킬 새로운 경영진을 영입하는 것이 포함된다.

새로운 경영진을 영입하는 일은 꽤 위험할 수 있지만 경쟁에서 뒤쳐진 기업을 혁신시키는 최선의 방법이기도 하다. 새로운 CEO는 새로운 시각에서 회사를 바라보고 기존 임직원과 공급자와의 오랜 관계에 신경 쓰지 않고 변화를 시도한다. 변화가 효과를 보려면 먼저 CEO는 고객의 시각에서 기업을 냉정히 파악해야 한다. 고객이 회사에 가장 불만을 느끼는 점은 무엇인가? 어떤 제품이 가장 많이 생산되고 수익성이 가장 높은가? 어떤 제품에서 가장 손실을 많이 보고 있는가? 어떤 기업 전략을 수정해야 목표한 성과를 신속히 달성하고 밝은 미래를 건설할 수 있을까? 어떤 관리자와 직원이 해결책을 제시할 능력을 보유하고 있을까? 또한 그런 능력이 없는 인력은 누구인가?

JC 페니는 1994년에 최고 실적을 거둔 이후 앞서 열거된 문제들과 씨름해왔다. 이 기업은 2000년까지 6년 연속 침체기를 경험 이후, 페더레이티드 백화점을 회생시킨 앨런 퀘스트럼을 새로운 CEO로 영입했다. 3장에서 설명한 문제에도 불구하고 2002년까지 퀘스트럼이 JC 페니를 혁신시키려고 취한 전략은 어느 정도 긍정적인 성과를 도출했다. 예를 들어, 2002년 7월말까지 6개월 동안 매출액은 1% 증가해 150억 달러를 기록했고 전년도의 2,800만 달러의 손실에 비해 이익은 6,600만 달러를 기록했다. 주간 홈퍼니싱네트워크(HFN) 지에 따르면, JC 페니가 혁신을 위해 취한 중요한 조치는 공급자와의 관계를 근본적으로 변화시키는 것이었다. 2001년 5월에 이 기업은 전체 상품 구매 인력의 65%에 해당하는 사람들을 소집해 공급자에 대한 새로운 전략을 발표했다. JC 페니는 신제품을 누구보다 먼저 공급받고 배송 기간을 줄이며 공급자에게 불리한 계약을 강요하지 않겠다고 선언했다.[20]

이 기업의 새로운 전략은 가치를 창출하지 못하는 제품을 줄이고 고객에게 판매 가능한 핵심 제품에 중점을 두겠다는 것이었다. 이 전략은 고객의 만족을 높이고 비용을 낮추려는 목적으로 다음과 같은 몇 가지 조치를 취했다.

- **고객에게 인기 높은 제품을 우선적으로 취급하라.** JC 페니는 제품 공급자에게 고객에게 인기를 끌 특성을 지닌 신상품을 경쟁 기업보다 먼저 공

급하라고 요청했다. 수석 부사장이자 최고운영책임자인 버네사 카스타냐는 좋은 제품을 신속히 공급하도록 공급자에게 동기를 부여했다. 예를 들어, 경쟁 기업보다 좋은 상품을 공급하는 공급자에게 제품 진열 방식을 개선(예를 들어, 연관성이 높은 제품을 묶어서 진열하는 방식으로 침대 시트와 수건을 같이 전시)해주었고 광고와 홍보를 지원했다.

- **상품 거래 방식을 혁신하라.** 퀘스트럼을 CEO로 채용한 것 외에도 매장의 판매 인력 절반을 교체했다. 또한 여러 곳에서 진행되던 구매와 상품 수요 예측 시스템을 한 곳으로 집중시켜 인기 상품에 집중하고 인기가 떨어진 제품은 과감히 철수했다. 이렇게 해서 2001년에는 판매하는 제품의 종류를 반으로 줄였다. 결과적으로 JC 페니는 가장 인기가 좋은 제품에 지출할 금전적 여유를 확보했다.

- **주요 품목에 집중하라.** 이 기업은 침구류나 욕실 제품 등으로 전국적으로 잘 알려진 브랜드인 키친에이드와 로열 벨벳 같은 고객이 가장 필요로 하는 품목을 취급하기로 결정했다. 수석 부사장이자 매장 담당 임원인 마이크 택스터에 따르면, 의견 조사 결과, 고객은 구매하려는 품목이 해당 매장에 있고 구매 품목을 쉽게 찾을 수 있기를 바랐다. 이런 의견에 대처해 JC 페니는 품목별로(예컨대, 의류는 셔츠류, 바지류, 수건류로 진열) 고객이 원하는 품목을 신속하고 용이하게 찾을 수 있도록 상품 진열 방식을 개선했고 상품을 효과적으로 재배치했다. 수석 부사장이자 매장 환경을 담당하는 찰스 파우티는 열세 개 구역으로 분할된 매장을 여섯 개 그룹으로 재분류했다. 각 그룹은 제품별로 고정된 공간을 부여받았다. 따라서 매장의 크기와 지역이 다르더라도 진열 방식은 품목별로 규격화되었다.

- **계산대를 중앙에 배치하라.** 체인스토어 에이지에 따르면, JC 페니는 모든 매장에서 계산대를 중앙 복도나 출입구 근처에 배치했다. 2002년 7월

까지 JC 페니는 중앙 배치 계산대 시스템을 열네 개 매장에서 시험해보고 만족스러운 결과를 얻게 되자 5천만 달러를 투자해 2002년 3분기 말까지 모든 매장에 이 시스템을 적용했다. 중앙에 계산대를 배치함으로써 고객은 이전보다 빨리 계산을 마칠 수 있었기 때문에 시범 적용한 매장에서의 매출액은 2.7% 상승했고 인건비는 전체 매장 평균보다 0.6%가 낮았다. 게다가 JC 페니는 새로운 계산대 시스템에 관해 고객에게서 매우 긍정적인 반응을 얻었다.

- **유통 단계를 개선하라.** JC 페니는 제품 충당 시간을 단축하는 조치를 취했다. 예를 들어, 신상품 지원 센터를 포함해 유통구조를 개선한 결과 귀금속 부서는 모자란 제품을 채우는 시간이 과거 20일에서 6일로 단축되었다. 귀금속 부문 수석 부사장이자 상품 거래 매니저인 베릴 래프에 따르면, JC 페니는 유통과 마케팅에서 효율성을 향상시켜 예물을 구입하려는 신혼부부처럼 중요한 고객을 더 많이 유치할 수 있었다.[22]
- **가격을 낮춰라.** 공급자와 원만한 계약을 체결한다는 명성을 통해 JC 페니는 중앙에서 일괄적으로 제품을 대량 구입해 가격을 낮췄다. 장기적으로 보면 공급자에게도 이익이 되지만 낮은 가격으로 대량 구입하는 방식은 공급자의 반발을 불러일으킬 수도 있다.

JC 페니가 선택한 전략은 그 성공 여부가 아직 확실히 판정되지 않았지만 효과가 있었다. 퀘스트럼이 2000년 9월에 CEO로 취임한 후 2년 동안, S&P500 지수는 45% 하락했지만 JC 페니의 주가는 42%나 상승했다. 2001년도에 JC 페니가 달성한 9,800만 달러의 이익은 전년도인 2000년도에 7억 500만 달러의 손실을 장부에서 삭제한 것이 일조를 했지만 그래도 혁신을 위해 JC 페니가 취한 조치는 가시적인 비용 절감 효과와 고객만족 측면에서 상당한 개선이 이루어졌기 때문에 바람직하다고 볼 수 있다.

경영 혁신 수단

JC 페니가 혁신을 시도하면서 취한 조치는 시장 리더가 되려는 기업이 다양한 역량을 배양해 경쟁에서 승리하기 위해 취할 수 있는 단계가 무엇인지 보여준다. 개념적으로는 간단해 보이지만 변화에 둔감한 대규모 조직에서 효과적으로 조치를 취하려면 많은 노력이 필요하다. JC 페니는 혁신을 시도하면서 앞서 논의한 다양한 역량의 배양이라는 원칙을 적용했다. 특히 이 기업이 경영 혁신을 위해 취한 조치는 고객의 의견 조사에 기초를 두고 있다. 고객의 의견을 조사해 상품 선정과 매장 운영에서 개선의 여지를 파악했다. 또한 JC 페니의 경영진은 비용을 절감해 혁신 과정에 필요한 자금을 마련했다. 개선 기회를 파악한 이후 이 기업은 고객만족을 높이고 비용을 절감하는 노력을 연계시켜 모든 활동에서 개선을 이룩했다.

JC 페니의 혁신 사례를 통해, 다양한 역량을 길러 경쟁에서 승리하고자 하는 경영자는 다음과 같은 경영 혁신 수단을 사용한다.

- **충족되지 않은 고객의 니즈를 파악하라.** 혁신을 주도하는 경영자는 고객을 올바로 이해하기 위해서 충족되지 않은 고객의 기대 사항이 무엇인지 파악해야 한다. JC 페니의 경우, 고객은 신속하게 원하는 제품을 찾고 빨리 계산하는 것을 원했다. 고객이 요구하는 사항을 예리하게 파악하는 능력은 기업에 광범위한 영향을 미치고 결국 경쟁우위를 향상시키는 방식으로 대규모 조직을 적극적으로 변화시킬 수 있기 때문에 매우

중요하다.

- 고객의 니즈를 충족시키는 활동을 개선하라. 일반적으로 기업을 혁신시키려는 경영자는 충족되지 못한 고객의 니즈를 만족시키는 다양한 역량을 개발해야 한다. JC 페니에서 고객이 편리하게 쇼핑하도록 매장을 개선하겠다는 목표는 제품을 전시하고 계산하는 방식을 변경하고 판매하는 상품 구성을 변화시켰다. 다양한 활동에서 나타난 변화는 고객이 원하는 제품을 제공했기 때문에 실제로 기업의 경쟁 지위를 강화했다.

- 비용 절감을 통해 혁신 비용을 마련하라. 보통 혁신을 이끄는 경영자는 외부에서 자금을 조달하는 데 어려움을 겪는다. 따라서 기업은 내부에서 조달한 자금으로 혁신에 필요한 능력을 키워야 하는데, 단기적으로 내부에서 조달할 수 있는 혁신 자금은 비용을 절감하는 데서 나온다. 그러므로 경영자는 고객만족도를 손상시키지 않는 범위에서 비용을 절감해 경영 혁신 자금을 마련할 방안을 찾아야 한다. JC 페니는 공급자와 대량 구매 거래를 통한 구매 단가 하락, 적절한 재고 관리, 인기 없는 제품의 철수, 중앙 계산대 설치를 통한 인건비 절약 방식으로 경영 혁신에 필요한 자금을 조달했다.

다양한 역량의 배양이라는 원칙은 지속적인 프로세스다. 혁신을 주도하는 경영자는 이 장에서 설명한 세 가지 전술을 지속적으로 취해야 한다. 경쟁 지위를 향상하기 위해서 기업은 새로운 고객의 의견을 수렴해 경영 개선의 기회를 파악해야 한다. 경영 혁신을 시도하는 경영자가 지속적으로 경영을 개선하려는 노력을 멈추지 않는다면 결국 그 기업은 시장에서 우월한 지위를 달성할 것이다.

가치지수

전술적인 측면에서 밸류 리더십의 원칙을 분석하는 일은 경영자가 개선의 기회를 정확히 파악하는 데 도움을 준다. 조직이 '다양한 역량의 배양'이라는 원칙을 적용해 개선할 가능성이 있다면 전술적 측면의 분석은 조직이 목표로 삼은 활동을 수행하고 개선하는 최선의 방법이 무엇인지 알아내는 데 도움을 준다.

예시 7.1은 두 가지 측면의 분석을 통해 여러분 기업의 VQ를 계산하는 데 유용하다. 첫 번째 분석은 이진법적 분석으로 기업이 열거된 특정한 전술을 수행하고 있는지 여부를 판별하는 점검표로서 가치지수분석표를 활용한다. 기업이 특정한 활동을 수행하면서 어떤 전술도 수행하고 있지 않다면 이 전술의 수행을 고려해야 한다. 두 번째 분석은 유사성 분석으로 여러분의 기업이 이미 특정한 전술을 수행하고 있다면 그 전술의 수행에서 개선의 여지가 있는지를 파악하는 데 가치지수분석표를 활용할 수 있다. 특정한 전술에 해당하는 점수를 올리려면 전술의 실행 방법을 변화시키는 프로세스를 시작해야 한다. 자세한 내용은 9장에서 다룬다.

이 두 가지 측면의 분석을 실행하기 위해 여러분의 기업은 직원들을 인터뷰해 데이터를 수집해야 한다. 가장 좋은 방법은 객관적인 외부인을 고용해 적절한 인터뷰 대상을 선정하고 인터뷰 방침을 개발하여 인터뷰를 실행한 후 결과를 분석하는 것이다. 데이터 수집과 분석 결과로 각 전술에는 특정한 점수가 매겨질 것이다. 점수를 매기는 데 가치 판단이 필요하지만 밸류 리더 또는 우수한 경쟁 기업의 점수와 비교해 여러분 기업의 점수가 어느 정도인지 파악할 수 있다.

각 전술에는 탁월(5점)에서 낮음(1점)의 점수가 매겨진다. 조직이 전술을 전혀 수행하고 있지 않다면 점수는 0이다. 활동 점수를 구하려면 각 활동에 해당하는 전술의 점수를 평균하고 반올림한다. '고객의 요구를 충족시키려면 현재 보유한 능력과 약점을 파악하라'는 전술을 생각해 보자. 여러분의 기업이 경쟁 기업을 분석해 자신의 장단점을 분석하지 않았다면 점수는 0이다. 반면에 100명 이상의 고객을 인터뷰해 고객이 중요하다고 생각하는 구매 기준을 자신이 얼마나 잘 수행하고 있는가에 대해 자세한 분석을 수행했다면 점수는 5이다.

예시 7.1 가치지수분석표 : 다양한 역량의 배양

다양한 역량의 배양 : 활동과 전술	점수
올바른 고객 이해 □ 각 고객층을 대변하는 대표 고객에 관한 정보를 수집하라. □ 고객이 제품을 선택하는 기준은 무엇이고 순위가 어떠한지 파악하라. □ 경쟁 기업의 제품에 비해 자사 제품이 고객의 평가 기준을 얼마나 만족시키는지 파악하라.	
다양한 능력 구축 □ 고객의 요구를 충족시키려면 현재 보유한 능력과 약점을 파악하라. □ 고객의 요구를 충족시키는 활동을 경쟁 기업과 비교 평가하라. □ 인력을 채용하고 기업을 인수하거나 파트너십을 형성해 부족한 능력을 보완하라. □ 경쟁 기업이 모방하기 힘든 능력을 키워라.	
경쟁 우월성 유지 □ 고객에게 향상된 가치를 창출할 수 있는 인력을 고용하라. □ 직원이 독창성을 발휘하도록 근무 환경을 조성하라. □ 고객의 반응을 살펴 어떤 해결책이 효과가 있었는지 파악하라. □ 경쟁력 강화에 기여한 창의적 아이디어를 제안하고 실천한 인력을 보상하라.	
총점	

주: 5=탁월, 4=매우 우수, 3=우수, 2=보통, 1=낮음, 0=해당사항 없음.

결론

다양한 역량의 배양을 통해 경쟁에서 승리한다는 것은 밸류 리더십에서 매우 중요한 원칙이다. 경쟁에서 거둔 승리는 지속적으로 시장 리더십을 유지하도록 직원들에게 동기를 부여한다. 현재 경쟁에서 이겼다고 자동적으로 미래의 시장 리더십이 보장되지는 않는다. 리더십을 지속적으로 유지하기 위해서 기업은 항상 변화하는 고객의 요구에 주의를 기울여 기업이 제공하는 가치가 고객의 요구에 부합하지 않을 경우 이를 시정하려는 노력을 계속해야 한다. 또한 시장에서 리더가 되기를 원하는 기업은 고객을 놓고 다투는 현재와 미래의 경쟁 기업을 올바로 인식하고 그에 적극적으로 대처해 나가야 한다. 자신의 비즈니스를 보호하기 위해 시장 리더는 경쟁 기업이 모방하기 힘든 능력을 배양해 고객에게 높은 가치를 제공해야 한다. 아울러 시장 리더는 보유한 능력을 활용해 경쟁우위를 확보할 수 있는 새로운 시장을 탐색해야 한다. 이처럼 끊임없는 자기 혁신 노력을 통해 시장 리더는 경쟁적 우월성을 지속할 수 있다.

8장

기업의 사회적 책임
사회 환원 활동

사회 환원은 기업의 자원을 사회로 이전시키는 것을 의미한다. 기업은 경영 활동을 하는 지역이나 직원들이 거주하는 지역사회는 물론 멀리 떨어진 외국까지 그 사회가 당면한 큰 문제를 해결할 수 있는 곳에 제품, 봉사, 자금 또는 시간을 제공한다. '기업의 사회적 책임'은 경영자에게 신중한 균형 감각을 요구한다. 경영자는 고객에게서 획득한 모든 기업 이익에 권리가 있다고 주장하는 주주와 기업 이익이 사회에 환원되어야 한다고 주장하는 사회 운동가 사이에서 적절히 균형을 유지해야 한다. 주주는 기업의 이익 중 일부를 사회에 기부해야 한다는 경영자의 결정을 주제넘은 일이라고 생각한다. 반면에 사회 운동가는 사회가 기업이 이윤을 창출하도록 환경을 제공했기 때문에 기업은 반드시 사회에 이익을 환원해야 한다고 믿는다. 대부분의 기업은 고객과 규제 당국에 좋은 인상을 주고 평판을 높이는 방식으로 지역사회에 기여하는 활동을 진행해 주주와 사회 운동가 사이에서 균형을 유지한다.

밸류 리더십과의 연관성

'기업의 사회적 책임'은 밸류 리더십의 핵심 원칙이다. 지역사회에 기여하는 기업은 잠재적 고객과 직원들에게 좋은 인상을 심어주게 된다. 또한 사회에 기여하는 기업은 기부를 할 만큼 경제적 여유가 없는 직원들에게 자부심을 불러일으킨다. 그리고 직원들은 자신들이 근무하는 기업이 좋은 기업가 정신을 지녔다고 생각하며 만족감을 느낀다. 사회에 공헌하는 기업은 직원들이 어떤 곳에 기부를 해야 할지 직접 결정하도록 해 그들이 기업에 느끼는 자부심을 높인다. 직원들이 기업에 느끼는 만족감이 높아질수록 이직률은 내려가고 기업은 좋은 인력을 보유하여 혜택을 본다. 마이크로소프트, 머크와 존슨 앤드 존슨처럼 자금이 풍부한 기업은 많은 자금을 사용하여 정부가 나서지 않는 사회적 문제를 해결해 긍정적인 사회적 변화를 이끌 수 있다. 긍정적인 사회적 변화는 수백만 명의 사람들에게 도움을 주며, 기업은 이같은 사회 활동에 적극 참여해 평판을 높이고 경쟁 기업과 차별성을 두려는 경영자의 노력을 충족시킨다.

경제적 이득

기업이 사회적 책임을 다하는 것이 기업의 평판을 높이기는 하지만 이를 통해 기업이 얻는 경제적 이득은 명확하지 않다. 월스트리트저널에 따르면, 기업은 자선 활동을 통해 고객에게 좋은 이미지를 전달하지만 기업이 자선 활동을 지나치게 과시하거나 자랑하면 오히려 고객에게 역효과를 낸다고 한다. 반면에, 기업이 지역사회에 기부한 행동을 너무 알리지 않는다면 고객은 이 기업이 자선 활동을 너무 하지 않는다고 비판할 수도 있다. 장단점이 있지만 기업이 지역사회 활동을 통해 평판을 높일 수 있는 것은 분명하다. 2001년 10월에 해리스 인터랙티브가 2만 1,630명의 소비자를 대상으로 여론 조사를 실시한 결과 존슨 앤드 존슨, 월마트와 마이크로소프트는 기업의 사회적 책임 측면에서 각각 1위, 3위, 7위를 차지했다.[1]

기업이 자선 활동에서 평판을 높여 혜택을 보려면 기부 대상을 신중하게 선정하고 지역사회 활동을 올바로 홍보하는 세심한 전략이 필요하다. 새러소타 헤럴드 트리뷴 지에 따르면, 고객이 기업의 기부 활동에 보이는 반응은 기업이 무엇을 기부하는가에 따라 달라진다. 또한 기업은 자선 활동을 통해 사회가 기업을 바라보는 관점을 향상시킨다. 1998년에 힐 & 놀턴 & 얀켈로비치 파트너스가 1천 명을 대상으로 조사한 결과에 따르면, 조사 대상 중 43%는 기업이 제품을 기부하거나 서비스를 제공할 때 가장 인상 깊다고 말했다. 그리고 직원의 자원 봉사는 37%로 그 다음이었고 현금을 기부하는 행위는 12%에 불과했다. 제품과 서비스를 기부해서 받는 세금 혜택은 비상장 기업보다 상장 기업이 더 많이 받는다. 주식시장에 상장된 기업이 자사 제품을 기부하면 해당 제품의 생산 비용과 더불어 관리 비용의 절반을 감세 혜택 받지만 상장되지 않은 기업은 단지 제품의 생산 비용에서만 감세 혜택을 받는다.[2] 기부와 자선 활동을 통해 기업이 얻는 장단점을 고려해 경영자는 주주들의 이해와 사회에 대한 기업의 책임 사이에서 적절한 균형을 유지해야 한다.

사례

지역사회에 공헌하는 일이 기업에 가시적인 이익을 가져다주지는 않지만 자선 활동에서 얻는 이익은 비용을 초과한다. 이 장은 머크와 마이크로소프트가 어떻게 자사 제품과 자금을 활용해 에이즈가 만연한 보츠와나에 새로운 보건 시스템을 구축하는 데 영향을 미쳤는가를 소개한다. 아울러 이 사례에서 사회 환원 활동이 비용보다 편익이 크다는 사실을 입증한다. 보츠와나의 에이즈 사례는 정부도 해결하지 못한 큰 사회문제를 해결하기 위해 기업의 자원을 사용하려는 경영자에게 논리와 근거를 제공한다.

또한 사우스웨스트 항공이 직원들에게 의미 있다고 생각하는 지역사회 활동을 선택하고 참가하도록 권한을 부여한 사례를 제시하고 지역사회에 참여하는 방법을 직원이 결정하도록 하여 회사에 대한 충성도를 높인 것에서 일반적인 규칙을 이끌어낸다. 또, 월마트와 마이크로소프트가 기초적인 지역사회 활동에 참여하면서 정치적 지원을 얻어내고 초기에 나타난 지역사회의 거부반응을 어떻게 극복했는지 살펴본다. 그리고 마이크로소프트와 머크가 보츠와나에 만연한 에이즈가 확산되지 않도록 사회를 변화시키고 모잠비크에서 수백만 명의 어린이에게 백신을 접종시키는 활동에 아이디어와 자금을 어떻게 사용했는지, 자선 활동의 목적을 어떻게 설정했는지 살펴볼 것이다. 이 장은 단지 무료로 의약품을 기증하는 식의 지역사회 활동을 펼치던 존슨 앤드 존슨이 어떻게 광범위한 사회적 문제를 해결하는 데 앞장서게 되었는지 그 사례를 살펴보는 것으로 결론을 내린다.

활동 분석

사회 환원 활동은 제공자와 수혜자가 모두 이득을 볼 때 가장 효과적으로 작용한다. 이 장에서 제시되는 몇 가지 사례는 사회 환원 활동이 제공자와 수혜자 모두에게 긍정적인 결과를 낳았던 경우가 생각보다 적다는 것을 보여준다. 사회 환원 활동에서 나타나는 함정을 고려할 때 위험은 피하고 혜택을 보는 방식으로 사회 환원 활동을 진행하려는 경영자는 다음과 같은 사항을 고려해야 한다.

- **적극적 직원 참여** : 의미 있다고 생각하는 자선 활동을 지원할 때 자선 활동 대상에 대한 결정권을 직원에게 부여해 회사에 대한 충성도를 높이고 아울러 수혜자에게 확실한 지원을 제공한다.
- **지역사회 발전에 기여** : 기업은 주요 지역사회 지도자나 핵심 현안에 대한 주의 깊은 기부로 해당 지역에서 영업을 시작하거나 사업을 확장하면서 부딪치는 지역사회의 반발을 극복할 수 있다. 지역사회는 기업의 기부에서 혜택을 얻고 기업은 이 지역사회에서 비즈니스 목표를 달성할 우호적인 환경을 조성한다.
- **사회적 핵심 문제 해결에 참여** : 일부 기업은 제품을 판매하고 인력을 고용하는 특정 지역을 뛰어 넘어서 사회 전체적으로 중요한 문제를 해결하는 데 기여한다. 이같은 기업은 자신의 제품, 자금과 정치적 영향력을 이용해 에이즈나 기생충성 시력 상실증(river blindness, 제3세계 국가에 만연해 있는 기생충 감염으로 시력을 상실하는 질병 ─ 옮긴이)처럼 수백만 명에게 영향을 미치는 질병을 체계적으로 치료하려는 노력을 기울인다. 이 경우 수혜자는 질병의 치료나 예방이라는 분명한 형태로 혜택을 본다. 기업이 얻는 혜택은 구체적이지는 않지만 자선 활동을 통해 기업

은 국제적 평판을 높이고 경영자는 사회 발전에 이바지했다는 만족감을 느낀다.

적극적 직원 참여

기업은 직원들이 원하는 자선 활동에 참여할 기회를 부여해 효과적으로 지역사회 참여 활동을 전개한다. 우수한 직원은 자신의 업무에 열정적이다. 업무를 대한 직원의 열정을 강화하기 위해서 경영자는 직원들이 강한 유대감을 느끼는 지역사회나 공동체를 선택해 자선 활동이나 기부 활동을 할 수 있도록 환경을 조성해야 한다. 직원들이 회사와 지역사회 모두에 이바지할 기회를 부여받을 때 기업은 혜택을 본다. 직원들은 자신이 중요하다고 느끼는 사회운동이나 주장을 회사로부터 지원받았다고 생각하며 이로써 회사에 대한 충성도와 헌신성이 높아진다.

기업이 직원을 대우하는 방식은 직원들이 고객을 대하는 방식에 그대로 반영된다. PR 뉴스위크 US 지에 따르면, 지역사회 활동이나 자선 활동에 직원들이 참여하는 정도는 기업이 사회에 느끼는 책임성을 가늠하는 가장 중요한 지표다. 2001년에 힐 & 놀턴 사가 조사한 바에 따르면, 자사가 사회적 참여를 하고 있다고 CEO가 말했을 때 조사 대상 소비자 중 33%만이 '매우 감명 받았다'고 대답했다. 하지만 직원들이 자발적으로 자선 활동에 참여했다고 할 때에는 거의 60%에 가까운 소비자가 매우 감명을 받는다고 응답했다.[3] 직원들의 참여를 긍정적으로 바라보는 고객의 관점은 달리 말해 고객은 직원들의 지역사회 활동을 권장하는 기업에 호감을 느낀다는 의미이다. 따라서 기업은 직원들의 자발적 사회 활동을 권장해 고객의 충성도를 높이고 이에 따라 수익성을 높일 수 있게 된다.

고객의 충성도를 높여 수익성을 향상시키고자 하는 경영자는 먼저 직원들의 회사에 대한 충성도를 높일 수 있는 방법을 찾아야 한다. 기업 가치를 확립하고 이 가치를 준수할 인력을 채용해 충성도를 높이는 과정은 오랜 시간이 걸린다. 따라서 충성도가 높은 직원을 활용해 고객의 충성도를 높이는 데도 시간이 오래 걸린다. 하지만 고객서비스가 중요한 경쟁 요소인 기업은 직원들에게 애사심을 높일 기회를 제공하여 고객의 충성도를 높이려 한다.

서비스 정신이 훌륭한 인력은 흔하지 않다. 이같은 인력은 다른 사람을 돕는 일에 노력과 정성을 아끼지 않는다. 서비스 정신이 높은 직원들에게 기업 외부에서 다른 사람들을 도울 방법을 선택하게 한다면 경영자는 이들의 도움을 받아 적절한 기부 대상을 찾을 수 있다. 남을 돕는 일에 앞장 서는 직원에게 도움이 필요한 사람들을 선택하도록 기회를 부여하는 것은 두 당사자 모두에게 이익이 된다. 현금을 기부하는 자선 활동이 흔하기에 서비스 정신이 충실한 기업은 다른 기업과 차별화된 방식으로 자선 활동을 한다. 단지 현금만 기부하고 수혜자와 별다른 관계를 유지하지 않는 기업과 달리, 내부 직원의 의견을 수렴해 자선 대상을 결정한 기업은 금전적 도움 이외에도 도움이 필요한 대상과 긴밀한 관계를 유지하며 자선 활동에 참여한다. 이들 기업은 의도적으로 자사의 자선 활동을 대외에 홍보하지 않는다. 자선 활동의 대상을 결정할 권한을 내부 인력에게 부여하고 금전적 기부 외에 다양한 활동에 참여하는 기업은 직원들이 회사에 느끼는 만족감이 높으며 이는 생산성의 증가나 고객 충성도의 증가로 이어져 충분한 보상을 받는다.

자선 활동에 직원 참여를 높이려는 경영자는 다음과 같은 전술을 사용할 수 있다.

- 자선 활동을 담당하며 CEO에게 직접 보고하는 핵심 조직을 설치하라. 자

선 활동을 효과적으로 수행하는 기업은 CEO에게 활동을 보고하는 핵심 조직을 보유해야 한다. 자선 활동 담당 조직은 기부를 원하는 직원과 지역사회에서 의견을 수렴하는 창구 역할을 한다.

- 직원과 지역사회의 비판을 생각해 기업의 자선 활동을 지나치게 선전하거나 이를 활용한 마케팅 활동을 삼가라. 기업을 홍보할 수단으로 기부나 자선 활동을 활용하면 대중에게 비판을 받을 소지가 크다. 비판을 완화시킬 한 가지 방법으로 기업은 자선 활동을 담당할 부서를 마케팅 부서와 독립해 운영한다.
- 직원들이 기부 대상을 추천하는 프로그램을 마련해 소속감을 높여라. 기부를 통해 기업이 얻을 수 있는 가장 큰 편익 중 하나는 직원들이 회사에 느끼는 소속감을 높이는 것이다. 직원들이 의미 있다고 느끼는 대상에 자원을 투자할 때 직원들의 애사심과 소속감은 높아진다.
- 경영자는 직원들이 추천한 기부 대상에 시간과 자금을 지원하라. 직원들이 중요하다고 생각하는 대상에 대한 자선 활동에 임원들이 적극적으로 참여할 때 직원들은 회사가 진심으로 자선 활동에 참여하고 있다고 판단해 회사와 일체감을 느낀다. 또한 임원들의 참여는 직원들의 의견이 존중받는다고 느끼게 되는 계기가 된다.
- 직원들의 참여를 높이도록 자선 활동 프로그램이 성공한 사례를 모든 직원들에게 널리 알려라. 직원들은 동료가 자신을 인정해줄 때 큰 보람을 느끼므로 회사 전체에 직원들이 추천한 기부 프로그램이 성공한 사례를 널리 알려 많은 사람이 기부 프로그램을 제안하고 활동에 참여하도록 고무한다. 직원들은 자신이 자선 활동 프로그램을 제안하고 성공을 거둬 동료에게서 인정받으면 보람을 느끼며 이를 통해 다른 직원들도 이런 활동에 참여할 동기를 얻게 된다.
- 6개월 또는 1년마다 한 번씩 기업이 진행하는 자선 활동에 참여할 기회를

직원들에게 부여하라. 경영자는 정기적으로 직원들이 선택한 자선 활동에 참여하도록 시간을 제공해 자선 활동의 효과와 직원들의 참여도를 높일 수 있다.

사우스웨스트 항공은 지역사회 활동과 자선 활동에 직원들이 적극적으로 참여하도록 다양한 전술을 구사했다. 댈러스에 있는 로널드 맥도널드 하우스(RMH)의 사무총장인 바버라 맥더못은 사우스웨스트 항공을 어려움에 처한 사람을 도와 진정한 심리적 만족을 느끼려는 승무원과 직원 들로 가득 찬 직장이라고 묘사했다.[4]

RMH는 중병이 든 어린이들이 가족과 떨어져 생활하는 휴양소이다. 사우스웨스트 항공에서 일하는 조종사 딕 이스트는 백혈병으로 딸을 잃었다. 이스트는 RMH가 추구하는 정신에 감동했고 사우스웨스트 항공에 입사했을 때 RMH 활동에 적극 참여해야 한다고 주장했다.

매우 사려 깊고 자선 활동에 관심이 많은 사우스웨스트 항공의 회장 허브 켈러허는 사회 환원 활동을 중요하게 생각하고 사우스웨스트 항공을 지역사회에 기여하는 기업으로 이끌었다. 딕 이스트의 주장대로 사우스웨스트 항공은 RMH 활동에 참여하기로 결정했고 첫째 날, 켈러허는 오후 네 시 삼십 분에 RMH에 모습을 나타냈다. 켈러허가 도착했을 때 그는 이스트에게 자신이 무엇을 도울 수 있겠냐고 물었고, 이스트는 환자의 가족에게 다과를 제공하는 일을 하는 것이 어떻겠냐고 제안했다. 켈러허는 한 시간이 넘게 즐거운 마음으로 음료를 날랐다.

그 이후로 사우스웨스트는 RMH 활동을 전국적으로 확대하여 전개했다. 맥더못에 따르면, 사우스웨스트는 매우 적극적이고 헌신적으로 RMH 활동에 참여했다고 한다. 다른 후원 기업들은 무엇인가 대가를 바라며 활동에 참여한 반면(언론에 참여 사실을 대대적으로 홍보하거나 기업의 현수막을 설치하고 RMH의 홈페이지에 참여 사실을 게재하는 등), 사우스웨스트 항공의 직원들은 환자 가족을 위해 식사 준비를 하는 일이 보람 있는 일이라고 생각했기 때문에 자원해서 봉사했다.

사우스웨스트 항공은 RMH 활동에 참여한 초기부터 LUV 클래식 골프대회를 후원해 얻은 수익금으로 미국 전역에 걸쳐 4백만 달러가 넘는 돈을 기부했다.

맥더못은 사우스웨스트 항공의 서비스 정신이 투철한 직원들은 도움이 필요한 RMH 사람들과 잘 어울린다고 확신한다. 그녀는 조종사에서 일반 사무직원까지 사우스웨스트 항공의 직원들은 진심으로 봉사하는 자세를 갖춘 덕분에 이 항공사에 고용되었다고 생각했다. 사우스웨스트 직원들이 RMH에서 배식 활동을 할 때 그들은 얼굴에 재미있는 그림을 그리고 게임을 하거나 아이들의 머리에 승무원 모자를 씌워주고 요리를 함께 하는 등 아픈 아이들에게 흥미와 재미를 선사했다. 이와 대조적으로 다른 후원 기업들은 환자인 아이들을 불편해하거나 사회경제적으로 어려운 아이들을 대하는 데 어색해 하며 가급적 말을 삼가는 모습을 보였다.

사우스웨스트 항공은 RMH가 긴급히 필요로 하는 사항에 신속히 대응했지만 사무적인 모습을 보이지는 않았다. RMH에 처음으로 컴퓨터가 설치되어 컴퓨터 교육을 해야 했을 때 사우스웨스트 항공은 RMH 직원을 초청해 내부에서 실시하는 컴퓨터 교육에 참가시켰다. 또한 RMH에 입원해 있는 아이들의 가족이 위급 상황이 발생하여 신속히 이동해야 할 때에는 비행기표를 기증하기도 했다.[5]

사우스웨스트의 RMH 활동은 공식적인 참여 프로세스를 확립해 지역사회 활동이나 자선 활동에 참여하는 모범적인 사례가 된다. 사우스웨스트 항공에서 자선 활동과 기부를 담당하는 트레이시 마틴은 자선과 기부 활동이 언제나 기업 철학의 일부분이었다고 말한다. 사우스웨스트 항공이 성장하면서 각계에서 요청하는 기부 금액도 규모가 커지기 시작했다. 이에 따라 마틴은 기부 활동을 관리할 보다 공식적인 프로세스를 개발했다. 기부 활동을 홍보 부서나 마케팅 부서에 보고하는 다른 기업들과 달리 그녀는 활동 내역을 회장에게 직접 보고한다. 이런 보고 체계는 사우스웨스트 항공과 다른 기업 사이에 존재하는 철학적 차이점을 명확히 보여준다. 즉 사우스웨스트 항공은 자선 활동을 기업의 평판을 높이거나 약점을 감추는 수단으로 보지 않고 직원들에게 보상하는 방법으로 본다. 지역사회 활동을 담당하는 부서와 마케팅 부서를 독립적으로 운영하는 방식을 통해 사우스웨스트 항공은 자선 활동에 대한 기업의 확고한 가치를 확립했다.[6]

사우스웨스트 항공은 다른 기업과 확연히 다르게 자사의 직원들에게 보상하는 방법으로 자선과 기부 활동을 바라봤다. 마틴은 회사가 직원 누구라도 자선 활동을 요청할 수 있는 기회를 제공했고 요청을 세심하게 검토한다고 말했다. 그녀는 어떤 단체에 자금을 지원해달라는 직원의 요청이나 미국암학회, 마치오브다임과 같은 공식 자선단체의 요청을 매우 많이 받는다고 한다. 또한 마틴은 개인에게서 병원비, 미인대회에 나갈 참가비, 철인대회에 참가할 후원비, 에베레스트 산 등정을 위해 비용을 후원해달라는 요청을 받기도 한다고 했다.

사우스웨스트 항공은 지역별로 할당된 예산을 고려해 이같은 요청을 심사한다. 특히 지역별 승객 수를 고려해 기부 금액에 관한 예산을 수립한다. 마틴은 기부를 요청한 사람들에게 그들의 요구 사항을 문서로 제출하게 한다. 10여 년 동안 기부 업무를 담당해오면서 그녀는 요청받은 기부의 타당성을 판별하는 노하우를 개발했다. 예를 들어, 치료비를 요청하는 사람에게 상세한 자료를 요청하면 이 기부 요청이 타당한지 그렇지 않은지 금방 드러난다고 한다. 타당성이 없는 기부일 경우 요청자는 머뭇거리며 시간을 더 달라고 하며 자료를 제출하지 않고 애걸복걸하는 경향을 보이며, 기부 요청을 들어줄 기미가 없어 보이면 어느새 요청은 슬그머니 사라진다. 마틴은 아래와 같은 세 가지의 테스트를 통해 기부 요청의 수락 여부를 결정한다.

- 해당 기부 요청을 받아들일 자금의 여유가 있는가?
- 기부를 요청한 당사자와 지속적으로 관계를 맺을 의사가 있는가?
- 요청받은 기부가 사우스웨스트 항공에 올바른 일인가?

앞서 언급했듯이, 이 항공사가 RMH 활동에 참여하게 된 계기는 위의 세 가지 테스트를 모두 통과한 어떤 직원의 제안 때문이었다.

사우스웨스트 항공은 직원들이 주도하는 자선 활동에 자금을 지원하면서 직원들에게 큰 감동을 느끼게 만들어 애사심을 강화하고 회사에 대한 충성도를 높이는 식으로 혜택을 보았다. 마틴이 들려주는 이야기에 따르면, 일부 승무원들은 비행 일정 중 남는 시간을 활용해 RMH에 머물면서 자신을 소개하고 피자를 가족들에게 나누어주며 그들의 이야기에 귀를 기울이는 등 서로 교감을 나누었다고 한다. 이 승무원들은 가족들과 강한 유대감을 형성했고 RMH에 입원한 아이가 끝내 병을 이기지 못하고 세상을 떠났을 때에는 가족처럼 슬퍼했다. 사우스웨스트 항공의 직원들은 어린 환자들의 가족과 오랜 관계를 형성했고 이런 관계를 통해 직원들은 매우 큰 보람을 느꼈다.

마틴은 자신의 부서 활동을 사우스웨스트 전체 3만 5,000명 직원들에게 알리는 일에 많은 시간과 노력을 들였다. 그녀의 목적은 자선과 기부 활동을 가급적 널리 알려 내부 인력들이 지역사회에 기여할 기회를 부여하는 것이었다. 그녀는 직원들이 사우스웨스트 항공에서 일하면서 반드시 박애주의 정신을 지닐 필요까지는 없다고 말한다. 하지만 사우스웨스트 항공이 직원들에게 박애주의를 실천할 기회를 제공하면 그들은 새로운 자각을 경험하게 된다. 직원들은 자신의 능력을 확대해 지역사회에 공헌할 수 있는 기회가 있다는 사실을 발견하고 실천에 나서게 된다. 직원들에게 지역사회에 이바지할 기회가 있다는 사실을 알리려는 마틴의 노력은 큰 성공을 거둬 많은 직원들이 자선 활동에 참여하게 되었다. 자선 활동에 적극적으로 참여한 사우스웨스트 항공의 직원들은 도움을 받은 사람들이 감사의 뜻을 전해오면 보람과 감동을 받았고 자신이 일하는 회사가 사회적으로 훌륭한 활동을 한다는 사실에 자부심을 느꼈다.

사우스웨스트 항공은 기부와 자선 활동에 홍보 부서가 깊이 관여하는 것을 꺼려했다. 맥더못이 말했듯이 이 항공사는 다른 기업과 다른 접근 방식을 취한다. 사우스웨스트 항공은 기부 사실을 알리기 위해 회사의 로고가 박힌 티셔츠를 입으라고 강요하지 않는다. 사우스웨스트 항공은 자선 행사에서 자사의 이름이 첫째로 올라 있건 둘째로 올라 있건 그 순서에 전혀 상관하지 않는다.

마틴은 자선과 기부 활동을 관리하는 방법에 관해 다음과 같은 네 가지 충고를 한다. 첫째, 모든 자선과 기부 요청에 귀를 기울이고 분류하라. 어떤 기업이 기부 대상을 예술과 교육에만 한정한다면 다양한 기부 대상을 잃게 되고 대상이 되지 못한 사람들은 이 기업에 무시당했다고 생각하기 쉽다. 둘째, 처음부터 너무 많은 요청을 받아들이지 마라. 이를 위해 기업은 기부 요청을 체계적으로 평가할 프로세스를 개발해야 한다. 마틴은 비행기 표나 현금을 기부하라는 요청이 다루기 더 쉬웠다고 말한다. 비행기 표나 현금 기부액은 상대적으로 규모가 작고 세밀한 검토가 필요하지 않기 때문이었다. 셋째, 사우스웨스트 항공은 사전에 결정된 자선 활동에 인력을 파견하는 방식을 취하지 않았다. 대신에, 상호 이익이 되는 자선 활동이 되도록 자선단체에 인력을 파견해 어떤 활동이 유용한지 논의를 한 후 자선 대상과 범위를 결정하는 방식을 취했다. 마틴은 이 방법이 매우 효과적이라고 조언한다. 마지막으로, 자선과 기부 활동에 참여하는 범위가 넓어지자 기부 대상을 결정하고 도움이 필요한 곳에 어떤 도움을 제공해야 할지를 결정하는 노하우가 생겼다.

사우스웨스트 항공이 직원들에게 자선 활동의 대상을 결정하는 권한을 부여하고 지역사회 활동에 적극적으로 참여시켜 직원들의 서비스 정신을 높인 사례는 다음의 세 가지 교훈을 전해준다. 첫째, 경영자는 서비스 정신이 충만한 인력을 채용하고 보유하면서 발생하는 혜택을 인식해야 한다. 서비스가 경쟁우위를 결정하는 핵심적인 요소인 산업에서 서비스 정신이 훌륭한 인력을 채용하고 보유하는 일은 기업의 사활이 걸린 문제다. 뿐만 아니라 서비스가 기업 경쟁에서 부차적인 요소인 산업에서도 서비스 정신이 훌륭한 인력을 채용하고 보유하는 일은 다른 기업과 경쟁적으로 우위를 지키는 데 큰 영향을 미친다.

둘째, 경영자는 서비스 정신이 높은 인력이 박애주의 정신을 발휘해 사회에 봉사할 수 있도록 기회를 부여해야 한다. 하향식으로 의사가 결정되는 기업에서는 CEO가 자선과 기부 활동의 대상이나 방법을 일방적으로 결정한다. 이같은 기업에서는 직원들의 의사가 반영된 지역사회 활동이 진행될 가능성이 낮다. 경영자가 직원들을 지역사회 활동에 참여시켜 혜택을 보려 한다면 지역사회에 어떤 활동을 해야 할지 결정하는 데 직원들이 핵심적인 역할을 해야 한다. 사우스웨스트 항공의 사례에서 알 수 있듯이 기업의 자선 활동에 직원들이 스스로 리더십을 발휘해야 긍정적인 효과를 거둘 수 있다.

마지막으로, 경영자는 직원들이 자선 활동을 관리하도록 환경을 조성해 자발성과 적극성을 높이도록 지원해야 한다. 사우스웨스트 사례에서 보듯, 직원들이 소중하다고 생각하는 자선과 기부 활동을 지원했을 때 경영자는 지역사회 참여라는 가치를 가장 강력하게 직원들에게 전달할 수 있다. 경영자는 직원들에게 기업의 박애정신이 리더는 물론 인력에게 매우 중요한 가치이므로 시간과 자금을 투자할 가치가 있다는 메시지를 전할 수 있다. 또한 경영자는 새로운 아이디어를 제안하고 실행하도록 직원들을 격려하는 근무 환경을 만들기 위해 리더가 어떻게 행동해야 하는지도 일깨울 수 있다. 결국 자선 활동을 통해 회장에서 말단 직원까지 조직의 모든 인력은 비즈니스에서 중요한 서비스 정신을 직접 경험하게 된다.

지역사회 발전에 기여

몇 개의 대기업만이 경쟁하는 지역에 새롭게 진출하려는 기업은 지역사회 활동에 참여하면서 나타나는 지역적 반발을 극복해야 한다. 지역사회는 새로운 기업이 자선과 기부 활동을 벌이면서 나타난 변화에 익숙하지 않기 때문에 자선 활동을 벌이는 새로운 기업을 의심의 눈초리로 바라본다. 지역에 새로 진출한 기업은 지역사회에 많은 제품과 현금, 시간을 투자해 활동을 벌인다. 하지만 지역사회 활동의 양과 내용에 상관없이 새로운 기업의 출현에 지역사회가 보이는 반발의 정도는 지역사회 지도자의 정치적 판단과 자신의 정치적 활동에 미치는 영향에 따라 결정되기도 한다. 새로운 기업이 벌이는 지역사회 활동이 지역사회에 혜택을 제공한다면 일부 지역적 반발에도 정치적 지도자는 적극적인 협조 자세를 보이게 된다. 이런 의미에서 지역사회 활동의 참여 정도는 기업이 지역사회의 반발을 무마할 정치적 세력에게 얼마나 지지를 받느냐에 달려 있다.

지역사회 발전에 기여하려는 기업은 비즈니스를 진행하는 지역사회의 요구를 분석하고 충족시킬 수 있어야 한다. 그러기 위해서 기업은 지역사회에서 가장 영향력 있는 지도자가 누구인지 식별하고 그들이 생각하는 지역사회 현안을 파악해 지역적 요구를 충족시키도록 제품, 현금과 시간을 적절히 혼합해 제공해야 한다. 따라서 자선 활동의 내용은 지역사회에 따라 달라진다. 일부 시장이나 주지사는 새로운 비즈니스가 재선 운동이나 자신이 선호하는 단체에 기부를 할 경우 지역사회에 진입하는 것을 허용한다. 일단 기업이 특정 지역에 진입하면서 나타난 반발을 극복하면 몇 가지 방법으로 지역사회에서 호감을 이끌어내기 위해 노력한다. 가장 중요한 방법은 좋은 보수를 지급해 지역 인력을 채용하고 지역 사회에 각종 혜택을 제공하는 것이다. 또, 도로를 확장하고 시설을 보수하며 도서관을 증축하는 활동에 참여해 지방정부에 도움을 주고 아울러 세금을 지방정부에 납부함으로써 재정에 도움을 주기도 한다. 일부 기업은 지역에서 채용한 직원들을 그들이 중요하다고 생각하는 자선 활동에 참여시켜 지역사회에서의 기반을 확고히 하기도 한다.

새로운 지역에서 사업을 시작하려는 경영자에게 다음과 같은 전술은 기초적인 도움을 줄 수 있으며, 현재 사업을 하고 있는 지역사회를 발전시키고자 하는 경영자는 다음 전술을 변형하여 사용할 수 있다.

- 기업 내부에 지역사회 활동을 담당하는 조직을 설치하라. 기업이 성장하는 데 지역사회의 호의가 반드시 중요한 역할을 한다면 기업은 내부에 지역사회에서 호의를 이끌어낼 업무를 전담하는 조직을 설치하면 도움

이 된다. 새로운 지역에서 비즈니스를 수행하기 위해 노력하는 지역사회 전담 조직은 지역사회에서 우호적인 지지를 이끌어낼 업무를 진행하고 이에 숙달된 인력을 양성하는 보고가 될 수 있다.

- 지역에서 우호 세력과 방해 세력을 식별할 인력을 배치하라. 기업이 새로운 지역에서 비즈니스를 진행하려고 한다면 지역사회를 잘 알고 있는 전문가를 배치해 지역사회에서 가장 영향력이 큰 인사를 식별하고 그와 접촉해야 한다.
- 유력 인사와 접촉해 지역사회가 요구하는 사항과 기업이 이곳에서 직면할 가능성이 높은 문제를 파악하고 이 문제를 극복할 방법에 대해 자문을 구해라. 기업을 대표하는 사람은 지역 지도자를 만나 그들의 관심과 우려 사항을 듣고 이를 가장 잘 극복할 방법을 파악해야 한다.
- 해당 지역에서 얻을 이익과 문제를 극복하는 데 드는 비용을 비교 평가하라. 몇몇 경우, 지역사회에서 직면할 문제가 너무 크다면 기업은 새로운 지역에 진입하려는 노력을 더이상 지속하지 않을 수도 있다. 지역사회에 정통한 전문가는 이런 장애를 극복할 창의적 방법을 모색해야 한다.
- 기업이 해당 지역에서 비즈니스를 진행할 수 있도록 우호 세력과 방해 세력에게 적절한 비율로 현금과 제품, 시간 등을 제공하라. 많은 경우, 기업은 새로운 지역에 진입하면서 부딪히는 문제를 극복하기 위해 다양한 기부를 한다. 이를 통해 지역사회 지도자는 이 기업의 진입에 대해 중립적이거나 우호적인 태도를 보인다. 일반적으로 새로운 기업이 진입해 교통정체를 일으키고 기존 산업에 혼란을 주는 등의 큰 문제를 일으킨다고 생각하지 않고 조세 수입이 증가하고 고용을 창출한다고 생각하면 지역사회 지도자는 새로운 기업의 진입에 우호적인 태도를 취한다.
- 지도자와 지속적으로 유대 관계를 형성하고 지역사회 발전에 기여하기 위해 계속 의견을 수렴하라. 기업은 지속적으로 지역사회의 반응이 어떻게

변하는지 살피고 더불어 비즈니스를 확장할 기회가 있는지 파악해야 한다. 또한 지역사회와의 관계에서 새로운 문제가 일어나는지도 주시해야 한다. 따라서 기업은 주요한 지역사회 일원과 지속적으로 유대관계를 형성해 문제가 악화되기 전에 대처할 준비를 해야 한다.

마이크로소프트가 캘리포니아 주에 소재한 실리콘밸리를 발전시키는 데 취한 조치는 앞서 언급한 전술을 따랐다. 마이크로소프트의 본사는 워싱턴 주 시애틀 인근에 있지만 2001년까지 이 기업은 실리콘밸리에서 1,500여 명의 직원을 채용했다. 채용된 직원은 마이크로소프트 웹TV 네트워크와 MSN 핫메일 비즈니스를 운영했다. 마이크로소프트는 실리콘밸리에서 많은 비판을 받았는데, 비판에 앞장선 자는 경쟁 기업인 선마이크로시스템즈였다. 경쟁 기업들은 마이크로소프트가 실리콘밸리에서 펼친 자선 활동을 트로이의 목마처럼 부드러운 이미지로 위장해 실리콘밸리에서 가장 우수한 인력을 빼가려는 전략으로 보았다. 나이트 리더 트리뷴 비즈니스 뉴스에 따르면 1999년에 마이크로소프트는 현금 167만 달러와 소프트웨어 1,970만 달러어치를 실리콘밸리의 지역 자선단체에 기부해 긍정적인 효과를 거두었다고 한다.[8]

마이크로소프트의 기부에 대해 지역사회가 보인 반응은 무척 긍정적이었다. 예를 들어, 마이크로소프트의 파트너인 휼렛패커드는 지역사회의 요구를 충족시켜 큰 도움이 되었다고 고마워했다. 또한 1999년, 마이크로소프트의 회장인 빌 게이츠는 유나이티드웨이 실리콘밸리와 같은 자선단체에 500만 달러를 기부했다. 2001년에 마이크로소프트는 비영리단체에 기술적 도움을 제공하는 샌프란시스코 소재 컴퓨멘토에 1,500만 달러어치 소프트웨어를 기증했다.

마이크로소프트는 다양한 지역 자선단체에 현금 기부를 했다. 산호세에 있는 텔레비전 방송인 KTEH와 가정응급조합, 서니베일에 있는 디지털 클럽하우스 네트워크에 2만 5,000천 달러를 기부했다. 또한 1억 달러에 상당하는 현금과 소프트웨어를 청소년클럽에 지원해 전국적으로 기술교육센터를 건립했고 이 단체의 실리콘밸리 지부도 역시 혜택을 받았다.

마이크로소프트는 유나이티드웨이 실리콘밸리에 많은 금액을 기부한다. 2001년에 마이크로소프트는 직원 기부금과 공동출자를 통해 이 단체에 2000년도 기부액의 두 배인 50만 달러를 제공했다. 이로써 2001년에 최소한 50만 달러 이상을 기부했던 HP, IBM, 인텔과 더불어 마이크로소프트는 이 단체에 가장 많이 기부하는 기업 가운데 하나가 되었다. 유나이티드웨이 실리콘밸리의 CEO인 그레그 라슨은 마이크로소프트를 칭찬하면서 이 기업이 기부하는 금액의 성장률은 '놀랄 만하다'고 말했다. 또한 라슨에 따르면, 마이크로소프트는 유나이티드웨이 실리콘밸리가 벌이는 캠페인에 적극 참여했고 이사회에서 리더십을 적극 발휘했다.9)

저소득 계층에 기술교육을 실시하는 디지털 클럽하우스 네트워크도 역시 마이크로소프트의 기부 활동에 감명 받았다. 이 단체의 사무총장이며 설립자인 워런 헤그는 초거대 기업이자 '세계적 리더'로 마이크로소프트를 묘사했다. 헤그는 이처럼 위대한 기업이 자신의 '작은 단체' 활동에 관심을 두는 것에 감명 받았다. 마이크로소프트는 디지털 클럽하우스 네트워크에 현금으로 4만 5,000천 달러를 기부했고 10만 달러어치 소프트웨어를 기증했다. 헤그가 예상한 것과 달리 물질적 기부를 한 이후에도 마이크로소프트는 단체의 운영에 관해 지속적인 관심을 보였다. 그는 단지 마이크로소프트가 기부금이 제대로 쓰이고 있는지 확인하려 한 행동이었다고 밝혔지만 다른 기업도 마이크로소프트처럼 기부

후에 계속 관심을 보였으면 하는 바람이 있었다.10)

일부에서는 마이크로소프트가 자선 활동에 참여한 이면에 다른 동기가 숨어 있다는 비판이 있었다. 그들은 빌 게이츠가 마이크로소프트에 집중되는 비난을 피하기 위해 기부 활동을 벌였으며 현금보다는 소프트웨어 기부가 대부분이었고 지역사회에 기부한 금액도 경쟁 기업 수준에 맞추는 등 진정한 자선 활동과는 거리가 멀다고 비판했다. 실리콘밸리에 거주하는 많은 사람들도 마이크로소프트가 시장 영향력을 이용해 잠재적 경쟁 기업을 위협하거나 시장에서 내몰았다고 생각했다. 마이크로소프트가 시장에서 좋은 성과를 거두고 있을 때 이런 비판적 목소리는 나름대로 사람들에게 호소력 있게 들렸다. 하지만 닷컴 거품의 붕괴로 실리콘밸리에서 구직이 쉽지 않게 되었을 때, 마이크로소프트가 계속 좋은 경영 상태를 유지해 고용을 창출하자 비판의 목소리는 어느새 힘을 잃었다. 비난의 목소리가 거세었을 때조차 마이크로소프트의 전략은 아무 일도 하지 않는 것보다는 지역사회나 마이크로소프트 모두에게 도움이 되었다.

마이크로소프트에서 지역사회 업무를 담당하는 브루스 브룩스는 이런 비판을 반박했다. 그는 자사는 단기적인 기업 홍보를 목표로 하지 않고 기업의 기부 문화에서 리더가 되고자 노력한다고 말했다. 2002년에 마이크로소프트는 현금으로 3,400만 달러와 소프트웨어로 2억 달러를 기부했으며, 실리콘밸리는 과거부터 마이크로소프트 조직의 중요한 일부분이었고 앞으로도 그러할 것이라고 브룩스는 강조했다. 그는 마이크로소프트가 소프트웨어를 기증하는 이유는 소프트웨어가 주요 사업 분야이고 정보화 시대에 소프트웨어를 기증하는 것이 비영리단체와 저소득 계층에게 가장 도움이 되기 때문이라고 주장했다. 브룩스는 자신의 임무는 마이크로소프트의 직원들이 거주하는 지역에서 '건설적인 역할'

을 할 방법을 찾는 것이라는 말로 이야기를 끝맺었다.[11]

　실리콘밸리를 발전시키려는 마이크로소프트의 사례는 새로운 지역으로 비즈니스를 이동하는 경우 나타날 반대자나 경쟁 기업이 비난의 목소리를 높이는 미묘한 문제를 보여준다. 즉, 이 사례는 경영자가 새로운 지역에 비즈니스를 진행하려 시도하면서 지역사회 활동에 참여할 때 나타나는 보이지 않는 위험을 강조한다. 이 사례는 순수한 의도에서 진행한 자선과 기부 활동도 비판받을 수 있다는 사실을 보여준다. 또한 지원을 받는 단체에서 기부에 대해 좋은 평가를 내리는 것이 비판을 완화시키는 데 얼마나 중요한지도 알려준다. 빌 게이츠의 어머니가 시애틀에 있는 유나이티드웨이에서 적극적으로 활동했기 때문에 빌 게이츠 자신도 이 단체에 기부를 하고 싶은 마음이 있었다. 라슨이 마이크로소프트가 유니이티드웨이 실리콘밸리에 적극적으로 참여한 일을 긍정적으로 평가한 말은 지역사회 지도자들의 반발을 누그러뜨리는 데 많은 도움이 되었다. 2001년까지 실리콘밸리에서 좋은 이미지를 형성하려던 마이크로소프트는 소기의 목적을 달성한 것이다.

　마이크로소프트와 달리 월마트는 지역사회의 발전에 기여하는 뛰어난 능력으로 해마다 세계 곳곳의 수백 개 지역에서 새로운 비즈니스를 전개하며 성장을 지속하고 있다. 월마트는 세계 최대 기업으로서 높은 성장률을 유지하기 위해 새로운 매장을 열면서 지역사회를 발전시키는 과학적인 프로세스를 발전시켰다. 이 프로세스를 활용해 때로는 매우 조직적인 지역사회의 반발을 극복하기도 했다. 그 반발의 정도를 측정하기는 힘들지만 월마트가 새로운 매장을 개설하는 지역에서 발행된 신문에 노골적인 반대 기사가 실리기도 한다.

　지역사회에서 반발을 경험한 마이크로소프트와 월마트의 사례는 지역사회가 어떤 방식으로 반발하는지 규명하는 데 도움이 된다. 펜실베이니아 랭카스터 지역사회는 이곳에 매장을 개설하려는 월마트의 움직임을 탐욕스러운 행동으로 규정하고 지역사회를 지켜야 한다며 조직적인 반발을 보였다. 랭카스터 뉴이러 지에 따르면, 지역사회에서 일어난 반발을 극복하기 위해 월마트가 취한 대응은 포괄적이면서도 세심했다. 월마트가 랭카스터 지역에 진출하는 것을 반대한 돈 랩친스키 에프라타는 월마트가 전문가를 고용해 대대적으로 광고를 진행해 지역 유통업의 기반을 잠식한다고 주장했다. 그녀는 토착 기업은 1달러의 수익을 거두기 위해 직원과 제품 공급자의 서비스와 제품을 구입하는 데 4,5달러를 지출하지만, 월마트는 수익 모두를 본사로 즉시 송금해버려 지역사회에 기여하지 못한다고 주장했다. 또한 월마트는 세금 1달러를 지불할 때 자치 정부에서 3달러에 달하는 혜택을 본다고 말했으며, 월마트가 한 사람을 새로 고용할 때마다 지역사회에서 비즈니스를 하는 기존 업체는 1.5명을 해고해야 한다고 주장했다.12)

에프라타는 월마트에 맞서는 자신의 주장을 뒷받침하기 위해 캐나다 협의회라 불리는 그룹을 인용했다. 이 그룹은 월마트가 성공을 거둔 이유는 '진실을 호도하는 광고, 약탈적인 가격 정책, 공정경쟁법 위반, 저임금, 공급자에게 낮은 가격으로 제품을 공급하도록 하는 강요'에 있다고 주장했다. 더 나아가 이 협의회는 월마트가 한 지역의 손실을 보전하기 위해 다른 지역의 상품에 높은 가격을 책정하고 있다고 주장했다. 또한 랩친스키 에프라타는 미국을 비롯해 전 세계적으로 월마트에 반대하는 시민 단체가 100개가 넘는다고 말했다.13)

2002년까지 월마트에 대항해서 랩친스키 에프라타가 벌인 캠페인은 분명히 실패했다. 월마트는 펜실베이니아 주 랭카스터 링컨 하이웨이 2034번지에서 영업 중이다. 이 기업은 매장이 들어서면서 발생할 교통 정체를 해결하라는 요구를 받아들여 지역사회의 반발을 극복하는 데 성공했다. 예를 들어, 랭카스터 뉴이러 지에 따르면, 월마트는 교통 정체를 해결하는 방안으로 제품 공급 트럭과 고객 승용차, 직원 승용차를 별도로 취급하는 개선안을 제안했다. 또한 인근 개인 토지와 주택에 피해를 주지 않도록 주변에 나무를 심어 경관을 해치지 않겠다는 방안을 제시했다.[14] 결국 월마트에 반대했던 주민들은 마음을 바꿔 월마트가 지역사회에 더 많은 직장을 제공하고 편리한 쇼핑 기회를 제공하리라 믿었다.

월마트에 반대한 랩친스키 에프라타의 주장은 실패로 돌아갔지만 뉴멕시코 앨부커퀴에 월마트가 슈퍼센터를 개장하면서 지역사회와 벌인 논쟁은 몇몇 지역에서 새로운 월마트 매장에 반대하는 주장이 우세할 수도 있다는 사실을 보여준다. 앨부커퀴 저널에 따르면, 2002년 4월에 코랠스 마을 협의회는 이 지역에 새로운 월마트 슈퍼센터가 설립되는 것을 반대한다는 결의안을 만장일치로 선택했다. 반대 이유는 월마트 주차장에서 기름이 유출되어 인근 하수구로 흘러 들어가고 매장의 현금을 노린 절도 사건이나 주차장에서 고객을 대상으로 한 강도 사건과 더불어 소음과 조명으로 인한 피해, 교통 정체 등을 우려했기 때문이다. 월마트 반대자들에게 이 결의안은 인기가 좋았으나 월마트가 들어설 토지에 대해 아무런 조치를 취할 수 없었기 때문에 그것은 상징적인 것에 불과했다. 결의안을 의결한 회의에 참석한 사람들 대부분은 월마트를 반대하는 편에 섰고 매장이 코랠스에 들어서지 못하도록 할 다양한 의견이 제시되었다. 반면, 밥 보먼이라는 한 청중은 흥미로운 제안을 했다. 그는 월마트가 들어서면 많은 사람들이 이 지역을 찾게 되고 따라서 시내에 있는 예술품 상점과 고급 레스토랑의 매출액이 올라가지 않겠냐고 말했다. 대부분 사람들은 밥의 의견에 코웃음을 쳤지만 일부는 좀 과장된 의견이기는 하지만 월마트를 찾는 고객이 예술품이나 공예품을 구

입하고 고급 레스토랑에서 식사를 할 수도 있다고 믿었다.[15]

표면적으로 지역사회의 반발이 있었지만 그럼에도 월마트는 매장을 개장했고, 지역사회의 정서와 문화를 신중히 고려한 접근 방식을 취해 반발을 극복했다. 체인 드러그 리뷰 지에 따르면, 월마트가 지역사회의 문화와 정서를 고려해 지역사회 활동에 참여하는 방식은 1979년에 월마트 재단을 설립하면서 공식적으로 발전되었다고 했다. 그해에 월마트는 전국적으로 장학금 20만 달러를 수여했고 2002년까지 계속 진행된 이 장학 사업은 월마트가 교육에 쏟는 정성을 대변하고 있다. 2001년에 월마트는 교육 사업에 1,230만 달러를 지출했고, 그해 총 기부 금액은 1억 9,600만 달러에 달했다.[16]

장학 사업은 월마트가 연례적으로 진행하는 행사 가운데 하나다. 예를 들어 모든 월마트 매장과 샘스클럽은 해마다 지역 고등학생에게 샘 월턴 장학금 1,000달러를 지급한다. 또한 교사의 중요성을 인식해 각 매장은 지역에서 뛰어난 교사를 선정하고 해당 학교에 500달러의 보조금을 지급한다. 그리고 각 주에서 올해의 교사를 선정하고, 2001년에는 처음으로 전국에서 가장 우수한 교사를 선정했다.

학교 밖에서의 어린이 복지와 안전 또한 월마트가 중요하게 생각하는 부분이다. 매년 수백 건이나 되는 어린이 유괴 범죄에 대응하기 위해 월마트는 코드 애덤 프로그램을 시작했다. 월마트에서 시행하는 다른 많은 프로그램과 마찬가지로 이 프로그램도 매장별로 담당자 한 명씩을 선정했다. 월마트 매장에서 어린이가 실종되면 담당 직원은 어린이의 인상착의를 파악해 매장 전체에 경보음을 울린다. 경보음이 울리면 모든 출입구를 감시하고 계산대에 근무하는 직원들을 제외한 나머지 직원들은 화장실과 탈의실을 포함한 매장 전체를 수색한다. USA 투데이에 따르면, 월마트는 실종 어린이의 사진을 전국 매장에 설치된 게시판

3,100개에 붙였고 1996년 이후 실종된 어린이 72명을 찾아냈다고 한다.[17)]

월마트는 매장 직원들과 관리자가 새로운 지역사회 활동에 참여하도록 장려한다. 예를 들어, 월마트는 2001년에 애리조나와 콜로라도에 화재가 발생했을 때 피해 지역에 적극적으로 지원 활동을 했다. 애리조나 주에서 근무하는 월마트 직원들은 구호물자, 전화카드와 구호기금 25만 달러를 지원했고 콜로라도 주에서 일하는 직원들은 12만 달러를 기부했다. 월마트 사장이자 CEO인 리 스콧에 따르면, 월마트의 기부 프로그램은 직원들이 중심이 되어 진행된다. 직원들이 가장 관심을 두고 지역사회 발전에 큰 기여할 수 있는 곳에 기부하는 것이다. 스콧은 직원들은 고객과 지역사회가 원하는 것을 가장 잘 파악한다고 확신한다.[18)]

월마트가 지역사회에 기부를 하는 범위는 매우 포괄적이다. 피알 뉴스와이어에 따르면 3,200여 개 월마트와 샘스클럽 매장에서 일하는 직원들이 2001년도에 11만 5,000건의 기부를 했다. 그리고 7만 개의 지역 자선단체와 사회운동에 1억 9,600만 달러가 나누어졌다. 1997~2001년에 이 기업이 기부한 금액은 연간 23%의 성장률을 보였다. 이같은 기부 활동은 매장이 지역사회에서 상업 중심지뿐만 아니라 '지역사회의 중심지'가 되어야 한다는 샘 월턴의 기업 이념이 반영된 것이다.[19)]

월마트는 기부를 할 때 지역사회에 초점을 두고 교육이나 어린이처럼 직원들이 관심을 두는 주제를 강조했다. 예를 들어, 이 기업은 대규모로 새로운 매장을 개장한 지역 단체에 300만 달러를 기부했는데 새로운 월마트 매장 300개가 개장 기념행사를 진행하는 동안 초등학교, 중학교, 노숙자 보호소, 빈민 식량배급소, 청소년회관, 도서관에 많은 기부금을 제공했다. 2001년에 월마트와 샘스클럽 직원들은 1,800만 달러를 모아 유나이티드 웨이에 기부했다. 구세군은 월마트와 샘스클럽 매장 앞에 설치한 자선냄비에서 1,400만 달러를 모금했다고 밝혔다. 그리고 월마트 직원들은 추수감사절 다음주 금요일에 열리는 연례 자선 행사에서 540만 달러를 모금했다. 또한 2001년에는 교육 기관에 1,220만 달러를 기부했고 '어린이 기적 네트워크'를 통해 미국 전역과 캐나다 지역에 있는 어린이 병원 170 군데에 3,170만 달러를 기부했다.[20]

월마트와 마이크로소프트가 지역사회 발전에 기여한 방식에서 몇 가지 일반 원칙을 도출할 수 있다. 첫째, 경영자는 새로운 지역으로 비즈니스를 확대하는 일에 반발이 있다는 사실을 파악해야 한다. 반발을 예상한 경영자가 극복 방안을 개발하면 새로운 지역에서 성공할 가능성은 높아진다. 둘째, 직원들이 중요하다고 생각하는 지역 단체와 활동에 기부를 장려하면 매우 효과적일 경우가 많다. 새로운 지역에 진입하는 기업은 해당 지역에서 인력을 고용하고 고객을 확보하기 때문에 해당 출신 직원들에게 자선 활동의 대상을 결정하도록 장려하면 지역에서 신뢰를 얻을 가능성이 더욱 높다. 셋째, 경영자는 기업이 지역사회 발전에 전략적으로 기여해야 한다는 사실을 인식해야 한다. 달리 말하면, 경영자는 지역사회에서 얻는 이익을 극대화하는 목적에 부합하는 대상과 활동에 기부를 해야 한다. 일반적으로 지역사회는 한 번 많이 하는 기부보다는 적은 금액으로 여러 번 나누어 진행하는 기부를 더 높게 평가한다. 특정 단체를 대상으로 대규모 기부를 할 경우 기부를 받지 못한 단체와 사람은 자신이 기부 대상이 되지 못한 이유를 쉽게 납득하지 못한다. 반면에 여러 번 적은 금액을 다양한 단체에 기부할 경우 많은 사람들을 충족시키고 반발을 최소화할 수 있다. 넷째, 경영자는 지속적으로 지역사회 발전에 기여할 프로세스를 창출해야 한다. 새로운 지역에 진입하면서 나타난 반발을 극복하기 위해 자선 활동에 참여한 이후 지속적인 지역사회 활동을 하지 않는다면 해당 지역에 거주하는 직원들과 고객의 지지를 잃을 가능성이 높다.

사회적 핵심 문제 해결에 참여

사회를 변화시키려는 의도로 지역사회에 기부를 하는 기업 중 대부분은 사회를 변화시키려는 야심에 찬 노력을 기울이기도 전에 스스로 그 계획을 철회하기도 한다. 하지만 실행의지가 있는 기업의 창업자는 사회를 변화시키려는 노력에서 주도적인 역할을 맡으며, 이따금 정부도 해결할 능력이 없고 수백만 명의 사람들에게 영향을 미치는 사회적 문제를 목표로 삼기도 한다. 이런 의미에서 사회적 핵심 문제를 해결하려는 기업은 놀랄 만한 방식으로 영향력을 미친다. 즉, 이들 기업은 정부 차원을 넘어서 사회에 광범위하게 영향을 미치는 문제를 해결하려고 하며, 문제에 일차적 책임이 있는 해당 국가의 정부와는 독립적으로 활동한다. 이같이 초정부적 활동에 참여하는 일은 일반적으로 개인적인 선의로 진행되지만 사회적 문제를 해결하는 데 참여한 기업이 얻는 혜택 중 하나는 경영자의 개인적 만족으로, 활동을 지휘하는 경영자는 사회적 공헌을 했다는 자부심을 얻는다.

성공적인 기업의 창업자는 현재 거둔 성공이 또다른 도전이고 기회라는 확신을 갖기도 한다. 여기서 도전이란 성공을 달성하는 과정에서 얻었을지도 모르는 나쁜 평판에서 벗어나려는 기업가의 바람이다. 적당한 자금, 아이디어와 야망을 지닌 기업가는 사회적으로 큰 현안을 해결하는 데 자신의 역할이 무엇인지 알 수 있다. 결국 사회를 변화시키겠다는 기업가의 동기는 무정한 사업가라는 평판을 좋게 만들고 정부도 해결하기 힘든 사회 문제를 실질적으로 해결하는 데 참여해 보람을 느끼겠다는 것이다.

사회 문제 해결에 참여한다고 구체적인 홍보를 하지 않아도 사회 현안을 해결하려는 기업의 행동은 대중이 해당 기업을 바라보는 관점에 영향을 미친다. 사업에서 지배적 위치를 차지해 큰 수익을 거둬들이는 기업이 재원을 투자해 대중적 동의가 중요한 사회 문제를 해결하려 한다면 이 기업에 대한 대중의 부정적 시각을 개선할 수 있다. 기업의 노력이 결실을 거둬 구체적인 성과를 낸다면 기업 이미지는 크게 제고되고 고객과 직원의 충성도를 높이는 데 도움이 된다. 하지만 이같은 기업 활동은 예상치 못한 역풍을 맞을 수도 있다. 기대했던 결과를 달성하지 못할 때, 차가운 비난의 시선을 피할 수 없기 때문이다.

사회적 핵심 문제를 해결하려는 경영자는 다음과 같은 전술을 사용해야 한다.

- **사회적 핵심 문제가 무엇인지 파악하고 기업의 이익에 부합하는지 식별하라.** 문제의 중요성에 큰 관심을 갖지 않는다면 지속적으로 기업의 자금과 시간을 투자해 문제를 해결하기 힘들다. 따라서 사회적으로 큰 문제를 해결하려는 경영자는 이 문제가 자신과 사회에 큰 의미가 있다는 사실을 확신해야 한다.
- **기업의 자금과 파트너의 능력을 적절히 활용해 해결할 능력이 있는 문제를 선별하라.** 해결할 문제를 선택하는 데 열망만을 유일한 기준으로 삼을 수는 없다. 경영자는 자신은 물론 파트너가 문제를 해결할 능력이 있는지 판단해 적합한 사회 문제를 선택해야 한다.
- **치밀한 분석을 통해 선별한 문제를 해결할 전략을 개발하라.** 경영자는 문제를 해결하는 데 참여하겠다고 공식적으로 발표하기 이전에 기업이 필

요 능력을 보유하고 있는지 분석해야 한다. 더구나 경영자는 문제 해결에 성공하는 데 방해가 되는 걸림돌을 제거하는 올바른 계획을 수립하고 노력이 결실을 보도록 자금과 시간을 투자해야 한다.
- 정부, 기업, 파트너들과 올바른 관계를 수립하라. 많은 경우에 사회적 핵심 문제는 필요한 역량을 보유한 파트너들과 협력해 해결할 수 있다. 따라서 여러 기업을 모아 주도적인 역할을 할 수 있는 기업이 사회 문제를 해결할 가능성이 높다.
- 구체적인 목표를 설정하고 진행 과정을 점검해 필요할 경우 전략을 수정하라. 경영자가 비즈니스 목표를 설정하고 진행 과정을 점검하듯이 사회 문제를 해결하는 노력에도 동일한 논리를 적용해야 한다. 경영자는 사업을 평가할 때와는 다른 기준으로 사회 문제에 대한 해결 노력이 어떤 성과를 거두었는지 측정할 필요는 있겠지만, 인력들이 바람직한 성과를 달성하도록 고무하기 위해 일관된 측정 기준을 목표로 설정하고 진행 상태를 점검해야 한다.

마이크로소프트와 머크는 사회를 변화시키기 위해 위에서 말한 전략 가운데 몇 가지를 적용했다. 빌 게이츠는 자신의 두뇌, 야망과 재원을 활용해 자신이 큰 기여를 할 수 있다고 확신한 사회 문제를 해결하고자 했다. 이코노미스트 지에 따르면, 1998년에 게이츠는 개발도상국가에 사는 어린이들에게 백신을 주사하도록 1억 달러를 기부하겠다고 밝혔다. 게이츠는 시애틀에 본거지를 둔 비영리단체인 '보건에 적절한 기술 사용 프로그램(Program for Appropriate Technology in Health)'을 통해 기부금을 사용했다. 이 단체는 각국 정부, 비정부기구와 함께 전염병 확산을 제지하는 기술과 지식을 최선의 방식으로 여성과 아동의 보건 상태를 향상시키는 활동을 했다. 빌 게이츠는 두 가지 이유로 이 단체에 기부했다. 첫째, 전염병에 걸린 사람들을 가장 효과적이고 신속하게 구제할 백신을 보급하는 일은 마이크로소프트의 평판을 향상시키려는 비즈니스 목적을 넘어선 인도적 이유가 있었다. 게이츠는 저개발국에서 250만 명의 생명을 앗아간 B형 간염이나 로타바이러스(Rotavirus, 심각한 설사병을 유발하는 바이러스로 5세 미만의 소아의 가장 흔히 겪는 질환 중 하나이다. 발열 구토 설사 등의 증상을 동반하며 심지어 사망에 이르기도 한다—옮긴이)를 치료하는 새로운 백신 개발에 기부금이 사용되기를 희망했다.[21]

빌 게이츠의 기부금 대부분은 제3세계 국가의 의약품 제조에 사용되었다. 많은 후진국은 형편없는 의약품 분배 시스템으로 일부 백신의 개발에서 보급까지 15년이 걸리기도 했다. 아시아와 아프리카 일부 국가는 자국민이 질병에 걸렸다는 사실을 부인하기조차 했다.

게이츠가 기부한다는 사실을 발표했을 때 백신 프로그램을 이행하는 데 가장 큰 장애물은 백신의 가격을 설정하는 구조였다. 미국 제약 회사는 저개발국가에 백신을 낮은 가격으로 공급하기를 꺼려했다. 이런 제약 회사는 미국 정부가 가장 큰 백신 구매자였기 때문에 정치적으로 불이익을 당할까 걱정했다. 또한 이들 회사는 백신을 구입해 제3세계 국가에 공급하는 주요 당사자인 유엔이나 각종 국제 자선기금 담당자의 이상적인 생각 때문에 어려움을 겪었다. 처음에 국제연합 담당자는 제약 회사가 비즈니스 목적을 고려하지 말고 백신을 공급해야 한다는 생각을 펼쳤다. 1990년대 중반에 유엔은 머크와 같은 기업을 구호 활동에 유치하는 등 훌륭한 업무를 수행하기도 했지만 국제연합, 각국 정부와 세계은행과 같은 기금들은 기업의 처지를 고려하지 않는 이상적인 생각에 머물러 있었다.

이런 상태에서 빌 게이츠의 자금과 아이디어가 필요했고, 바로 이 점이 그의 기부가 흥미로운 두 번째 이유다. 게이츠는 자신의 기부로 더 많은 백신을 생산할 수 있기 때문에 가격이 낮아져야 한다고 주장했다. 그는 백신이 생산되는 경제적 논리를 소프트웨어의 경우와 비교했다. 이 두 산업에서 초창기 제품 가격은 높지만 생산량이 많아질수록 단위당 생산비용은 크게 하락한다. 또한 그는 공공부문과 민간부문에서 벌어지는 논의에 참여하고 싶어했다. 게이츠가 백신을 저렴한 가격에 공급하겠다는 목표와 이상을 달성하는 전략은 신제품을 개발하는 마이크로소프트의 전략과 비슷했다. 빌 게이츠는 여러 경험을 통해 제품이 처음 시장에 나왔을 때 인기를 끌지 못하면 다음에는 그 이유를 보완하여 더 나은 제품을 개발할 전략을 세웠다.

1998년에 게이츠는 인도주의적 노력을 실천하는 프로세스를 시작했다. 그는 일주일에 다섯 시간씩 자선 활동을 했고 정보기술 다음으로 의약품이 중요한 관심사가 되었다. 그리고 1998년에는 자택에서 백신 전문가와 만남을 갖고 비즈니스와 기술을 결합시켜 효율적인 백신 보급 전략을 세우는 등의 내용을 논의했다.[22]

2002년까지 게이츠는 인도주의적 노력을 공식화해 빌 앤드 멜린다 게이츠 재단을 설립했다. 게이츠의 아버지인 윌리엄 게이츠 시니어와 패티 스토네시퍼가 이끄는 이 재단은 240억 달러의 기금을 보유했다. 『세계보건기구편람』은 2001년 4월에 게이츠 재단이 상당한 공헌을 했다고 밝혔다. 특히, 게이츠 재단은 모잠비크에 백신을 공급하도록 주선했고 아동용 백신이 심각하게 부족했던 수십 개 나라에 백신을 우선적으로 공급했다. 게이츠 시니어는 백신 구입금은 재단이 초창기에 사용한 보조금 7억 5,000만 달러 중 일부이며, 나머지 금액은 '아동 백신 공급을 위한 국제기금'에 제공했다고 말했다. 그는 개발도상국 어린이들이 미국 어린이가 사용한 백신을 공급받기까지 15년이나 걸린다고 지적했다.

백신을 우선적으로 공급하려는 정부와 단체의 공동 노력을 통해 게이츠 재단과 협력 기관은 매년 수백만 명의 어린이를 구할 수 있을 것으로 예상했다.23)

머크는 기업의 목적이 고통 받는 사람을 구제하는 것이라는 굳은 믿음에서 에이즈 확산을 저지하는 노력을 기울였다. 아쉽게도 보츠와나에서 에이즈 문제를 해결하려던 머크의 노력은 절반의 성공만 거두었다. 월스트리트저널 유럽에 따르면, 머크는 5년 동안 보츠와나에서 에이즈 확산을 방지하려는 노력을 기울이며 보츠와나 정부, 비영리단체와 공동으로 1억 달러에 상당하는 에이즈 확산 방지 캠페인을 벌여 어느 정도의 성공을 거두었다.24) 머크와 게이츠 재단이 각각 5,000만 달러를 기부해 1억 달러의 재원을 마련했다.25,26) 2001년, 보츠와나의 성인 중 29%가 에이즈 바이러스인 HIV에 감염된 상태였다. 머크는 자신이 개발한 크릭시반과 같은 에이즈 치료 약품이 아프리카에서는 별다른 효용이 없다고 생각했다. 크릭시반은 체계적인 치료 프로그램에서 활용되어야 효과를 보는데 아프리카에서는 체계적인 치료를 기대할 수 없기 때문이었다. 아프리카의 보건 정책은 포괄적이지 못하고 결핵이나 폐렴과 같은 전염성 질병에 대처하는 시스템이 미비했다. 특히 에이즈에 걸린 환자는 제대로 된 치료를 받지 못했다.

머크는 아프리카의 보건 정책과 현실을 분석한 이후 보츠와나의 에이즈 문제를 해결할 유일한 방법은 보건 시스템을 개선하는 것이라는 결론을 내렸다. 규모가 워낙 큰 해결 방안이었기 때문에 머크는 협력자를 찾아야 했다. 다행히 머크는 빌 앤드 멜린다 게이츠 재단과 파트너십을 형성해 5,000만 달러를 지원받고 하버드 대학 에이즈 연구소는 산모의 에이즈가 태아에 감염되지 않도록 하는 백신과 항 AIDS 바이러스 치료제를 연구했다. 또한 머크는 유니레버 등 다른 기업과도 협력 관계를 맺어 의약품 보급과 에이즈에 관한 교육을 맡겼다.

2000년 7월, 머크의 경영진은 보츠와나 대통령인 페스투스 모개를 만나 보츠와나 보건 당국과 협력해 에이즈 문제를 해결하고 싶다는 희망을 피력했다. 보츠와나의 에이즈 담당관인 바누 칸 박사는 포괄적인 보건 시스템을 통해 에이즈 치료제가 사람들에게 보급되지 않는다면 문제가 해결될 수 없다고 지적했다. 이 운동에 참여한 다양한 협력자들은 새로운 보건 시스템을 구축하기로 계획을 세웠다. 이 계획에는 보츠와나에서 전국적으로 의사, 간호사, 카운슬러를 대상으로 실시될 에이즈 교육 프로그램과 에이즈 진단 실험실도 포함되어 있었다.27)

파이낸셜 타임스에 따르면, 이 프로그램은 초기에 실망스런 성과를 거두었다. 예를 들어, 2002년 9월에 페스투스 모개 대통령은 보스나와에는 수십만 명에 달하는 에이즈 감염자를 치료할 기술이 없다고 말했다. 민간에서 지원 받은 자금과 보건 예산만으로는 감염자 중 극히 일부분밖에 치료할 수 없었다. 머크가 주도한 프로그램은 2001년 8월에 발족했지만 예상보다 진행 속도가 느렸다. 2002년 9월까지 2천 명만이 치료를 받을 수 있었다. 초창기 파트너인 머크, 게이츠 재단, 유니레버, 하버드 에이즈 연구소는 가시적인 성과를 달성하지 못했다. 더 나은 성과를 달성하기 위해 머크의 CEO인 레이 길마틴은 국제연합 기구와 제약회사, 대기업과 정부에 협조를 구해 '대규모 제휴'를 추진했다.28,29)

보츠와나에서 에이즈 문제를 해결하려는 머크의 노력은 사회를 변화시키려는 경영자가 직면한 도전과 기회를 모두 보여주고 있다. 분명히 머크는 아무 도움 없이 보츠와나에서 에이즈 문제를 해결할 수 있다고 생각하지 않았다. 그러나 에이즈 문제의 해결에 참여하겠다고 선포하고 2년이 지난 후, 머크는 자금 부족에 직면했고 목적을 달성하기 위해 더 많은 협력자를 구해야 했다. 이 기업은 처음부터 다양한 협력자가 중요한 역할을 할 수 있을 것이라고 생각하지 않았다. 또한 협력자를 끌어들이는 데 보인 미온적인 태도는 문제 해결에 대한 헌신성이 그리 높지 못했음을 보여준다. 협력자들도 바람직한 결과를 달성하기가 얼마나 어려운지를 간과했다. 미국에서 경제가 악화되고 협력자들의 비즈니스도 어려움을 겪게 되자 프로그램에 대한 열정은 약해지고 기업의 경영을 호전시키는 일이 무엇보다 중요하게 되었다.

마이크로소프트와 머크의 경험은 사회적 핵심 문제를 해결하는 방식으로 지역사회 활동에 참여하는 것에 대해 몇 가지 일반 원칙을 강조한다. 첫째, 일반적으로 사회적 핵심 문제를 해결하려는 노력은 기업의 일상적 비즈니스와 직접 관련되지 않는다. 마이크로소프트가 전개한 백신 프로그램은 소프트웨어 비즈니스와 아무런 연관성이 없다. 직원들에게 자부심을 느끼게 하고 지역사회를 발전시키도록 의도한 인도주의적 활동과 달리, 사회적 문제를 해결하려는 노력은 좀더 장기적인 혜택을 낳도록 의도한다. 예를 들어, 사회적으로 큰 문제를 해결하는 데 참여함으로써 해당 국가와 거래를 하고 사회적 책임을 중요시하는 우수 인력을 유치하는 데 도움이 된다. 머크가 에이즈 확산과 치료 사업에 참여하면서 자신이 생산한 의약품을 사용했지만, 의약품의 기부와 보츠와나에서 벌인 에이즈 프로그램이 소기의 성과를 거두지 못해 나타날 위험은 머크의 비즈니스와 직접적인 관련은 없어 보인다.

둘째, 사회적 핵심 문제를 해결하는 노력은 상당한 결실을 거둘 수도 있다. 어린이에게 공급하는 백신의 양을 늘리기 위해 마이크로소프트는 세심한 분석을 통해 대상 국가를 선정하고 의약품을 분배하는 메커니즘을 활용했기 때문에 결실을 거둘 수 있었다. 게다가 마이크로소프트의 기부금은 자금이 풍부하고 조직적으로 활동하는 재단에서 조달되었기 때문에 책임성 있게 백신 프로젝트의 목표를 달성했다. 이에 반해 머크는 조금은 산만한 접근 방식을 통해 목적을 달성하려 했으므로 관련 당사자 사이에서 책임성이 부족했다. 보츠와나에서 벌인 노력과 관련해 머크는 자금이나 경영진의 헌신성이 부족했기 때문에 적절한 협력자를 구하지 못했고 목표를 달성하도록 동기를 부여하지도 못했다.

셋째, 사회적 핵심 문제를 해결하려는 노력은 초정부적인 활동이 될 수 있다. 초정부적 활동은 해당 정부의 기능을 확장하지만 정치 지도자의 역할을 대신하거나 감소시키지는 않는다. 에이즈 백신이나 의료 활동을 통해 많은 생명을 구하는 것처럼 초정부적 활동이 결실을 거두면 해당 국가의 국민이나 지도자 모두에게 도움이 된다. 결국, 사회적 핵심 현안에 자금, 아이디어와 야망을 투자한 기업가는 수백만 명에게 더 나은 환경을 제공했다는 보람을 느끼는 방식으로 보상받는다. 이런 성취는 고객, 규제 당국과 직원들에게 기업의 평판을 간접적으로 높이는 기능을 한다.

로버트 우드 존슨 재단의 혁신

사회 환원 활동에 지속적으로 참여하려면 어떤 활동이 효과적이고 어떤 활동이 그렇지 못한지를 분석해 전략을 수정해야 한다. 측정할 수 있는 것은 경영할 수 있다는 기본적인 경영 원칙이 있다. 바꿔 말해, 측정할 수 없는 것은 달성할 수 없다는 뜻으로 이 또한 중요하다. 이 경영 원칙은 기업의 지역사회 활동이나 기부 활동에 적용되기도 한다. 경영자는 기부 활동의 효과를 측정할 방법을 결정해야 한다. 그리고 결정한 방법에 따라 기부 활동의 효과를 측정한 후 그 결과가 기대에 미치지 못했다면 기부 전략을 과감하고 현명하게 변경해야 한다. 경영자는 이윤을 추구하는 기업 활동에서 보였던 재능을 비영리 활동에서도 발휘할 수 있다.

핵심적인 사회 현안을 해결하는 활동은 성공적으로 진행되면 예상보다 큰 효과를 내고 기업 활동을 강화시키기 때문에 매우 중요하다. 경영자는 큰 사회 문제를 해결하는 데 참여하면서 주요 사회 지도자와 접촉하고 정부도 해결할 수 없는 문제에 기업의 자금, 노하우와 기술을 적용할 기회를 갖는다. 사회적 현안의 해결은 기업의 창의력을 넓히고 직원은 자신이 세상을 발전시키는 데 공헌하는 기업에서 일한다는 생각에 자부심을 느낀다. 사회적으로 큰 문제를 해결하면 이 문제로 가장 고통받는 사람들에게 많은 도움을 준다.

앞서 언급한 모든 요소를 고려해 존슨 앤드 존슨은 자선 재단을 개혁했다. 헬스위크 지에 따르면, 로버트 우드 존슨 재단은 1998년에 미국에서 가장 규모가 큰 보건 관련 자선 재단이었다. 이 재단은 1차적 의료 활동으로 평판이 높았지만 1987년에 그동안의 활동을 평가해 다음과 같은 새로운 세 가지 목표를 세웠다.

- 어린이와 노인처럼 질병에 취약한 사람들을 돕는다.
- 에이즈와 정신병처럼 특정한 질병을 해결하는 일에 참여한다.
- 보건 재원 마련과 보건 시스템에서 나타나는 불평등처럼 광범위한 국가적 보건 문제를 해결하는 데 참여한다.

존슨 앤드 존슨의 상속자인 로버트 우드 존슨은 1936년에 본사가 위치한 뉴저지 주 뉴브런즈윅에 지역 자선 재단을 설립하면서 자선 활동을 시작했다. 1968년, 존슨이 사망했을 때, 그는 자신의 토지를 재단에 기증했고, 1972년에 이 재단은 자선 활동을 전국적으로 확대했다. 1972

년에서 1987년 사이에 존슨 재단은 8억 2,600만 달러를 기부했다.

레이턴 클러프 박사는 1976년에 수석 부회장으로 존슨 재단에 합류했고 1986년에 회장이 되었다. 클러프에 따르면, 존슨 재단이 조사를 실시한 결과, 1972년에서 1986년 사이에 미국 국민의 의료 서비스 접근성이 크게 향상되었다는 사실을 알아냈다. 클러프가 재단의 운영을 맡았을 때 그와 이사회는 다양한 보건 프로그램을 재단의 임무에 포함시켜야 할지의 여부를 재검토하도록 지시했다. 1987년에 재단의 이사회와 직원은 과거에 한 일과 경험, 그리고 미래에 달라져야 할 점 등을 분석했다. 또한 다음 세대가 '건강한 미국인'이 되는데 장애가 되는 보건 문제를 파악했다.[31] 분석을 통해 존슨 재단은 질병에 가장 취약한 사람들을 돕고 특정한 질병을 해결하며 광범위한 국가적 보건 문제를 겨냥한 세 가지 새로운 목표를 세웠다.

예를 들어, 질병에 취약한 계층과 관련해 존슨 재단은 약물 남용, 청소년 임신, 파괴적 행동, 자살과 같은 문제를 겪고 있는 청소년에 주의를 기울여야 한다고 결정했다. 그리고 1차적 치료보다는 청소년이 약물을 남용하게 된 근본적 원인을 해결하기 위해 지역사회가 나서야 한다고 판단했다. 예컨대, 약물 남용을 대처하는 방식으로 병원, 의사, 간호사, 보건 담당 기관, 비즈니스 리더, 노동조합 지도자, 종교단체 등 지역사회가 협력해 1차적 치료 외에도 추가적 관리를 해야 한다. 존슨 재단은 국민 보건에 계속 관심을 유지하면서도 보건 문제를 다루는 데 사회적 참여가 필요하다는 사실을 깨달았다.

아울러 존슨 재단은 에이즈와 같은 특정 질병에 대처하는 데 필요한 재원을 마련하는 프로그램에 특별한 관심을 기울이기로 했다. 1987년 2월, 이 재단은 에이즈 예방 프로그램과 더불어 병원 치료 프로그램, 휴양소 운영, 1차적 진료 서비스에 관한 제안을 받기 시작했다. 존슨 재단은 49개 주에서 5억 3,500만 달러에 달하는 자금 지원 요청을 접수했다. 존슨 재단은 신청 받은 모든 요청에 자금을 지원하지는 않았지만 주정부, 연방정부 그리고 다른 자선 단체의 관심을 끌었고 자신이 지원하지 못하는 부분을 이들이 지원하도록 도움을 줬다.

클러프가 재임하는 동안 존슨 재단은 목표로 한 사회적 변화에 자금을 지원하는 프로그램을 시작했다. 예를 들어 클러프는 목사, 신부 등 성직자들이 에이즈 환자를 더 많이 돕도록 자금을 지원했다. 또한 교회가 에이즈 예방 활동을 하도록 지금을 제공했다. 전체적으로 그는 1988년과 1991년 사이에 존슨 재단이 에이즈와 관련된 프로그램에 5,000만 달러를 지원했다고 추정했고, 이 금액은 같은 기간동안 이 재단이 자선 기금으로 사용한 총액의 절반에 달했다. 세금이 면제되기를 바라는 존슨 재단은 반드시 재단 출연금의 일정 부분을 사용해야 했다. 이것이 면제를 위한 전제 조건이다.

또한 클러프는 존슨 재단이 보건과 관련한 인종 문제에 관심을 둬야 한다고 생각했다. 특히 그는 미국인 중 3,700만 명이 건강보험의 혜택을 받지 못해 적절한 치료를 받지 못하는 문제를 해결하려고 했다. 또한 건강보험과 의료보장에서 인종 간에 심한 차이가 있고 이 문제에 국가적 관심을 둬야 한다고 생각했다. 예를 들어 관상동맥 질환을 앓는 흑인은 동일한 질병을 앓는 백인에 비해 관상동맥 우회수술이나 관상동맥 성형술을 받지 못하며 흑인 유아 사망률이 백인보다 훨씬 높았다.

이같은 문제를 해결하기 위해서 존슨 재단은 여덟 개 주에 자금을 지원해 주 정부, 시 당국, 기초 자치단체나 민간부문이 장기적인 의료보장 프로그램을 개발하도록 후원했고 특히 양로원에 거주하는 장애 노인에게 중점을 뒀다. 1988년에 존슨 재단은 미시시피 주가 메디케이드 (Medicaid, 65세 미만의 저소득층 신체장애자를 위한 미국의 국민 의료 보장

제도—옮긴이) 프로그램을 확대 적용하는 방안을 검토하도록 자금을 후원했다. 미시시피 주가 다른 주보다 메디케이드 프로그램이 형편없었기 때문이었다. 이 재단은 미시시피 주에서 시행되는 보건 프로그램에 나타난 문제점을 해결하면 비슷한 문제에 직면한 다른 주들이 문제점을 인식하고 해결하려는 노력을 하리라고 확신했다. 존슨 재단은 가난한 남부의 주들이 메디케이드 프로그램을 개선하는 방안을 찾지 못하면 자금을 지원하지 않았다.

클러프의 목표는 다른 자선 재단이나 기업이 존슨 재단의 가장 성공적인 사례를 따라하도록 모범을 보이는 것이었다. 하지만 그가 지적했듯이, 대략 20~30%의 지원금은 실패로 돌아갔다. 클러프는 이런 실패율은 재단이 충분히 위험을 감수하고 자선 활동을 했다는 사실을 보여준다고 생각한다. 이런 의미에서 그는 자선 활동이 기업의 몇 가지 특성과 긴밀히 연계되어 있다고 믿는다. 즉, 자선 활동을 하는 조직이 충분히 위험을 감수할 용의가 없다면 지역사회에 실질적인 기여를 할 수 있는 자선 활동 아이디어를 제대로 실천하지 못한다는 의미다. 벤처캐피털리스트는 모든 투자가 성공할 것이라고 예상하지는 않는다. 하지만 한두 가지 큰 성공으로 다른 투자 실패를 만회할 수 있다고 기대한다. 같은 논리가 자선 단체의 활동에도 적용된다. 일반적으로 자선 단체는 10%의 수익률도 충분하다고 생각하는 벤처캐피털리스트보다 성공률이 높다.

아울러 클러프는 다른 단체가 존슨 재산을 따라했기 때문에 성공한 두 가지 프로그램을 언급했다. 존슨 재단은 지역별 응급 의료 시스템 개발을 남들보다 먼저 후원했다. 이 재단은 911번을 활용한 응급 의료 시스템을 전국적으로 확산시키는 활동을 했다. 이를 보고 연방정부는 응급 의료 시스템을 개발하는 프로그램에 투자했다. 또 1980년대 중반에 종교단체나 의료 기관이 독거노인이나 장애자를 직접 방문해 의료나 간호 서비스를 제공하는 프로그램을 후원하기도 했다. 초창기에 존슨 재단은 이 프로그램을 시행하는 25개 프로젝트를 후원했고 1988년까지 미국에서 350개 프로젝트가 시행되었다.[32]

존슨 재단은 존슨 앤드 존슨의 비즈니스에도 도움이 된다. 첫째, 보건 시스템을 향상시키려는 재단의 활발한 활동은 존슨 앤드 존슨이 제품 판매 시장을 확대하는 데 도움을 준다. 공중 보건 수준을 향상시키는 활동이 다른 단체까지 확대되면서 존슨 앤드 존슨의 제품을 구입하는 대상이 넓어졌다. 둘째, 과거에 보건 수준이 형편없던 지역 주민의 보건 상태가 개선되면서 지역정부는 과도한 보건 지출 부담을 줄이고 지역 경제 발전에 투자할 수 있었다. 지역 경제에 대한 투자가 증가하자 고용이 증가했으며 새롭게 고용되거나 소득이 증가한 지역 주민은 존슨 앤드 존슨의 제품을 구입하는 고객이 되었다. 마지막으로, 존슨 앤드 존슨이 오랫동안 실행한 자선 활동은 지역사회의 이해와 부합했다. 따라서 정치인, 규제 당국, 직원, 고객은 존슨 앤드 존슨을 좋은 시각으로 바라보게 되었다.

경영 혁신 수단

존슨 앤드 존슨의 사례는 변화 프로세스를 올바로 관리해야 한다는 중요성을 알려준다. 존슨 재단은 클러프를 회장으로 지명해 목표를 가장 잘 달성하는 방법이 무엇인지 전반적으로 재고했다. 클러프는 재단의 이사회, 직원, 더 나아가 일반 국민과 같은 이해관계자와 함께 훌륭히 임무를 수행했다. 그는 구체적인 새로운 목표를 수립했고 목표를 달성하기 위해 전략을 수정했다. 특히 지역사회가 존슨 재단의 새로운 목표와 관련성이 있는 특정 인구계층, 질병과 사회적 의료 문제의 근본 원인을 해결하는 데 동참시켰고 지역사회의 참여가 없는 프로그램에는 자금을 지원하지 않았다.

로버트 우드 존슨 재단을 혁신시킨 클러프의 성공은 지역사회 활동에 참여하는 방식을 혁신하려는 경영자에게 네 가지 경영 혁신 수단을 제공한다.

- **공통 가치에 합의하라.** 일반적으로 기업은 새로운 CEO가 취임하지 않는다면 근본 가치를 재검토하지 않는다. 만일 기업이 가치를 공유하기로 합의하면 이 가치를 분명히 선포하고 끊임없이 내외부에 알려야 한다. 결과적으로, 기업이 지역사회 활동에 참여하는 방식은 공유한 가치에서 생겨난다.
- **기업의 능력과 열망을 반영하는 목표를 세우라.** 공통 가치에 합의했다면 경영자는 가치를 어떻게 실현하는 것이 가장 좋은 방법인지에 대한 공감대를 형성해야 한다. 공감대를 형성하는 프로세스는 주요 이해관계자의 의견을 수렴하는 것에서 시작한다. 의견을 수렴한 후에 경영자는 어떤 지역사회 활동과 자선 활동이 기업의 능력과 가치에 부합하는지 평가해야 한다. 마지막으로, 경영자는 공통 가치에 부합하면서 달성할 가능성이 높은 목표를 선포한다.
- **새로운 목표에 따라 전략을 수정하라.** 목표를 합의한 다음에 경영자는 목표를 달성하는 데 가장 적합한 전략이 무엇인지 평가해야 한다. 경영자는 비슷한 목표를 지닌 자선 단체와 기업을 연구하고 그들의 전략 중 어떤 것이 적합한지 평가해야 한다. 마지막으로, 경영자는 전략을 개발하고 목표를 실행에 적용한다.

- 결과를 평가하고 이에 따라 전략을 새롭게 수정하라. 경영자는 자선 활동의 성과를 평가할 방법을 결정하고 담당자가 해당 활동의 성과를 설명하도록 해야 한다. 경영자는 어떤 전략이 효과가 있었고 어떤 전략이 효과적이지 못했는지를 평가해 목표에 맞게 전략을 새롭게 수정한다.

가치지수

전술적인 측면에서 밸류 리더십의 원칙을 분석하는 일은 경영자가 개선의 기회를 정확히 파악하는 데 도움을 준다. 여러분의 조직이 '사회 환원 활동 참여'라는 원칙을 적용해 개선할 가능성이 있다면 전술적 측면의 분석은 여러분의 조직이 목표로 삼은 활동을 수행하는 방법을 개선하는 최선의 방법이 무엇인지 알아내는 데 도움을 준다.

예시 8.1은 두 가지 측면의 분석을 통해 여러분 기업의 VQ를 계산하는 데 유용하다. 첫 번째 분석은 이진법적 분석으로 기업이 열거된 특정한 전술을 수행하고 있는지 여부를 판별하는 점검표로서 가치지수분석표를 활용한다. 기업이 특정한 활동을 수행하면서 어떤 전술도 수행하고 있지 않다면 이 전술의 수행을 고려해야 한다. 두 번째 분석은 유사성 분석으로 기업이 이미 특정한 전술을 수행하고 있다면 그 전술의 수행에서 개선의 기회가 있는지 파악하는 데 가치지수분석표를 활용할 수 있다. 특정한 전술에 해당하는 점수를 올리려면 전술의 실행 방법을 변화시키는 프로세스를 시작해야 한다. 자세한 내용은 9장에서 다룬다.

이진법 측면과 유사성 측면의 분석을 실행하기 위해 여러분의 기업은 직원들을 인터뷰해 데이터를 수집해야 한다. 가장 좋은 방법으로 객관적인 외부인을 고용해 적절한 인터뷰 대상을 선정하고 인터뷰 방침을 개발하여 인터뷰를 실행한 후 결과를 분석하는 것이 있다. 데이터 수집과 분석 결과로 각 전술에는 특정한 점수가 매겨질 것이다. 점수를 매기는 데 가치 판단이 필요하지만 밸류 리더 또는 우수한 경쟁 기업의 점수와 비교해 기업의 점수가 어느 정도인지 파악할 수 있다.

각 전술에는 탁월(5점)에서 낮음(1점)의 점수가 매겨진다. 조직이 전술을 전혀 수행하고 있지 않다면 점수는 0이다. 활동 점수를 구하려면 분석자는 각 활동에 해당하는 전술의 점수를 평균하고 반올림한다. '지역사회 활동을 담당하며 CEO에게 직접 보고하는 핵심 조직을 설치하라' 는 전술을 생각해보자. 기업에 자선과 기부 활동을 전담하는 공식 조직이 없다면 점수는 0이다. 반면, 지난 10년 동안 기업이 자선 활동을 전담하는 조직을 운영하고 직접 CEO에게 보고하는 시스템을 갖추었다면 점수는 5이다.

여러분의 기업이나 조직이 해당 전술을 수행하고 있는지 여부를 먼저 평가하고 수행하고 있다면 이 장에서 소개된 우수 기업의 사례와 여러분의 행동을 비교해 점수를 매겨보는 것이 유용하다. 예를 들어, 지역사회 활동을 담당하며 CEO에게 직접 보고하는 핵심 조직을 설치하라는 전술에 관해 여러분 기업에 이같은 조직이 설치되어 있지 않다면 점수는 0이 된다. 여러분의 기업이 자선 활동을 담당하고 CEO에게 직접 보고하는 시스템을 갖추고 있고 사우스웨스트 항공의 사례처럼 직원들이 적극적으로 자선 활동에 참여하고 자선단체에서도 활동을 높이 평가한다면 5점을 부여한다. 하지만 자선과 기부를 담당하는 조직이 사우스웨스트 항공처럼 효율적이지 못하다면 점수를 하향 조정해야 한다.

예시 8.1 가치지수분석표 : 사회 환원 활동 참여

사회 환원 활동 참여 : 활동과 전술	점수
적극적 직원 참여 ☐ 지역사회 활동을 담당하며 CEO에게 직접 보고하는 핵심 조직을 설치하라. ☐ 직원과 지역사회의 비판을 생각해 기업의 자선 활동을 지나치게 선전하거나 이를 활용하는 마케팅 활동을 삼가라. ☐ 경영자는 직원들이 추천한 기부 대상에 시간과 자금을 지원하라. ☐ 직원들의 참여를 높이도록 자선 활동 프로그램이 성공한 사례를 모든 직원에게 널리 알려라. ☐ 6개월 또는 1년마다 하루씩 기업이 진행하는 자선 활동에 참여할 기회를 직원들에게 부여하라.	
지역사회 발전에 기여 ☐ 기업 내부에 지역사회 활동을 담당하는 조직을 설치하라. ☐ 지역에서 우호 세력과 방해 세력을 식별할 인력을 배치하라. ☐ 유력한 인사를 접촉해 지역사회가 요구하는 사항과 기업이 이곳에서 직면할 가능성이 높은 문제를 청취하고 이 문제를 극복할 방법에 대해 자문을 구해라. ☐ 해당 지역에서 얻을 이익과 문제를 극복하는 데 드는 비용을 비교 평가하라. ☐ 기업이 해당 지역에서 비즈니스를 진행할 수 있도록 우호 세력과 방해 세력에게 적절한 비율로 현금과 제품, 시간을 제공하라. ☐ 지도자와 지속적으로 유대관계를 형성하고 지역사회 발전에 기여하기 위해 계속 의견을 수렴하라.	
사회적 핵심 문제 해결에 참여 ☐ 사회적 핵심 문제가 무엇인지 파악하고 기업의 이익에 부합하는지 식별하라. ☐ 기업의 자금과 파트너의 능력을 적절히 활용해 해결할 능력이 있는 문제를 선별하라. ☐ 치밀한 분석을 통해 선별한 문제를 해결할 전략을 개발하라. ☐ 정부, 기업, 파트너들과 올바른 관계를 수립하라. ☐ 구체적인 목표를 설정하고 진행 과정을 점검해 필요할 경우 전략을 수정하라.	
총점	

주: 5=탁월, 4=매우 우수, 3=우수, 2=보통, 1=낮음, 0=해당사항 없음.

결론

지역사회 활동의 참여는 밸류 리더십의 핵심적인 원칙이다. 지역사회 활동을 통해 직원들은 회사에 대한 자부심과 더불어 개인적 만족을 얻고 나아가 기업이 활동하는 지역은 발전하며 큰 사회적 현안을 해결하게 된다. 이 원칙을 얼마나 잘 채택하고 있는가의 여부는 기업의 성장 속도와 직원들의 생산성, 충성도에 영향을 미치며, 결국 주주에게 돌려주는 수익성에도 영향을 미친다.

9장

말보다는 실천
경영자, 투자자, 정책 입안자를 위한 밸류 리더십

경영자, 투자자와 정책 입안자는 밸류 리더십에서 어떤 혜택을 볼 수 있을까? 이 질문에 답하기 전에 먼저 밸류 리더십을 달성하기 위해 노력할 만한 가치가 있는지 살펴보기로 하자. 이 책의 전반부에서 언급했듯이 밸류 리더십을 준수하는 기업은 직원, 고객, 지역사회에 경쟁 기업보다 뛰어난 가치를 창출해 큰 이익을 본다. 밸류 리더십을 올바로 이해하기 위해 우리는 밸류 리더십을 현실에 훌륭하게 적용한 사례를 살펴보았다. 그 결과 밸류 리더 기업은 경쟁 기업보다 주가가 높고 빠른 성장을 달성했으며 수익성도 높다는 사실이 확인되었다.

경영자를 위한 밸류 리더십

1장에서 논의했듯이, 경영자가 밸류 리더십을 활용하는 가장 효과적인 방법은 가치지수분석표를 통해 개선의 여지가 가장 많은 원칙을 파악하고, 이 원칙에서 부족한 점을 개선하고자 노력을 기울이는 것이다. 경영자는 개선 조치를 취하기에 앞서 조치를 실행하는 편익과 비용을 비교 분석해야 한다. 무엇보다도 경영자는 개선 조치를 조직 전체에 널리 알리고 이해시켜 얻는 혜택이 무엇인지를 명확히 파악해야 한다. 그러나 개선 조치에서 파생되는 비용은 예상보다 클 수 있다. 경영자는 개선 프로세스를 효과적으로 적용하기 위해 많은 시간과 노력을 투자해야 한다. 밸류 리더십에서 얻는 편익이 비용을 초과한다고 판단되면 다음과 같은 단계를 밟아야 한다.

- 밸류 리더십에 따라 기업을 혁신할 팀을 구성하라.
- 밸류 리더십에 관해 기업혁신팀을 교육시켜라.
- 기업의 VQ를 개발하기 위해 다양한 대상과 인터뷰를 시행하라.
- 기업이 긴밀하게 따라야 하는 특정 밸류 리더십의 원칙을 정확히 파악하라.
- 기업이 특정한 원칙을 적용하는 능력에 영향을 미치는 비즈니스 활동을 분석하라.
- 개선 조치를 개발하라.
- 개선 조치를 실행하라.
- 새로운 VQ 분석을 통해 개선 조치의 효과를 평가하라.

밸류 리더십에 따라 기업을 혁신할 팀을 구성하라

밸류 리더십에 따라 기업을 혁신할 팀은 직원, 고객, 지역사회를 발전시켜 주주에게 가치를 창출하는 임무를 지닌 임원으로 구성한다. 이 임무의 중요성을 고려하면 밸류 리더십을 추구하는 기업혁신팀은 임무에 필요한 변화를 달성할 권한이 있는 임원을 포함해야 한다. 기업은 다양한 구성원을 기업혁신팀에 포함시킬 수 있지만 여기서는 다음과 같은 구성원을 제안한다.

- CEO
- CFO
- 비즈니스별 담당 임원
- 영업, 마케팅, 생산 등 업무 분야별 임원
- 인적자원, 정보기술 부서와 같은 주요 업무를 담당하는 임원

기업혁신팀을 구성하면서 경영자는 실행력이 강한 인력과 기업혁신팀을 효율적으로 운영할 인력을 균형을 맞춰 구성해야 한다. 적절하게 팀을 구성하는 한 가지 방법으로 초기에 다양한 인력을 포함시켜 팀을 구성하되, 구성원의 역할을 고정하지 않고 혁신 작업을 진행하면서 변화시키는 방법을 들 수 있다. 예를 들어, 기업혁신팀의 임무, 목적, 주요 프로젝트가 진행되는 정도를 측정하는 지표를 정하는 고위 임원으로 구성된 조정위원회를 기업혁신팀 내부에 설치한다. 조정위원회에서 기업혁신팀의 운영을 담당하는 임원은 프로젝트의 진행 경과를 분석하고 이를 바탕으로 바람직한 결과를 도출하도록 활동을 조정한다. 프로젝트에 참여한 구성원은 운영 임원에게 기업 혁신을 효율적으로 진행할 새로운 아이디어를 제시할 수 있다.

밸류 리더십에 관해 기업혁신팀을 교육시켜라

기업혁신팀에 동기를 부여하기 위해 CEO는 밸류 리더십에 대단한 열의가 있음을 보여주어야 한다. 그러기 위해서 CEO는 다음과 같은 목적을 달성할 밸류 리더십에 관한 세미나를 후원하도록 한다.

- 밸류 리더십을 규정한다.
- 밸류 리더십이 중요한 이유를 설명한다.
- 밸류 리더십이 가져오는 혜택을 설명한다.
- 기업이 밸류 리더십을 적용하기 위해 필요한 원칙과 활동을 강조한다.
- 밸류 리더와 그 경쟁 기업에 관한 사례를 제공한다.
- 밸류 리더십이 기업에 가져올 잠재적 혜택을 강조하는 워크숍을 개최한다.

세미나는 최고 경영진이 나서서 밸류 리더십을 달성하기 위해 시간과 노력을 투자해볼 만하다는 사실을 확신시키는 자리여야 하며, 구체적으로는 기업이 개선 기회를 파악하도록 도움을 주는 VQ와 같은 수단을 활용하는 데 관심을 불러일으킬 수 있어야 한다.

기업의 VQ를 개발하기 위해 다양한 대상과 인터뷰를 시행하라

VQ는 조직 내부에서 개선의 기회를 파악하고 평가하는 중요한 수단이다. 계산에 사용된 자료의 수준과 적절성에 따라 VQ의 유용성이 결정된다. 따라서 기업혁신팀은 기업의 이해 당사자와 광범위한 인터뷰를 수행해야 한다. 결과를 객관적으로 평가하기 위해서 외부인에게 인터뷰 수행을 의뢰할 수도 있다. 1장에서 언급했듯이, 인터뷰 질문은 인터뷰 대상에 따라 다르다. 즉, 대상자가 밸류 리더십에 얼마나 중점을 두고 있느냐와 밸류 리더십과 관련한 경험을 얼마나 겪었느냐에 따라 질문이 달라진다.

인터뷰를 통해 기업이 밸류 리더십을 사용하는 것에 대해 이해관계자들이 어떻게 생각하고 있는지 파악해야 한다. 표 9.1은 이해관계자별로 가장 많은 지식을 보유한 주제에 따라 인터뷰를 해야 한다는 사실을 보여준다.

팀은 1장에 소개된 VQ 표를 활용해 인터뷰를 분석하고 기업의 VQ를 구해야 한다. 기업혁신팀은 각 활동에 중점을 두어야 하며 기업이 해당 활동을 수행하고 있는지 여부를 파악해야 한다. 활동하고 있지 않다면 기업혁신팀은 해당 활동에 0점을 부여하고 만약 활동을 수행하고 있다면 얼마나 훌륭히 수행하고 있는지를 평가한다. 정성적 평가를 하기 위해서는 다른 기업과 비교해 해당 활동에 대한 자사의 성과를 평가한다. 부록은 밸류 리더와 경쟁 기업의 VQ를 요약해 보여준다. 기업혁신팀은 이들 기업의 인터뷰 결과를 비교해 기업 활동을 점수로 매긴다.

점수의 적용 방법을 사례를 통해 설명해보자. 먼저, 표 1.2에서 시놉시스가 획득한 VQ 점수인 87%를 구하는 논리를 살펴보자. '인간관계의 존중' 원칙에서 시놉시스는 가장 높은 점수인 60점을 얻었다. 이 기업은 이 원칙을 지원하는 네 가지 주요 활동에서 뛰어난 성과를 달성해 최고 점수를 획득했다. '핵심 가치의 고수' 라는 활동에서 시놉시스는 가장 높은 점수인 5점을 받았다. 인터뷰 결과, 이 기업의 핵심 가치는 창업 때부터 가장 중요시한 가치의 통합 노력을 통해 생겨났기 때문이다. 시놉시스는 핵심 가치를 분명히 선포하고 다양한 방법을 통해 내외부에 널리 알렸으며 인력을 채용하고 승진시킬 때나 해고할 때에 이를 기준으로 삼았으며, 다른 기업을 인수하는 의사결정 시에도 핵심 가치를 적용했다. 인터뷰 결과를 보면 시놉시스는 핵심 가치에 헌신하고 모든 활동에서 핵심 가치를 지키겠다는 약속을 지켰기 때문에 '핵심 가치의 고수' 라는 활동에서 뛰어난 점수를 획득했다.

시놉시스가 기업 가치를 분명히 하고 꾸준히 이 가치에 따라 행동했다면 좋은 점수를 받는다. 만약, 기업 가치는 분명히 했으나 가끔 가치에 따라 행동했다면 평균적인 점수를 받는다. 또 기업 가치는 분명히 했으나 가치에 따라 행동하지 않았거나 핵심 가치를 분명히 하지도 않았으면 0점을 받는다.

표 9.1 이해관계자별 가치지수 인터뷰 주제

이해관계자	밸류 리더십의 원칙
CEO	모든 밸류 리더십의 원칙
CFO	'약속의 이행' 원칙에 중점을 둔 모든 밸류 리더십의 원칙
고객	'인간관계의 존중', '팀워크의 활성화', '성장 동력의 내적 발견', '자기만족과의 싸움', '다양한 역량의 배양' 원칙에 중점
직원	'인간관계의 존중', '팀워크의 활성화', '성장 동력의 내적 발견', '자기만족과의 싸움', '다양한 역량의 배양', '지역사회 활동 참여' 원칙에 중점
지역사회	'지역사회 활동 참여' 원칙에 중점
투자자	'다양한 역량의 배양', '약속의 이행', '자기만족과의 싸움' 원칙에 중점
파트너	'팀워크의 활성화', '다양한 역량의 배양', '약속의 이행', '자기만족과의 싸움' 원칙에 중점

기업이 철저히 따라야 하는 특정 밸류 리더십의 원칙을 정확히 파악하라

VQ가 구해지면 기업혁신팀은 앞으로 더 철저하게 준수해야 하는 밸류 리더십은 무엇이며, 현재 충실히 지키고 있는 밸류 리더십이 무엇인지 확인할 수 있다. 그리고 기업혁신팀은 VQ 점수가 가장 낮은 두세 개 원칙이나 이해관계자에게 가장 큰 영향을 주리라 생각되는 원칙을 강화하는 데 주의를 기울어야 한다.

기업이 특정한 원칙을 적용하는 능력에 영향을 미치는 비즈니스 활동을 분석하라

철저하게 따라야 할 원칙을 파악했다면 기업혁신팀은 기업이 이 원칙을 적용하는 데 영향을 미치는 기존 행동을 바꿀 방법을 개발해야 한다. 그리고 변화에 필요한 행동을 파악하고 이 변화가 초래할 편익과 비용을 평가해야 한다. 그러기 위해서 먼저 기업혁신팀은 해당 원칙에 대한 기업의 VQ 점수에 영향을 미치는 행동을 분석해야 한다. 예를 들어, 기업이 '인간관계의 존중' 원칙을 실행하기로 결정했다면 기업혁신팀은 이 원칙을 실행할 네 가지 활동을 어떻게 수행할지를 구체적으로 계획하고, 계획을 세우기 위해 적절한 이해관계자를 인터뷰해 현재 기업이 수행하고 있는 활동 방법을 평가한다.

표 9.2에 나와 있듯이, 밸류 리더십의 원칙에 따라 인터뷰 대상이 달라진다. 밸류 리더십의 원칙에 따라 인터뷰의 구체적 내용은 달라지지만 이해관계자를 인터뷰하는 내용은 다음과 같은 사항에 중점을 두어야 한다.

- 기업의 활동에 대한 전반적인 만족 수준
- 기업에 불만족을 느끼는 특정한 원인
- 더 나은 활동을 하는 구체적 경쟁 기업
- 높은 만족 수준을 제공하는 경쟁 기업의 구체적인 활동
- 기업의 성과를 개선시킬 아이디어

개선을 위한 아이디어를 찾는 과정에서 기업혁신팀은 기업이 활동을 수행하면서 취해야 할 구체적 조치를 파악하는 도구인 '프로세스 매핑 (또는 프로세스 공정도, Process mapping)'을 사용할 수 있다. 프로세스 매핑은 고객의 주문 이행, 다양한 활동 사이에 존재하는 정보의 흐름처럼 비즈니스 프로세스를 구성하는 구체적인 활동으로 구성된다. 프로세스 매핑은 인터뷰 프로세스에서 확인된 불만족 원인과 관련된 활동을

파악하고 시정하는 데 특히 유용하다. 예를 들어, 기업혁신팀이 인간관계를 존중하는 기업의 활동을 개선하는 작업을 진행 중이라면 직원들을 인터뷰한다. 직원들을 인터뷰한 결과, 직원들이 자신들을 평가하고 보상하는 프로세스가 임의적으로 행해지고 있다고 느끼면, 기업혁신팀은 직원들을 평가하고 보상하는 프로세스에 문제점이 없는지 확인하고 시정 조치를 취한다. 이런 조치는 문제점을 밝혀 프로세스를 개선할 수 있는 기회가 된다. 예컨대, 부서별 관리자와 인적자원 부서가 올바른 정보 교환이나 의사소통을 하는 데 문제점이 있다고 하자. 이 문제를 발견하고 시정하면 평가와 보상이 공정하지 못하다는 부서 관리자의 불만을 해소할 수 있다.

또한 기업혁신팀은 새롭게 수정한 원칙을 적용할 때 발생할 경제적 충격을 측정하기 위해 정량적 분석을 실시할 수도 있다. 표 9.3에서 나타나듯이 특정한 정량적 분석은 원칙에 따라 달라진다. 기업혁신팀이 각 원칙별로 관련된 지표를 분석했을 때 긍정적인 관계가 나왔다면 이는 원칙을 더 긴밀히 준수하면 더 큰 혜택을 볼 수 있다는 증거다. 예를 들어, 기업이 자기만족과 싸움을 하려고 한다면 시장점유율, 자기자본이익률, 생산성, 대차대조표의 건전성, 이익 증가율과 주주 수익률에 관한 최근 추이를 분석해야 한다. 표 9.3에 설명된 원칙과 각 지표 사이의 관계는 기업이 원칙을 준수하는 정도가 낮을수록 기업의 성과를 나타내는 지표 또한 악화된다는 사실을 보여준다. 반대로 정량적 분석을 통해 기업혁신팀은 기업이 각 원칙을 철저히 준수하면 기업의 성과가 얼마나 좋아질지 평가할 수 있다.

표 9.2 각 원칙별 인터뷰 대상

원칙	인터뷰 대상
인간관계의 존중	직원, 고객
팀워크의 활성화	직원, 고객, 공급자
성장 동력의 내적 발견	직원, 고객, 공급자
약속의 이행	직원, 고객, 공급자, 투자자
자기만족과의 싸움	직원, 고객, 투자자
다양한 역량의 배양	직원, 고객, 투자자
사회 환원 활동	직원, 지역사회

표 9.3 밸류 리더십의 원칙별 정량적 지표

원칙	정량적 지표와의 연관성
인간관계의 존중	**자기자본이익률:** 이직률이 감소하면 비용은 낮아지고 자기자본이익률은 높아진다. **생산성:** 공정한 대우를 받는 직원들은 생산성이 높다. **이익 증가율:** 높은 생산성은 이익 증가율을 높인다. **주주 수익률:** 높은 이익 증가율은 주가를 상승시킨다.
팀워크의 활성화	**시장점유율:** 팀워크는 고객 가치를 증가시키고 시장점유율을 높인다. **자기자본이익률:** 팀워크는 생산성을 높여 자기자본이익률을 높인다. **생산성:** 팀워크는 생산성을 향상시킨다. **이익 증가율:** 높은 생산성은 이익 증가율을 높인다. **주주 수익률:** 높은 이익 증가율은 주가를 상승시킨다.
성장 동력의 내적 발견	**시장점유율:** 신제품의 성공은 시장점유율을 높인다. **자기자본이익률:** 수익성 있는 성장은 자기자본이익률을 높인다. **생산성:** 신제품의 성공은 직원당 매출액을 높인다. **대차대조표 건전성:** 신제품의 성공으로 현금흐름이 좋아진다. **이익 증가율:** 신제품의 성공은 이익 증가율을 높인다. **주주 수익률:** 높은 이익 증가율은 주가를 상승시킨다.
약속의 이행	**자기자본이익률:** 소송비용이 적어지면 자기자본이익률은 높아진다. **생산성:** 정직하게 대우받는 직원은 행복감을 느끼고 따라서 생산성이 높아진다. **이익 증가율:** 높은 생산성은 이익 증가율을 높인다. **주주 수익률:** 높은 이익 증가율은 주가를 상승시킨다.

자기만족과의 싸움	**시장점유율:** 자기 혁신 노력은 시장점유율을 높인다. **자기자본이익률:** 자기혁신은 이익을 증가시켜 자기자본이익률을 높인다. **생산성:** 자기 혁신은 생산성을 높인다. **대차대조표 건전성:** 자기 혁신으로 현금흐름이 좋아진다. **이익 증가율:** 높은 생산성은 이익 증가율을 높인다. **주주 수익률:** 높은 이익 증가율은 주가를 상승시킨다.
다양한 역량의 배양	**시장점유율:** 경쟁에서의 승리로 시장 리더십을 달성한다. **자기자본이익률:** 경쟁에서 승리하면 가격 결정력이 높아져 자기자본이익률이 높아진다. **대차대조표 건전성:** 경쟁에서의 승리로 현금흐름이 좋아진다. **이익 증가율:** 경쟁에서의 승리는 이익증가율을 높인다. **주주 수익률:** 경쟁에서의 승리는 주가를 상승시킨다.
사회 환원 활동 참여	**시장점유율:** 지역사회 활동은 지역고객을 증가시킨다. **자기자본이익률:** 고객의 증가로 자기자본이익률은 높아진다. **생산성:** 지역사회 활동에 참여하는 직원은 행복감이 높아져 생산성이 향상된다. **대차대조표 건전성:** 성장으로 현금흐름이 좋아진다. **이익 증가율:** 지역사회 활동은 이익 증가율에 도움을 준다. **주주 수익률:** 높은 이익 증가율은 주가를 상승시킨다.

개선 조치를 개발하라

기업혁신팀은 세 가지 요소, 즉 이해관계자 인터뷰, 프로세스 매핑과 정량적 분석을 통해 어떤 조치를 취할지 결정해야 한다. 특히 분석 결과를 검토한 후, 기업이 원칙을 수행하는 데 문제점이 발견되면 이를 시정할 조치를 개발해야 한다. 우선, 기업혁신팀은 다수(대략 50여 개)의 개선 조치를 개발한다. 그 다음에 다양한 개선 조치를 우선순위에 따라 분류할 판단 기준을 마련해야 한다. 판단 기준에는 다음과 같은 것이 포함된다.

- 개선 조치가 효과를 나타내는 데 걸리는 시간
- 실행 비용
- 비금전적 실행 비용(예를 들어, 변화가 필요한 기업 문화)

- 주주에게 미치는 영향(예를 들어, 시장점유율 증가율과 주당순이익 증가율)
- 고객에게 미치는 영향(고객만족도, 고객 유지율, 시장점유율 증가율, 고객당 평균 매출액)
- 직원에게 미치는 영향(직원 이직률, 업무 만족도)

기업혁신팀은 각 판단 기준에 따라 제안된 개선 조치를 점수로 평가한 뒤 이를 합산해 전체 점수를 매긴다. 아울러 변화 프로세스가 신속하고 확실히 수행되도록 빠른 효과를 볼 것으로 예상되는 몇 가지 조치를 기준으로 선택해야 한다. 많은 투자가 필요한 조치에 대해 기업혁신팀은 투자 금액과 시기를 담은 자세한 자금 집행 계획을 수립하고 이 조치에서 얻게 될 혜택이 무엇인지 파악해야 한다. 기업 혁신을 조정하고 통제하는 위원회를 설립했다면, 기업혁신팀은 자금을 집행하기 전에 조정위원회에 개선 조치에 관한 세부 사항을 보고한다.

조정위원회의 의견을 수렴한 후, 기업혁신팀은 선정한 개선 조치를 실행할 자세한 계획을 마련해야 한다. 그 실행 계획에는 다음과 같은 요소가 포함된다.

- 개선 조치의 구체적 내용
- 예상 혜택
- 실행을 담당할 경영진
- 실행 조치, 완료 일자, 담당 관리자, 구체적 성과
- 자금 집행 계획

개선 조치를 실행하라

각 개선 조치의 내용은 서로 다르지만 기업혁신팀은 경영 혁신에 관

해 다음과 같은 일곱 가지 사항을 명심하며 작업을 해나가야 한다.

- CEO는 변화의 중요성을 널리 알리고 솔선수범해 조직적 실천을 이끌어야 한다.
- 기업혁신팀은 직원들이 수동적이거나 적극적 행동으로 변화에 저항할 수도 있다는 사실을 인식해야 한다. (예, 직원들이 변화에 동의한다고 말을 하고 전혀 실천하지 않는 경우)
- 직원들이 솔직하게 변화에 대한 걱정과 근심을 토로할 기회를 마련하고 이 자리에서 그들이 변화하면 어떤 혜택을 볼 수 있을지 납득시켜 변화를 시행했을 경우 때 생길 수 있는 저항을 극복할 수 있다.
- 직원들이 변화에 대해 느끼는 우려를 극복하고 변화에 적극적으로 나서게 하기 위해서 직원들은 물론 다른 이해관계자와도 자주 의견을 교환해야 한다.
- 변화를 위해 직원들의 업무 방식을 바꿔야 한다면 그들은 업무가 구체적으로 어떻게 변화하고 변화에서 얻는 혜택이 무엇인지 분명히 알아야 한다.
- 개선 조치는 일회적이지 않고 연속적이다. 이어지는 조치에 대해서도 경영진에게 지원을 받으려면 기업혁신팀은 이전에 취한 조치에서 신속한 결실을 거둬야 한다.

기업이 개선 조치를 실천하고 있다면, 이 조치가 성공했는지 결정하는 잣대는 고객, 직원, 주주에게 이전보다 나은 가치를 제공했는지 여부이다. 때때로 개선 조치가 이해관계자에게 향상된 가치를 제공하고, 주주에게 더 높은 수익률을 가져다주는 데 시간이 걸리기도 한다. 하지만 중기적인 관점에서 볼 때, 기업이 취한 변화는 직원의 생산성과 고객만족도를 높이게 되고, 장기적으로는 매출액, 이윤, 주주 가치의 상승으로 이어진다.

새로운 VQ 분석을 통해 개선조치의 효과를 평가하라

측정할 수 있다면 달성할 수 있다는 기본적 경영 원리가 있다. 밸류 리더십의 개념을 기업에 불어넣고 개선 조치가 바람직한 결과를 가져왔는지 확인하기 위해서 기업혁신팀은 개선 조치를 실행한 후 6개월마다 새로운 VQ 분석을 실시해야 한다. 이같은 분석을 통해 기업이 발전되고 있다는 사실을 확인하는 것이 바람직하다. 그렇지 못하다면, 기업혁신팀은 적절한 조치를 취하지 못한 이유를 밝혀야 한다. 새로운 개선 기회가 나타난다면 기업혁신팀은 과거의 시행착오를 평가해 새로운 개선 조치를 개발해야 한다.

투자자를 위한 밸류 리더십

밸류 리더십은 어느 시장에서든 투자자에게 유용하다. 주식시장이 상승 국면에 있을 때 밸류 리더인 기업은 높은 이익률을 달성해 투자자에게 높은 수익률을 제시한다. 그러므로 밸류 리더에 투자한 투자자는 높은 수익을 얻을 수 있다. 주식시장이 하락 국면에 있을 때 투자자는 밸류 리더십을 따르지 않는 기업을 식별하고 이런 기업의 주식을 대차 거래하여 이익을 본다. 밸류 리더십을 따르지 않는 기업의 주가는 평균적인 시장 하락률보다 더 크게 하락할 가능성이 크기 때문이다.

상승 국면의 주식시장에서 투자 수익률 달성

투자자가 기업에 관한 정보를 많이 보유할수록 투자를 하기 전에 부담해야 할 위험은 적어진다. 주식시장이 상승 국면에 있을 때, 투자자가 부담하는 위험은 고려할 만한 가치가 없을지도 모른다. 대다수 주식이 오르고 있기 때문에 남들보다 높은 수익률을 달성하지 못하는 것이 가장 큰 위험이지만 그렇다고 손실을 보는 상황은 아니기 때문이다. 이런 상황에서 투자자는 거품으로 주가가 가장 높은 상태에 있는 기업의 주식을 매입하지 않도록 세심한 분석을 해야 한다. 거품 주식은 시장이 하향 국면에 들어서면 주가 폭락으로 가치가 없어지기 때문이다.

투자자는 밸류 리더를 선별할 때 사용했던 정량적 지표를 가장 잘 충족시키는 기업을 선택해야 한다. 서론에서 소개했듯이 정량적 지표는 아래와 같다.

- 시장점유율
- 10년 평균 자기자본이익률
- 직원 1인당 매출액과 이익
- 대차대조표의 건전성
- 10년간 순이익 증가율
- 10년간 주주 수익률

정량적 지표는 상대적으로 파악이 쉽기 때문에 투자자는 정량적 지표만을 파악해 평균보다 높은 수익률을 달성하기가 쉽지 않다. 그래도 이 지표들은 투자 대상을 판단하는 기본적인 판단 기준이므로 투자자는 투자 대상 기업이 다른 경쟁 기업에 비해 정량적 지표를 얼마나 충족시키는지 면밀히 검토해야 한다. 여섯 가지 지표에 대해서 경쟁 기업보다 우월한 기업은 주식을 매입할 좋은 대상이 된다.

주식시장이 상승 국면에 있을 때 우량 주식을 매입해 수익성을 달성하려는 투자자는 밸류 리더십을 준수하고 있는 기업을 판별하는 직관력을 키워야 한다. 예를 들어, 정량적 지표로 기업을 분석한 이후에 투자자는 여섯 가지 지표를 충족시키는 기업을 대상으로 VQ 분석을 시행해 투자 대상을 선별할 수 있다. 소수의 투자자만이 온라인에서 제공되는 자료나 고객, 직원, 가능하다면 해당 기업의 경영자와 인터뷰를 통해 분석에 필요한 자료를 수집할 수 있다. 대다수 투자자는 최고 경영진을 만나보거나 앞서 소수의 투자자가 수집한 자료나 판단을 활용해 이득을 볼 수 있다.

분석이 끝난 후, 투자자는 정량적 지표를 충족시키며 VQ가 높은 기업에 투자한다. 일단 투자자가 해당 기업의 주식을 매입하면 자신이 투자한 기업이 상황의 변화를 반영하고 있는지 주기적으로 VQ 분석을 실행해야 한다. VQ가 향상되거나 이전처럼 높은 수준에 머물고 있다면 투자자는 이 주식을 계속 보유해도 된다는 의미다. 반면에 VQ가 하락하고 있다면 이 기업의 재무적 성과가 미래에 하락할 가능성이 높다는 의미다. VQ가 하락하는 시점과 기업의 재무 실적이 악화되어 나타나는 시점에는 차이가 있기 때문에 VQ는 주식을 매도하라는 조기 경보로서 중요한 역할을 한다.

하락 국면의 주식시장에서 투자 수익률 달성

1장에서 살펴봤듯이, 2000년 3월에 시작된 약세장에서 투자자가 수익을 달성할 수 있는 중요한 기회가 있었다. 주가가 하락한 기업 중 많은 기업의 경영진이 밸류 리더십을 도입하고 실천하지 않았다. 투자자가 밸류 리더십을 등한시하는 기업을 파악하는 가장 유용한 방법은 기업이 자기 기준으로 발표한 재무 실적과 증권 규제 당국에 보고하는 재무 실적에 차이가 있는지 확인하는 것이다. 간단히 말해서 정직하게 실적을 보고하지 않아 주가가 급락하는 기업은 '약속의 이행'이란 원칙을 위해하는 기업이다.

약속을 이행하지 않는 기업은 여러 가지 방법을 통해 파악된다. 윌리엄스 커뮤니케이션의 경영진은 2002년 4월, 공식적으로 파산을 신청하기 직전까지 재무 실적이 크게 악화되었음에도 파산을 신청하지 않겠다고 공언했다. AOL 타임워너의 경영진은 매출액을 크게 부풀리는 데 일조한 다양한 사기 거래에 적극 가담했다고 알려졌다. 또한 이 기업의 경영진은 근거 없이 여러 번 미래 실적을 낙관적으로 제시해 AOL과 타임워너가 합병한 일을 정당화하고 주가를 높여 경영진이 보유한 주식을 매각해 큰 차익을 봤다.

주식시장이 하락세에 있을 때 투자자는 밸류 리더십을 적용하지 못한 기업에 투자해서 수익을 볼 수 있다. 시장이 상승세에 있는 동안 경영진이 밸류 리더십을 적용하기는 매우 힘들다. 경제가 호황에 접어들면 주가가 갑자기 오르기 시작하는 경향이 있는데 주가가 오를 때 상승세를 계속 유지시키는 경영진은 큰 보상을 받는다. 예를 들어, 1995년에서 2000년까지 지속된 경제 호황기 동안에 경영자는 비용이 많이 드는 구시대적 경영 수단으로서 밸류 리더십을 경시했다. 대신에 재무제표를 조작해 실제로 달성할 능력이 없으면서도 주식시장에서 기대하는 실적을 달성했다는 거짓 정보를 제공한다.

주식시장이 하락세를 타기 시작하면, 이런 기업의 경영자는 시장의 변화에 적절히 대처하지 못한다. 일부 경영자는 회계장부를 조작해 하락한 주가를 끌어올리려는 시도를 하기도 한다. 이런 경영자는 본의는 아니지만 회계장부를 조작하고 있다는 사실을 눈치 챈 투자자에게 새로운 기회를 제공한다. 많은 경우, 회계장부를 조작했어도 경영자가 공개적으로 자신의 비즈니스에 대해 한 말과 실제 재무 실적 사이에 차이가 있음을 보여주는 단서가 있기 마련이다.

이런 차이를 파악하기 위해 재무 분석 방법을 알려주는 책들이 많이 있다. 주식시장이 상승 국면에 있을 때 많은 개인 투자자는 텔레비전에서 봤던 기업이나 친구들이 추천한 주식을 매입한다. 그리고 하락 국면에서는 많은 투자자들이 자금을 회수하거나 투자했던 주식에서 손을 뗀다. 오직 소수 투자자만이 공개된 재무제표를 유심히 분석할 뿐이다. 미국 증권거래위원회 홈페이지(http://www.sec.gov/cgi-bin/srch-edgar)는 기업들이 공식적으로 보고한 재무제표를 무료로 제공하기 때문에 투자자는 경영진이 공식 보고 이전에 실적에 관해 했던 말과 실제 실적에 어떤 차이가 있는지 확인할 수 있다. 경영자가 재무 실적을 조작하더라도 주의 깊게 살펴본 투자자는 해당 기업의 미래에 어려움이 발생하리라 알려주는 정보를 분석해 대차거래를 할 수 있는 기회를 잡을 수 있다.

보다 더 자세한 내용은 이 책의 범위를 벗어나지만 1장에서 설명한 대차거래 기회를 정확히 파악하는 몇몇 분석 방법을 제시한다.

- 언론에 발표된 재무 실적, 증권 애널리스트와 경영자 사이의 대화를 SEC에 보고한 공식 재무제표와 비교하라. 투자자는 인터넷에 접속해 기업의 경영자와 증권 애널리스트가 과거 실적과 예상 실적에 관해 논의하는 내용을 확인할 수 있다. 때때로 이들 사이의 대화는 공식적으로 보고된 재무 실적보다 지나치게 낙관적이다. 예를 들어, 윌리엄스 커뮤니케이션 그룹의 경영자는 파산을 피할 충분한 능력이 있다며 도산 절차를 밟

을 때까지 근거 없는 낙관적 전망을 발표했다. 윌리엄스 커뮤니케이션의 재무제표를 검토해 보면 이전 연도보다 순손실이 두 배이고, 공개 시장에서 부채를 매입하지 않겠다고 은행과 맺은 채무 계약을 위배해 소송이 일어났다는 사실이 드러난다. 회계감사 기관은 은행과 채무 계약 문제로 소송이 발생했기 때문에 윌리엄스 커뮤니케이션의 재무제표가 적절하다는 감사 의견을 제공할 수 없었다. 하지만 회계감사 기관은 이를 무시하고 '적정 의견'을 제출했다. 이에 불만을 느껴 은행은 수십억 달러의 대출을 상환하라고 요구했고 이 요구에 윌리엄스 커뮤니케이션은 파산 신청을 하는 식으로 대응했다.

투자 금액이 크지 않은 개인 투자자에게 이런 분석은 너무 어려워 보인다. 하지만 필요한 정보는 모두 공개되어 있다. SEC에 재무 보고를 하는 기업의 정보는 인터넷에서 구하면 된다. 하지만 많은 투자자는 이 같은 공개 정보를 소홀히 취급하며, 오히려 투자자들은 주식 중개인이나 친구가 제공한 정보에 의지한다. 많은 투자자는 그들이 윌리엄스 커뮤니케이션의 경영진을 일요일에 교회에서 만났거나 윌리엄스가 지역사회에 큰 공헌을 했기 때문에 신뢰했다고 말했다. 그들은 지역사회에 크게 이바지한 기업의 경영자가 투자자에게 손실을 끼칠 행동을 하지 않을 것이라고 믿었다. 하지만 이 기업이 도산한 뒤에야 투자자들은 자신의 믿음이 잘못되었다는 사실을 깨달았다.

- **영업권, 순손실, 부채, 현금흐름의 추세를 분석하라.** 다른 기업을 인수하는 전략으로 성장한 기업에서는 영업권이 대차대조표에 차지하는 비중이 높다. '영업권'은 인수 기업이 피인수 기업에 지불한 비용과 피인수 기업의 장부 가치와의 차이다. 회계 규정에 따르면, 피인수 기업의 시장 가치가 하락하면 대차대조표에서 영업권을 하향 조정해야 한다. 가치를 낮게 조정하는 일은 실제로 현금 거래가 수반되지 않지만 커다란 순손

실로 기록되어 자본을 감소시킨다.

영업권이 크게 감소한 기업의 부채 비율이 높다면 자본 감소는 부채-자본비율을 증가시킨다. 많은 경우에 대출 은행은 기업에 일정한 수준으로 부채-자본비율을 유지하도록 요구한다. 따라서 이 비율이 커지면 부채를 즉시 상환하라고 요청한다.

동시에, 투자자는 투자 기업의 현금 보유액이 감소하고 있는지도 검토해야 한다. 때때로 기업은 영업권 상각에 현금이 필요 없다고 투자자의 관심을 다른 곳으로 돌리려고 하지만 투자자는 현금 보유액에 어떤 변화가 있는지 주의를 기울여야 한다. 현금 보유액이 급속하게 하락하고 있다면, 투자자는 기업의 현금 보유액이 소진될 기간을 대차대조표상의 현금 보유액을 기업의 순손실로 나누어 평가할 수 있다. 예를 들어, 어떤 기업이 한 분기에 4억 달러의 손실을 보고 대차대조표상에 현금 보유액이 2억 달러라면 차입이나 자산 매각을 통해 현금을 조달하지 않는다면 6주 후에 현금이 바닥난다.

- 대차대조표 부채 항목에서 모호한 부분을 찾아라. 일부 기업은 관계 회사와의 재무 거래를 반영하는 통합 재무제표를 사용하지 않아서 투자자가 정확한 부채 규모를 파악하기 힘들다. 이런 기업은 자회사를 통해 부채를 조달해 이를 사용하기 때문에 해당 기업의 대차대조표에는 부채로 기록되지 않는다. 또는 재무제표 상에 소송이 초래할 재무적 충격을 대수롭지 않게 생각하기 때문에 이전 회계연도에는 영향을 미치지 않았다가 상황이 악화되어 소송이 재무 결과에 큰 영향을 미치게 되면 투자자는 크게 놀라게 된다.

엘파소 사(El Paso Corporation)는 두 가지 방법을 사용해 부채를 은폐한 대표적인 기업이다. 이 기업의 재무 보고서에는 33개의 자회사가 열거되어 있지만 이들 자회사와 재무 거래를 했다고 기록한 내용은 매우 적다. 증권 정보기관인 더스트리트닷컴의 기자가 엘파소의 경영자에게 자회사에서 빌린 부채가 얼마이며 그중 얼마가 재무제표에 기록되었는 지 물었지만 이 기업은 명확한 답변을 피했다.[1] 재무제표를 분석해보니, 엘파소는 엔론의 자회사로 운영된 적이 있었다. 엘파소는 투자자가 엔론과의 관계를 '잊어버리게' 하기 위해 회사명 변경을 신청했다. 게다가, 엘파소는 규제 당국에서 법적 조치를 당할 처지였다. 2002년 9월에 연방에너지규제위원회는 높은 가격을 부과하기 위해 캘리포니아에서 생산된 천연가스를 고의로 공급하지 않았다는 혐의로 엘파소를 기소했다. '갑작스런' 기소로 엘파소는 10억 달러 이상 벌금을 부과하겠다는 위협을 받았다.

재무 보고와 실제 재무 실적 사이에 나타나는 차이를 밝히려면 복잡한 분석이 필요할 수 있다. 하지만 허위로 재무 보고를 부추기는 주범은 바로 밸류 리더십의 개념을 위배하는 경영진이다. 가장 바람직한 상황에서 이같은 차이는 존재하지 않는다. 하지만 현실에서 투자자는 허위로 재무 보고를 하는 기업의 주식을 대차 거래하여 이익을 볼 수 있다. 주식시장은 이같은 사실을 인식한 투자자에게 밸류 리더십의 원칙을 위배하고 주요한 재무 실적을 조작한 기업의 주식을 활용해 수익을 거둘 기회를 제공한다.

정책 입안자를 위한 밸류 리더십

서론에서 논의했듯이, 이 책의 전제는 자본주의의 신뢰를 회복하는 일은 정부가 아닌 민간 기업에 달려있다는 것이다. 자본주의의 일상 활동은 정부가 일일이 효과적으로 규제하기에 너무나 복잡하다. 정부가 기업이 밸류 리더십을 준수하도록 법과 규칙을 제정했다고 하더라도 개별 기업이 이 법과 규칙을 준수하고 있는지 전부 감시할 수는 없다. 자본주의에서 신뢰를 회복하고 미래 경제 활동에서 신뢰를 유지하기 위해서는 경영자 스스로 밸류 리더십을 통해 경쟁력을 자연스럽게 확보하는 일이 훨씬 효율적이고 효과적이다. 경영자가 밸류 리더십이 더 큰 경쟁우위를 가져온다고 믿는다면 그들은 밸류 리더십을 수용할 것이다.

정책 입안자는 기업이 밸류 리더십을 수용하기에 유리한 환경을 창출할 수 있다. 자본주의는 신뢰가 확보되어야 효율적으로 운영된다. 특히 직원은 고용자를, 고객은 기업을, 그리고 투자자는 애널리스트, 증권 중개인과 투자 기업을 관리하는 경영인을 신뢰해야 한다. 신뢰가 없다면 자본주의 활동에 참여하는 모든 주체는 거래할 때마다 진실성을 확인하는 번거로운 작업을 벌여야 한다. 경제 주체 사이의 거래가 헤아릴 수 없을 정도로 많다고 가정할 때 일일이 거래를 확인하는 작업은 엄청난 비용과 시간을 소모해 사업 속도를 크게 떨어뜨린다.

엔론의 도산과 뒤이어 드러난 증권 애널리스트들의 부패는 자본주의 사회의 신뢰를 흔들어놓았다. 현재 자본주의의 법과 제도는 신뢰를 약화시키는 이해의 충돌에 휩싸여 있다. 이같은 이해의 충돌 때문에 경제 주체들은 자본주의 사회에서 밸류 리더십의 채용을 꺼린다. 표 9.4에 나와 있듯이, 주요 경제 주체는 밸류 리더십을 방해하는 극심한 이해의 충돌에 직면하고 있다.

이같은 충돌이 나타나는 일반적인 모습으로서, 주요 경제 주체는 공공의 이익을 수호해야 하는 자신의 역할을 악용해 잇속을 챙긴다. 예를 들어 투자은행은 애널리스트가 고객 기업에 대해 좋은 의견을 제시하는 것이 중요하다고 생각한다. 반면, 일반 투자가는 성실하게 분석해 기업보고서를 내놓을 것이라는 믿음으로 애널리스트를 대한다. 특히, 애널리스트가 특정 주식을 높이 평가해 '매입 추천' 의견을 제시하면 일반 투자자는 이를 믿고 투자한다. 하지만 일반 투자자는 애널리스트가 좋은 종목을 추천했다고 그들에게 보수를 지급하지 않기 때문에 시장에서 애널리스트가 공개적으로 추천한 종목은 아무런 가치가 없다는 의미로 해석될 수 있다.

이같은 시스템에서 나타나는 주요한 취약점은 이 시스템에 참여하는 주요 당사자들이 상호 보조에 의존한다는 점이다. 투자자는 애널리스트의 종목 추천에 직접적으로 대가를 지불하지 않는다. 오히려 애널리스트는 투자은행이 기업과 고객에게서 벌어들이는 수익에서 보수를 지급받고 대부분의 정치인은 정치 캠페인이 아니라 기업과 개인의 기부금에서 정치자금을 마련한다.

애널리스트와 정치인은 모두 대중에게 신뢰를 받아야 존재할 수 있다. 애널리스트가 투자자에게 미치는 영향력은 그들의 분석이 객관적이라고 믿는 데서 나오며, 정치인의 득표력은 부분적으로나마 정치인이 자신의 이해를 대변할 것이라고 믿는 대중의 신뢰에서 비롯된다. 하지만 애널리스트와 정치인이 대중의 이해에 따라 행동하려는 것은 상호 보조에 제한을 받는다. 애널리스트는 자신이 일하는 투자은행과 관련된 기업이나 투자자가 많을수록 보수가 많아진다. 이는 때때로 애널리스트의 분석 보고서가 투자은행의 수익을 증가시킬 목적으로 작성된다는 사실을 의미하기도 한다. 설령 보고서가 객관적이지 않더라도 투자은행의 수익률이 높아질수록 애널리스트의 보수도 높아지기 때문이다. 마찬가지로 기업으로부터 정치자금을 받는 정치인은 대중의 이익을 위해 활동하지 않았다는 비판을 교묘히 피함과 동시에 정치자금을 제공한 기업이 좋은 성과를 거둘 수 있게 도와준다.

표 9.4 이해의 충돌과 잠재적 해결책

경제주체	충돌과 해결책
공인회계사	**충돌**: 표면적으로 공공의 이익을 지킨다고 주장하지만 회계감사를 실시한 대가로 기업에 회계감사 보수와 더불어 높은 컨설팅 수수료를 받는다. **잠재적 해결책**: 동일한 회계 기관에서 회계감사와 컨설팅을 하지 못하도록 금지하고 기업 회계감사 수수료를 지불할 외부 출처를 찾는다.
투자은행가	**충돌**: 기업이 주식을 상장할 때에는 주간사가 되기 위해 경쟁하면서, 증권 인수 수수료 7%를 지급 받고, 우수 고객에게 시세 차익을 낼 수 있는 공모 주식을 제공하는 동시에 상장에 관한 엄격한 기준을 지켜야 한다. **잠재적 해결책**: 최초 공모를 허락하기 전에 3분기 연속 흑자를 기록해야 하는 등 증권거래위원회(SEC)의 엄격한 상장 기준을 통과하도록 한다.
대출기관	**충돌**: 은행들은 서로 공동으로 기업에 대출해 이자 외에 대출 수수료를 받기 위해 경쟁하면서 기업 신용을 철저히 조사하지 않는다. **잠재적 해결책**: 대출 받은 기업이 대출금의 일정 부분을 상환할 때까지 대출 수수료 지급을 미룬다.
애널리스트	**충돌**: 투자은행의 수입 중 상당 부분이 고객 기업에 좋은 투자 의견을 제시하면서 발생하는데, 주가 상승 가능성이 높은 종목을 추천해야 한다. **잠재적 해결책**: 애널리스트를 투자은행에서 분리시키고 종목 추천의 정확성과 성과에 기초해 보수를 지급한다.
미디어	**충돌**: 기업 활동을 정확하게 보도해야 하지만 기업으로부터 광고를 유치할 필요성이 있다. **잠재적 해결책**: 구독률이나 청취율을 높여 광고 수입이 차지하는 비중을 낮추고, 기업을 선전하는 활동보다는 조사 분석 보도를 장려한다.
규제당국	**충돌**: 공익을 보호하는 임무가 있지만 규제와 처벌 대상인 기업에서 기부금을 받는다. **잠재적 해결책**: 규제 대상으로부터 정치적 기부금을 받지 않는다.
경영자	**충돌**: 보유 주식과 스톡옵션으로 CEO는 장기적이 아닌 단기적인 시각에서 기업의 가치를 증가시켜 높은 보수를 챙기려 한다. **잠재적 해결책**: 경영자에게 과도하게 보수를 지급하는 관행을 중지하고 경영자에 대한 보상을 기업의 재무 성적과 기업 가치가 하락할 때와 더 많이 연계시킨다.
정치인	**충돌**: 공익을 보호해야 하지만 위법 행위를 한 기업으로부터 정치자금을 받는다. **잠재적 해결책**: 조세 감면 혜택을 받는 기업의 정치적 헌금을 무료 언론 보도로 대체한다.

자본주의 사회에서 서로 바람직하지 못한 협력 관계를 통해 이익을 보는 사람들은 대중에게서 신뢰를 받을 수 없을지도 모른다. 이런 충돌이 해결되기 전까지 투자자는 주식 구입을 망설일 수밖에 없다. 표 9.4에 제시된 잠재적 해결책은 이같은 충돌을 최소화하거나 제거하려는 데 목적이 있지만, 해결을 반대하는 세력이 무시하지 못할 영향력을 과시하는 것이 사실이다. 정치인은 선거에서 승리하기 위해 자금을 필요로 하고 기업은 정치인을 매수해 유리한 기업 활동을 벌이고자 기꺼이 돈을 쓰려고 한다. 정치인이 정치활동 자금을 마련할 다른 원천을 발견하지 못한다면 현재 시스템이 계속 사용될 것이다. 또 애널리스트는 높은 보수를 받기 위해 투자은행 수입을 증가시켜야 한다. 투자은행의 영업 실적이 좋지 않아 좋은 평판을 얻지 못하면 애널리스트의 투자 분석은 투자자에게서 외면당하기 때문이다. 미디어도 역시 기업의 비위를 맞춰 광고를 수주할 필요가 있다. 일반 대중은 영업에 충분한 비용을 지불하지 않기 때문이다.

현재 이해관계를 계속 유지하려는 세력을 감안할 때, 앞서 말한 이해의 충돌이 완전히 제거될 가능성은 낮다. 하지만 정부가 나서서 회계나 비즈니스 전달 매체가 보다 정확히 기업의 경영 상태를 대변하도록 환경을 조성한다면 충돌이 약화될 수 있다. 앞에서 설명했듯이 경제 호황이 정점에 이르렀을 때, 일부 기업은 주가를 계속 높게 유지하기 위해 경영 성과를 과장하고 싶은 유혹에 흔들린다. 최근에 발생한 경제 호황과 붕괴도 예외는 아니었다. 그 결과, 우리 경제 시스템에서 투자 결정에 기본이 되는 기업의 기초적 지표조차도 믿지 못하는 불신이 만연해 있다.

회계 규정대로 하면 매출액 대금을 일부밖에 받지 못해도 전체 금액이 매출액으로 기록된다. 기업들은 주가를 높이고 판매 수수료를 받기 위해서 장부를 조작하고 성장했다고 발표하는 등 넘어서는 안 될 선을 넘고 있다.

2001년, 대중은 바람직하지 않은 기업의 행동을 많이 목격했다. 그 중에 세 가지 사례를 소개한다.

- 글로벌 크로싱은 플로리다 주 올랜도에 있는 EPIK에서 아무 필요도 없는 네트워크 용량을 구입했다. 동시에 자사가 사용하지 않는 네트워크 용량을 EPIK에 판매했다. 이 거래에서 글로벌 크로싱의 회계사는 EPIK에 지불한 구입비용을 자본지출로 기록했다. 월스트리트 분석에서 자본지출은 중요한 지표로 고려하지 않기 때문에 글로벌 크로싱은 이런 종류의 거래를 이용해 인위적으로 매출액을 부풀렸다.[2]
- 통신 서비스 제공업체인 퀘스트는 비상장기업인 KMC 텔레콤 홀딩스에 4억 500만 달러어치 통신 장비를 판매했다. 동시에 퀘스트는 수억 달러에 상당하는 통신 서비스를 KMC에서 구입하기로 계약했다. 퀘스트는 통신 장비를 판매해 수익을 거두고 매출액을 부풀릴 수 있었다. 이런 거래는 법적으로 공개할 필요가 없다.[3]
- 데이터 저장 장비 제조업체인 EMC는 과도한 재고를 회계장부에 기록하지 않기 위해 재고품을 유니시스와 같은 재판매업자에게 배송했다. 내부 감사를 실시한 결과, 시카고 소재 전문 서비스 부문에서 일하는 일부 직원들이 할당량을 채우기 위해 주문되지도 않은 허위 작업을 지시한 사실이 밝혀졌다.[4]

앞선 사례는 실적을 과장하려고 시도한 수많은 회계 부정 중 극히 일부분에 불과하다. 따라서 우리 금융 시스템에서 신뢰를 회복하기 위해서는 거짓 없이 재무제표를 보고하는 방법이 필요하다.

그 한 가지 방법으로 앞서 소개한 현금주의 회계 방식을 도입하는 것이다. '현금주의 회계'는 제품이나 서비스를 판매한 후, 현금을 수령한 만큼만 매출액으로 기록하는 회계 방식이다. 또한 공급자와 직원에게 지불할 현금만큼 비용으로 처리한다. 대중에게 큰 관심을 끌지 못하는 중소기업에게 현금주의 회계는 비용을 절감할 수 있기 때문에 좀더 현실적이다. 현금주의 회계를 채택한 기업은 복잡한 기장 업무와 회계 절차를 위해 많은 비용을 들여 공인회계사를 채용할 필요가 없다.

공개적으로 기업 실적을 알리려는 기업은 발생주의 회계 방식을 사용한다. 대부분의 상장기업은 이 회계 방식을 채택하고 있으며 이같은 기업에 이해관계가 있는 당사자들은 발생주의 회계 방식을 선호한다. 예를 들어, 현금주의 회계 방식을 회피하는 기업들은 재무 상태를 제대로 반영하지 못하는 기업회계기준(GAAP)이 계속 사용되도록 로비스트를 동원해 현 제도가 유지돼야 한다고 주장한다. 여기서 소개한 회계 조작 사례는 무척이나 교묘하다. 하지만 요점은 기업이 GAAP를 악용해 현금 수령액에 비해 '과도하게' 매출액을 기록한다는 사실이다. 따라서 이런 매출액 기록은 재무 상태를 왜곡하기 마련이다.

상장기업이 공시하는 현금흐름표는 기업의 현금흐름을 제대로 반영하지 못한다. 현금흐름표를 간단히 살펴보면, 영업 활동으로 인한 현금흐름은 순이익이나 순손실에서 발생하며 글로벌 크로싱, 퀘스트나 EMC처럼 회계 관행의 차이에 따라 변할 수 있다.

비양심적인 경영자는 회계 규정이 어떠하더라도 조작하려 하겠지만 현금주의 회계는 과거 기록과 현재 기록을 비교해 조작 사실을 밝혀낼 수 있다. 회계 감사기관이 컨설팅을 제공해 수입을 높이려 하지 않고 감사를 정직하게 했느냐에 따라 보수를 지급한다면, 현금주의 회계 시스템은 금융시장의 신뢰를 회복하는 데 도움을 준다.

발생주의 회계 아래서 소득은 매출이 일어날 때 기록되고 비용은 대금을 수령했을 때가 아닌 서비스나 제품을 수령했을 때 기록된다. 발생주의 회계에서 기업은 현금을 수령하기 이전에 매출액을 장부에 기록하고 현금을 지불하기 전까지 비용을 기록하는 일을 미룰 수 있다. 예를 들어, 월드컴은 비용 처리를 뒤로 미뤄 손익계산서에 기록하지 않으면서 이익을 부풀렸다.

발생주의 회계의 개념은 투자자나 채권자의 구미에 맞도록 실적을 조작할 여지가 많은 복잡한 회계 방식이다. 다음의 몇 가지 사례를 추가로 소개한다.

- 에너지 중개인들은 시가 평가 회계 방식을 사용해 장기 에너지 계약의 가치를 추정한다. 또한 수입을 보고해야 하는 시기에 실제로 수령한 금액을 초과해 수입을 부풀린다. 게다가 에너지 중개인은 거래한 에너지의 총액을 수입으로 간주하고 이보다 훨씬 금액이 적은 거래를 통해 실제로 수령한 금액을 수입으로 간주하지 않는다. 중개인들은 숫자가 큰 수입에 기초해 보너스를 지급 받기 때문에 수입을 부풀릴 수 있는 회계 방식을 채택하려 한다.
- 통신 기업들은 서로 사용하지 않는 네트워크 용량을 교환한다. 실제로 현금 거래를 하지 않고 사용하지 않는 용량을 서로 교환해 매출액을 부풀리는 것이다. 글로벌 크로싱, 퀘스트와 월드컴은 이런 방식을 사용해 현금 거래를 수반하지 않고 매출액을 부풀렸다.
- AOL 타임워너와 월드컴처럼 대규모 기업 인수를 시행한 기업이 장부상 가치보다 영업권과 무형자산의 가치를 높게 지불했다면 이 차액만큼 회계장부에서 상각해야 한다. 예를 들어, 2002년에 AOL은 540억 달러를 회계장부에서 상각했지만 상각을 실시한 근거를 제대로 밝히지 않았

다. 그리고 2003년에 추가로 450억 달러 어치 영업권을 상각했다.

발생주의 회계 아래에서는 기업이 재무 상태를 왜곡해서 SEC에 보고할 여지가 상당히 크다. 그리고 월드컴과 엔론에서 발생한 회계 부정은 현재 회계 관행을 통해 드러나지 않는다. 내부 고발자가 문서를 외부에 유출하거나 새로운 CEO가 특별한 조사를 지시해야 전모가 드러날 뿐이다. 발생주의 회계 절차는 매우 복잡하고 이를 악용할 여지가 있기 때문에 투자자는 이같은 회계를 신뢰할 이유가 없다.

이에 대한 잠재적 해결책은 발생주의 회계를 폐기하고 현금주의 회계를 채택하는 것이다. 새로운 회계 방식 아래서 기업들은 회계연도 중 실제로 수령한 현금만큼만 매출액으로 보고한다. 마찬가지로, 실제로 지불한 금액은 비용으로 처리한다.

마음만 먹으면 현금주의 회계 방식을 적용하면서도 부정을 저지를 수 있지만 현금흐름을 중심으로 한 회계는 투자자와 채권자를 기만할 여지를 적게 제공한다. 또 한번 신뢰를 잃으면 회복하는 데 매우 오랜 시간이 걸린다.

정책 입안자는 자본주의 사회에서 대중의 신뢰를 회복시켜 얻은 혜택과 현재 이해의 충돌을 해결하기 위한 변화를 실시하면서 들어갈 비용을 비교 평가해야 한다. 대중의 신뢰를 잃음으로써 지불할 대가가 매우 크다면, 대중은 신뢰를 약화시키고 이해의 충돌에 아무런 조치를 취하지 않는 책임을 정책 입안자에게 물을 것이다. 하지만 주식시장이 오랜 기간 동안 활황세를 지속한다면, 주식 투자에서 이익을 보는 재미 때문에 이해의 충돌은 크게 문제가 되지 않는다. 적어도 불황이 찾아오기 전까지는 그럴 것이다. 가장 가능성이 높은 조치는 대중의 불만을 누그러뜨릴 정도로 조금씩 이해의 충돌을 해결할 개혁 법안을 시행하는 것이다. 이같은 점진적 개혁은 최선은 아니지만 현실적이고, 이 과정에서 기업은 밸류 리더십을 채택할 수 있다.

결론

밸류 리더십은 자본주의 핵심에 근접하는 매우 중요한 개념이다. 자본주의를 비판하는 사람들은 자본가가 노동자를 착취했기 때문에 자본주의가 성공했다고 주장한다. 하지만 밸류 리더십은 자본주의가 노동자, 고객 나아가 지역사회 발전에 기여했기 때문에 성공했다고 말한다. 밸류 리더십은 다양한 이해관계자가 서로 신뢰할 때 가장 효과적으로 작용한다. 한번 무너진 신뢰 관계를 재구축하기까지는 오랜 시간이 걸리며 다시는 약속을 어기지 않겠다는 행동을 많이 보여야 한다. 여기서 경영자는 신뢰를 구축하고 유지할 영향력을 갖고 있기 때문에 그들의 역할은 크다고 할 수 있다. 즉 밸류 리더십은 직원, 고객, 지역사회에 경쟁적으로 우월한 가치를 창출하는 경영자에게 보상하는 개념이다.

■ 부록

밸류 리더의 선별 기준과 가치지수분석표

부록은 이 책에서 소개한 주요 개념을 뒷받침하는 조사 내용을 담고 있으며, 다음 두 부분으로 구성되어 있다.

- 밸류 리더의 선별 기준
- 밸류 리더의 가치지수분석표

밸류 리더의 선별 기준

서론에서 밝혔듯이, 열한 가지 기준에 따라 밸류 리더를 선별했다. 이 부분은 밸류 리더인 여덟 개 기업에 밸류 리더의 선별 기준을 적용한 결과를 보여준다. 표 A.1에서 A.8은 밸류 리더 선별 기준에 따른 각 밸류 리더 기업의 성과를 개략적으로 제시한다.

표 A.1 선별 기준별 밸류 리더의 성과 : 시놉시스

시장점유율 : 필드 프로그래머블 게이트 어레이 툴(Field programmable arrays tool)분야에서 2001년도 점유율 35%, 실리콘 지적 재산권 시장에서 2001년도 점유율 27.6%
10년 평균 자기자본이익률 : 기술적 소프트웨어와 시스템 소프트웨어 산업에서 각각 14.2%와 6%
직원 1인당 매출액 : 기술적 소프트웨어와 시스템 소프트웨어 산업에서 각각 24만 2천 달러와 16만 9천 달러
대차대조표의 건전성 : 기술적 소프트웨어와 시스템 소프트웨어 산업에서 자본 부채비율이 각각 0과 0.13
10년간 순이익 증가율 : 관련 자료 없음.
10년간 주주 수익률 : S&P 500 지수의 105%보다 높은 150% 달성(1992. 11월~2002. 11월)

재무 보고의 수준 : 보수적인 매출액 보고
중요한 법적 문제 : 보험을 통해 지적 재산권 소송을 관리
높은 수준의 직원 만족도 : 경영자는 업무 시간의 30%를 직원 이직을 낮추는 활동에 투자
탁월한 고객서비스 : 고객 만족도에서 높은 점수 획득
높은 수준의 경쟁자 존중 : 관련 자료 없음

자료: eeTimes, MSN Moneycentral, 시놉시스 10-K, 저자 인터뷰

표 A.2 선별 기준별 밸류 리더의 성과 : 사우스웨스트 항공

시장점유율 : 미국 내 민간 여객 시장에서 네 번째 점유율
10년 평균 자기자본이익률 : 경쟁 항공사의 10.3%보다 높은 14.66%
직원 1인당 이익 : 경쟁 항공사의 4,000달러보다 높은 8,000달러
대차대조표의 건전성 : 경쟁 항공사의 자본 부채비율 0.78보다 낮은 0.38
5년간 순이익 증가율 : 경쟁 항공사의 -7.24%보다 높은 2.54%
10년간 주주 수익률 : S&P 500 지수의 105%보다 높은 320% 달성(1992. 11월~2002. 11월)

재무 보고의 수준 : 보수적인 회계
중요한 법적 문제 : 중요한 법적 문제없음.
높은 수준의 직원 만족도 : 포천 지가 선정한 미국에서 일하기 좋은 100대 기업으로 선정
탁월한 고객서비스 : 2002년도 고객만족도 지수 조사에서 가장 높은 점수인 74점 획득
높은 수준의 경쟁자 존중 : 2002년도와 2003년도 포천 지가 선정한 가장 존경받는 기업에서 2위를 차지

자료: 〈포천〉, MSN Moneycentral, 사우스웨스트 항공 10-K, 저자 인터뷰

표 A.3 선별 기준별 밸류 리더의 성과 : J.M. 스머커

시장점유율 : 잼과 젤리 시장에서 가장 높은 점유율
10년 평균 자기자본이익률 : 가공, 포장 제품 산업 평균인 10.4%보다 높은 11.9%
직원 1인당 이익 : 가공, 포장 제품 산업 평균인 6,000달러보다 높은 1만 7,000 달러
대차대조표의 건전성 : 가공, 포장 제품 산업 평균 자본 부채비율인 0.58보다 낮은 0.13
1년간 순이익 증가율 : 가공, 포장 제품 산업 평균인 9.4%보다 높은 14.7%
1년간 주주 수익률 : S&P 500 지수의 −20%보다 높은 10% 달성(2001. 11월~2002. 11월)

재무 보고의 수준 : 보수적인 매출액 보고
중요한 법적 문제 : 없음.
높은 수준의 직원 만족도 : 2003년도, 포천 지가 선정한 미국에서 일하기 좋은 기업 8위로 선정
탁월한 고객서비스 : 만족도가 높은 직원이 좋은 고객서비스 제공
높은 수준의 경쟁자 존중 : 지역사회에서 존중받음

자료: 〈포천〉, 〈비즈니스위크〉, MSN Moneycentral, 스머커 10−K.

표 A.4 선별 기준별 밸류 리더의 성과 : 존슨 앤드 존슨

시장점유율 : 제1, 2위 글로벌 시장에서 매출액의 75% 달성
10년 평균 자기자본이익률 : 주요 제약사 평균인 29.1%와 비슷한 26.9%
직원 1인당 매출액 : 주요 제약사 평균인 34만 4,000 달러와 비슷한 34만 7,000 달러
대차대조표의 건전성 : 주요 제약사 평균 자본 부채비율인 0.26보다 낮은 0.10
5년간 순이익 증가율 : 주요 제약사 평균인 6.14%보다 높은 12.51%
10년간 주주 수익률 : S&P 500 지수의 105%보다 높은 370%(1992. 11월~2002. 11월)

재무 보고의 수준 : 보수적인 회계
중요한 법적 문제 : 생산물 책임제와 특허권 침해, 환경문제에 연루
높은 수준의 직원 만족도 : 2002년도, 포천 지가 선정한 미국에서 일하기 좋은 기업 98위로 선정
탁월한 고객서비스 : 2002년도, 산업에서 제품과 서비스의 질이 좋은 세 번째 기업으로 선정
높은 수준의 경쟁자 존중 : 2003년도 포천 지가 선정한 가장 존경받는 기업에서 6위를 차지

자료: 〈포천〉, fool.com, MSN Moneycentral, 존슨 앤드 존슨 10−K.

표 A.5 선별 기준별 밸류 리더의 성과 : 마이크로소프트

시장점유율 : 세계에서 가장 큰 소프트웨어 기업
10년 평균 자기자본이익률 : 응용소프트웨어 산업 평균인 12.4%보다 높은 26.07%
직원 1인당 매출액 : 응용소프트웨어 산업 평균인 27만 6,000 달러보다 높은 59만 4,000 달러
대차대조표의 건전성 : 응용소프트웨어 산업의 평균 자본 부채비율인 0.05보다 낮은 0.00
5년간 순이익 증가율 : S&P 500 지수의 -5.77%보다 높은 14.97
10년간 주주 수익률 : S&P 500 지수의 105%보다 높은 810% (1992. 11월~2002. 11월)

재무 보고의 수준 : 매출액 보고는 보수적으로 변하고 있음.
중요한 법적 문제 : 반독점 문제를 해결함.
높은 수준의 직원 만족도 : 2002년도, 포천 지가 선정한 미국에서 일하기 좋은 기업 28위로 선정
탁월한 고객서비스 : 2002년도, 소프트웨어 산업에서 제품과 서비스의 질이 좋은 세 번째 기업으로 선정
높은 수준의 경쟁자 존중 : 2003년도 포천 지가 선정한 가장 존경받는 기업에서 4위를 차지, 2003년도에는 7위

자료: 〈포천〉, MSN Moneycentral.

표 A.6 선별 기준별 밸류 리더의 성과 : MBNA

시장점유율 : 단체 신용카드 최대 발급자
10년 평균 자기자본이익률 : 대서양 중부지역 은행 평균인 15.2%보다 높은 26.78%
직원 1인당 매출액 : 대서양 중부지역 은행 평균인 28만 6000 달러보다 높은 37만 8000달러
대차대조표의 건전성 : 대서양 중부지역 은행의 평균 자본 부채비율인 0.94보다 높은 1.02
5년간 순이익 증가율 : 대서양 중부지역 은행 평균인 -2.12%보다 높은 23.33%
10년간 주주 수익률 : S&P 500 지수의 105%보다 높은 900% (1992. 11월~2002. 11월)

재무 보고의 수준 : 보수적인 매출액 보고
중요한 법적 문제 : 불법 광고 소송을 1800만 달러에 합의
높은 수준의 직원 만족도 : 2003년도, 포천 지가 선정한 미국에서 일하기 좋은 기업 22위로 선정
탁월한 고객서비스 : 높은 직원 만족도로 수익성 있는 고객 유지율이 98%
높은 수준의 경쟁자 존중 : 2002년도 포천 지가 선정한 가장 존경받는 기업에서 190위를 차지

자료: 〈포천〉, MSN Moneycentral, MBNA 10-K.

표 A.7 선별 기준별 밸류 리더의 성과 : 월마트

시장점유율 : 4,500개 이상의 매장을 보유한 세계 최대 유통업체
10년 평균 자기자본이익률 : 할인매장과 대규모 유통업체 평균인 15.6%보다 높은 20.28%
직원 1인당 매출액 : 할인 매장과 대규모 유통업체 평균인 17만 6,000달러보다 낮은 16만 7,000달러
대차대조표의 건전성 : 할인 매장과 대규모 유통업체의 평균 자본 부채비율인 0.54와 비슷한 0.52
10년간 순이익 증가율 : 할인 매장과 대규모 유통업체 평균인 0.80%보다 높은 16.38%
10년간 주주 수익률 : S&P 500 지수의 105%보다 높은 240% (1992.11월~2002. 1월)

재무 보고의 수준 : 보수적 회계 보고
중요한 법적 문제 : 차별과 무보수 연장 근무 등으로 2000년도에 4,851건의 소송에 휘말림.
높은 수준의 직원 만족도 : 2002년도, 포천 지가 선정한 미국에서 일하기 좋은 기업 94위로 선정
탁월한 고객서비스 : 2002년 7월, 고객만족도 부문 5위에 선정
높은 수준의 경쟁자 존중 : 2003년도 포천 지가 선정한 가장 존경받는 기업에서 1위를 차지

자료: 〈포천〉, MSN Moneycentral, 〈컨수머 리포트〉 2002년 7월

표 A.8 선별 기준별 밸류 리더의 성과 : 골드만삭스

시장점유율 : 2001년도 M&A 부문 세계 1위
2년 평균 자기자본이익률 : 미국 투자은행 산업 평균인 16.9%보다 높은 19.33%
직원 1인당 매출액 : 미국 투자은행 산업 평균인 63만 8,000달러보다 높은 100만 달러
대차대조표의 건전성 : 미국 투자은행 산업의 평균 자본 부채비율인 2.74보다 낮은 2.0
1년간 순이익 증가율 : 미국 투자은행 산업 평균인 −23.2%보다 낮은 −8.7%
10년간 주주 수익률 : S&P 500 지수의 −35%보다 높은 0%

재무 보고의 수준 : 보수적 회계 보고
중요한 법적 문제 : 구체적인 법적 문제가 없음
높은 수준의 직원 만족도 : 2003년도, 포천 지가 선정한 미국에서 일하기 좋은 기업 35위로 선정
탁월한 고객서비스 : 고객의 요구에 헌신
높은 수준의 경쟁자 존중 : 2002년도 포천 지가 선정한 가장 존경받는 기업에서 54위를 차지

자료: 〈포천〉, MSN Moneycentral, 골드만삭스 10-K.

밸류 리더의 가치지수분석표

예시 A.1은 가치지수(VQ)를 구하는 데 필요한 인터뷰 지침이다. 그리고 표 A.9부터 A.15까지는 시놉시스를 제외한 일곱 개 밸류 리더의 VQ를 구하는 데 사용된 분석의 세부 내용이다. 시놉시스의 사례는 1장의 표 1.2에 나와 있다.

예시 A.1 가치지수 인터뷰 지침

CEO의 배경
- 지금 회사에서 일하기 전에 어떤 경력이 있는가?
- 지금 회사로 옮겨온 이유는 무엇인가?

인간관계의 존중
- 당신 기업의 핵심 가치는 무엇인가?
- 어떻게 핵심 가치를 개발했는가?
- 핵심 가치를 얼마나 자주 폭 넓게 내외부에 알리고 있는가?
- 당신 기업이 채택한 핵심 가치가 인력의 채용, 평가와 보상에 어떠한 방식으로 영향을 미치는가?

팀워크의 활성화
- 당신 기업이 각 부서 간의 팀워크를 활성화하는 방법은 무엇인가?
- 다른 기업과의 파트너십을 어떻게 관리하는가?
- 팀워크를 고양하기 위해 취한 조치는 무엇인가?
- 채택한 성과 평가와 보상 체계는 경영진과 직원의 행동에 어떤 영향을 미쳤는가?

약속의 이행
- 당신 기업은 정직성에 관한 구체적 방침이 있는가?
- 정직성에 관한 구체적 방침이 인력을 채용하고 승진시키는 데 영향을 미치는가?
- 회계 관행은 보수적인가?
- 회계 관행이 문제가 된 적이 있는가?
- 직원, 고객 또는 지역사회가 불공정한 대우를 이유로 법적 소송을 제기한 적이 있는가?

성장 동력의 내적 발견
- 당신 기업이 새로운 제품과 서비스를 개발하는 방법은 무엇인가?
- 신제품 개발 프로세스의 효율성을 어떻게 측정하는가?

자기만족과의 싸움
- 당신 기업은 자기만족에 빠지는 것을 염려하는가? 그렇다면 어떻게 자기만족과 싸우는가?
- 자발적인 혁신을 유도하기 위해 도입한 성과 평가와 보상 체계는 무엇인가?
- 다른 기업을 인수하게 된 이유와 타 기업 인수로 발생하는 재무 위험과 통합 문제를 관리하는 방법은 무엇인가?

- 차세대 경영진과 관리자를 양성하는 방법은 무엇인가? 자사의 경영진이 다른 기업보다 '경쟁우위'에 있다고 얼마나 확신하는가?

다양한 역량의 배양
- 당신 기업의 시장 리더십에 가장 기여하는 능력은 무엇인가?
- 경쟁자가 이런 능력을 모방하지 못하도록 취한 조치는 무엇인가? 일반적으로 당신 기업은 경쟁자보다 앞서가고 있는가?
- 당신 기업이 직면한 두세 가지의 가장 큰 위험은 무엇인가? 이런 위험을 관리하려고 취한 프로세스는 무엇인가?

사회 환원 활동 참여
- 당신 기업은 지역사회에 어떤 기부를 하고 있는가?
- 그런 기부가 중요한 이유는 무엇인가?

표 A.9 사우스웨스트 항공의 가치지수분석표

원칙	활동 : 평가	연관정도
인간관계의 존중	핵심 가치에 대한 헌신 : 핵심 가치는 조직 전체에 분명히 전달	5
	가치의 채용 : 가치에 동의하는 인력을 선별적으로 채용	5
	균형 잡힌 성과 평가 : 성과와 가치를 적절히 고려하여 평가	5
	공정한 직원 보상 : 성과에는 금전적 보상, 가치에 대해서는 심리적 보상	5
	가중 합계(합계×3)	60
팀워크의 활성화	팀 교육 : 경영 교육은 팀의 행동을 강화	5
	순환보직 : 순환 보직을 통해 잠재 가능성 개발	5
	팀에게 의사결정 위임 : 팀은 학습과 자기 개발의 유인 제공	5
	팀 보상 : 이윤 공유를 통해 팀워크 행동에 보상	5
	가중 합계(합계×3)	60
성장 동력의 내적 발견	유기적 성장 : 치밀한 분석에 기초해 새로운 시장 진입	5
	개발 위험 관리 : 세밀하게 새로운 시장 진입 위험을 분석	5
	내부 파트너십 : 서비스 향상을 담당하는 팀 운용	5
	외부 파트너십 : 고객에게 맞춤 서비스 제공	4
	가중 합계(합계×3)	56
약속의 이행	정직한 인력의 채용과 승진 : 인터뷰를 통해 청렴성 판단	5
	정직한 회계 관행 : 보수적으로 회계와 재무 보고	5
	직원, 고객, 지역사회를 공정하게 대우 : 최고 경영진부터 공정한 대우에 관심	5
	가중 합계(합계×4)	60

자기만족과의 싸움	CEO 승계 계획 : 장기근속 직원에게 사장까지 승진할 수 있는 기회 부여		4
	올바른 경각심 유지 : 설립 이후부터 경쟁에서 살아남기 위해 경각심 유지		5
	새로운 시장 공략 : 올바른 시장 공략으로 산업에서 최고 수익률 달성		5
	가중 합계(합계×4)		56
다양한 역량의 배양	고객을 이해하는 정도 : 고객에 대한 깊은 이해		5
	다양한 능력 배양 : 다양한 능력을 키운 대표적 사례		5
	경쟁 우월성 유지 : 산업에서 최고 성과 달성		5
	가중 합계(합계×4)		60
사회 환원 활동 참여	직원 고취 : 로널드 맥도날드 하우스(RMH) 사례는 높은 직원 의식을 보여줌		5
	지역사회 발전에 기여 : RMH와 무료 항공권은 지역사회 발전에 기여		4
	핵심 사회문제 해결 : RMH는 사회적 문제를 부분적으로 해결		3
	가중 합계(합계×4)		48

가치지수(전체 합계÷420)

주: 5=탁월, 4=매우 우수, 3=우수, 2=보통, 1=낮음.
네 개의 원칙에는 가중치 3을, 세 개의 원칙에는 가중치 4를 부여함.

표 A.10 JM 스머커의 가치지수분석표

원칙	활동 : 평가	연관정도
인간관계의 존중	핵심 가치에 대한 헌신 : 여러 세대를 통해 핵심 가치 고수	5
	가치의 채용 : 가치를 준수하는 인력을 엄격히 선발	5
	균형 잡힌 성과 평가 : 성과와 가치를 적절히 고려하여 평가	5
	공정한 직원 보상 : 이윤을 공유하고 가치에 대해서는 심리적 보상	5
	가중 합계(합계×3)	60
팀워크의 활성화	팀 교육 : 직원 교육을 통해 팀워크 형성	5
	순환 보직 : 순환 보직으로 직원에게 동기부여	5
	팀에게 의사결정 위임 : 모든 직원의 의견 존중	5
	팀 보상 : 성과와 더불어 가치를 준수하는 행동도 보상	5
	가중 합계(합계×3)	60

성장 동력의 내적 발견	유기적 성장 : 지프(Jif)와 크리스코(Crisco)를 인수해 다양한 능력 구축		4
	개발 위험 관리 : 사과씨 프로젝트를 통해 위험한 프로젝트 선별		4
	내부 파트너십 : 사과씨 프로젝트에서 내부적 팀을 활용		3
	외부 파트너십 : 언크러스터블 공급에서 외부 파트너 활용		3
	가중 합계(합계×3)		42
약속의 이행	정직한 인력의 채용과 승진 : 채용 인터뷰에서 정직성 시험		5
	정직한 회계 관행 : 보수적 회계 보고		5
	직원, 고객, 지역사회를 공정하게 대우 : 이해관계자의 공정한 대우를 강조		5
	가중 합계(합계×4)		60
자기만족과의 싸움	CEO 승계 계획 : 장기 근속한 인력을 승진		4
	올바른 경각심 유지 : 야망과 전통이 회사를 이끎		4
	새로운 시장 공략 : 기업 인수로 성과 개선		5
	가중 합계(합계×4)		52
다양한 역량의 배양	고객을 이해하는 정도 : 고객에 대한 깊은 이해		5
	다양한 능력 배양 : 기업 인수로 능력 추가		4
	경쟁 우월성 유지 : 야망으로 높은 목표 유지		4
	가중 합계(합계×4)		52
사회 환원 활동 참여	직원 고취 : 직원은 지역사회 활동에 참여하는 경영진에 대해 자부심을 느낌		5
	지역사회 발전에 기여 : 하트랜드 교육 공동체(Heartland Education Community) 활동은 지역사회 발전에 기여		5
	핵심 사회문제 해결 : 지역적 문제 해결에 참여		3
	가중 합계(합계×4)		52
가치지수(전체 합계÷420)			90%

주: 5=탁월, 4=매우 우수, 3=우수, 2=보통, 1=낮음. 네 개의 원칙에는 가중치 4를, 세 개의 원칙에는 가중치 3을 부여함.

표 A.11 존슨 앤드 존슨의 가치지수분석표

원칙	활동 : 평가	연관정도
인간관계의 존중	핵심 가치에 대한 헌신 : 직원은 기업 이념을 준수	5
	가치의 채용 : 가치에 따라 취업 지원자 선별	5
	균형 잡힌 성과 평가 : 업무와 생활을 적절히 고려해 평가	5
	공정한 직원 보상 : 성과에는 금전적 보상, 가치에 대해서는 심리적 보상	5
	가중 합계(합계×3)	60
팀워크의 활성화	팀 교육 : 리더십 개발 프로그램으로 팀워크 형성	3
	순환보직 : 개인과 관리자에게 다음 보직을 선택할 기회 부여	3
	팀에게 의사결정 위임 : 팀워크를 활용해 크리티콘에서 카이젠 방법 시행	5
	팀 보상 : 크리티콘에서 카이젠 방법은 팀 행동을 보상	5
	가중 합계(합계×3)	60
성장 동력의 내적 발견	유기적 성장 : 마케팅 장점을 강화	4
	개발 위험 관리 : R&D 생산성 향상	4
	내부 파트너십 : 신제품 개발에 내부 파트너십이 중요한 역할	5
	외부 파트너십 : 대규모 구매자와 탁월한 파트너십 형성	5
	가중 합계(합계×3)	54
약속의 이행	정직한 인력의 채용과 승진 : 타이레놀 사례는 정직성을 증명	5
	정직한 회계 관행 : 보수적 회계 보고	5
	직원, 고객, 지역사회를 공정하게 대우 : 모든 이해관계자를 기업 이념에 따라 대우	5
	가중 합계(합계×4)	60
자기만족과의 싸움	CEO 승계 계획 : 장기 근속자가 CEO로 승진	5
	올바른 경각심 유지 : 시장 리더십 유지에 집중	5
	새로운 시장 공략 : 기업 인수 전략은 매우 효율적	5
	가중 합계(합계×4)	60
다양한 역량의 배양	고객을 이해하는 정도 : 고객과 긴밀한 관계 유지	5
	다양한 능력 배양 : 기업 인수로 능력 추가	3
	경쟁 우월성 유지 : 야망으로 높은 목표 설정	5
	가중 합계(합계×4)	52

사회 환원 활동 참여	직원 고취 : 기업 이념과 평판으로 직원 고취 지역사회 발전에 기여 : 왕성한 지역사회 활동 핵심 사회문제 해결 : 존슨 재단은 많은 사회적 핵심 문제 해결에 참여	5 5 5
	가중 합계(합계×4)	60
가치지수(전체 합계÷420)		94%

주: 5=탁월, 4=매우 우수, 3=우수, 2=보통, 1=낮음. 네 개의 원칙에는 가중치 3을, 세 개의 원칙에는 가중치 4를 부여함.

표 A.12 마이크로소프트의 가치지수분석표

원칙	활동 : 평가	연관정도
인간관계의 존중	핵심 가치에 대한 헌신 : 지적 능력과 업무에 대한 열정을 높이 평가 가치의 채용 : 독특한 형태의 압박 면접으로 인력 선별 균형 잡힌 성과 평가 : 성과와 가치를 모두 중시하는 평가방법으로 발전 공정한 직원 보상 : 금전과 주식 옵션으로 생산성 향상 동기 제공	5 5 4 5
	가중 합계(합계×3)	57
팀워크의 활성화	팀 교육 : 기술적 교육 강조 순환 보직 : 기술직과 관리직 승진 체계를 별도로 운영 팀에게 의사결정 위임 : 제품 개발에 팀워크 활용 팀 보상 : 성과를 보상하고 가치를 준수하는 행동을 장려	3 4 4 3
	가중 합계(합계×3)	42
성장 동력의 내적 발견	유기적 성장 : 마케팅 능력과 소프트웨어 개발 능력 강화 개발 위험 관리 : 개발 프로세스에서 위험 관리 내부 파트너십 : 핵심 제품개발 팀의 훌륭한 임무 수행 외부 파트너십 : 외부 파트너십 향상을 시도	5 5 5 3
	가중 합계(합계×3)	54
약속의 이행	정직한 인력의 채용과 승진 : 정직성을 강조하기 시작 정직한 회계 관행 : 보수적 회계 보고를 중시하기 시작 직원, 고객, 지역사회를 공정하게 대우 : 과거에 비해 고객을 공정하게 대우	3 3 4
	가중 합계(합계×4)	30

자기만족과의 싸움	CEO 승계 계획 : 새로운 CEO는 매우 능력 있지만 변화는 불완전		4
	올바른 경각심 유지 : 올바른 경각심과 자기 비판적 태도 유지		5
	새로운 시장 공략 : 신제품으로 시장 공략		5
	가중 합계(합계×4)		56
다양한 역량의 배양	고객을 이해하는 정도 : 깊은 고객 이해		5
	다양한 능력 배양 : 새로운 능력을 개발하기 위해 효율적인 인력 채용		5
	경쟁 우월성 유지 : 야망으로 높은 목표 설정		5
	가중 합계(합계×4)		60
사회 환원 활동 참여	직원 고취 : 유나이티드 웨이에 직원 참여 장려		5
	지역사회 발전에 기여 : 지역사회 활동에 활발히 참여		5
	핵심 사회 문제 해결 : 백신 보급과 에이즈 예방 활동 참여		5
	가중 합계(합계×4)		60
가치지수(전체 합계÷420)			88%

주: 5=탁월, 4=매우 우수, 3=우수, 2=보통, 1=낮음. 네 개의 원칙에는 가중치 3을, 세 개의 원칙에는 가중치 4를 부여함.

표 A.13 MBNA의 가치지수분석표

원칙	활동 : 평가	연관정도
인간관계의 존중	핵심 가치에 대한 헌신 : 핵심 가치를 준수하는 독특한 기업문화	5
	가치의 채용 : 엄격한 채용 프로세스	5
	균형 잡힌 성과 평가 : 성과와 가치를 적절히 고려해 평가	5
	공정한 직원 보상 : 성과에는 금전적 보상, 가치에 대해서는 심리적 보상	5
	가중 합계(합계×3)	60
팀워크의 활성화	팀 교육 : 팀워크를 향상할 교육 기회 부여	4
	순환 보직 : 인력 스스로 결정하는 순환 보직 제도 제공	4
	팀에게 의사결정 위임 : 서비스와 제품 개발에 팀워크 활용	4
	팀 보상 : 성과와 가치를 준수하는 행동에 보상	5
	가중 합계(합계×3)	51

성장 동력의 내적 발견	유기적 성장 : 보유한 능력이 경쟁적일 때만 확장	5
	개발 위험 관리 : 개발 위험을 철저히 관리	5
	내부 파트너십 : 핵심제품 개발팀의 훌륭한 임무 수행	5
	외부 파트너 십: 관련된 그룹과 효율적으로 파트너십 형성	5
	가중 합계(합계×3)	60
약속의 이행	정직한 인력의 채용과 승진 : 인터뷰에서 정직성 시험	4
	정직한 회계 관행 : 보수적인 매출액 보고	4
	직원, 고객, 지역사회를 공정하게 대우 : 모든 이해관계자를 공정하게 대우	4
	가중 합계(합계×4)	48
자기만족과의 싸움	CEO 승계 계획 : 콜리의 뒤를 이을 사람은 아직 불확실	3
	올바른 경각심 유지 : 경쟁에 승리하려는 강한 집착	5
	새로운 시장 공략 : 새로운 시장을 신중히 공략	5
	가중 합계(합계×4)	52
다양한 역량의 배양	고객을 이해하는 정도 : 고객을 매우 깊이 이해	5
	다양한 능력 배양 : 주의 깊게 새로운 능력 추가	5
	경쟁 우월성 유지 : 매우 경쟁적인 문화	5
	가중 합계(합계×4)	60
사회 환원 활동 참여	직원 고취 : 직원의 지역사회 활동 참여를 장려	5
	지역사회 발전에 기여 : 직원들이 거주하는 지역사회 발전에 기여	5
	핵심 사회 문제 해결 : MBNA 재단은 교육 문제에 기여	5
	가중 합계(합계×4)	60
가치지수(전체 합계÷420)		93%

주: 5=탁월, 4=매우 우수, 3=우수, 2=보통, 1=낮음. 네 개의 원칙에는 가중치 3을, 세 개의 원칙에는 가중치 4를 부여함.

표 A.14 월마트의 가치지수분석표

원칙	활동 : 평가	연관정도
인간관계의 존중	**핵심 가치에 대한 헌신** : 월마트의 기업 문화가 인기가 높은 사실로 반증	5
	가치의 채용 : 인터뷰를 통해 핵심 가치에 부합하는 인력 선발	5
	균형 잡힌 성과 평가 : 성과를 지나치게 강조	3
	공정한 직원 보상 : 이윤 공유, 우리사주 제공과 낮은 임금	5
	가중 합계(합계×3)	54
팀워크의 활성화	**팀 교육** : 서너 가지 효율적인 팀 교육 프로그램	5
	순환 보직 : 체계적인 팀워크 개발 프로그램	4
	팀에 의사결정 위임 : 서비스를 향상하기 위해 관련 팀들의 협조	4
	팀 보상 : 성과가 가치에 기여하는 행동을 보상	5
	가중 합계(합계×3)	54
성장 동력의 내적 발견	**유기적 성장** : 보유한 능력을 활용해 새로운 시장 진출	5
	개발 위험 관리 : 새로운 사업을 소규모로 시작해 위험의 극소화	5
	내부 파트너십 : 내부적 팀을 활용해 비용 절감	5
	외부 파트너십 : 고객과 파트너십 형성에 매우 노력	5
	가중 합계(합계×3)	60
약속의 이행	**정직한 인력의 채용과 승진** : 인터뷰에서 정직성 시험	4
	정직한 회계 관행 : 보수적인 매출액 보고	4
	직원, 고객, 지역사회를 공정하게 대우 : 직원과 공급자에게는 엄격, 다른 이해관계자에게는 공정	3
	가중 합계(합계×4)	44
자기만족과의 싸움	**CEO 승계 계획** : 장기 근속자가 사장으로 승진	5
	올바른 경각심 유지 : 경영 전반에 걸쳐 경각심 유지	5
	새로운 시장 공략 : 새로운 시장을 적극적으로 공략	5
	가중 합계(합계×4)	60
다양한 역량의 배양	**고객을 이해하는 정도** : 고객 조사를 통해 높은 이해	5
	다양한 능력 배양 : 효율적인 능력 개발 프로그램	5
	경쟁 우월성 유지 : 야망으로 높은 목표 설정	5
	가중 합계(합계×4)	60

지역사회 활동 참여	직원 고취 : 지역 직원들이 자선 대상 선택	5
	지역사회 발전에 기여 : 지역사회 발전에 기여	5
	핵심 사회 문제 해결 : 사회 발전에 적절히 기여	3
	가중 합계(합계×4)	52
가치지수(전체 합계÷420)		91%

주: 5=탁월, 4=매우 우수, 3=우수, 2=보통, 1=낮음. 네 개의 원칙에는 가중치 3을, 세 개의 원칙에는 가중치 4를 부여함.

표 A.15 골드만삭스의 가치지수분석표

원칙	활동 : 평가	연관정도
인간관계의 존중	핵심 가치에 대한 헌신 : 열네 가지 핵심 가치에 관한 지식을 수시로 테스트	5
	가치의 채용 : 가치를 적용하는 인력 선발을 위해 매우 철저한 인터뷰	5
	균형 잡힌 성과 평가 : 성과와 가치를 적절히 고려해 평가	5
	공정한 직원 보상 : 성과에는 금전적 보상, 가치에 대해서는 심리적 보상	5
	가중 합계(합계×3)	60
팀워크의 활성화	팀 교육 : 관리 프로그램으로 팀워크 형성	5
	순환 보직 : 체계적인 팀워크 개발 프로그램	5
	팀에 의사결정 위임 : 영업, 거래‑ 시장 점유율 향상을 위해 팀워크 활용	5
	팀 보상 : 성과와 가치에 기여하는 행동에 보상	5
	가중 합계(합계×3)	60
성장 동력의 내적 발견	유기적 성장 : 보유한 강점에 기반을 두고 성장	4
	개발 위험 관리 : 프로세스를 검토해 위험의 확대 예방	4
	내부 파트너십 : 서비스 개발 팀의 훌륭한 임무 수행	5
	외부 파트너십 : 고객과 효율적인 파트너십 형성	5
	가중 합계(합계×3)	54

약속의 이행	정직한 인력의 채용과 승진 : 인터뷰에서 정직성 시험	5
	정직한 회계 관행 : 보수적인 매출액 보고	5
	직원, 고객, 지역사회 공정하게 대우 : 모범적인 역할과 노력해 얻은 성과에 보상	5
	가중 합계(합계×4)	60
자기만족과의 싸움	CEO 승계 계획 : 내부에서 새로운 CEO 양성	5
	올바른 경각심 유지 : 경쟁 상태를 민감하게 파악	5
	새로운 시장 공략 : 새로운 시장에 훌륭하게 진입	5
	가중 합계(합계×4)	60
다양한 역량의 배양	고객을 이해하는 정도 : 고객과 긴밀한 관계 유지	5
	다양한 능력 배양 : 새로운 능력이 필요하면 외부에서 철저한 검토를 통해 인력 영입	5
	경쟁 우월성 유지 : 끊임없이 경쟁에서 승리하려고 노력	5
	가중 합계(합계×4)	60
사회 환원 활동 참여	직원 고취 : 직원들이 자선 활동에 참여하도록 시간 배려	5
	지역사회 발전에 기여 : 지역사회 교육문제에 초점	5
	핵심 사회 문제 해결 : 전직 임직원이 관련된 주요 정치적 사안에 참여	4
	가중 합계(합계×4)	56
가치지수(전체 합계÷420)		98%

주: 5=탁월, 4=매우 우수, 3=우수, 2=보통, 1=낮음. 네 개의 원칙에는 가중치 3을, 세 개의 원칙에는 가중치 4를 부여함.

■ 감사의 글

많은 사람의 도움이 없었더라면 이 책을 완성하지 못했을 것이다. 내 에이전트인 저너트 컴퍼니의 매트 윌리엄스는 이 책을 처음 쓸 때부터 내게 매우 소중한 조언을 아끼지 않았고 케이스 스위니는 이 책의 목적과 접근 방법에 관해 많은 의견을 나누었다. 조시-배스의 편집자인 스위니는 이 책을 집필하는 프로젝트에 처음부터 많은 관심을 보였고 전체 과정에 많은 도움을 주었다.

이 책을 쓰는 과정에서 나는 몇몇 사람들의 예리한 지적에 도움을 받았다. 물류 소프트웨어 개발업체인 스리플렉스(3PLex)의 공동 창업자인 타니아 야나스는 각 장의 초고에 관해 날카로운 의견을 제공해 내 생각을 다듬고 내용을 명확히 하는 데 도움을 줬다. 또한 야나스가 골드만삭스에서 겪은 많은 경험들은 이 책을 쓰는 데 매우 유용했다. 전에 모니터 컴퍼니에서 일했고 지금은 캘리포니아 소재 비벌리힐스에서 헤지펀드 매니저로 일하는 알렉스 라흐는 유용한 조언을 많이 해주었다. 그리고 매트릭스 USA의 사장인 브루스 핸더슨은 가치지수에 부여한 점수를 개발하는 데 도움을 주었다.

   이 책은 사우스웨스트 항공과 시놉시스의 경영자들이 소중한 의견을 주지 않았더라면 완성될 수 없었을 것이다. 저자는 사우스웨스트 항공에 많게는 일주일에 50여 차례나 질문을 한 적도 있으나, 그들은 기꺼이 질의에 응했다. 특히 도나 코너버, 트레이시 마틴과 베벌리 카마이클의 성실한 답변은 내가 밸류 리더십을 깊이 이해하는 데 큰 도움이 되었다. 또한 이 책은 시놉시스의 임원인 아트 드 지우스, 차이 푼 챈, 밥 헨스키에게 큰 빚을 졌다.

   마지막으로, 이 책의 아이디어는 몇몇 경제 전문 기자와 대화를 나누는 과정에서 얻었다. 특히, 나는 비즈니스위크 온라인의 에이미 스톤, 데이비드 슈크, 알렉스 샐키버와 더스트리트닷컴의 멜리사 데이비스, 포천의 저스틴 폭스, 월스트리트저널의 이안스 듀건, 배런스의 마크 베버카(Mark Veverka)와 대화를 나누면서 많은 아이디어를 얻었다.

   지금까지 내가 쓴 모든 책과 마찬가지로, 이 책도 아내와 가족의 지원이 없었더라면 완성할 수 없었다. 그들에게 깊이 감사한다.

■ 주석

서론

1. Enron Corporation, 2000 Annual Report (Houston, Tex.: Enron Corporation, 2000), p. 53.
2. P. Behr and A. Witt, "Ex-Enron Exec Related a Dispute," Washington Post, Mar. 19, 2002, p. A01
3. J. Harwood, "Enron Scandal Taints Business Leaders," Wall Street Journal, Apr. 11, 2002, p. D5.
4. Hart-Teeter, "Study #6205," NBC News/Wall Street Journal, [http://online.wsj.com/documents/poll-20020613.html], June 2002.
5. N. Maestri, "War Rally Didn't Save Quarter for Stock Traders," Reuters, [http://www.siliconvalley.com/home_europe/newswire/2003/04/01/rtr926532.html], Apr. 1, 2003
6. "Ouch! Shareholders Lost $2.4 Trillion in 2002," San Jose Mercury News, [http://www.siliconvalley.com/mld/siliconvalley/3643410.html], July 11, 2002
7. 에드워드 존스의 임원 Bachmann과의 저자 인터뷰. 2003년 2월 5일
8. Bachmann과의 저자 인터뷰
9. Jowett translation, "Exploring Plato's Dialogues, Republic 29 (514a-521b)," [http://plato.evansville.edu/texts/jowett/republic29.html], no date.
10. 경쟁 기업(과 그 상대인 밸류 리더)은 케이던스 디자인 시스템(시놉시스), JC 페니(월마트), 메릴린치(골드만삭스), 머크(존슨 앤드 존슨), 한센 내추럴(JM 스머커), 아메리칸 항공(사우스웨스트 항공), 컴퓨터 어소시에이츠(마이크로소프트), 캐피털 원(MBNA)이다.

1장

1. 빅티퍼닷컴(www.bigtipper.com)이 계산한 수익률은 CNBC에서의 추천일과 1998년, 1999년 마지막 거래일 간의 주가 변화를 반영한 값이다. 밸리디어닷컴(www.vallidea.com)의 수익률은 2000년 CNBC, CNN, CBS마켓워치에서의 추천일 이후 6개월간의 수익을 계산한 값이다.
2. 공매도의 경우, 투자자는 브로커에서 주식을 빌려 현재의 시장가격으로 판다. 주가가 떨어진다면 투자자는 더 낮은 가격에 주식을 사서 되갚을 수 있으므로, 투자자는 주가가 떨어지는 것에 베팅을 하는 셈이다. 투자자의 이익은 공매도한 주가와 주식을 사서 되갚은 날의 주가 차액이다. 투자자의 기대와 달리 주가는 오를 수 있기 때문에 공매도는 매우 위험한 투자 방법이다. 주가가 오른다면, 투자자의 잠재적 손실은 이론상 무제한이다.
3. 저자의 2002년 7월 25일자 전자우편, "Recent Calls"
4. 시놉시스의 CEO A. 드 지우스와의 저자 인터뷰, 2002년 9월 30일

5. 시놉시스의 전 CFO B. 헨스키와의 저자 인터뷰, 2002년 9월 24일
6. 드 지우스와의 저자 인터뷰
7. 드 지우스와의 저자 인터뷰

2장

1. L. Thompson, "Simply Smuckers," Small Business Network, Apr. 1, 2001, p. 13.
2. L. Haferd, "Small-Town Ohio to Help J. M. Smucker Co. Celebrate 100th Birthday," Akron (Ohio) Beacon Journal, Oct. 23, 1997.
3. J. L. Sullivan, "Putting the Fiz Back In: Passed by Rivals, Hansen Seeks to Regain Soda Niche," Orange County Business Journal, May 23, 1994, p.1.
4. Hansen Natural Corporation, Hansen's Naturals 2001 Annual Report (Corona, Calif: Hansen Natural Corporation, 2001), p. 15.
5. M. Brelis, "Herb's Way—Chairman's Unconventional Business Strategy Has Made Southwest Airlines a Model for Success," Boston Globe, Nov. 5, 2000. p. F1.
6. A. Walmsley, "Plane Crazy Southwest Airlines' Herb Kelleher and His Crew Break All the Rules— and Beat the Pants off Their Competitors Doing It," Globe and Mail, Nov. 26, 1999, p. 62.
7. Brelis, "Herbs's Way."
8. J. Hoffer-Gittell, "Paradox of Coordination and Control," California Management Review, Apr. 1, 2000, pp. 101-117.
9. "Goldman Sachs," TheValult.com, [http://www.vault.com/companies/company_main.jsp?co_page=2&product_id=307&ch_id=240&tabnum=2], no date.
10. "Goldman Sachs," TheValult.com.
11. S. McMurray, "The Team Player," Fast Company, June 1996, p. 134.
12. McMurray, "Team Player."
13. "The Merrill Lynch Principles," [http://www.ml.com/about/principles.html], no date.
14. "Merrill Lynch, 2002 Edition," TheVault.com, [http://www.vault.com/bookstore/book_preview.jsp?product_id+311], no date.
15. "Merrill Lynch, 2002 Edition."
16. C. Goforth, "Jam-Maker Smucker Relies on Attitude, Not Incentives, for Happy Workers," Akron (Ohio) Beacon Journal, Jan. 23, 2000.
17. "SJM Financial Results Key Ratios." Moneycentral.msn.com, [http://moneycentral.msn.com/investor/invsub/results/compare.asp?Page=ManagementEfficiency&Symbol=SJM], July 5, 2002.
18. "SJM Financial Results Key Ratios."
19. K. L. Alexander, "Cultivating a Culture: Companies See Strong Link Between Worker Attitudes, Profits," Washington Post, Apr. 21, 2002, p. H01.
20. Alexander, "Cultivating a Culture."
21. J. Huey, "Outlaw Flyboy CEOs: Two Texas Mavericks Rant About the Aged to Keep Their Companies Above the Miserable Average; Gordon Bethune; Herb Kelleher," Fortune, Nov. 13, 2000, p. 237.
22. Huey, "Outlaw Flyboy CEOs."

3장

1. B. Paik Sunoo, "How Fun Flies at Southwest Airlines," Personnel Journal, June 1, 1995, p. 62.
2. Paik Sunoo, "How Fun Flies at Southwest Airlines."
3. AMR Corporation, American Airlines information, [http://www.amrcorp.com], no date.
4. American Customer Satisfaction Index, "First Quarter Scores, May 2002," [http://www.theacsi.org/first_quarter.htm#air], May 2002.
5. C. J. Loomis, "Sam Would Be Proud [Wal-Mart No.2]: As It Changes CEOs, Mighty Wal-Mart Is Poised to Become No. 1 on the Fortune 500," Fortune, Apr. 17, 2000, p. 130.
6. Loomis, "Sam Would Be Proud."
7. D. Moin, "Wal-Mart's New CEO Seen [as] Pivotal in Apparel Strategies," WWD. Jan. 18, 2000, p. 2.
8. Moin, "Wal-Mart's New CEO Seen [as] Pivotal in Apparel Strategies."
9. Moin, "Wal-Mart's New CEO Seen [as] Pivotal in Apparel Strategies."
10. T. Arango, "J. C. Penney Denies Rumors of Accounting Irregularities: The Company Rebuts Talk of Alleged Improprieties in Its Eckerd Drugstores' Medicare Accounts," TheStreet.com, [http://ww.thestreet.com/stocks/timarango/10007453.html], Jan. 25, 2002.
11. A. M. Raucher, "Dime Store Chains: The Making of Organization Men, 1880-1940," Business History Review, Mar. 22, 1991. p. 130.
12. J. Hoffer-Gittell, "Paradox of Coordination and Control," California Management Review, Apr. 1, 2000, pp. 101-117.
13. Hoffer-Gittell, "Paradox of Coordination and Control."
14. S. Loeffelholz, "Competitive Anger (American Airlines Management)," FW, Jan. 10, 1989, p. 28.
15. Hoffer-Gittell, "Paradox of Coordination and Control."
16. Hoffer-Gittell, "Paradox of Coordination and Control."
17. "No More Star Wars on Wall Street: Egos on Back Seat at Brokerages," Plain Dealer (Cleveland, Ohio), Aug. 21, 1993, p. 7D.
18. C. Chandler, "Goldman's Golden Chance: An IPO or Merger Could Reap Millions for Partners at the Wall Street Titan—but Would It Destroy What Makes Goldman Sachs Goldman Sachs?" Washington Post, June 7, 1998, p. H01.
19. Chandler, "Goldman's Golden Chance."
20. S. Swartz and A. Monroe, "Girding for Battle: Goldman Sachs to Adapt to Changes by Wall Street Rivals—It Expands Fast, Risks More and Fixes Weak Spots; Resignations Rise a Bit—But It Will Keep Partnership," Wall Street Journal, Oct. 9, 1986.
21. A. Schwimmer and R. Cooper, "The Raid on Merrill Lynch: How Deutsche Bank Did It," Investment Dealers' Digest, June 19, 1995, p. 12.
22. Schwimmer and R. Cooper, "The Raid on Merrill Lynch."
23. C. Tanner and R. Roncarti, "Kaizen Leads to Breakthrough in Responsiveness—and the Shingo Prize—at Critikon. (Johnson and Johnson Medical Inc.'s Critikon Vascular Access Facility)," National Productivity Review, Sept. 22, 1994, p. 517.
24. Tanner and Roncarti, "Kaizen Leads to Breakthrough in Responsiveness."

4장

1. J. Frederick, "Wal-Mart Thrives on Innovation as Pharmacy Superpower," Drug Store News, June 12, 2000, p. 6.
2. Frederick, "Wal-Mart Thrives on Innovation as Pharmacy Superpower."
3. G. Jacobson, "The End for Phar-Mor," Mass Market Retailers, [http://www.massmarketretailers.com/articles/Pharmor_end.html], no date.
4. Frederick, "Wal-Mart Thrives on Innovation as Pharmacy Superpower."
5. Frederick, "Wal-Mart Thrives on Innovation as Pharmacy Superpower."
6. Frederick, "Wal-Mart Thrives on Innovation as Pharmacy Superpower."
7. L. Holton, "Penney's Ends Its Experiment with Telaction," Chicago Sun-Times, Mar. 31, 1989, p. 43.
8. Holton, "Penney's Ends Its Experiment with Telaction."
9. E. Ullman, "When It Comes to Innovation, Microsoft Sure Can Copy It," Washington Post, June 11, 2000, p. B02.
10. Ullman, "When It Comes to Innovation."
11. K. MacIver, "CA: The Hidden Dimension," Computer Business Review, July 1, 1998, p. 14.
12. MacIver, "CA: The Hidden Dimension."
13. "Computer Associates Reports First Quarter Fiscal Year 2003 Results," PR Newswire, [http://news.moneycentral.msn.com/ticker/article.asp?Symbol=US:CA&Feed=PR&Date=20020722&ID=1797893], July 22, 2002.
14. M. Pledger, "Work Force Helped Mold New Smucker Brainstorming Sessions [That] Led to New Products, Marketing," Plain Dealer (Cleveland, Ohio), May 23, 1999, p. 1H.
15. Pledger, "Work Force Helped Mold New Smucker Brainstorming Sessions."
16. Pledger, "Work Force Helped Mold New Smucker Brainstorming Sessions."
17. C. Hazard, "Pushing the Limit: Capital One Financial Leads a Marketing Revolution," Richmond Times-Dispatch, July 26, 1999, p. D-16.
18. Hazard, "Pushing the Limit."
19. "Capital One Hangs up on Wireless Test," CardFAX, Mar. 2, 2001, p. 1.
20. "Merck-Medco Fosters Innovation in Rx Care. Merck-Medco Inc. Strategies Help Keep Drug Cost Growth Low," Chain Drug Review, May 21, 2001, p. 1.
21. "Merck-Medco Fosters Innovation in Rx Care."
22. P. S. Cohan, "3M Is an American Multinational but Not a Typical One," Gurusonline, [http://gurusonline.tv/uk/conteudos/tulin.asp], June 2002.
23. Cohan, "3M Is an Amercan Multinational but Not a Typical One."

5장

1. T. Maxon, "Heir Born: Southwest Airlines' Incoming CEO Earned His Wings Behind the Scenes," Dallas Morning News, May 16, 2001, p. 1D.
2. Maxon, "Heir Born."
3. Maxon, "Heir Born."
4. Maxon, "Heir Born."
5. K. Eichenwald, "For WorldCom, Acquisitions Were Behind Its Rise and Fall," New York Times,

[http://www.nytimes.com/2002/08/08/technology/08TELE.html], Aug. 8, 2002.
6. Eichenwald, "For WorldCom."
7. Eichenwald, "For WorldCom."
8. AOL Time Warner Inc., 10-K filing, [http://www.sec.gov/Archives/edgar/data/1105705/000095014403004064/0000950144-03-004064-index.html], Mar. 28, 2003, p. F-9.
9. M. Clowes, "Monday Morning: Honest-EPS Stocks Found to Fare Better," Investment News, Apr. 20, 2002, p. 2.
10. Clowes, "Monday Morning."
11. R. Buckman, "U.S. Agency Queries Microsoft Accounting—SEC Explores if Earnings Are Understated," Asian Wall Street Journal, June 10, 2002, p. 10.
12. Buckman, "U.S. Agency Queries Microsoft Accounting."
13. "SEC to Okay Microsoft Accounting Settlement-Report," Reuters News, May 31, 2002.
14. J. Guidera, "Computer Associates Says SEC Widens Accounting Probe," Dow Jones Business News, May 15, 2002.
15. Guidera, "Computer Associates Says SEC Widens Accounting Probe."
16. J. Guidera, "Leading the News: Probe of Computer Associates Centers on Firm's Revenue," Wall Street Journal, May 20, 2002, p. A3.
17. L. G. Foster, "The Credo Lives On," Executive Excellence, May 1, 2000, p. 5.
18. L. K. Trevino, L. P. Hartman, and M. Brown, "Moral Person and Moral Manager: How Executives Develop a Reputation for Ethical Leadership," California Management Review, July 1, 2000, pp. 128-142.
19. Foster, "The Credo Lives On."
20. J. Greene, "Ballmer's Microsoft: How CEO Steve Ballmer Is Remaking the Company That Bill Gates Built," Business Week, June 17, 2002, p. 66.
21. Greene, "Ballmer's Microsoft."

6장

1. J. Yardley, "Is Wal-Mart Immortal?" Chicago Sun Times, Nov. 22, 1998, p. 20.
2. Yardley, "Is Wal-Mart Immortal?"
3. "Kmart's Antonini Puts His Faith in the 'Big Boxes,'" Financial Times, Nov. 17, 1992, p. 26.
4. Yardley, "Is Wal-Mart Immortal?"
5. "Discounting Would Sweep U.S.," Chain Drug Review, July 22, 2002, p. 81.
6. "Discounting Would Sweep U.S."
7. C. J. Loomis, "Sam Would Be Proud [Wal-Mart No.2]: As It Changes CEOs, Mighty Wal-Mart Is Poised to Become No. 1 on the Fortune 500," Fortune, Apr. 17, 2000, p. 130.
8. Loomis, "Sam Would Be Proud."
9. M. Nannery, "His Turn, Again," Chain Store Age, June 1, 2000, p. 86.
10. Nannery, "His Turn, Again."
11. C. Horyn, "Unabashed Wal-Mart Shopper Speaks," New York Times, [http://www.nytimes.com/2002/08/27/fashion/27DRES.html?8hpib], Aug. 27, 2002, p. B8.
12. Horyn, "Unabashed Wal-Mart Shopper Speaks."

13. P. Weever, "The Invader from Wall Street: Remarkable Rise of Goldman Sachs, the Investment Bank," Sunday Telegraph, Nov. 17, 1991, p. 37.
14. Weever, "The Invader from Wall Street."
15. C. Pretzlik, "Goldman Banker Who Shook City Heads Back to U.S.," Financial Times (FT.com), Apr. 13, 2002.
16. R. Wachman, "Thorton's China Station," Observer, [http://www.observer.co.uk/Print/0,3858,4636472,00.html], Mar. 30, 2003.
17. Pretzlik, "Goldman Banker Who Shook City Heads Back to U.S."
18. Z. Moukheiber and R. Langreth, "J&J an Unfinished Symphony: Revamped Labs, New Drugs, Big Plans," Forbes, Dec. 10, 2001, p. 62.
19. Moukheiber and Langreth, "J&J an Unfinished Symphony."

7장

1. "Goldman Sachs Dominates in Earning Market," Banker, Aug. 1, 2001, p. 49.
2. "Goldman Sachs Dominates."
3. S. McGee, "Deals and Deal Makers: Goldman Sachs Seeks Junk-Bond Heft," Wall Street Journal, Nov. 1, 1999, p. C1.
4. McGee, "Deals and Deal Makers."
5. McGee, "Deals and Deal Makers."
6. R. Peterson, "Debt Deals Push Wall Street Underwriting to New Record," Thomson Financial, [http://216.239.35.100/search?q=cache:KDws723wp8C:www.tfibcm.com/league/pdfs/4Q2001/Docs/4Q01GlobalCapitalMarketsPressRelease.PDF+high-yield+underwriting+rank+2002&hl=en&ie=UTF-8], Dec. 31, 2001.
7. A. Raghavan, "Merrill Lynch's Share of IPO Underwriting Market in Steady Decline," Dow Jones Online News, Mar. 12, 1998.
8. Raghavan, "Merrill Lynch's Share of IPO Underwriting Market in Steady Decline."
9. Y. D. Kantrow, "MBNA's Lerner & Cawley: Masters of Card Marketing Series: 1," American Banker, Mar. 2, 1993, p. 1.
10. Kantrow, "MBNA's Lerner & Cawley."
11. Kantrow, "MBNA's Lerner & Cawley."
12. J. W. Milligan, "Defying Gravity at MBNA," U.S. Banker, July 1, 1997, p. 35.
13. Milligan, "Defying Gravity at MBNA."
14. W. A. Schoneberger, "Southwest Airlines Thirtieth Anniversary," Air Transport World, June 1, 2001, p. 100.
15. Schoneberger, "Southwest Airlines 30th Anniversary."
16. Schoneberger, "Southwest Airlines 30th Anniversary."
17. 사우스웨스트 항공의 승객 N. Huseman과의 저자 인터뷰, 2002년 9월 4일
18. 사우스웨스트 항공 고객서비스 담당 부사장 D. Conover와의 저자 인터뷰
19. Conover와의 저자 인터뷰
20. B. Thau, "Plano and Simple: J. C. Penney's New Strategy," HFN: The Weekly Newspaper for the Home Furnishing Network, May 24, 2001, p. 1.

21. "J. C. Penney One Hundredth Anniversary: Old Vision, New Version," Chain Store Age, June 1, 2002, p. 48.
22. Thau, "Plano and Simple."

8장

1. R. Alsop, "Perils of Corporate Philanthropy: Touting Good Works Offends the Public, but Reticence Is Misperceived as Inaction," Wall Street Journal, Jan. 16, 2002, p. B1.
2. M. A. Miille, "Corporate Philanthropy Give[rs] Make More More: A Growing Number of Companies Are Making Regular Donations—of Money and Merchandise—to All Kinds of Charities and Causes," Sarasota Herald-Tribune, Dec. 21, 1998, p. 10.
3. S. D. Green, "The Case for Caring," PR Week US, Oct. 1, 2001, 23.
4. 텍사스 댈러스에 있는 로널드 맥도널드 하우스 사장 B. McDermott와의 저자 인터뷰, 2002년 9월 12일
5. McDermott와의 저자 인터뷰
6. 사우스웨스트 항공 기부 자선 담당 매니저 T. Martin과의 저자 인터뷰, 2002년 8월 29일
7. Martin과의 저자 인터뷰
8. J. Boudreau, "Microsoft Boosts Philanthropy in Silicon Valley," Knight Ridder Tribune Business News, Feb. 16, 2001.
9. Boudreau, "Microsoft Boosts Philanthropy in Silicon Valley."
10. Boudreau, "Microsoft Boosts Philanthropy in Silicon Valley."
11. Boudreau, "Microsoft Boosts Philanthropy in Silicon Valley."
12. D. Rapchinski Ephrata, "Wal-Mart vs. the Community," Lancaster (Penn.) New Era, Mar. 3, 1995, p. A-8.
13. Rapchinski Ephrata, "Wal-Mart vs. the Community."
14. D. O'Connor, "Reluctantly, East Lampeter Takes Lead in 'Race' for First Wal-Mart Here," Lancaster (Penn.) New Era, Sept. 13, 1994, p. A-1.
15. P. Armijo, "Community Rallies Against Wal-Mart," Albuquerque Journal, Apr. 25, 2002, p. 1.
16. "Community Services a Wal-Mart Priority," Chain Drug Review, July 22, 2002, p. 82.
17. R. Sharpe, "States Speed Amber Alert Plans," USA Today, [http://www.usatoday.com/news/nation/2002-08-27-amber-alerts_x.html], Aug. 27, 2002.
18. "Community Services a Wal-Mart Priority."
19. "Wal-Mart and Sam's Club Associates Raise and Contribute a Record $196 Million in 2001," PR Newswire, May 30, 2002.
20. "Wal-Mart and Sam's Club Associates."
21. "Philanthropy—Gates the Good," Economist, Dec. 5, 1998.
22. "Philanthropy—Gates the Good."
23. B. Whyte, "Wealth for Health—a Gates Perspective," Bulletin of the World Health Organization, [http://www.who.int/bulletin/pdf/2001/issue5/interview.pdf], 2001, 79(5), 488.
24. D. Woodruff, "World Economic Forum, Davoa 2001: Companies Explore Philanthropic Side: Latest Project Focus on Social Welfare—Firms Rethink Their Role in Society," Wall Street Journal Europe, Jan. 29, 2001, p. 32.

25. "ACHAP(The African Comprehensive HIV/AIDS Partnerships)이란 명칭의 1억 달러 프로그램은 보츠와나에서 HIV/AIDS를 예방하고 치료하기 위한 보츠와나 정부, 빌 앤드 멜린다 재단, 머크 사의 협력 사업이다. 2000년 6월에 설립된 ACHAP는 보다 선진적인 예방 프로그램, 건강관리 체계, 환자 관리, HIV/AIDS 치료 등을 통해 HIV 발병을 낮추고 진단과 치료율을 높이고자 하는 보츠와나 정부의 목표를 위해 일한다. 빌 앤드 멜린다 재단과 머크 재단은 이 프로젝트를 위해 각각 5천만 달러를 기부했다." (ACHAP 웹사이트, [http://www.achap.org/])

26. "보츠와나에 2016년까지 AIDS에서 자유로운 세대를 갖도록 한다는 야심 찬 목표 아래, 머크 주도의 캠페인은 그러한 파트너십을 형성하는 것이 성공의 필수 조건이라는 점을 깨달았다. 보츠와나에서 머크가 파트너십을 형성한 방법은 아프리카, 라틴 아메리카, 예멘 등에서 1987부터 시작한, 회사의 메크티전 프로그램 성공에 바탕을 두고 있다. 이 방법은 주요 이슈에 큰 영향을 줄 수 있는 사적-공적 파트너십을 형성할 수 있는 모델로 인정받고 있다." (머크, "메크티전 스토리", [http://www.merck.com/about/cr/mectizan/home.html], May 2, 2003)

27. Woodruff, "World Economic Forum, Davoa 2001."

28. J. Lamont, "Merck Seeks Wider Private-Sector Coalition on AIDS," Financial Times, [http://www.businessfightsaids.org/web/html/home_gbcaids_13sept02.html], Sept. 13, 2002.

29. 예상보다 느린 진행 속도에도 불구하고 ACHAP는 2003에도 계속 추진되었다. 보츠와나 공화국에 따르면, ACHAP 노력의 가시적 성과 중 하나는 2003년 4월 보츠와나 프린세스 마리나 병원의 개원이었다. 이 병원 덕분에 항레트로바이러스 약품(ARV)을 받을 수 있는 서비스가 확대되었다. "AHCAP 프로젝트의 리더 도널드 드 코테 박사는 이 기관이 ARV 치료가 필요한 약 11만 명의 보츠와나 사람들에게 진료를 해줄 수 있는 규모를 갖추고 있다고 말했다." ("Health Ministry Receives New ARV Facility for Marina Hospital," Republic of Botswana, [http://www.gov.bw/cgi-bin/news.cgi?d=20030403], April 3, 2003

30. G. Friedman, "Dr. Leighton Cluff—President, Robert Wood Johnson Foundation," HealthWeek, Nov. 28, 1988, p. 24.

31. Friedman, "Dr. Leighton Cluff."

32. Friedman, "Dr. Leighton Cluff."

9장

1. M. Davis, "El Paso's Utility Deal Raises Eyebrows," TheStreet.com, [http://www.thestreet.com/stocks/melissadavid/1003416.html], July 26, 2002.

2. D. Berman and D. Soloman, "Questioning the Books: Accounting Questions Surround Telecom Pioneer—Global Crossing Used 'Swaps' to Enhance Its Revenue and It Wasn't the Only One," Wall Street Journal Europe, Feb. 14, 2002, p. 9.

3. D. Solomon and S. Liesman, "Deals With KMC Helped Qwest Improve Its Books," Wall Street Journal, Feb. 13, 2002, p. B6.

4. J. Guidera, "EMC Booking of Sales Draws Review by SEC," Wall Street Journal, Feb. 13, 2002, p. B6.

찾아보기

ㄱ

가치
  가치를 준수할 인력 채용 결정 89~94
  기업의 가치선언서 9, 10
  정직성을 향상시킬 경영 혁신 수단 234~5
  핵심 가치에 대한 헌신 83~89
가치를 준수할 인력 채용 89~94
가치지수
  계산의 4단계 37~8, 55~6, 72~73
  다양한 역량의 배양 322~3
  밸류 리더십의 도구 10
  사업에 대한 가치 34~49
  사회 환원 368~9
  새로운 VQ 분석을 통한 개선조치 평가 387
  성장 동력의 내적 발견 개선 193~4
  시놉시스 계산 56~68, 379
  약속의 이행 236~8
  월마트와 JC 페니 계산 38~9
  경제적 이득 45~53
  인간관계의 존중 111~2
  자기 만족과의 싸움 273~5
  주가 변화와 수익률 46~50
  팀워크의 활성화 148~9
  회사의 가치지수 개발을 위한 인터뷰 378~80
  가치지수 비교 70~2
가치지수분석표
  비교와 평가 71~2
  시놉시스 69~70
  예시 74~5
개발 위험의 관리 168~74

보건에 적절한 기술 사용 프로그램 355~6
경영 혁신의 수단
다양한 역량의 배양 320~1
  사회 환원 366~8
  성장 동력의 내적 발견 191~3
  약속의 이행 234~6
  인간관계의 존중 109~11
  자기만족과의 싸움 271~3
  팀워크의 활성화 147~8
경영자 손익계산서 231
경영자를 위한 밸류 리더십 375~87
경영진
  직원을 바라보는 시각 94
  교육과 평가 126
  균형 잡힌 성과 평가 개발 95
  기업 문화 전달자 90
  승계 계획 244~51
  협박에 의한 경영 136
  후보 평가 126
경쟁 기업
  개발 위험의 관리 172
  특징 46
  목록 423
  업무 중심 64
  CEO 131
경쟁 우월성 유지 306~16
경쟁적 분노 136
고객
  니즈 식별 320~1
  고객 만족도 성과 평가 253

찾아보기 431

직원 충성도와의 관계 333
　　고객에 대한 공정한 대우 222-8
　　올바른 고객 이해 283-96
　　고객으로부터의 피드백 수집 308
고객 가치 기준(CVC) 20
고든 베순 106-9
골드만삭스
　　개요 32
　　올바른 고객 이해 284-93
　　균형 잡힌 성과 평가 96-100
　　새로운 시장 공략 260-5
　　순환보직 130
　　이머징마켓 채권 거래의 고객 평가 286
　　팀 행동의 보상 139-141
공매도 47
공정한 직원 보상 100-6
『공화국』 28
균형 잡힌 성과 평가 94-100
균형성과기록표 22 ,23
그랜트 크발하임 141
그레그 라슨 345
그레이트 플레인스 소프트웨어 231
그린마운틴 커피 233
글로브 앤드 메일 91
기술주 거품 12
기업혁신팀 376-87
기업 리더
　　밸류 리더십의 중요성 24-5
　　상실된 신뢰 회복의 압력 13-4
　　증대되는 대중의 불신 12-3
　　최고 경영진을 위한 밸류 리더십 375-87
기업 문화 전달자　90, 121, 124

ㄴ

나이트 리더 트리뷴 비즈니스 뉴스 344
내부 파트너십　174-81
내셔럴 프로덕티비티 리뷰 143
낸시 휴즈먼 311
뉴욕타임스 208, 256

ㄷ

다양한 능력 구축 297-306
다양한 역량의 배양
　　가치지수 322-4
　　경영 혁신 수단 320-1
　　경제적 이득 281
　　밸류 리더십과의 관계 279-80
　　시놉시스의 CEO 66-7
　　활동 분석 282-316
　　JC 페니의 혁신 316-9
다양한 역량의 배양 활동 분석
　　경쟁 우월성 유지 306-16
　　다양한 능력 구축 297-306
　　올바른 고객 이해 283-96
다우존스 온라인뉴스 294
닷 디스카운트 드러그 163
대니 브루스 207
대니얼 존트 162
댈러스 모닝 뉴스 205
더그 버검 231
더글러스 코트 215-7
더볼트닷컴 96, 99
더스트리트닷컴 46, 49, 129, 394
더크 반 도런 290
데이비드 글래스 127, 161, 248, 254
데이비드 솔로몬 289, 290-1
데이비드 스콜리 경 263
데이비드 코만스키 131
데일 블랙 292
도나 코노버 311-2, 313
도널드 오패르트니 262
도널드 카티 131
도널드슨 러프킨 & 젠럿 289, 290, 295
도이체방크 142, 262, 285
돈 랩친스키 에프라타 348-9
돈 소더퀴스트 88
동굴의 비유 28
드러그스토어 뉴스 161, 163
디지털 클럽하우스 네트워크 345

ㄹ

래리탄 연구소　267
랠프 라센　224, 226, 227, 267, 268
랭카스터 뉴이러　348, 349
러셀 아츠　220
레이 길마틴　131
레이 레인　232
레이 빙엄　131
레이턴 클러프　363~5
로드니 색스　59, 131
로버트 루빈　98
로버트 오셔　289, 291
로버트 우드 존슨　224, 362~3
로버트 우드 존슨 재단　362~6
로버트 크랜덜　135~6
로셀 웨버　105
로이터뉴스　219
로저 고든　290
롭 엡스타인　183~4
롭 월턴　127
리 스콧　126~8, 131, 248, 254, 351
리먼 브러더스　129
리엔지니어링　22
리처드 벨루조　232
리처드 스머커　177
리처드 페어뱅크　131, 180, 181
리치몬드 타임스 디스패치　180
릭 설룬드　218

ㅁ

마거릿 대처　261
마이크 택스터　318
마이크로소프트
　개발 위험 관리　170~4
　개요　32
　경영 조정 주간　232
　고객 구축 전략　232~3
　머니센트럴　104, 173
　사회적 핵심 문제 해결에 참여　355~61
　반경쟁 소송　29
　순환보직　131
　실리콘밸리 발전에 기여　344~5, 346
　잠재적 가능성의 실현 메모　229~30
　정직성의 문화　228~30
　회계상의 어려움　218~20
　VC 서밋　232
마크 롤런드　290
마크 퍼켈　211
매스마켓 리테일러　162
맥닐　224
머니센트럴닷컴　104, 173
머크　131, 358~60
머크~메드코　183~4
메노나이트　85, 86
메릴린치
　올바른 고객 이해　293~6
　균형 잡힌 성과 평가　99~100
　순환보직　131
　스타 시스템　141
　팀 행동 보상　141~2
미시즈 스미스　178

ㅂ

바누 칸　359
바버라 맥더못　335~6
밥 보먼　349
밥 프리먼　29
밥 히긴스　97~8
밸류 리더
　8개 기업　30~3
　경쟁 기업과의 비교　29
　산업 전체 매출액/순이익 비교　53
　순환보직의 예　130~1
　주가의 변화　52~3
　직원 1인당 매출　82
밸류 리더십
　개요　14~21

다른 경영 아이디어와의 비교 22~4
다양한 역량의 배양 279~80
독자의 접근 25~7
밸류와 리더십의 개념 19~20
사회 환원 328
성장 동력의 내적 발견 156
시의적 중용성 24~5
약속의 이행 200
인간관계의 존중 81
자기 만족과의 싸움 242
팀워크의 활성화 118
CVC 20
EVC 20
밸류 리더십의 원칙
 7가지 원칙 30
 주식 선택 기준 51
 밸류 리더의 정량적 기준 35~6
 밸류 리더의 정성적 기준 33~4
 원칙 적용 능력에 영향을 미치는 활동 분석 380~2
  원칙별 정량적 지표 383~4
  이해관계자별 인터뷰 380
  파악 257
밸류스 부인 16
밸리디어닷컴 46
버네사 카스타냐 318
버니 에버스 208~12
베리사인 48
베릴 래프 319
베스티 줄리언 206
베어스턴스 289
벤더 데일 넵사 162
보건에 적절한 기술 사 프로그램 355
보스턴 글로브 91
보츠와나 에이즈 프로그램 358~60, 430
브래드 헨스키 58
브렌다 뎀프시 103
브루스 브룩스 346
브리티시 타이어 264
브리티시텔레콤 263
비재무적 지표 95

비즈니스 히스토리 리뷰 130
비즈니스위크 229
비즈니스위크 온라인 46, 48
빅티퍼닷컴 46
빌 게이츠 32, 171, 228, 346, 355~8
빌 앤드 멜린다 재단 357, 358

ㅅ

사과씨프로젝트 176~8
사우스웨스트 항공
 가치를 준수할 인력의 채용 91~4
 개요 32
 경쟁 우월성 유지 308~16
 공정한 직원 보상 104~5
 다양한 역량 297
 선두 리더십 프로그램 122
 순환보직 131
 정직한 인력의 채용과 승진 205~8
 적극적 직원 참여 335~41
 직원과의 이윤 공유 프로그램 313
 팀 교육 121~5
 팀에 의사결정 권한 위임 134~5
 팀 행동에 보상 141
 CEO 파커 영입 205~8
 RHM 활동 참여 335~6
사회 환원
 가치지수 368~90
 경영 혁신 수단 366~8
 경제적 이득 328~9
 밸류 리더십과의 연관성 328
 활동 분석 331~61
사회 환원 활동 분석
 사회적 핵심 문제 해결에 참여 353~61
 적극적 직원 참여 332~41
 지역사회 발전에 기여 341~53
사회적 핵심 문제 해결 353~61
살로먼 브러더스 263
살로먼스미스바니 285, 295
상호 평가 98, 100

새러소타 헤럴드 트리뷴 329
새로운 시장 공략 259~65
새미 소사 88
샌제이 쿠마르 131, 173, 220, 221
샘 월턴 162,246, 248~9, 351
샘스클럽 350, 351
선데이 텔레그라프 260
선도 기업 45~6, 49~50, 280
선두 리더십 프로그램 122
선마이크로시스템즈 60
성과 기준 252
성과 평가 252~3
성장 동력의 내적 발견
  가치지수 193~4
  경영 혁신의 수단 191~3
  경제적 이득 156~7
  밸류 리더십과의 연관성 156
  시놉시스의 CEO 64~6
  활동 분석 158~85
성장 동력의 내적 발견 활동 분석
  개발 위험의 관리 168~74
  내부 파트너십 174~81
  외부 파트너십 182~5
  유기적 성장 159~68
『세계보건기구편람』 357
센토커 268
셀리아 클랜시 257~8
수전 칼라 209
순환보직 125~33
스몰 비즈니스 네트워크 85
스미토모 3M 188
스티브 데러비 105
스티브 발머 131,140, 229~33, 234
스티븐 스제켈리 302
스프린트 PCS 181, 210
스프링필드 211
시게요시 이시이 188~9
시놉시스
  개요 32
  다양한 역량의 배양 66~7
  사회 환원 67~8

성장 동력의 내적 발견 64~6
순환보직 131
인간관계의 존중 59~63
자기만족과의 싸움 66
팀워크의 활성화 63~4
CEO 인터뷰 지침 57~8
CEO로 파커 영입 205~8
VQ 비교 71~2
VQ 분석 72~5, 379~80
시스코 29, 95
시카고 선타임스 165, 246
식스시그마 22
싱고 상 144
쓰리엠아이트 186~7

ㅇ

아동 백신 공급을 위한 국제기금 357
아마존 255
아메리카 원 181
아메리칸 항공
  가치를 준수할 인력의 채용 92~94
  팀 교육 123~4
  팀에 의사결정 권한 위임 135~7
  순환 보직 131
아메리칸 뱅커 299
아시안 월스트리트저널 218
아트 드 지우스 56~68, 131
앨터스 인베스트먼트 매니지먼트 215
애크런 비콘 저널 86, 102
앤드루 그로브 66
앨부커커 저널 349
앨런 퀘스트럼 129~30, 131, 317~9
앨자 268
앨프리드 러너 300
약속의 이행
  가치지수 236~8
  경영 혁신의 수단 234~6
  경제적 이득 201~2
  밸류 리더십과의 연관성 200

활동 분석 203~28
약속의 이행 활동 분석
 정직한 인력의 채용과 승진 204~12
 직원, 고객, 지역사회를 공정하게 대우 222~8
 투명한 회계 213~22
얀센 제약 269
어고 사이언스 268
어니스틴 윌슨 103
어린이 기적 네트워크 352
연방에너지규제위원회 394
에드거 오버 186
에드워드 존스 14~9
에디슨 미첼 142
에어 트랜스포트 월드 308
엑커드 129, 161
엔론 10, 214, 395
엘파소 393
오손 헐 187
오렌지 카운티 비즈니스 저널 87
오즈 프로그램 122
오피스맥스 248
올랜도 아얄라 232
올바른 경각심 유지 251~9
옵저버 180
옵티마이즈 122
외부 파트너십 182~5
워런 헤그 345
워버그 262, 263
워싱턴 포스트 105, 140, 170
월그린 161, 162, 254
월드컴 10, 208~10, 213
월마트
 개요 33
 반기 회의 253~4
 순환보직 129~30, 131
 올바른 경각심 유지 253~8
 유기적 성장 161~5
 의류 판매 256~8
 인간관계의 존중 39
 지역사회 발전에 기여 347~52

CEO 승계 246~51
코드 애덤 프로그램 350
팀 행동에 보상 141
하이퍼마트 USA 248
IT 전문성 255~6
VQ 37~8
고객 니즈에 대한 예민함 247
월셔 5000 13
월스트리트저널 140, 220, 289, 328
월스트리트저널 유럽 358
월스트리트저널/NBC 조사 12
윌리엄 게이츠 시니어 357
윌리엄 맥나이트 185~6
윌리엄 머레이 270
윌리엄 웰던 130, 269, 270
윌리엄 필즈 126, 127
윌리엄스 에너지 48, 49
윌리엄스 커뮤니케이션 그룹 48, 49, 392
유기적 성장 159~68
유나이티드 항공 104~5
유나이티드웨이 344~5, 347
유니레버 PLC 358
유엔 356
유진 파이프 261
이베이 256
이상적 의자 28
이그제큐티브 엑셀런스 224
이코노미스트 355
인간관계의 존중
 가치지수 111~3
 경영 혁신 수단 109~11
 경제적 이득 82
 밸류 리더십과의 관계 81
 시놉시스의 사례 59~63
 활동 분석 83~106
인간관계의 존중 활동 분석
 가치를 준수할 인력의 채용 89~94
 공정한 직원 보상 100~106
 균형 잡힌 성과 평가 94~100
 핵심 가치에 대한 헌신 83~9
인베스트먼트 뉴스 215

인베스트먼트 딜러스 다이제스트 141
인접국 시장 전략 249
인터뷰
  기업의 VQ 개발 378~9
  시놉시스 CEO 인터뷰 지침 57~8
  VQ 산출을 위한 인터뷰 55~6, 72~3
  잠재적 직원의 정직성 평가 205~5
  이해관계자별 인터뷰 주제 380
  지침의 개발 56, 72~3
  행동면접 90
  효율성 분석 91
일레인 스토크스 292
인텔 345

ㅈ

자기만족과의 싸움
  가치지수 273
  경제적 이득 242
  경영 혁신의 수단 271~3
  밸류 리더십과의 관계 242
  시놉시스의 CEO 66
  활동 분석 243~71
자기만족과의 싸움 활동 분석
  경영진 승계 계획 마련 244~51
  새로운 시장 공략 259~65
  올바른 경각심 유지 251~9
자본주의 10~1, 18~9, 29
잠재적 가능성의 실현 메모 229~31
재무적 지표 95
적극적 직원 참여 332~41
정직한 인력의 채용과 승진 204~12
정직한 EPS 215~7
정책입안자를 위한 밸류 리더십 394~403
제록스 팔로알토 연구소 171
제롬 먼로 스머커 85
제이 다이아몬드 128
제임스 버크 224
제임스 파커 131, 205~8
제프 라이키스 232

제프 사이버트 103
제프 스킬링 10
조 안토니니 247~8
조직 건전성 지수(OHI) 231
조직혁신팀
  구성 109
  밸류 리더십의 창출 376~87
  새로운 가치의 개발 109~10
  새로운 가치에 부합하는 인력의 선발 110
  인력 간 존재하는 차이 좁히기 110~1
  인력의 교육, 성과 측정과 보상 111
  조직혁신팀을 위한 밸류 리더십 교육 377~8
조직 건전성 지수 231
존 니콜라스 102
존 매킨타이어 286
존 바흐만 15~8
존 사인 263
존 손턴 262~4
존슨 앤드 존슨
  개요 32
  공정한 대우 원칙 224~8
  로버트 우드 존슨 재단 362~6
  사회 환원을 위한 경영 수단 366~7
  순환보직 130
  연구소 혁신을 위한 경영 수단 271~3
  연구소의 희생 266~71
  카이젠 143~7
  크리티콘 부문의 문화 혁신 143~7
  타이레놀 위기/도맥스 사건 224~6
존 코너스 232
주간 홈퍼니싱네트워크 317
지역사회
  공정한 대우 222~8
  사회 환원 67~8, 328~68
지역사회 발전에 기여 341~53
지프 176
직원
  가치를 준수할 인력 채용 89~94
  경쟁 기업에 대한 주시 252
  공정한 대우 222~8
  균형 잡힌 성과 평가의 커뮤니케이션 94

기업 문화 전달자 90, 121, 124
밸류 리더십 원칙의 평가 55, 72
사우스웨스트 항공의 이윤 공유 프로그램 313
사우스웨스트 항공의 직원 고취 방법 335~41
사우스웨스트 항공의 직원 교육 122~3
사우스웨스트의 직원 고용 비교 91~4
상호 평가 98, 100
성과 기준에 대한 커뮤니케이션 102
승진 기준으로서의 정직성 감시 205
잠재적 직원의 자료 검토 205
정직한 인력의 채용 204~12
공정한 직원 보상 100~6
콘티넨털의 5단계 직원 관리 109~11
직원 가치 기준(EVC) 20
직원 관리 5단계 109~11
질 해리슨 128
짐 마틴 164
짐 맥너니 190
짐 프레보 232

ㅊ

찰스 왕 172, 173, 220
찰스 파우티 318
척 콜리 130, 300~4
체인드러그 리뷰 248, 350
체인스토어 에이지 254, 318
최소허용성과기준(MAPS) 137

ㅋ

카이젠 143~7
캐나다협의회 348
캐시 심즈 105
캐시 호린 256~7, 258
캐피털 원 131, 180~1
캘리포니아 매니지먼트 리뷰 92, 134, 136, 224

캬브람 86
컨수머 리포트 257
컴퓨터 비즈니스 리뷰 172
컴퓨터 어소시에이츠(CA) 131, 172~4, 220~2
케빈 터너 255~6
케이던스 131
케이마트의 CEO 승계 246~8, 250
캘우드 128
켈로그 178, 179
코드 애덤 프로그램 350
콘티넨털 항공 106~9
콜린 배럿 92, 94, 206
크레디 스위스 퍼스트 보스턴 285, 295
크리티콘 143~7
클라이너 퍼킨스 232
클레어 와츠 257

ㅌ

타이레놀 위기 224~8
테드 존스 15~6
텔랙션 165~7
토머스 틸링 264
톰 코플린 126, 127
톰슨 파이낸셜 292
투명한 회계 213~22
투자자의 평가 도구로서의 VQ 54~5
투자자를 위한 밸류 리더십 387~94
트레이시 마틴 336~40
팀 교육 120~5
팀 성과 133~4
팀 스머커 85, 130
팀 한센 87
팀 행동의 보상 138~143
팀에 의사결정 위임 133~8
팀워크의 활성화
　가치지수 148~50
　경영 혁신의 수단 147~8
　경제적 이득 118~9
　밸류 리더십과의 연관성 118

시놉시스의 사례 63~4
활동 분석 119~43
팀워크의 활성화 활동 분석
  순환보직 125~33
  팀 교육 120~5
  팀에 의사결정 권한 위임 133~8
  팀 행동의 보상 138~143

ㅍ

파이낸셜 타임스 247, 263, 359
파이낸코 128
패스트 컴퍼니 97
퍼 피터슨 269~70
페더레이티드 백화점 129, 317
페이먼트 시스템즈 302
페인웨버그룹 295
『편집광만이 살아남는다』 66
포브스 267
포천 15, 106, 126, 253, 261
포천 100대 기업 15
포천 부자 순위 261
폴 스머커 86
프루덴셜 증권 295
프리드먼 빌링스 & 램지 208~9
플라톤의 동굴의 비유 28
플레인 딜러 139
피드백
  고객에게 얻는 피드백 308
  상호 평가 98, 100

ㅎ

하버드 대학 에이즈 연구소 358~9
하일랜드 162
하트 티터 조사 13
한센 내추럴 85~9, 131
할모드 128
해리 레지스 290, 292

해리 커닝엄 246
해리스 인터랙티브 329
핵심 가치 83~94, 100~103
핵심 가치 선언서 84
행동 면접 62, 90, 204
행크 폴슨 130, 263
허브 브라운 144
허브 앨리슨 141~2
허브 켈러허 205~8, 312, 335
헬스위크 362
회계
  마이크로소프트의 회계 문제 218~20
  매출액 평활법 219
  발생주의 회계 213~4, 400~2
  시장가격 평가 회계 213
  현금주의 회계 215, 400
  회계의 투명성 문제 146~153
회색지대 61~2
휼렛패커드 60, 344
힐 & 놀턴 & 안켈로비치 파트너스 329, 332

A

AOL 48, 214, 390
AT&T 211
BNP 파리바 285
CA 131, 172~4, 220~2
CEO 승계 계획 244~51
CSC 173~4
EE타임스 66
EPS 215
EVA 22, 23
GAAP 201, 215, 219, 400
GE 59, 185
GMMs 127, 128
IBM 170, 173, 345
JC 페니
  경영 혁신 수단 320~1
  다양한 역량의 배양 316~9
  순환보직 129~30, 131

유기적 성장　165~7
　　인간관계의 존중　32
　　CEO 승계의 소홀　250
　　VQ　37~8
JD파워　15, 106
JM 스머커
　　개요　32
　　공정한 직원 보상　102~4
　　기본 믿음　85~6
　　순환보직　130
　　내부 파트너십　174~80
　　팀 행동에 보상　141
　　핵심 가치에 대한 헌신　85~8
JP 모건　385
LBO　11, 291
LDDS 커뮤니케이션　209
MAPS　137
MBNA
　　개요　32
　　다양한 능력의 구축　299~306
　　순환보직　130
MCI　210
MFS커뮤니케이션스　209
MNC 파이낸셜　300
MSN 핫메일　233
P&G　176
PR 뉴스위크 US　332
RMH　335~6
SEC　214, 215, 218~9, 391
US 뱅커　303
USA투데이　350
WMB　48, 49
WWD　127

15% 규칙　187~9
3M　185~91